全国普通高等中医院校教材

ZHONGYI GEJIA XUESHUO

中医各家学说

·供中医、中西医结合、针灸推拿等专业用·

主 编／李成文 汪 剑

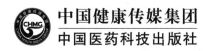

中国健康传媒集团

中国医药科技出版社

内容提要

本教材主要介绍中医学术发展史上理论造诣深厚、学术思想突出、辨病思路新颖、临证经验丰富、用药独具特色，并对当今临床有重要指导意义的的三十位著名医家的生平简介，代表著作，学术传承，治学方法，创新思路，学术成就，典型案例，以及中医学术流派与主要中医学说。有利于培养创新能力，开阔学术视野，拓宽用药思路，掌握整理挖掘中医学宝库的方法和门径，提高辨治疾病的能力与水平。

本教材为书网融合教材，即纸质教材有机融合电子配套资源。

本教材主要供全国高等中医院校中医、中西医结合、针灸推拿等专业教学使用。

图书在版编目（CIP）数据

中医各家学说 / 李成文，汪剑主编 . -- 北京：中国医药科技出版社，2025.1. --（全国普通高等中医院校教材）. -- ISBN 978-7-5214-4977-8

Ⅰ. K826.2

中国国家版本馆 CIP 数据核字第 2024D77G72 号

美术编辑 陈君杞

版式设计 南博文化

出版 **中国健康传媒集团** | 中国医药科技出版社

地址 北京市海淀区文慧园北路甲 22 号

邮编 100082

电话 发行：010-62227427 邮购：010-62236938

网址 www.cmstp.com

规格 889 × 1194mm $^1/_{16}$

印张 22 $^1/_4$

字数 536 千字

版次 2025 年 1 月第 1 版

印次 2025 年 1 月第 1 次印刷

印刷 河北环京美印刷有限公司

经销 全国各地新华书店

书号 ISBN 978-7-5214-4977-8

定价 55.00 元

获取新书信息、投稿、为图书纠错，请扫码联系我们。

—— 全国普通高等中医院校教材 ——

专家指导委员会名单 （以姓氏笔画为序）

于远望（陕西中医药大学）

王耀献（河南中医药大学）

方朝义（河北中医药大学）

朱　星（贵州中医药大学）

刘中秋（广州中医药大学）

李成文（河南中医药大学）

邱　勇（云南中医药大学）

岳桂花（广西中医药大学）

金　华（甘肃中医药大学）

郭　义（天津中医药大学）

喻　嵘（湖南中医药大学）

温成平（浙江中医药大学）

前　言

　　《中医各家学说》教材按照质量第一，认真严谨，编成精品原则，根据专业培养目标，坚持理论与临床并举，注重学说，学以致用，服务临床，拓展学术视野，汲取以往教材精华，参考最新研究成果，集体编写，交叉审稿，主编把关，体现系统性、继承性、科学性、先进性、实用性，突出好教、好学、好用特色。

　　本教材绪论概述中医各家学说概念，课程特点，学习目的与意义，学习方法，中医学术流派与主要中医学说。各论精选唐、宋、元、明、清、民国时期理论造诣较深、学术观点突出、临证经验丰富、辨病思路新颖、用药独具特色，对当今临床有重要指导意义，并对中医学发展起到较大促进作用的著名医家30人。每位医家内容包括概说、学术特色与临证经验、医案举例、原著选读、参考文献六大部分。概说包括医家生平事迹，治学方法，学术源流，师承关系，创新思路与学术成就、著作等。学术特色与临证经验部分是本书的重点，包括学术创新成就及其源流和对后世的影响，辨病思路，临证经验，用药特色，医案举例，理论对临床的指导作用与价值。尤其是对著名医家在某一领域中有突出成就且影响最大、或首创、或集其大成，或使其系统化、条理化的独特见解或学术观点、临证用药经验、学术传承、对后世的影响等进行深入系统阐述，有利于了解源流，掌握学术内涵，指导临床实践和科研。参考文献包括医家的著作，对学习掌握其学术思想有帮助的重要古今文献。

　　本教材的特点一是简要论述中医学术流派如何划分及主要学术流派概况，主要中医学说源流及对临床的指导意义。二是突出著名医家学术特色与临证思维方法，增强其理论与实践的系统性，以点带面，纵横结合，注意历史传承，兼顾与相关教材的衔接和横向联系；侧重其治学方法、创新思想、学术特色、临证用药思路与经验对临床的指导意义，减少空泛理论，以有利于培养创新能力，开阔学术视野，拓宽用药思路，掌握整理挖掘中医学宝库的方法和门径，提高辨治疾病的能力与水平。三是减少与其他课程的交叉与重复。四是书后附习题集，便于课后复习与考试。

　　本教材编写过程中，得到河南中医药大学、云南中医药大学、北京中医药大学、广州中医药大学、上海中医药大学、成都中医药大学等三十所参编院校的大力支持，在此一并表示衷心的感谢。由于编者水平及其一些学术问题的分歧与争鸣，难免有不妥之处，望各院校继续提出修订意见，以便今后全面修订提高。

《中医各家学说》编委会

2024年11月

目录｜Contents

绪　论

学习要点

绪论主要介绍本学科的研究对象与课程特点，中医学术流派源流、主要中医学说，学习中医各家学说的目的意义及学习方法。

目的要求：

掌握中医各家学说的研究范围，课程特点；熟悉学习目的与意义、中医学术流派、中医学说，了解学习方法。

一、概述

中医各家学说是研究历代名医学术思想、临证经验与用药特色，兼及中医学术流派、中医学说的一门课程。

历代名医在继承前贤理论基础上，结合个人的临床实践，深入系统地总结临证经验，纷纷提出新的学术见解与主张，促进并推动了中医学的发展。

历代名医的学术观点与临证经验是中医学说与学术流派产生与形成的基础，中医学说又能反过来指导临床实践；而学术流派则是研究名医师承授受、学术源流、中医学说演变过程的重要依据。

（一）课程特点

1.完善中医理论体系

历代名医或发阐前贤学术观点、或丰富基础理论、或自创新说，使中医学日臻成熟。

2.丰富中医临床学科

历代名医的临证思路、辨病方法与用药经验，构建了中医临床各科。

3.挖掘名医经验

中医书籍汗牛充栋，浩如烟海，如何从中医学宝库中总结、整理、继承、发扬历代名医学术思想、临证经验与用药特色，为当今临床服务，《中医各家学说》就成为开启宝库大门、挖掘宝藏的金钥匙。

4.涉及多门学科

《中医各家学说》知识面较宽，涉及社会政治因素、地域环境、科学技术与文化、疾病流行与防治、中医基础理论与临床各科及医案等。

（二）学习目的与意义

1.有利于掌握历代名医的医德医风，治学方法与门径，为进一步发展中医学提供思路和启示。

2.有利于提高理论水平，全面、客观、准确地评价历代名医学术特色及临床经验，取其精华，扬弃糟粕，达到古为今用，推陈出新的目的。

3.有利于挖掘中医学宝库，总结整理继承历代名医的学术思想，提高临床水平。

4.有利于培养创新能力，开阔学术视野，拓宽用药思路与方法，取得创新成果。

（三）学习方法

1.阅读原著

直接阅读历代名医原著，可以全面地了解和把握其治学方法，学术思想。

2.参考医案

医案是历代名医临证经验的具体体现，参考名医医案，分析其临床经验及特色，有利于深入了解学术思想，临证用药思路。

3.学以致用

学习历代名医临证经验是为了更好地指导临床实践，提高疗效，发扬光大中医学，因此要将学习与领悟到的理论与方药用到实践中去，将其内化变成自己的经验。

二、中医学术流派

（一）中医学术流派概念

中医学术流派是中医学在长期发展过程中形成的具有系统的、独特的学术理论或学术主张，有清晰的学术传承脉络和一定历史影响与公认度的学术派别。

（二）中医学术流派的形成与发展

中医学术流派是中医学发展到一定阶段和水平的产物，是在长期的学术传承过程中逐渐形成的。因医家的学术主张或学术观点不同，研究的角度与方法不同，以及研究者的哲学观念、所处地域环境的不同而形成了各种学派。在中医学发展史上曾出现过众多的学术流派，有力地推动了中医学术的发展与进步，使中医理论体系得以不断完善，临床疗效不断提高。

关于中医学术流派的产生年代，目前有三种观点，一是形成于战国时期、二是形成于汉代、三是形成于宋、金、元时期。一般而言，理论的建立是一个学科形成的重要条件，只有学科形成，才可能产生学术上的不同流派，学派的形成是学术成熟的标志。虽然据《汉书·艺文志》所载在战国时期形成了医经、经方、神仙、房中四个不同的"学科"，在"学科"中又有不同的学派，如医经七家、经方十一家等，但多已亡佚。汉代中医学体系初步确立，经过两晋南北朝、唐朝的不断发展，至宋、金、元时期基本完善，学术争鸣，学派纷呈，出现了伤寒学派、河间学派、易水学派等学术流派。明清时期，随着思想文化、社会背景的变化，一些医家如吴有性、叶桂、吴瑭等，治疗外感疾病方面有新的体会，病因上从热立论，理论上进行了创新，发展形成了温病学派，补充了伤寒学派之不足；随着西医学大量传入中国并对中医学形成冲击之势，一批中医学家如王宏翰、朱沛文、唐宗海、张锡纯等，主张中西医学汇聚而沟通之，汇通学派随之形成。另外，临床各科在发展过程中形成了众多流派，各个不同的地区也形成了地域性学派。

（三）学术流派划分

1.划分标准

关于学派的划分，历史上有不同的认识和方法。举其要者，明代王纶《明医杂著》谓："外感法仲景，内伤法东垣，热病用河间，杂病用丹溪，一以贯之，斯之大全矣。"清代纪昀《四库全书总目提要》认为刘完素、李杲、张子和、朱震亨各成一派；谢观《中国医学源流论》提出刘河间学派、李东垣学派、张景岳学派、薛立斋学派、赵献可学派、李士材学派、伤寒学学派等；《中医各家学说》二版教材提出河间学派、易水学派、伤寒学派、温病学派；《中医各家学说》四版教材提出医经学派、经方学派、伤寒学派、温热学派、河间学派、易水学派、汇通学派七派；《中医各家学说》五版教材又将其改为伤寒学派、河间学派、易水学派、攻邪学派、丹溪学派、温补学派、温病学派等。之所以众说不一，是由于学术的传承与发展情况不同，后世研究者分析问题的角度与认识各异，以及约定俗成的影响，学界对学派划分标准的认定也不完全一致，我们应当正确看待。综合近年来研究成果，可以参考以下学派划分的标准：

（1）有相同或相似的学术内容：即同一学派的不同医家具有大致相同的目标、观点和方法，有相同或相似的研究内容。

（2）有明确的传承体系或学术群体：学派必须有明确的师传承受体系或学术群体，以实现学术思想的传承。

（3）有可供研究的著作传世：著作是学派得以继承和发展之所本，是其学术影响后世的载体，也是后世研究其学术思想的必由之路。

2.划分方法

依据学派划分标准，结合具体情况，一般可以将学派分为：

（1）师承性学派：因师承传授导致门人弟子同治一门学问而可以形成"师承性学派"。如河间学派、易水学派等。世医传承亦归于此类。

（2）专题性学派：以某一问题为研究对象而形成具有鲜明学术特色的学术群体，称为"专题性学派"。如伤寒学派、温病学派、汇通学派等。

（3）地域性学派：在某一地域或特定文化氛围基础上形成的具有地域性特色的中医学术群体，

称为"地域性学派"，或称为"某某医派"、"某某医学"，如岭南医学、新安医学、孟河医派等。

（四）主要学术流派简介

1.伤寒学派

以研究《伤寒论》辨证论治规律及处方用药心得为中心的学术群体。该派始于晋唐，形成于宋金，盛于明清。其学术研究历千余年而不衰，对中医理论和临床医学的发展，特别是对外感热病的辨证论治体系的发展，有着深远的影响。根据不同时期的学术研究特点，伤寒学派大致可分为宋金以前伤寒八家和明清时期伤寒三派。

（1）宋金以前伤寒八家 晋代王熙，对已散佚不全的《伤寒论》进行收集整理和编次，使之得以保存并流传后世。一般认为，前三篇《辨脉法》《平脉法》《伤寒例》和后八篇即汗、吐、下可与不可诸篇，均为王氏所增，且在脉证方面有所发明。唐代孙思邈，创用"方证同条，比类相附"的研究方法，以方为纲，归类相从，以揭示伤寒六经辨治的规律，倡导运用麻桂青龙三法，肇后世三纲鼎立之说。宋代韩祗和，著《伤寒微旨论》，剖析伤寒之病机为阳气内郁，治伤寒杂病于一炉，强调从脉证入手分辨，主张杂病证为先，脉为后；伤寒脉为先，证为后。主张师仲景之心法，而不泥其方药，临证多自拟方。朱肱，著《南阳活人书》。主张"因名识证，因病识证"，从经络辨识病位，伤寒六经经络之辨自此倡言。可谓是病与证结合辨析的倡导者。庞安时，著《伤寒总病论》。专从病因病机立论，并指出天行温病为感受四时乖戾之气而发，具有流行性、传染性。其辨治既与伤寒大异，也不同于一般温病。许叔微，著《伤寒百证歌》《伤寒发微论》《伤寒九十论》等。于八纲辨证最有研究，主张以阴阳为纲，统领表里寒热虚实，并把六经分证和八纲辨证紧密结合起来。郭雍，著《伤寒补亡论》。取后世诸家之方补《伤寒论》中方药之缺失。金代成无己，著《注解伤寒论》《伤寒明理论》。为注解《伤寒论》的第一家，且皆本于《内经》《难经》，所谓"以经释论"，又特别重视对伤寒症状的鉴别，颇有独到见解。

（2）明清伤寒三派

①错简重订派：认为世传本《伤寒论》有错简，主张考订重辑。明末方有执首先提出，清初喻昌大力倡导之。而后从其说者甚众，如张璐、吴仪洛、吴谦、程应旄、章楠、周扬俊等。

②维护旧论派：主张维护世传《伤寒论》旧本内容的完整性和权威性。他们尊王叔和，赞成无己。《伤寒论》诸法不仅能治伤寒，还可治疗杂病。代表医家有张遂辰、张志聪、张锡驹、陈念祖等。

③辨证论治派：强调探讨和发挥《伤寒论》辨证论治规律。根据其研究特点，大致可分为以柯琴、徐大椿为代表的以方类证派，以尤怡、钱潢为代表的以法类证派和以陈念祖、包诚为代表的分经审证派。

2.河间学派

以河间刘完素为代表阐发火热病机、善治火热病证的一个医学流派。学派形成之初侧重于外感病的火热病机、病证，其后则渐及内伤杂病之火热病机、病证，或涉及各种外感、内伤之实证。亲炙其学者，有穆大黄、马宗素、荆山浮屠等。荆山浮屠之学一传于罗知悌，再传于朱震亨，使河间之说由北方而传到南方。传震亨之学者，有赵道震、赵良仁、戴垚、戴思恭、王履、刘叔渊等，最有成就者，当推戴思恭、王履。私淑震亨，传其学者有汪机、王纶、虞抟、徐彦纯等，尤以汪机、王纶成就最著。

略早于朱震亨而私淑刘完素之学者有葛雍、镏洪、张从正及弟子麻九畴、常德等。私淑张从正之学的有李子范。

3.易水学派

以易州张元素为代表研究脏腑病机和辨证治疗为中心的学派，在学术传承中逐步转向对特定脏腑进行专题研究，并各有创见。代表医家有李杲、王好古、罗天益等。李杲传元素之学，探讨脾胃内伤病机，紧密结合临床实践，阐发"内伤脾胃，百病由生"理论，善用补中、升阳、益气，被后世称为补土学派的代表。其门人有王好古、罗天益等。明代医家在继承李杲脾胃学说基础上，兼及肾和命门，尤其从阴阳水火不足的角度探讨脏腑虚损的病机与辨证治疗，建立了以温养补虚为临床特色的治疗虚损病证的系列方法，理论上发展成为以先天阴阳水火为核心的肾命理论。虽被称之为温补学派，实则为易水学派学术思想的延续，代表医家有薛己、孙一奎、赵献可、张介宾、李中梓等。

4.温病学派

以研究外感温热病防治规律为中心的一个学派。明清温病学家针对温疫猖獗及南方温热病盛行的状况，在继承伤寒学派、河间学派的基础上深入探讨温疫病与温热病，并取得了重要成果。吴有性、戴天章、余霖等创立了温疫学说，又称温疫派；叶桂创立卫气营血辨证论治体系，薛雪提出湿**热病辨治体系，吴瑭创立三焦辨证论治体系，王士雄集温病之大成，温病派随之形成**，这也标志着温病学派的成熟。温病学派在促使诊治外感温热病摆脱《伤寒论》的束缚而自成体系方面发挥了重要作用，对中医学的发展产生了深远的影响。

5.中西医汇通学派

主张中医学与西医学应进行汇聚沟通以求得中医学发展的医学流派，简称汇通派。十九世纪中叶以后，西方医学传入中国，朱沛文、唐宗海、张锡纯、恽铁樵等医家认为中西医各有所长，试图取长补短加以汇通，在引导中西医结合发展趋势中起到了积极作用。朱沛文提倡中西医应通其可通，存其互异，不可强通。认为中西医学"各有是非，不能偏主"，中医"精于穷理，而拙于格**物";西医"长于格物，而短于穷理"。强调汇通应以临床验证为准则**。唐宗海认为"中西医理一致"，互相之间可以汇通结合，并以西说阐释中医经典，是多学科研究中医的先驱。张锡纯以中医为主体，沟通中西医，从理论到临床，从生理到病理，从诊断到用药，进行全面尝试，尤其是临床喜欢中西药联合应用，标本兼顾，取西药之长补中医之不足。他认为，西医用药在局部，是重在病之标；中医用药求原因，是重在病之本。恽树珏指出中西医是两个基础不同的医学体系，"西医之生理以解剖，《内经》之生理以气化。"认为重视生理、细菌、病理、局部病灶固然重要，但不知四时五行变化对人体疾病的影响是不行的。中医学要不断发展，不应以《内经》为止境，要吸取西医之长，融会贯通产生新的医学；但改进中医应以中医本身学说为主，不能废除《内经》。

6.临床各科流派

中医临床各科在其形成与发展过程中，产生了众多的学术流派，难以尽述，以下就中医内外妇儿各科之大概约略言之，其他各科从略。

（1）内科临床流派：是在学科不断发展、丰富、完善的过程中逐渐形成的。如前所述，由于后世研究者的出发点不同，对内科流派的划分也就存在不同的观点：一是按学派研究的中心内容划分，如伤寒学派、河间学派、易水学派等；二是按学派师承授受关系归属，如把攻邪派归在河间学派内，温补学派归在易水学派内；三是以各病种大类及论治的特点不同确定划分的基本标准，并参考以研究的中心内容为划分依据，以便较充分地展现内科的学术流派概貌。

早在春秋战国时期即形成的"医经学派""经方学派"，为内科学术流派的发展奠定了基础。后世的中医内科学术流派主要有伤寒学派、温病学派、河间学派、易水学派等，已分别简述于前。

（2）外科临床流派：外科学至明清时期发展到鼎盛成熟阶段，形成了薛己派、正宗派、全生派、金鉴派、心得派等，即外科五大学派。薛己派：以薛己为代表主张以内治为主的学派。特点是托里以内消，在表宜汗，在里宜下，在荣卫以和解，溃后以止痛、生肌为主要治法；强调调理脾胃、从气血着手。发展了《内经》"治病求本"思想，临证治病时以治本为原则。南宋陈自明也可归入本派。正宗派：以陈实功《外科正宗》学术思想为代表的学派。注重全面掌握外科的传统理论和技能，并以脏腑经络气血为辨证纲领，强调内外并重，内治以消、托、补为主，外治讲究刀、针、药蚀等治法。祁坤编《外科大成》继承和发展了《外科正宗》的理论和治疗经验。全生派：以王洪绪《外科证治全生集》学术思想为代表的学派。该学派继承和发展了张介宾《外科钤》阴阳辨证内容，将疮疡归纳为阴阳两大类，尤长于阴证的治疗。许克昌、毕法合著《外科证治全书》，以《全生集》为蓝本，重视望诊，强调阴阳辨证则宗《全生集》之法则。金鉴派：以吴谦为代表，其强调内治，反对滥用"刀圭"的学派。心得派：以高锦庭《疡科心得集》及门人沙书玉《疡科补苴》为代表，其吸收清代温病学说精华，结合外科理论，强调温病与外科在病因病机、治法上一致性的学派。

（3）妇科临床流派：中医妇科直到宋代才成为独立专科，近百年来妇科学术流派众多，以地域划分有燕京妇科流派、海派妇科、三晋妇科流派、龙江妇科流派、孟河妇科流派、吴中妇科流派、新安妇科流派、齐鲁妇科流派、浙派妇科、岭南妇科流派、黔贵妇科流派和川蜀妇科流派等。还有以家族或师徒经验传承为模式的世医流派，在临床诊治方法和经验上往往自成一体，颇具特色，盛传一方。如北京肖氏妇科、天津哈氏妇科、上海蔡氏妇科、上海朱氏妇科、杭州何氏妇科、岭南罗氏妇科、云南姚氏妇科等。

（4）儿科临床流派：中医儿科形成和发展源于唐代，宋代儿科理论及疾病防治体系趋于成熟。明清时期，儿科学迅速发展，理论丰富，产生不同学术流派。综其大概，儿科学派主要分为寒凉学派、温补学派，余则涵盖其中。

①儿科寒凉学派："小儿纯阳"之体，感邪之后，邪易枭张，从阳化热，由温化火；儿科的斑、疹属火热为病，故应用寒凉之药，反对滥施温补。代表医家有董汲、夏鼎等。董汲倡导小儿脏腑柔弱，易虚易实，易寒易热，主张用辛凉柔润，力避香燥之弊。夏鼎重视儿科望诊，总结出"望

颜色，审苗窍"之法，治疗主张祛邪清热，兼以祛风豁痰之法，但不墨守成法，常根据病情加减变化；同时擅长推拿之术治疗小儿病证。其他如徐灵胎认为小儿体禀纯阳，所患热病最多，在治疗上不宜使用温阳药物，对后世的影响较大。

②儿科温补学派：强调阳气在人体的重要性，继承易水学派之余绪，在研究脏腑病机学说的基础上，结合儿科的具体病证，着意对脾肾及命门学说作了探讨。代表医家有陈文中、薛铠父子、庄一夔等。南宋陈文中重视小儿体质特点，极力倡导固养小儿元阳，以擅用温补扶正见长，对痘疹类时行疾病因阳气虚寒而产生的逆证，擅用温补托毒救急。薛铠父子继承钱乙五脏辨证的思想，强调以脾胃为中心，又重肾命，故治疗上善调脾肾，法用温补，并主张母婴同治，其观点与临床经验对后世深有影响。庄一夔学宗钱乙五脏辨证，着重研究痘疹及惊风等证，在治疗上专以温补见长。

7.地域医学

地域医学是以地域环境及生活习惯等文化方面对人体健康的影响为出发点，根据其灵活运用中医理论防治疾病的特色进行归类的学术流派划分方式，体现了因人因时因地制宜的地域性特征。命名皆以山水江河等地名为主，如新安医学、岭南医学、孟河医学、吴中医学等。岭南医学重视南方炎热多湿，地处卑下，植物繁茂，瘴疠虫蛇侵袭等环境因素，着眼于南方多发、特有疾病的防治，勇于吸取民间经验和医学新知，充分利用本地药材资源，逐渐形成了以研究岭南地区常见多发病种为主要对象的岭南医学；它既有传统中医学的共性，又有其地方医疗保健药物方式的特性。

地域医学还体现出浓厚的地域文化背景（包括区域性方言），如新安医学发源于新安江流域的古徽州地区（今黄山市为核心区域），肇始于晋、形成于宋、鼎盛于明清，流传至今而不衰，徽学特色明显。且以历史悠久、医家众多、医著宏富著称于世。据不完全统计，自宋元到清末有文献可考的医家多达800人，其中明清时期占90%以上，这与徽学文化的繁荣鼎盛时期是同步的。

三、中医学说

中医学说是指中医学发展过程中，由医学家提出的自成体系的学术观点或理论。一般认为，中医理论体系在四大经典中已经建立，后世医家对其中的某些观点、理论从不同角度、侧面补充、修正、发明，形成了各种自成体系的学术思想和观点，即中医学说。主要有藏象学说、经络学说、脾胃学说、命门学说、痰饮学说、瘀血学说、形神学说、情志学说、体质学说、升降学说、气味学说、子午流注与灵龟八法学说等。此简要介绍脾胃学说、命门学说、痰饮学说、瘀血学说、升降学说、气味学说。

（一）脾胃学说

脾胃学说是研究脾胃生理功能、病理变化及其证治规律的学说。

1.脾胃学说的形成与发展

《内经》奠定了脾胃学说基础。在生理功能方面论及三部分内容：脾胃主水谷精微之运化，脾胃为血气化生之源，脾胃主肌肉而充养四肢百骸。特别突出脾胃的重要性，形成了寒热虚实辨证大纲，提出了治疗法则，以针刺治疗为主。同时，强调饮食要寒温适中，预防脾胃疾病。《伤寒杂病论》奠定了脾胃学说的临床基础，其"四季脾旺不受邪"比《内经》"正气存内，邪不可干"更具体，为李杲"内伤脾胃，百病由生"提供了理论依据。其辨病别证，常以胃气盛衰来把握病情，作为辨病机、定治则、决预后、推生死的重要依据。治疗上，以保胃气、存津液为其要务。钱乙阐发小儿脾胃生理与病理，从辨证、立法、制方等突出脾胃的重要性，对李杲影响很大。许叔微将脾胃分别称为"胃气"与"脾元"，详论其生理功能，并以胃气有无判断疾病的预后；孙兆提出"补肾不如补脾"；陈自明论治妇科疾病重视脾胃。张元素比较系统地论述了脾胃虚实病证，提出治脾宜守、宜补、宜升，治胃宜和、宜降、宜攻的原则。李杲师承张元素，以《内经》理论为指导，提出脾胃为元气之本，升降之枢纽，脾胃内伤则百病由生的观点，总结出益气泻火、升清降浊治疗脾胃内伤病大法，创立补中益气汤等，标志着脾胃学说基本形成。薛己、张介宾、李中梓、万全、缪希雍、林佩琴、叶桂、薛雪、吴瑭、陈念祖、吴澄、唐宗海、张锡纯等从不同方面对胃阳、脾阴、胃阴进行了阐发，丰富发展了脾胃学说。另外刘完素、张从正、吴有性、余霖、吴瑭等在《内经》《难经》等基础上，对脾胃病之实证、热证的病因病机、治疗方法进行了探讨，使脾胃学说臻于完善。

2.脾胃主要学说

（1）脾阳说　李杲脾胃理论的独到之处在于强调脾胃升发，善用黄芪、人参、白术、柴胡、升麻、羌活等温燥药，以升发脾阳。后世不善学者惟重视其升阳的一面，以至于产生不少流弊。王好古创立"阴证学说"，治疗主张脾肾同治、温养为主；罗天益全面继承李杲学术思想，在治法上重用甘辛、慎用寒凉，但不局限于补中益气。薛己遥承其说，重视脾胃阳气升发，提出治病求本、务滋化源的观点，强调脾胃为五脏阴阳水火之本源，以脾胃为核心调治外感内伤。

（2）脾阴说　明清医家从生理、病理、论治等方面对脾阴理论进行了探讨，发展了脾胃学说，并为叶桂倡导胃阴学说提供了思路。张介宾谓："凡劳倦内伤而发热者，以脾阴不足，故易于伤，伤则热生于肌肉之分，亦阴虚也。"李中梓提出"肾分水火，脾有阴阳"。万全谓："受水谷之入而变化者，脾胃之阳也；散水谷之气成营卫者，脾之阴也。"王纶、顾松园、王泰林、吴瑭、吴澄、俞震等总结脾阴虚的主要原因有：滥用辛温燥热之剂、情志所伤、劳倦伤脾、外感热病、相火炽盛、心火乘脾等。缪希雍论述了脾阴不足的症状；林佩琴提出："脾胃阴虚，则不饥不食"；薛雪谓："脾阴虚则便溏"；吴瑭指出："哕，脾阴病也……泄而腹满甚，脾阴病重也"；唐宗海论述说："脾阳不足，水谷固不化；脾阴不足，水谷仍不化……"，并认为脾阴与血关系密切；陈念祖谓："其脉甚数者，宜滋养脾阴"；张锡纯更强调"脾脉原主和缓，脉数者必是脾阴受伤"。治疗脾阴不足，王纶主张用酸甘化阴的芍药、甘草；缪希雍用甘凉滋润，力避苦寒及温燥之品；吴澄用芳香甘平补中养阴补脾阴，自制中和理阴丸、理脾阴正方；张锡纯倡导"淡以养脾"。

（3）胃阴说　叶桂既重脾升又重胃降，阐发"养胃阴"理论，主张治疗胃阴虚宜用甘平或甘凉濡润之品，以清养悦胃、甘凉濡润、酸甘济阴、甘缓益胃，发展了李杲脾胃学说。薛雪强调"辛燥劫动胃络，只宜薄味清养胃阴"等。吴瑭制沙参麦冬汤、五汁饮，发展了叶桂的养胃阴之法。张山雷对补脾阴与补胃阴作了精辟论述，补李杲之未备。另外，早在明代周慎斋曾用四君子汤加麦冬、五味子滋养胃阴。

对于脾胃实证，刘完素认为是感受外邪兼有脾胃实热，创用表里双解治疗大法，张从正则主张应用下法；明清温病学家从理论和实践上对阳明实证进行了系统论述与发挥，完善了脾胃实证的辨证施治方法。

（二）命门学说

命门学说是研究命门的位置、命门的生理病理及指导临床与养生的学说。

1.命门学说的形成与发展

命门一词，最早见于《灵枢·根结篇》，"太阳根于至阴，结于命门，命门者，目也。"《难经》对命门的部位、功用等作了原则性论述，提出"左肾右命门"说。王熙继承《难经》之说，提出"肾与命门，俱出尺部。"突出了命门在生命发生过程中的重要作用，并提出补精以化气、滋阴以涵阳的用药法则。

孙一奎、赵献可及张介宾等认为命门为人身之太极，是人体生命的本源，由太极一气而化生先天无形之阴阳，继而再化生后天有形之阴阳；强调脾胃、肾、命门阳气对人体生命的主宰作用。在辨证论治方面立足于先后天，或重脾、或重肾、或脾肾并重。徐大椿、陈士铎、林珮琴、张璐及黄宫绣等，分别从命门功用、药物研究、病证治疗以及命门与其他脏腑的相互关系等方面，进行了深入探讨。

2.命门主要学说

（1）两肾命门说：虞抟对命门部位及功用进行了论述，认为两肾即命门，命门是两肾的别称。张介宾谓两肾皆属于命门，同时认为相火发自命门。

（2）包络命门说：程知认为心包络即是命门，其功用为男女精气出入之所，藏精而系包，生命由始化生之门。

（3）动气命门说：孙一奎提出受《周易》《难经》影响，认为命门居两肾中间，为人身之太极，存在着动气；原气是太极之本体，动气是太极之应用，两肾则是"太极之体所以立"的物质基础。

（4）君火命门说：赵献可立意先天水火，尤重命门之火的作用，其功能位于十二官之上，为"主宰先天之体"，有"流行后天之用"。

（5）子宫命门说：张介宾历考诸书，会通《难经·四十四难》七冲门之义，指出："夫命门者，子宫之门户也，子宫者，肾脏藏精之府也。"

（6）太极命门说：孙一奎、赵献可、张介宾等受理学和道家影响，将太极与命门合一，创太极命门学说，认为命门为生命诞生之源。

（三）痰饮学说

痰饮学说是研究痰饮产生的病因、病机及其辨证论治的一种学说。

1.病因病机

隋唐宋元时期对痰饮病的病因病机进行了深入探讨,巢元方认为"痰饮者,由气脉闭塞,津液不通,水饮气停在胸府,结而成痰"。杨仁斋认为是六淫与饮食不节;《圣济总录·痰饮门》认为是三焦通行不利;陈言认为是七情内伤、外感六淫、饮食不节及运动失宜;严用和认为是气机运行不畅;张从正提出"痰迷心窍"病机;《丹溪心法》认为"痰之为物,随气升降,无处不到","百病中多兼痰者","痰挟瘀血,遂成窠囊。"明清医家认为"痰"可由内外诸因之扰,使人体脏腑气血津液隧道不通凝滞而成;皇甫中认为,风、寒、暑、湿、惊、气、食积等致气血津液不运,隧道不通,凝滞而为痰;王纶从脾肾立论,谓"痰之本,水也,原于肾;痰之动,湿也,主于脾";李梴认为"痰源于肾,动于脾,客于肺";张介宾认为"五脏之病,虽俱能生痰,然无不由乎脾肾";赵献可、李时珍等认为痰与七情有关;汪昂谓:"痰之生由于脾气不足,不能致津于肺,而痰易成者也。"吴澄明确提出,"盖痰之生也,多由于脾""痰之来也,多由于肺""痰之本也,多在于肾";周学海则认为饮的发生是"由于命火之不足"。

2.属性与区分

《金匮要略》将饮证分为痰饮、悬饮、溢饮、支饮四类;巢元方把痰与饮分别归类。杨仁斋首先明确区分痰与饮,指出"痰之与饮,其由自别,其状亦殊,痰质稠黏,饮为清水";徐春甫认为"稠浊者为痰,清稀者为饮,一为火燥,一为寒湿";李梴把痰分成"寒痰者清,温痰白,火痰黑,热痰黄,燥痰胶";王肯堂把六淫与脏腑经络相联来确定痰饮属性,使痰饮病的辨证进一步深入;张介宾强调痰饮的性状和发病部位均有不同,还论述了痰饮与五脏的关系;赵献可论痰重肾中水火,认为痰可由体质因素不同而演变成寒痰或热痰;李中梓将痰分五种,在脾经者名曰湿痰,在肺经者名曰燥痰,又名气痰,在肝经者名曰风痰,在心经者名曰热痰,在肾经者名曰寒痰;程国彭认为痰有湿燥之分。

3.治疗

受《丹溪心法》影响,明清医家多主张顺气为先、分导次之;外科医家治病也多从痰论;喻昌提出实脾燥湿、降火、行气等八法,并制订吐禁十二则、药禁十则、律三条;吴瑭治痰主张用吐、下之法;雷丰将痰饮分为痰疟、痰泻、痰嗽论治。

(四)瘀血学说

瘀血学说是研究瘀血产生病因病机及其辨证论治规律的学说。"瘀血"一词,始见于《金匮要略》,历代文献中的恶血、蓄血、干血、留血、积血、死血、衃、污秽之血、血积、老血、败血、离经之血等,均与其同义。唐宗海认为凡是离经之血,应排出而未排出的血,都属瘀血。瘀血学说起源于《内经》,奠基于仲景,发展于明清,在长期的医疗实践中,渐臻完备。

1.病因病机

(1)因寒致瘀 《内经》认为:寒邪客于经脉,血滞不畅,而为血瘀。巢元方谓:"有风冷乘之,邪搏于血……寒则血结。"王清任认为:"血受寒则凝结成块。"

（2）因热致瘀　《伤寒杂病论》多从热论。热邪侵袭，煎熬血液，或热迫血动而溢出脉外，也可致瘀。如"阳明证，其人喜忘者，必有蓄血也"等。戴天章亦认为时疫转里后，瘀血最多。王清任说："血受热则煎熬成块。"唐宗海指出："血证，气盛火旺者十居八九。"

（3）气病致瘀　气滞或气虚均可致血瘀。巢元方说："血之在身，随气而行，常无停积。若因堕东升损伤，即血行失度……皆成瘀血。"（《诸病源候论·小儿杂病诸候》）《沈氏尊生》说："气运乎血，血本随气以周流，气凝则血亦凝也。"《奇效良方》认为，气塞不通，血壅不流。王清任指出，元气既虚，必不能达于血管，血管无气，必停留而瘀。

（4）因伤致瘀　《灵枢·贼风篇》说："若有所堕坠，恶血在内而不去……则血气凝结。"说明跌打损伤可致脉络受损，血不循经溢出脉外而造成瘀血。《诸病源候论》卷三十六有多篇言伤后瘀血内结之症。缪希雍说："蓄血俗名内伤……或登高坠下，或奔逐过急，皆致蓄血。"薛己有肢体损于外，气血伤于内之说。唐宗海认为，吐衄便漏，其血无不离经，而为瘀血。

（5）出血致瘀　唐宗海认为"离经之血"便是"瘀"。"凡系离经之血与营养周身之血已睽绝不合……此血在身不能加于好血，而反阻新血之化机……既是离经之血，虽清血、鲜血亦是瘀血。"

（6）它因致瘀　脾失统摄，血无归附，发为唾血、血崩等。唐宗海指出："脾之阴分受病，而失其统血之常也。"王肯堂指出："夫人饮食起居，一失其意，皆能使血瘀不行，故百病由污血者多。"

久病必有瘀，怪病必瘀，或由于治疗不彻，或吐衄不尽，或病后等皆可成瘀。《三因极一病证方论》《医林改错》皆有此类认识。叶桂有久病入络、久病必瘀之说。

2.病证特点

瘀血为患，致病广泛。或阻滞气血，或影响水道，生痰成积，久而化毒。主要表现为疼痛固定不移，拒按，或如锥刺，或如刀割，或痛甚于胀，不走不窜，夜间痛甚；出血色多紫黯不鲜，或呈紫黑色，甚或全黑如柏油样，或出血以血块为主；肿块，瘀点、瘀斑；发热；舌质紫黯、红绛、舌体瘀斑、瘀点及舌下络脉曲张；脉象常见沉、迟、弦、涩、结、代、细或无脉等。

此外，瘀血病证临床还常出现善忘、怔忡、口渴、脱发、发热、肌肤甲错等症状。

3.治则治法

（1）治法　凡是具有"瘀血"这一病理特征，或兼有"瘀血"症状的，都可运用活血化瘀法治疗。

（2）方药　中药分类：活血止血类可分为寒与温二种；又分活血消癥类、凉血活血类、行气活血类、活血通络类、活血行水类、活血养血类等。代表方：如补阳还五汤、血府逐瘀汤、失笑散、生化汤、大黄䗪虫丸、桃核承气汤、桃红四物汤等代表性方剂。

（五）升降学说

升降学说是研究人体气之升降出入规律及其临床应用的学说。

1.升降主要学说

（1）玄府气机升降说　刘完素提出"玄府气液宣通"说，以升降学说阐述了疾病的因、机、证、治。认为人体玄府是"气出入升降之道路"，气不升降，玄府郁闭，可致"目无所见，耳无所闻，鼻无闻臭，舌不知味，筋痿骨痹"；治疗以宣通玄府，开通郁结为主。

（2）脾胃升降说　李杲认为升降失常，清阳不升，浊阴不降，是脾胃内伤疾病的主要病理特点；治疗上强调升阳益气，创制补脾胃泻阴火升阳汤、补中益气汤、升阳益胃汤和升阳散火汤等新方。

（3）药性升降说　张元素从药性升降出入之理阐发药效，创立归经和引经报使说；将药物分为五大类：风升生、热浮长、湿化成、燥降收、寒沉藏。

2.升降学说应用

应用升降理论指导临床治疗，备受历代医家重视。如张仲景之麻黄汤、半夏泻心汤等是应用升降出入理论的经典代表。后世医家除李杲善调脾胃升降之外，清代周学海提出："至于治法，则必明于天地四时之气，旋转之机……有余者，先疏而散之，后清而降之……苟不达此，而直升直降，直敛直散，鲜不偾事矣。"李宗源认为："热者，如火炎上，当用降药；寒者，如水就下，当用升药……"提出了"当降者可兼用升"、"当升者不可兼用降"、"升降法即天地阴阳之法"等观点；杨璇善用的升降散、张锡纯创制的升陷汤和镇肝熄风汤等是体现升降理论的代表方剂。

（六）气味学说

气味学说是研究中药四气五味、功能以及药物配伍机理的学说，是中药药性理论的重要组成部分。

1.气味学说的形成

"四气""五味"是采用"援物比类"的方法，将寒热温凉四季气候的变化、五行的特点与药物的作用及所含精微物质相联系，而分别形成的。"天食人以五气，地食人以五味"，气味是人体赖以生存的物质基础，其对人体健康的影响也是显著的。在阴阳五行理论基础上，前人提出了气味与五脏之间的关系，如"五味各走其所喜"，五味之间具有密不可分的关系，如"辛甘淡属阳，酸苦咸属阴""辛甘发散为阳，酸苦涌泄为阴，咸味涌泄为阴，淡味渗泄为阳"。因此，在治疗疾病时，需根据不同脏腑所病而选用不同气味的药物，即"四时五脏病，随五味所宜也"（《素问·脏气法时论》）。重视药物气味配合的理论成为后世遣药组方的规矩。《伤寒论》中桂枝与甘草相配的"辛甘化阳法"和芍药与甘草相配的"酸甘化阴法"等成为后世方药气味配伍的范例。

2.气味学说的应用

（1）气味决定药物升降浮沉　由于药物四气五味具有阴阳属性，药物气味的作用又各具阴阳属性，而气味的阴阳具有不同的升降特点，因此，药物的气味就和药物的升降出入密不可分。

（2）气味合和是药物功效基础　由于每一种药物都具有气和味，气偏于定性，味偏于定能，只有将气和味结合起来，正确认识和掌握每一药物的全部性能，以及气味相同药物之间同中有异的特性，才能全面而准确地了解和使用药物，把握制方之道。

（3）气味治病以偏纠偏　气味作为药物的偏性之一，其治疗疾病的过程，即以药物之气味祛除病气或培补正气的过程，实现纠正偏盛偏衰的目的。

（4）复方气味的性能　每种药物都有自己的气味，而方为药之合，因此，由各种药物组成的方剂自然也存在一定气味。复方气味，是指方剂具有的寒热温凉（含平、大热、微温、大寒、微寒、凉）"四气"，同药物四气一样反映了复方对人体阴阳盛衰、寒热变化的作用趋向和酸咸苦甘辛（含淡、涩）"五味"的性能特点。

3.医家对气味学说的发挥

张仲景组方用药，擅长应用气味学说，如其创立的麻黄汤、桂枝汤、青龙汤、半夏泻心汤等。成无己"以气味释方"、"气味结合君臣佐使"解释经方。张元素研究药物有不少发明创见，尤其表现在对药物气味配伍方面。张介宾深入阐发药物的气味和作用特点，对临证处方用药具有重要的参考价值。李时珍非常重视药物的气味，在《本草纲目》中专设"气味"加以论述，在"集解""发明"等栏目中亦多精彩之论。

（七）瘟疫学说

瘟疫学说是中医论治传染病的学说，是温病学派在形成和发展过程中产生的学说之一，其研究内容主要为传染病的病因、病机、预防及证治规律。

1.瘟疫学说的形成与发展

瘟疫最早见于《礼记·月令》曰："孟春行秋令，则民病大疫"；"季春行夏令，则民多疾疫，""仲夏行秋令，则民殃于疫"；"孟秋行夏令，民多疟疾"。说明当时的人们不仅认识到了传染病的流行性，而且也看到了传染病的季节性，并认为季节气候的严重反常变化是传染病发生和流行的主要原因。《素问·本病论》："民病瘟疫早发，咽嗌乃干，四肢满，肢节皆痛。"《素问·刺法论》："五疫之至，皆相染易，无问大小，病状相似"等。东汉末年《伤寒杂病论》云："寒毒藏于肌肤，至春变为温病，至夏变为暑病……""若更感疫气，变为它病者，当依后坏病证而治之……更遇温气，变为温疫。"文中指出寒毒邪气伏藏于肌肤，至春、夏发病者，即是温病、暑病。并且认为疫病有寒疫与温疫之别，为后世的疫病学说提供了依据。自此以后，葛洪、巢元方、孙思邈、庞安时、郭雍、刘完素、张从正、李东垣、朱震亨、许叔微、缪希雍等医家的论著中均可见到有关瘟疫的案例及经典方药。

但是，真正通过大量临床实践的探索总结，对瘟疫发病证治进行专题研究，在其治法和理论上有所突破和创新，并逐渐形成相对独立、较为完整的学说，还是在明清时期。清代末年，山东、浙江、南北直隶，瘟疫流行，极为猖獗，诸医以伤寒法治之罔效，唯吴有性辨其为瘟疫而非伤寒，按疫施治，大获奇效，著成《温疫论》，标志着瘟疫学说体系建立，自此瘟疫学说开始成熟并迅速发展。清顺治、康熙年间，杨璿面对"瘟疫盛行，死者枕籍"的惨状，上溯《内经》《伤寒论》，融汇王安道、喻昌、张璐等诸家经验，继承和发挥了吴氏《瘟疫论》而著《伤寒瘟疫条辨》。其后，戴天章亦尊吴有性之《温疫论》，特著《广瘟疫论》以推广吴氏之学。继戴氏之后，余霖亦对瘟疫学说有较大发挥，著《疫疹一得》阐述己见，补充了吴有性论瘟疫的不足。此外，清代刘奎之《松峰说疫》亦对多种瘟疫有着较为详细的论述，其他如王世雄、郭志邃、隋霖、陈耕道、余伯陶、柳宝诒、刘吉人、雷少逸等亦有相关专著。至此瘟疫学说日趋完善。

2.瘟疫病因

主要有杂气说和伏气温病说。吴有性断然否定了六淫致疫的可能性，提出"别有异气所感"之杂气说，并对"杂气"之流行传染性及有关病位、病种、物种的特异性都进行了较为详尽的论述。可以说，吴氏在当时没有微观观察技术的条件下做出如此超时代的科学论断，是非常难能可贵的，这一说法也得到了后世的肯定与沿用。

此外，《素问·金匮真言论》中说："藏于精者，春不病温"，是伏气致病学说的最早记载。晋·王叔和在"平脉篇"中首创"伏气"之名，并在《伤寒例》中提出了"寒毒"伏藏的部位问题，伏气温病亦得到后世医家的肯定，并在清代有刘吉人之《伏邪新书》、柳宝诒《温热逢源》等医著进行了专门论述。

3.瘟疫发病

瘟疫的发病，历代医家观点不一，综而观之，主要有体质因素，如《素问·刺法论》说："正气存内，邪不可干。"《灵枢·百病始生》说："两虚相得，乃客其形。"疫病也是如此，如果人体正气不足，不能抵御外邪的侵袭，就易发生，如：素禀体虚，御邪力弱；气血失调，卫外失固；饥饿、劳倦、寒热冷暖失宜，正气不足而不能御邪。另一方面，疫邪太甚，致病力太强，超过了正气所能抵御的限度，出现正不胜邪，亦可发病。还有自然因素，自然灾害发生与流行也密切相关，包括大旱、久雨、虫害等。如公元612年（隋代大业八年）"大旱疫，人多死"，1199年南宋宁宗五年"久雨，民疫"（《中国医史年表》）等。温疫的发生和流行还表现出一定的地域性。例如江南地势低平，湖泊稠密，气候湿润，多湿热、暑湿疫邪为病；岭南地区气候炎热潮湿，多山岚瘴气，蚊虫滋生，容易导致疟疾传播。还如某些地区经济滞后，卫生条件较差，鼠类、虱子、跳蚤较多，也为疫病的发生和流行提供了有利条件。

此外还有社会因素，包括国家政治制度、经济实力以及人民文化程度和生活习惯等方面。人民生活贫困，营养不良，卫生及防疫设施较差，人口迁徙流动，便常有疫病的发生与流行。战争也是引起大疫的重要因素，《内外伤辨惑论》记有金代（1232年）一次战争之后的疫病流行，不到3个月死亡近百万人。

4.瘟疫病机

主要有邪伏募原、新感温病、伏而后发等认识。吴有性提出邪伏募原之说，旨在说明瘟疫致病病位的特殊性，因此指导临床用药，但该说有一定局限性。后世辨治温病多以新感温病之邪气性质辨别病机，临床可见风热、暑热、湿热、燥热、温热、疫毒、风寒等疫邪性质，不同邪气即可单独致病，其间亦可相兼为病，临证病机因病邪性质不同而有所区别。此外，伏气温病往往是伏而后发，寒邪、暑邪（易兼湿邪）为主要致病邪气，伏邪部位据载有肌肤、肌骨、募原、少阴肾等不同，而发病与气候、体质、复感及饮食、起居、情志、劳逸有关。

5.鉴别与诊断

吴有性认为，瘟疫虽与伤寒有天壤之别，但其病变过程中的临床表现又往往有相似之处，因而临床上每易造成误诊误治，为使后人能够详辨，吴氏在《温疫论》中专列"辨明伤寒时疫"篇，对瘟疫和伤寒从病因、邪入途径、发病情况、病位、传变、初期症状、传染、治疗、预后九个方面作了极为细致的鉴别。此后，杨栗山承其学说，进一步论述二者在病因、传变、证候、治法方面的区别。戴天章则创"瘟疫诊断五法"，以辨气、血、舌、神、脉为要点，完善了瘟疫诊断。余霖则详论疫疹与伤寒区别，进一步充实了瘟疫的临证认识。

6.瘟疫治疗

吴有性根据瘟疫发病和传变规律，提出治疗瘟疫以逐邪为第一要义，即在瘟疫初起宜疏利募原，邪溃出表可辛凉发散，邪入胃腑当攻里通下，疫病后期注意养阴。临证时亦当灵活变通，若遇瘟疫一日三变的危急重证，需采取"数日之法，一日行之"的紧急措施，方可力挽狂澜。戴天章强调瘟疫汗不厌退，下不嫌早，清法贯穿始终，补法用于善后，表里寒热虚实并见或余邪未尽则用和法。余霖创十二经清热之总方"清瘟败毒饮"，以重用石膏为特色，体现出典型的清热治瘟之思想。而杨璿更是以治温十五方倡导"轻则清之""重则泻之"，亦是将逐邪作为治疗瘟疫的核心要务。

·参考文献·

1.任应秋.中医各家学说（第四版）[M].上海：上海科学技术出版社，1980.

2.鲁兆麟.中医各家学说专论[M].北京：人民卫生出版社，2009.

3.李成文.中医各家学说（第二版）[M].上海：上海科学技术出版社，2014.

4.陈大舜.中医学说之研究[M].长沙：岳麓书社，1995.

5.秦玉龙.中医各家学说[M].北京：中国中医药出版社，2012.

6.易法银.中医临床医学流派[M].长沙：湖南科学技术出版社，2003.

7.严世芸.中医学术发展史[M].上海：上海中医药大学出版社，2004.

8.李经纬.中医学思想史[M].长沙：湖南教育出版社，2006.

9.李成文.仲景学术历代医家研究与传承[M].北京：中国中医药出版社，2022.

10.韩毅.宋代瘟疫的流行与防治[M].北京：商务印书馆，2015.

11.冯全生.瘟疫学[M].北京：中国中医药出版社，2019.

12.李成文.中医史（第二版）[M].北京：人民军医出版社，2009.

13.李成文，李东阳.两宋金元中医药文化研究[M].北京：中国医药科技出版社，2021.

14.刘桂荣，李成文.中医学术流派概论[J].中医药学报，2013；41（6）：1-4.

15.陈宇虹，戴铭.中医流派研究现状概述[J].中国中医基础医学杂志，2019，25（01）：123-126.

16.王莹莹，杨金生.对中医学术流派与传承方式的若干思考[J].中国中医基础医学杂志，2015，21（01）：44-46+49.

17.孙慧明，李成华，王振国.中医学术流派的社会功能［J］.中国中医基础医学杂志，2019，25（09）：1230-1231.

18.瞿涛，宋杰，杜艳军，王平.中医学术流派发展经验对中医传承的启示［J］.中医杂志，2019，60（05）：445-447.

19.王缙，罗婕，范天田，莫清莲，陈晓林.中医外科学术流派研究评述［J］.中华中医药杂志，2024，39（01）：78-81.

20.张玉辉，张敏，刘理想，等.宋明理学对中医养生学的影响探析［J］.中国中医基础医学杂志，2022，28（12）：1986-1988.

21.李成文，司富春.宋金元时期中医基础理论创新研究［J］.中华中医药杂志，2010，25（7）：985-989.

孙思邈

学习要点

孙思邈博采众长，阐发养生理论，总结养生方法；潜心研究《伤寒论》，提出桂枝汤、麻黄汤、小青龙汤三方通治伤寒的见解，提出"以法类证""以方类证"的归类方法。广集古方与时方，创制新方并化裁古方，著《备急千金要方》与《千金翼方》，集唐以前方剂学之大成，是一位承先启后的医药学家和养生家。

目的要求：

掌握养生理论和方法，伤寒学成就，方剂学成就；熟悉养生理论历史沿革；了解其生平、著作及学术成就对后世的影响。

一、概说

孙思邈（581~682，一说541~682），隋唐京兆华原（今陕西省铜川市耀州区）人。

孙氏幼时聪慧敦敏，勤奋好学，因幼患风冷痼疾，深受病痛折磨，且憾于庸医学术不精，又目睹当时读书之人皆向往仕途，鄙视方技，"多教子弟诵短文，构小策，以求出身之道，医治之术，阙而弗论。"乃矢志从医，终成一代名医。孙氏淡于名利，不事仕途，隋文帝、唐太宗、唐高宗均召他为官，皆婉言辞谢，隐居于太白山、终南山、峨眉山、五台山等并以医为业，被后人奉为孙真人。

孙氏治学主张勤求古训，博采众长，认为医学是"至精至微之事"，关系到人的生死存亡，应上通天文，下穷地理，中悉人事，对儒教、道教、佛教、历史、天文、地理以及人情世事，无所不通，方为苍生大医；孙思邈也常虚心求教，不耻下问，"一事长于己者，不远千里，伏膺取决"，其医德医风体现在《大医精诚》一文中，并成为后世行医规范。

孙思邈的著作有《备急千金要方》《千金翼方》。现有《孙思邈医学全书》合订本。

二、学术特色与临证经验

（一）养生理论与方法

养生一词，始见于《庄子·养生主》。早在上古时期人们已经了解并掌握了一定的养生知识与方法。甲骨文及春秋战国诸子，如庄子、老子、子华子、孔子、荀子、管子、韩非子等，均论及养生内容。《黄帝内经》中"上古天真论""四气调神大论"等篇对养生的论述则是对秦汉养生学说的高度概括，标志着中医养生学的初步形成。魏晋以后，道教崛起，服石与金丹风气流行。张湛总结养生十要；陶弘景著《养性延命录》重视导引、吐纳、按摩；孙思邈系统总结养生理论及养生方法，对后世产生了巨大影响。宋元时期，刘完素提出吹气、嘘气、呼气、吸气等吐故纳新方法调养精气；张从正主张食补养生；朱震亨著《饮食箴》《色欲箴》《养老论》专篇，重视养精护阴。明清时期，李梴提出"保养说"；尤乘论述了五脏调养理论；冷谦倡导养生十六宜；高濂《遵生八笺》介绍了调养五脏的坐功法；曹庭栋著《老老恒言》，并编制了粥谱，分为上、中、下三品，配方百余首，可谓集食养保健药粥之大成。

孙思邈极其重视养生，谓"二仪之内，阴阳之中，唯人最贵。""人之所贵，莫贵于生"，"有智之人"，必当"爱惜生命"，"安不忘危"。从精神、饮食、运动、房室、服用药饵等方面系统地论述了养生理论及简单易行的养生方法。

1. 精神养生

孙氏根据《素问·上古天真论》摄生之旨，重视养性，主张抑情节欲，并引用陶弘景之说，认为多思则神殆，多念则志散，多欲则志昏，多事则形劳，多语则气乏，多笑则脏伤，多愁则心摄，多乐则意溢，多喜则忘错昏乱，多怒则百脉不定，多好则专迷不理，多恶则憔悴无欢，指出此"十二多"为"丧生之本"；而少思、少念、少欲、少事、少语、少笑、少愁、少喜、少怒、少好、少恶，此"十二少"是养性之都契。还提出"养生十要"：一曰啬神，二曰爱气，三曰养形，四曰导引，五曰言论，六曰饮食，七曰房室，八曰反俗，九曰医药，十曰禁忌。孙氏强调说，"夫养性者，欲所习以成性，性自为善，不习无不利也。性既自善，内外百病皆悉不生，祸乱灾害亦无由作，此养性之大经也。"（《备急千金要方·卷第二十七·养性》），并提出"淡然无为，神气自满，以此为不死之药。"

2. 饮食养生

先秦时期，食医被列为诸医之首。孙思邈在继承《神农黄帝食禁》《老子禁食经》《食经》等前人成就的基础上，系统提出饮食养生理论和方法，重视食宜食养，强调食疗，明确指出"安身之本，必资于食"，"不知食宜者，不足以存生。"

（1）详论饮食宜忌：孙氏尊奉《素问·藏气法时论》"毒药攻邪，五谷为养，五果为助，五畜为益，五菜为充，气味合而服之，以补精益气"之说，将《备急千金要方·食治》所载236种食物分为果实类、菜蔬类、谷米类、鸟兽类，详细论述了每味食物的功效、主治和宜忌。如葡萄"久食轻身不老延年"；樱桃"令人好颜色，美志"；"牛乳性微寒，补血脉，益心长肌肉，令人身体康强润泽，面目光悦，志气不衰……为人子者，须供之以为常食，一日勿缺，常使恣意充足为度也，此物胜肉远矣。"并主张合理饮食，注重饮食安全，提出"勿食生菜、生米、小豆、陈臭物"，忌生腐食。

（2）提倡饮食清淡：孙氏提出"学淡食"，"每食不用重肉，喜生百病"，强调合理搭配食物，勿偏食五味。"五味不欲偏多，故酸多则伤脾，苦多则伤肺，辛多则伤肝，咸多则伤心，甘多则伤肾，此五味克五脏，五行自然之理也。"

（3）主张少食多餐：孙氏指出"食欲数而少，不欲顿而多，则难消也"，"常欲令如饱中饥，饥中饱耳。"若饮食不节，暴饮暴食，不但无益于养生，反而损害身体。

（4）强调食物治疗：食物可以致病，也可以治病。孙氏指出："食能排邪而安脏腑，悦神爽志，以资血气"，"若能用食平疴，释情遣疾者，可谓良工"，"夫为医者，当须先洞晓病源，知其所犯，以食治之；食疗不愈，然后命药"。其用含碘丰富的动物甲状腺（鹿靥、羊靥）治疗甲状腺肿；用动物肝（羊肝、牛肝）治夜盲症；用赤小豆、乌豆、大豆等治脚气病。

另外，孙氏还倡导以石钟乳、石英等矿物药饲牛以取乳，更有利于养生，并进一步提出将石英喂养乳牛后的粪作为肥料，种植枸杞子、牛膝、豆菜等，"食之大益人"。其构思巧妙，颇富创造性。

3.运动养生

孙氏继承华佗养生思想，主张小劳，强调指出："养性之道，常欲小劳，但莫大疲及强所不能堪耳"。具体方法包括适当运动、按摩、导引、调气、内视等，这些方法可使"身体悦泽，面色光辉，鬓毛润泽，耳目精明，令人食美，气力强健，百病皆去"。并提出养性"常当习黄帝内视法"，所谓内视法，即闭目存想、意念视内的方法，具有消除紧张、健脑宁神的作用。孙氏运动养生法还体现为发常梳、目常运、齿常叩、津常咽、耳常搓、面常洗、胸常挺、腹常摩、腰常撮、肛常提、脚常揉等方面。并告诫人们不宜久视、久卧、久立、久坐、久行，否则伤血、伤气、伤肉、伤筋、伤骨。

孙氏提出通过"按摩按捺"，通利四肢百节，帮助驱邪外出，他提倡饭后适量活动，用手按摩腹部，帮助食物消化，若饭后不主动活动助消化，甚至"饱食即卧"则易生百病，可见孙思邈科学合理的运动观。

4.房室养生

孙氏在《备急千金要方·卷第二十七·房中补益》提出"年至四十须识房中之术"。

（1）欲不可绝：孙氏认为正常适度的性生活有利于身心健康，因为"男不可无女，女不可无男。无女则意动，意动则神劳，神劳则损寿"。

（2）欲不可纵：性欲无度是养性之大戒，如果一味沉溺于房室，"恣其情欲，则命同朝露也"。孙氏警告说："精少则病，精尽则死"。"苟能节宣其宜适，抑扬其通塞者，可以增寿"。

（3）房事禁忌：孙氏总结了气候、环境、情绪、不良生活习惯对房室生活的不良影响，指出"凡新沐远行及疲、饱食醉酒、大喜大悲、男女热病未瘥、女子月血新产者，皆不可合阴阳"，并特别强调交合当避"大风大雨大雾大寒大暑、雷电霹雳、天地晦冥、日月薄蚀、虹霓地动"等时令和自然界气候突变；否则"损男百倍，令女得病"，甚至影响后代，出现癫疾、愚顽、聋哑、跛、盲等疾患。还反对凭借春药入房，指出"贪心未止，兼饵补药，倍力行房，不过半年，精髓枯竭。"

（4）房中养生方药：孙氏常用的房中强性养生药有肉苁蓉、蛇床子、巴戟天、远志、地黄、枸杞子、山茱萸、山药、五味子、石钟乳、鹿茸等。常用助阳方有琥珀散、苁蓉散、秃鸡散、天雄散、石硫黄散、杜仲散、白马茎丸、梦泄失精方、虚劳尿精方以及房室过度，精泄自出不禁，腰痛不得屈伸，食不生肌，两脚苦弱方等，对后世房室养生具有重要影响。

5.药饵养生

药饵是由滋补健体、抗衰防老的中药制成，以治疗疾病，增强体质，延年益寿，是养生的重要措施。《千金翼方·养性服饵》收载药饵59首，如地黄汤、黄精膏、不老延年方、彭祖延年柏子仁方等。认为天门冬可"补中益气，愈百病"，久服"延年益命"；地黄"使人老者还少，强力，无病延年"；地黄酒酥可"令人发白更黑，齿落更生，髓脑满实，还年却老"。同时，孙氏还主张四时应服不同的药饵，"凡人春服小续命汤五剂，及诸补散各一剂；夏大热则服肾沥汤三剂；秋服黄芪等丸一两剂；冬服药酒两三剂，立春日则止"，若"此法终身常尔，则百病不生矣"。

此外，孙氏还重视环境养生、四时养生及体质养生。主张居住在山清水秀、气候高爽、雅素净洁的清静幽境之中。并要顺应四时，生活有序。当冬不欲极温，夏不欲穷凉，"春冻未泮，衣欲上厚下薄，养阳收阴……冬时天地气闭，血气伏藏，人不可作劳出汗，发泄阳气，有损于人也……春欲晏卧早起……凡冬月忽有大热之时，夏月忽有大凉之时，皆勿受之。"还要根据年龄、性别、体质进行调养，"小儿虽无病，早起常以膏摩囟上及手足心，甚辟寒风。""人年四十已上，常服炼乳散不绝，可以不老……人年四十已上，勿服泻药，常饵补药大佳"。孙氏强调因人施养，其谓"寻性理所宜，审冷暖之适，不可见彼得力，我便服之"，应"量其性冷热虚实，自求好方常服"。

孙氏设《退居》专篇研究"养老"。主张老年应"耳无妄听，口无妄言，心无妄念"；饮食宜轻清淡，"常宜温食"，推崇食乳酪、牛乳及甘润和血肉填精之品；指出沐浴不能太频，饥饿与饱食后不宜沐浴。孙氏主张"善摄生者，无犯日月之忌，无失岁时之和"，"非但老人须知服食，将息节度，极须知调身按摩，摇动肢节，导引行气"。

（二）对伤寒的研究

孙思邈对《伤寒论》颇为推崇，对仲景学说大为赞赏，"伤寒热病，自古有之。名贤睿哲，多所防御。至于仲景，特有神功。"孙思邈认为《伤寒论》与《内经》《神农本草经》同等重要，都是医者必须学习的著作。他对《伤寒论》进行了归纳和整理，收于《千金翼方》之中，对仲景学说的传承起到了积极的作用。

1. 推崇太阳病桂枝、麻黄、青龙三法

孙思邈潜心研究《伤寒论》，提出桂枝汤、麻黄汤、小青龙汤三方通治伤寒的见解，孙思邈指出："寻方之大意，不过三种：一则桂枝，二则麻黄，三则青龙。此之一方，凡疗伤寒不出之也。其柴胡等诸方，皆是吐下发汗后不解之事，非是正对之法。"在伤寒病论治中他强调桂枝汤、麻黄汤及青龙汤的使用，认为此三方系治疗伤寒病的三大正方正法，至于其他方法皆为变方变法。自孙思邈之后，经许叔微、成无己、方有执，喻昌等不断阐发，最终发展形成了"三纲鼎立"学说。

2. "以法类证""以方类证"

孙思邈是在晚年撰写《千金翼方》时得以见到《伤寒论》，他深感《伤寒论》中一个方剂所治之证，常散见于多处，临证时难以检用，因此打破了原有条文的先后顺序，采取"方证同条，比类相附"的方法重新进行整理，以便"须有检讨，仓卒易知"。其将《伤寒论》重新汇编为16篇，具体包括：太阳病用桂枝汤法、太阳病用麻黄汤法、太阳病用青龙汤法、太阳病用柴胡汤法、太阳病用承气汤法、太阳病用陷胸汤法、太阳病用杂疗法、阳明病状、少阳病状、太阴病状、少阴病状、厥阴病状、伤寒宜忌、发汗吐下后病状、霍乱病状、阴（阳）易病已后劳复等。实际上是一种以方名证的归类方法，例如"太阳病用桂枝汤法"，孙思邈将桂枝汤所治之证汇列一处，后附桂枝汤药物组成及煎服法，同时将桂枝汤变证及其加减方（桂枝加葛根汤、桂枝加厚朴杏子汤、桂枝加附子汤、桂枝去芍药加附子汤、桂枝麻黄各半汤、桂枝二麻黄一汤、桂枝二越婢汤、桂枝去桂加茯苓白术汤）亦一一汇集于下，孙思邈这种整理归类的方法使《伤寒论》纲目分明，条理清楚，便于研习，对后世伤寒学派、经方学派的发展产生了深远的影响。

（三）方剂学的成就

1. 集唐以前方剂之大成

孙思邈广泛收集古方、时方与单验方，并化裁与创制新方，《备急千金要方》《千金翼方》载录方剂6500多首，对后世影响较大。如单验方用常山治疟；白头翁、黄连治痢；茵陈、大黄治黄疸；槟榔治寸白虫；生莱菔汁治消渴；芦根煎汤治呕哕；芦根、白茅根治胃燥、反胃、食即吐出、上气；浮萍治小便不利、水气浮肿；海藻、昆布为主治瘿；蔷薇根治积年口疮不瘥；猪蹄汤下乳；以榆白皮、茅根治热淋；以生地汁、竹沥、独活治口眼歪斜，舌不能语；用蒲黄、滑石治小便不利、茎中疼痛、小腹急痛等。用鹿角散涂面，可使皮肤光泽洁白。

2. 化裁古方

孙氏注重化裁演变前人方剂以应变证。如以调胃承气汤加生地、大枣化裁成生地黄汤，治疗阴津亏损，虚羸少气，心下满，胃中有宿食，大便不利。将小建中汤化裁演变为内补当归建中汤、前胡建中汤、内补芎劳汤、大补中当归汤、黄芪汤及乐令黄芪汤等，治疗各种虚劳之证。将大黄牡丹皮汤、抵当汤、大黄附子细辛汤三方组合而成朴硝荡胞汤，治疗不孕症。

3. 创制新方

孙氏根据临床实践需要，创制许多新方，如苇茎汤、犀角地黄汤（解毒地黄汤）、独活寄生汤、温脾汤、温胆汤、神曲丸（即磁朱丸）、小续命汤等，组方配伍颇具特色，成为后世名方。

（1）苇茎汤：主治肺痈。方用薏苡仁、冬瓜子、桃仁、苇茎。方中苇茎清肺泄热，为治肺痈要药；辅以冬瓜子祛痰排脓；薏苡仁清热利湿，桃仁活血祛瘀而为佐使。药虽四味，性味亦属平淡，但力专用宏，共奏清热化痰，逐瘀排脓之功。

> **医案举例**

◆堂伯兄饮火酒，坐热炕，昼夜不寐，喜出汗。误服枇杷叶、麻黄等利肺药，致伤津液，遂成肺痈，臭不可当，日吐脓二升许。用千金苇茎汤合甘桔法。

苇根八两、苦桔梗三两、桃仁一两五钱、苡仁二两、冬瓜仁一两五钱、生甘草一两。

煎成两大茶碗，昼夜服完碗半，脓去十之七八，尽剂脓去八九，又服半剂，毫无臭味，调理脾胃收功。（《吴鞠通医案·卷三》）

（2）犀角地黄汤（解毒地黄汤）：主治伤寒及温病应发汗而不汗，邪气入内，蓄血及鼻衄吐血不尽而内余瘀血，大便黑，面黄之证。方用犀角（现用水牛角代替）、生地黄、芍药、牡丹皮（若喜妄如狂者加大黄、黄芩），对后世温热学派治疗热入血分产生重要影响。

> **医案举例**

◆段春木之室烂喉，内外科治之束手。姚雪蕉孝廉荐孟英视之，骨瘦如柴，肌热如烙，韧痰阻于咽喉，不能咯吐，须以纸帛搅而曳之，患处红肿白腐，龈舌皆糜，米饮不沾，月事非期而至，按其脉，左细数，右弦滑。曰：此阴亏之体，伏火之病，失于清降，扰及于营。先以犀角地黄汤，清营分而调妄行之血；续与白虎汤加西洋参等，肃气道而泻燎原之火；外用锡类散，扫痰腐而消恶毒；继投甘润药，蠲余热而充津液。日以向安，月余而起。（《重订广温热论·温热本证医案》）

（3）独活寄生汤：治肾气虚弱，外感风寒湿邪，腰膝痛重，或偏枯冷痹之证。方用独活、桑寄生、杜仲、牛膝、细辛、秦艽、茯苓、肉桂、防风、川芎、生地黄、人参、甘草、当归、芍药。标本兼顾，扶正祛邪，补肝肾，壮筋骨，行气血，祛风湿，为治疗痹症之名方。

> **医案举例**

◆朱丹溪治一妇人，患腿兼足胫弯挛痛，服发散药愈甚，尺脉弦紧，此肝肾虚弱，风湿内侵也。以独活寄生汤治之痛止，更以神应养真丹而弗挛矣。（《续名医类案·卷十九》）

◆孝廉王征美，腰痛不得坐卧，服补肾药弗效。余曰：脉缓大而无力，为风湿交侵，用独活寄生汤四剂而痛止，但苦软弱。余曰：邪去则正虚。服八味丸数日而愈。（《里中医案·王征美腰痛》）

（4）温胆汤：治不得眠的胆寒证。方用半夏、竹茹、枳实、橘皮、生姜、甘草。方用生姜、半夏温胆，枳实、竹茹清中，橘皮、甘草理气和中，诸药合用，使胆得疏泄，胃和烦除而神安，诸症自解。

> **医案举例**

◆汪石山治一女，年十五，病心悸，常若有人捕之，欲避而无所，其母抱之于怀，数婢护之于外，犹恐恐然不能安寐，医者以为病心，用安神丸、镇心丸、四物汤不效。汪诊之脉皆细弱而缓，曰：此胆病也。用温胆汤服之而安。(《名医类案·卷六》)

（5）温脾汤：治久病虚羸、寒积腹痛。方用大黄、当归、干姜、附子、人参、芒硝、甘草。方中以附子温脾散寒，大黄攻逐积滞，二者共奏温下之功，芒硝、当归润肠软坚，干姜助附子温阳祛寒，人参配甘草益气补脾，诸药协力，使寒邪去，积滞行，脾阳复，诸症悉除。

4.剂型丰富，用药方法多样

《备急千金要方》和《千金翼书》记载了多种治疗方法与不同剂型，如药物熏洗避秽防疫法、外科疮疡肿毒涂药外敷法、皮肤病煎药洗浴法、美容及小儿疾病粉身膏摩法、九窍疾病常用孔窍吹药法、大肠疾病善用灌肠坐导法等。尤其重视药酒疗法，治疗妇人病的药酒方就有242首，如治疗产后痹痛的独活酒、防风酒，治产后腹痛的桂心酒、牛膝酒等。孙氏治疗剂型丰富多彩，仅儿科剂型就有汤、丸、丹、散、膏、吮剂、乳剂、药粥、糖浆、饴脯、含嗽剂、鲜汁、熨剂、涂剂、摩剂、点眼剂等。足见药王孙思邈临床经验之丰富。

原著选读

●凡欲为大医，必须谙《素问》《甲乙》《黄帝针经》、明堂流注、十二经脉、三部九候、五脏六腑、表里孔穴、本草药对、张仲景、王叔和、阮河南、范东阳、张苗、靳邵等诸部经方。又须妙解阴阳禄命，诸家相法，及灼龟五兆，《周易》六壬，并须精熟，如此乃得为大医。若不尔者，如无目夜游，动致颠殒。次须熟读此方，寻思妙理，留意钻研，始可与言于医道者矣。又须涉猎群书，何者？若不读五经，不知有仁义之道；不读三史，不知有古今之事；不读诸子，睹事则不能默而识之；不读《内典》，则不知有慈悲喜舍之德；不读《庄》《老》，不能任真体运，则吉凶拘忌，触涂而生。至于五行休王、七耀天文，并须探赜，若能具而学之，则于医道无所滞碍，尽善尽美矣。(《备急千金要方·卷一》)

●夫养性者，欲所习以成性，性自为善，不习无不利也。性既自善，内外百病，皆悉不生，祸乱灾害，亦无由作，此养性之大经也。善养性者，则治未病之病，是其义也。故养性者，不但饵药餐霞，其在兼于百行，百行周备，虽绝药饵足以遐年。德行不充，纵服玉液金丹，未能延寿。故老子曰：善摄生者，陆行不遇虎兕，此则道德之佑也，岂假服饵而祈遐年哉？圣人所以制药饵者，以救过行之人也。故愚者抱病历年而不修一行，缠痾没齿，终无悔心。此其所以歧和长逝，彭跗永归，良有以也。

嵇康曰：养生有五难，名利不去为一难，喜怒不除为二难，声色不去为三难，滋味不绝为四难，神虑精散为五难。五者必存，虽心希难老，口诵至言，咀嚼英华，呼吸太阳，不能不回其操，不夭其年也。五者无于胸中，则信顺日跻，道德日全，不祈善而有福，不求寿而自延，此养生之大旨也。然或有服膺仁义，无甚泰之累者，抑亦其亚欤。(《备急千金要方·卷二十七》)

●凡用药，皆随土地所宜，江南岭表，其地暑湿，其人肌肤薄脆，腠理开疏，用药轻省；关中河北，土地刚燥，其人皮肤坚硬，腠理闭塞，用药重复。世有少盛之人，不避风湿，触犯禁忌，暴竭精液，虽得微疾，皆不可轻以利药下之。一利大重，竭其精液，困滞着床，动经年月也。凡长宿病，宜服利汤，不须尽剂，候利之足则止。病源未除者，于后更合耳。稍有气力堪尽剂，则不论也。病源须服利汤取除者，服利汤后，宜将丸散时时助之。凡病服利汤得瘥者，此后慎不中服补汤也。若得补汤，病势还复成也，更重泻之，则其人重受弊也。若初瘥，气力未甚平复者，但消息之，须服药者，当以平药和之。夫常患之人，不妨行走，气力未衰，欲将补益。冷热随宜丸散者，可先服利汤，泻除胸腹中壅积痰实，然后可服补药也。夫极虚劳应服补汤者，不过三剂即止。若治风病应服治风汤者，皆非三五剂可知也。自有滞风洞虚，即服十数剂，乃至百余日可瘥也。故曰：实则泻之，虚则补之。

●夫二仪之内，阴阳之中，唯人最贵。人者，禀受天地中和之气，法律礼乐，莫不由人。人始生，先成其精，精成而脑髓生。头圆法天，足方象地，眼目应日月，五脏法五星，六腑法六律，以心为中极。大肠长一丈二尺，以应十二时；小肠长二丈四尺，以应二十四气；身有三百六十五络，以应一岁；人有九窍，以应九州；天有寒暑，人有虚实；天有刑德，人有爱憎；天有阴阳，人有男女；月有大小，人有长短。所以服食五谷，不能将节，冷热咸苦，更相抵触，共为攻击，变成疾病。凡医诊候，固是不易，又问而知之，别病深浅，名曰巧医。仲景曰：凡欲和汤合药，针灸之法，宜应精思，必通十二经脉，辨三百六十孔穴荣卫气行，知病所在，宜治之法，不可不通。古者上医相色，色脉与形不得相失，黑乘赤者死，赤乘青者生。中医听声，声合五音，火闻水声，烦闷干惊；木闻金声，恐畏相刑。脾者土也，生育万物，回助四旁，善者不见，死则归之。太过则四肢不举，不及则九窍不通，六识闭塞，犹如醉人。四季运转，周而复始。下医诊脉，知病源由，流转移动，四时逆顺，相害相生，审知脏腑之微，此乃为妙也。（《备急千金要方·卷一》）

●夫天布五行，以植万类，人禀五常，以为五脏；经络府腧，阴阳会通；玄冥幽微，变化难极。《易》曰：非天下之至赜，其孰能与于此。观今之医，不念思求经旨，以演其所知；各承家技，始终循旧。省病问疾，务在口给，相对斯须，便处汤药。按寸不及尺，握手不及足；人迎趺阳，三部不参；动数发息，不满五十。短期未知决诊，九候曾无仿佛；明堂阙庭，尽不见察，所谓窥管而已。夫欲视死别生，固亦难矣。此皆医之深戒，病者可不谨以察之而自防虑也。古来医人皆相嫉害，扁鹊为秦太医令李醯所害，即其事也。一医处方，不得使别医和合，脱或私加毒药，令人增疾，渐以致困。如此者非一，特须慎之，宁可不服其药，以任天真，不得使愚医相嫉，贼人性命，甚可哀伤。

夫百病之本，有中风伤寒，寒热温疟，中恶霍乱，大腹水肿，肠澼下痢，大小便不通，奔豚上气，咳逆呕吐，黄疸消渴，留饮癖食，坚积癥瘕，惊邪癫痫，鬼疰，喉痹齿痛，耳聋目盲，金疮踒折，痈肿恶疮，痔瘘瘤瘿，男子五劳七伤、虚乏羸瘦，女子带下崩中，血闭阴蚀，虫蛇蛊毒所伤。此皆大略宗兆，其间变动枝叶，各依端绪以取之。又有冷热劳损，伤饱房劳，惊悸恐惧，忧恚怵惕，又有产乳落胎，堕下瘀血，又有贪饵五石，以求房中之乐。此皆病之根源，为患生诸枝叶也，不可不知其本末。但向医说男女长幼之病，有半与病源相附会者，便可服药也。男子者众阳所归，常居于燥。阳气游动，强力施泄，便成劳损损伤之病，亦以众矣。若比之女人，则十倍易治。凡女子十四以上则有月事，月事来日，得风冷湿热四时之病相协者，皆自说之，不尔，与治误相触动，更增困也。处方者亦应问之。（《备急千金要方·治病略例》）

·参考文献·

1.张印生.孙思邈医学全书［M］.北京：中国中医药出版社，2005.

2.李成文.孙思邈医学全书注解［M］.郑州：河南科学技术出版社，2025.

3.高文柱.药王千金方［M］.北京：华夏出版社，2004.

4.刘渊.孙思邈摄生学［M］.成都：四川大学出版社，2018.

5.干祖望.孙思邈评传［M］.南京：南京大学出版社，2011.

6.滕晓东.厚德过于千金–从《千金方·大医精诚》看儒、释、道对孙思邈医德观的影响［J］.吉林中医药，2004，24（5）：1.

7.陈明华.试论儒佛道思想对孙思邈医学伦理思想的影响［J］.中国医学伦理学，2002，15（6）：61.

8.张敬文，鲁兆麟.孙思邈对道家内丹养生学发展的贡献［J］.中华中医药学刊，2007，25（6）：1205.

9.张敬文，鲁兆麟.孙思邈对命门学说发展的贡献［J］.四川中医，2007，25（2）：40.

10.蒋力生.孙思邈《千金方》房中养生研究［J］.江西中医学院学报，2004，16（2）：19.

11.宋青坡，王鑫，高希言，等.孙思邈养生思想探讨［J］.中医学报，2016，31（10）：1507-1510.

12.宇文亚.孙思邈治疗脾胃病理论与方药探讨［J］.辽宁中医杂志，2007，34（6）：738.

13.张建伟.浅析《千金方》对瘟疫学说的贡献［J］.陕西中医药大学学报，2023.46（4）：64.

14.杨瑞华，吕文亮，孙玉洁，等.孙思邈《备急千金要方》疫病学术思想探微［J］.中华中医药杂志，2021，36（5）：2461-2464.

15.张建伟.《千金方》治疗中风思路探讨［J］.陕西中医药大学学报，2019，41（1）：47.

16.于静.浅析《千金方》妇人病病名特点及分类［J］.中华中医药杂志，2023，7（38）：3275.

17.黄天宇，张其成.孙思邈胆虚寒论治失眠思想探析［J］.浙江中医药大学学报，2023，47（09）：1100.

18.董菲.试论孙思邈的眼科成就［J］.中医文献杂志.2023，41（02）：25.

19.鲍霞.《千金方》的康复思想及其价值［J］.中华中医药杂志.2023，38（04）：1492.

20.刘宁，李文刚.孙思邈学术思想对金元医家的影响［J］.北京中医，2003，22（3）：50.

钱 乙

❧ 学习要点 ❧

钱乙阐发小儿生理病理特点，在《内经》《中藏经》《金匮要略》《备急千金要方》基础上，创立小儿五脏辨证纲领，善于化裁创制新方，喜用丸散膏丹，对后世产生积极的影响。

目的要求：

掌握小儿生理、病理特点，五脏辨证；熟悉临证用药特色；了解其生平，著作及学术成就对后世的影响。

一、概说

钱乙（1035~1117），字仲阳，北宋山东郓城（今山东省东平县）人。

钱氏祖籍浙江钱塘，至曾祖父北上定居郓城。父亲钱颢，擅长针灸医术，但嗜好饮酒，喜欢出游。在钱乙3岁时，突然隐姓埋名，浪游海上不返。后其母亡，姑母及姑父怜悯其孤苦，将其抚养成人，并跟随姑父学医；精通儿科及内科、外科等，临证擅用丸散，喜用药引，重视升降，反对呆补峻攻与妄攻误下，奠定了中医儿科学基础，成为北宋名医。30多岁时，姑父将殁，告其家世，钱乙大声哭泣，并往返五六次才找到父亲，几年后终将父亲接回家中。钱氏在元丰年间因治好长公主女儿之疾，被授翰林医学士。《小儿药证直诀·序》说："其治小儿，賅括古今，又多自得，著名于时。其法简易精审，如指诸掌。"《四库全书总目提要》评价说："小儿经方，千古罕见，自乙始别为专门，而其书亦为幼科之鼻祖，后人得其绪论，往往有回生之功。"

钱氏治学主张汇通古今，不拘古法，创制新方，阐发小儿五脏辨证，对儿科学的发展形成及其后世张元素创立脏腑辨证有重要影响。故明代宋濂评论说："钱乙深得张机之玄奥，而撷其精华，建五脏之方，各随其宜。"

钱乙著作是《小儿药证直诀》，由门人阎季忠整理。另有明代熊宗立加注本《类证注释钱氏小儿方诀》、明代薛己加注本《校注钱氏小儿直诀》、民国张山雷加注本《小儿药证直诀笺注》。

二、学术特色与临证经验

（一）阐发小儿生理病理特点

1.生理特点

《灵枢·逆顺肥瘦》认为"婴儿者，其肉脆，血少气弱。"《诸病源候论·养小儿候》进一步阐发说："小儿脏腑之气软弱，易虚易实。"钱氏深入研究小儿生长发育特点与规律，提出小儿脏腑柔弱，肌肤筋骨不壮，智力未聪，不耐寒暑。其在《小儿药证直诀·记尝所治病二十三证》说："婴儿初生，肌骨嫩怯。"又在《小儿药证直诀·变蒸》提到："自生之后，即长骨脉、五脏六腑之神智也……计三百二十日生骨气，乃全而未壮也。"

2.病理特点

由于小儿形气未充，寒暖不能自调，饮食不知节制，一旦调护失宜，则易为六淫所侵，或饮食所伤；发病容易，传变迅速，发病过程中易虚易实，易寒易热。因此，钱乙强调说，"小儿易为虚实，脾虚不受寒温，服寒则生冷，服温则生热，当识此勿误也。"

（二）创立小儿五脏辨证纲领

《素问·至真要大论》首先将五脏病机与临床表现有机地结合在一起，提出"诸风掉眩，皆属于肝；诸寒收引，皆属于肾；诸气膹郁，皆属于肺；诸湿肿满，皆属于脾……诸痛痒疮，皆属于心。"《金匮要略》首论脏腑病脉证辨治；《中藏经》论述五脏六腑生理功能、临床症状与脉象，虚实寒热、生死逆顺；敦煌医学卷子《辅行诀脏腑用药法要》根据肝、心、脾、肺、肾五脏病证虚实辨证用方；《备急千金要方》以五脏六腑为纲，分虚实寒热进行论治。钱乙继承《内经》《难经》《金匮要略》《中藏经》《备急千金要方》之旨，根据小儿的生理与病理特点，以五脏为基础，以证候为依据，将风、惊、困、喘、虚归纳为肝、心、脾、肺、肾五脏所主，以虚实寒热概括五脏脏腑病理变化，并用五行阐述五脏之间相兼为病以及五脏与气候时令之间的相互关系。《小儿药证直诀》专列"五脏所主"、"五脏病"等篇，阐发小儿五脏辨证纲领。

1.五脏辨证

（1）"心主惊。实则叫哭发热，饮水而摇（一作搐）；虚则卧而悸动不安。"

（2）"肝主风。实则目直大叫，呵欠，项急，顿闷；虚则咬牙，多欠气。"

（3）"脾主困。实则困睡，身热，饮水；虚则吐泻，生风。"

（4）"肺主喘。实则闷乱喘促，有饮水者，有不饮水者；虚则哽气，长出气。"

（5）"肾主虚。无实也。惟疮疹，肾实则变黑陷"。"肾病，目无精光，畏明，体骨重。"

2.治疗方药

钱氏针对五脏虚实寒热，按照"盛即下之，久则补之"，"热则寒之"，"寒者温之"治则，提出治疗方药。还结合四时气候变化，并"视病之新久虚实，虚则补母，实则泻子。"

心气热，导赤散主之；心实热，泻心汤主之；心虚热，生犀散；心虚肝热用安神丸，肝实热，泻青丸主之；肝肾俱虚则用地黄丸滋水涵木。

脾实热，泻黄散主之；邪热伤脾，用玉露散；若脾气虚，则用益黄散。

肺实证，泻白散或甘桔汤主之；肺有痰热，用葶苈丸；若肺气虚则用阿胶散。

肾虚证，用地黄丸补肾。

"肝病秋见，肝强胜肺，肺怯不能胜肝，当补脾肺治肝。益脾者，母令子实故也。补脾，益黄散；治肝，泻青圆主之。""肺病春见，肺胜肝，当补肾肝治肺脏。肝怯者，受病也。补肝肾，地黄圆；治肺，泻白散主之。"

3.判断预后

钱氏运用五行生克乘侮理论，辨别五脏相兼病证的虚实，以判断其预后。如肺病又见肝证，咬牙、多呵欠者，为肝虚不能胜肺，肺金尚能制肝木，故易治；肺病又见肝证，目直视、大叫哭、项急、顿闷，为肺久病渐成虚冷不能制木，肝木反实侮金，故难治。

另外，在诊断方面，钱氏非常重视六脉、面上证、目内证之诊。根据临床实际情况，将小儿脉法分为脉乱、弦急、沉缓、促急、浮、沉细六种情况。

医案举例

◆东都药铺杜氏，有子五岁，自十一月病嗽，至三月末止。始得嗽而吐痰，乃外风寒蓄入肺经，今肺病嗽而吐痰，风在肺中故也。宜以麻黄辈发散，后用凉药压之即愈。时医以铁粉丸、半夏丸、褊银丸诸法下之，其肺即虚而嗽甚。至春三月间尚未愈，召钱氏视之。其候面青而光，嗽而喘促哽气，又时长出气。钱曰：痰困十已八九，所以然者，面青而光，肝气旺也。春三月者，肝之位也，肺衰之时也。嗽者，肺之病。肺之病，自十一月至三月，久即虚痿。又曾下之，脾肺子母也，复为肝所胜，此为逆也，故嗽而喘促，哽气，长出气也。钱急与泻青丸，泻后与阿胶散实肺。次日面青而不光，钱又补肺，而嗽如前，钱又泻肝，泻肝未已，又加肺虚，唇白如练。钱曰：此病必死，不可治也。何者？肝大旺而肺虚热，肺病不得其时而肝胜之。今三泻肝而肝病不退，三补肺而肺证犹虚，此不久生，故言死也。此证病于秋者，十救三四；春夏者，十难救一。果大喘而死。（《小儿药证直诀·记尝所治病二十三证》）

◆罗田知县朱云阁一女，未周岁，病惊风，召全治之。乃用泻青丸，治惊风之秘方也，何故不效而搐转甚？岂喉中有痰，药末颇粗，顽痰裹药，黏滞不行之故欤？改用煎过作汤，以薄绵纸滤去滓，一服而效。（《广嗣纪要·惊风》）

（三）制方用药特色

1.善用丸散

钱氏治疗儿科疾病多用丸、散，具有服用方便，简便救急，寓宽于猛，便于携带等特点。《小儿药证直诀·卷下诸方》所收录的118首方剂，丸剂有65首，如凉惊丸、粉红丸、泻青丸、白饼子、五色丸、调中丸、木香丸等；散剂有38首，如泻白散、益黄散、白术散、当归散、安虫散、宣风散等；膏剂有7首，如大青膏、花火膏、牛黄膏、牛李膏（一名必胜膏）、牛黄膏（一名生黄膏）、涂囟法（膏）、羌活膏；丹剂有3首，包括五福化毒丹、软金丹、青金丹；汤剂只有5首，包括浴体法（汤）、甘桔汤、泻心汤、栝蒌汤、麻黄汤。

钱氏还将金石、介类、香窜、走泄等不宜入汤剂或药性峻猛之药，多入丸、散之中，既有利于发挥药效，又减轻其峻猛之性。如治疗惊涎抽搐的麝蟾丸之中所用的麝香、蟾酥、龙脑、铁粉，治疗壮热的白饼子之中所用的轻粉、巴豆等。

医案举例

◆黄承务子，二岁，病泻。众医止之，十余日，其证便青白，乳物不消，身凉，加哽气、昏睡。医谓病困笃。钱氏先以益脾散三服，补肺散三服。三日，身温而不哽气。后以白饼子微下之，下益脾散二服，利止。何以然？利本脾虚伤食，初不与大下，措置十日，上实下虚，脾气弱，引肺亦虚，补脾肺，病退即身温，不哽气是也。有所伤食，仍下之也，何不先下后补？曰：便青为下脏冷，先下必大虚，先实脾肺，下之则不虚，而后更补之也。（《小儿药证直诀·记尝所治病二十三证》）

2.创制新方

钱乙根据治疗小儿疾病的需要，创制了泻肺清热的泻白散、滋阴宣肺的阿胶散、温肺散邪之百部丸、健脾养胃升清止泻之白术散、泻肺下气之葶苈丸等新方剂。还对宋以前很多名方灵活增损，化裁为适合小儿应用方剂：如从张机五泻心汤（大黄黄连泻心汤、附子泻心汤、生姜泻心汤、半夏泻心汤、甘草泻心汤）中化裁出只用一味黄连的泻心汤苦寒直折心火；四君子汤加陈皮，则命名为健脾和中的异功散；将理中丸中甘草用量减半后易名为调中丸；去肾气丸桂、附之刚燥为地黄丸，补益肾阴，突出其用药注重柔润的特色。在《小儿药证直诀·诸方》中，地黄丸用来"治肾怯失音，囟门不合，神不足，目中白精多，面色㿠白等。"从叙述的症状来看，是因小儿肾中精气亏损所致。然地黄丸中茯苓利水邪，泽泻泻肾浊，牡丹皮清虚热，此方用来治疗肾阴亏虚，虚热内扰的病证。因此，对于地黄丸是否能用于治疗小儿肾怯失音，医家持有不同的观点。如张山雷认为地黄丸非滋填补益良方，其《小儿药证直诀笺正》谓："而方下所谓失音囟开神不足，面㿠白云云，又皆阴阳两惫之大症。温补滋填，犹虞不济，岂丹泽茯苓，所可有效……"

3.顾护脾胃

小儿脾胃柔弱，乳食失节，或因病被妄攻误下，或滥用刚燥克伐之剂，损伤脾胃，导致诸多坏症、误症，故钱乙十分强调顾护脾胃。其云："小儿病痞，皆愚医之坏病也。""治癖之法，当渐消磨，医反以巴豆、硇砂辈下之。小儿易虚易实，下之既过，胃中津液耗损，渐令疳瘦。""小儿伤于风冷，病吐泻，医乱攻之，脾虚生风，而成慢惊"等。并告诫说"小儿易为虚实，脾虚不受寒温，服寒则生冷，服温则生热，当识此勿误也"。因此，钱氏将吐泻、伤食、腹胀、积、疳、慢惊、虫症、虚羸、黄疸、咳嗽、夜啼、肿病等从脾胃论治。所用的丸剂多以蜜或糯米粉、白米粉等益胃之品作赋形佐料，或以米饮、乳汁、人参汤等送服药，既顾护脾胃之气，又易于小儿接受和脾胃吸收；而应用下法之后，也常用益黄散等顾护脾胃。还重脾胃气机的升降，治脾注重升清，治胃注重降逆，如益黄散、七味白术散、异功散、藿香散等即体现了这一思想。

医案举例

◆朱监簿子，三岁，忽发热。医曰：此心热。腮赤而唇红，烦躁引饮。遂用牛黄丸三服，以一物泻心汤下之。来日不愈，反加无力、不能食，又便利黄沫。钱曰：心经虚而有留热在内，必被凉药下之，致此虚劳之病也。钱先用白术散，生胃中津，后以生犀散治之。朱曰：大便黄沫如何？曰：胃气正，即泻自止，此虚热也。朱曰：医用泻心汤何如？钱曰：泻心汤者，黄连性寒，多服则利，能寒脾胃也。坐久，众医至，曰：实热。钱曰：虚热。若实热，何以泻心汤下之不安，而又加面黄颊赤，五心烦躁，不食而引饮？医曰：既虚热，何大便黄沫？钱笑曰：便黄沫者，服泻心汤多故也。钱后与胡黄连丸治愈。(《小儿药证直诀·记尝所治病二十三证》)

4.喜用药引

使用药引既有利于丸、散的加减，便于服药，又可引导药物直达病所，更好地发挥疗效，常用薄荷汤、温酒、蝉蜕汤、天门冬汤、金银花汤、紫苏汤、龙脑水、生姜水等。如用温薄荷水化服大青膏，用金银花汤服凉惊丸，用砂糖水服安神丸，用紫苏汤服白饼子等。

另外，钱氏主张临床用药柔润平和，力戒呆补峻攻，反对妄攻误下。因为“小儿之脏腑柔弱，不可痛击，大下必亡津液而成疳”，即使根据病情需要用下法，也必须“量其大小虚实而下之”，“不可妄攻”。应用补法强调补而不滞，滋而不腻，如七味白术散、异功散、地黄丸等。

医案举例

◆东都张氏孙，九岁，病肺热。他医以犀、珠、龙、麝、生牛黄治之，一月不愈。其证嗽喘，闷乱，饮水不止，全不能食。钱氏用使君子丸、益黄散。张曰：本有热，何以又用温药？他医用凉药攻之，一月尚无效。钱曰：凉药久则寒，不能食。小儿虚不能食，当补脾，候饮食如故，即泻肺经，病必愈矣。服补脾药二日，其子欲饮食。钱以泻白散泻其肺，遂愈。张曰：何以不虚？钱曰：先实其脾，然后泻其肺，故不虚也。(《小儿药证直诀·记尝所治病二十三证》)

原著选读

●变蒸

小儿在母腹中，乃生骨气，五脏六腑成而未全。自生之后，即长骨脉，五脏六腑之神智也。变者，易也。(《巢源》云：上多变气。)又生变蒸者，自内而长，自下而上，又身热，故以生之日后，三十二日一变。变每毕，即情性有异于前。何者？长生腑脏智意故也。何谓三十二日长骨添精神？人有三百六十五骨，除手足四十五碎骨外，有三百二十数。自生下，骨一日十段而上之，十日百段。三十二日计三百二十段，为一遍（当为变误，编者注)。亦曰一蒸。(《小儿药证直诀·卷上脉证治法》)

●虚实腹胀

腹胀，由脾胃虚气攻作也。实者闷乱满喘，可下之，用紫霜丸、白饼子。不喘者虚也，不可下。若误下，则脾气虚上附肺而行，肺与脾子母皆虚。肺主目胞腮之类，脾主四肢，母气虚甚，即目胞腮肿也。色黄者，属脾也。治之用塌气丸渐消之。未愈，渐加丸数，不可以丁香、木香、橘皮、豆蔻大温散药治之。何以然？脾虚气未出，腹胀而不喘，可以散药治之。使上下分消其气，则愈也。若虚气已出，附肺而行，即脾胃内弱，每生虚气，入于四肢面目矣。小儿易为虚实，脾虚不受寒温，服寒则生冷，服温则生热，当识此勿误也。胃久虚热，多生疳病，或引饮不止。脾虚不能胜肾，随肺之气上行于四肢，若水状，肾气浸浮于肺，即大喘也。此当服塌气丸。病愈后面未红者，虚衰未复故也。

治腹胀者，譬如行兵战寇于林，寇未出林，以兵攻之，必可获；寇若出林，不可急攻，攻必有失，当以意渐收之，即顺也。

治虚腹胀，先服塌气丸。不愈，腹中有食积结粪，小便黄，时微喘，脉伏而实。时饮水，能食者，可下之。盖脾初虚而后结有积。所治宜先补脾，后下之，下后又补脾，即愈也。补肺恐生虚喘。（《小儿药证直诀·卷上虚实腹胀》）

● 慢惊

因病后或吐泻，脾胃虚损，遍身冷，口鼻气出亦冷，手足时瘛疭，昏睡，睡露睛。此无阳也，栝蒌汤主之。

凡急慢惊，阴阳异证，切宜辨而治之。急惊合凉泻，慢惊合温补。世间俗方，多不分别，误小儿甚多。又小儿伤于风冷，病吐泻，医谓脾虚，以温补之；不已，复以凉药治之；又不已，谓之本伤风，医乱攻之。因脾气即虚，内不能散，外不能解。至十余日，其证多睡露睛，身温。风在脾胃，故大便不聚而为泻。当去脾间风，风退则利止，宣风散主之。后用使君子丸补其胃。亦有诸吐利久不差者，脾虚生风而成慢惊。（《小儿药证直诀·卷上脉证治法》）

● 咳嗽

夫嗽者，肺感微寒。八九月间，肺气大旺，病嗽者，其病必实，非久病也。其证面赤、痰盛、身热，法当以葶苈丸下之。若久者，不可下也。十一月、十二月嗽者，乃伤风嗽也，风从背脊第三椎肺俞穴入也，当以麻黄汤汗之。有热证，面赤、饮水、涎热、咽喉不利者，宜兼甘桔汤治之。若五七日间，其证身热、痰盛、唾粘者，以褊银丸下之。有肺盛者，咳而后喘，面肿，欲饮水，有不饮水者，其身即热，以泻白散泻之。若伤风咳嗽五七日，无热证而但嗽者，亦葶苈丸下之，后用化痰药。有肺虚者，咳而哽气，时时长出气，喉中有声，此久病也，以阿胶散补之。痰盛者，先实脾，后以褊银丸微下之，涎退即补肺。补肺如上法。有嗽而吐水，或青绿水者，以百祥丸下之。有嗽而吐痰涎、乳食者，以白饼子下之。有嗽而咯脓血者，乃肺热，食后服甘桔汤。久嗽者，肺亡津液，阿胶散补之。咳而痰实，不甚，喘而面赤，时饮水者，可褊银丸下之。治嗽大法：盛即下之，久即补之，更量虚实，以意增损。（《小儿药证直诀·卷上脉证治法》）

● 诸疳

疳在内，目肿，腹胀，利色无常，或沫青白，渐瘦弱，此冷证也。

疳在外，鼻下赤烂，自揉鼻，头上有疮不著痂，渐绕耳生疮。治鼻疮烂，兰香散。诸疮，白粉散主之。

肝疳，白膜遮睛，当补肝，地黄丸主之。

心疳，面黄颊赤，身壮热，当补心，安神丸主之。

脾疳，体黄腹大，食泥土，当补脾，益黄散主之。

肾疳，极瘦，身有疮疥，当补肾，地黄丸主之。

筋疳，泻血而瘦，当补肝，地黄丸主之。

肺疳，气喘，口鼻生疮，当补脾肺，益黄散主之。

骨疳，喜卧冷地，当补肾，地黄丸主之。

诸疳，皆依本脏补其母及与治疳药，冷则木香丸，热则胡黄连丸主之。

疳皆脾胃病，亡津液之所作也。因大病或吐泻后，以药吐下，致脾胃虚弱亡津液。且小儿病疳，皆愚医之所坏病。假如潮热，是一脏虚一脏实，而内发虚热也。法当补母而泻本脏则愈。假令日中发潮热，是心虚热也，肝为心母，则宜先补肝，肝实而后泻心，心得母气则内平，而潮热愈也。医见潮热，妄谓其实，乃以大黄、牙硝辈诸冷药利之。利既多矣，不能禁约而津液内亡，即成疳也。

又有病癖，其疾发作，寒热饮水，胁下有形硬痛。治癖之法，当渐消磨，医反以巴豆、硇砂辈下之。小儿易虚易实，下之既过，胃中津液耗损，渐令疳瘦。

又有病伤寒，五六日间有下证，以冷药下之太过，致脾胃津液少，即使引饮不止，而生热也。热气内耗，肌肉外消，他邪相干，证变诸端，因亦成疳。

又有吐泻久病，或医妄下之，其虚益甚，津液燥损，亦能成疳。

又有肥疳，即脾疳也。身瘦黄，皮干，而有疮疥。其候不一，种种异端，今略举纲纪：目涩或生白膜，唇赤，身黄干或黑，喜卧冷地，或食泥土，身有疥疮，泻青白黄沫水，利色变，易腹满，身耳鼻皆有疮，发鬓作穗，头大项细极瘦，饮水，皆其证也。

大抵疳病，当辨冷热肥瘦。其初病者为肥热疳，久病者为瘦冷疳。冷者木香丸，热者黄连丸主之。冷热之疳，尤宜如圣丸。故小儿之脏腑柔弱，不可痛击，大下必亡津液而成疳。凡有可下，量大小虚实而下之。则不至为疳也。初病津液少者，当生胃中津液，白术散主之。惟多则妙。（《小儿药证直诀·卷上脉证治法》）

·参考文献·

1.钱乙.小儿药证直诀［M］.北京：中国中医药出版社，2008.

2.李成文，周明丽，王松慧.两宋金元名家医案［M］郑州：河南科学技术出版社，2016.

3.侯江红，王琳.小儿药证直诀薛注小儿直诀合集［M］郑州：河南科学技术出版社，2017.

4.任光明.钱乙五脏辨证学说与"司内揣外"思维［J］.中医儿科杂志，2020，16（3）：1-4.

5.黄岩杰，秦蕾.钱乙调理脾胃的辨证论治理论体系［J］.中华中医药杂志，2013，28（12）：3487-3489.

6.李相珍，黄岩杰，彭超群，等.儿科五脏辨证学说源流和特点［J］.中医杂志，2020，61（20）：1771-1774.

7.卢红蓉，李燕，杨丽娟.钱乙《小儿药证直诀》脏腑病机的特点研究［J］.时珍国医国药，2010，21（07）：1839-1840.

8.杜松，卢红蓉，张玉辉，等.钱乙儿科望诊理论探析［J］.中国中医基础医学杂志，2013，19（10）：1126-1128.DOI：10.19945/j.cnki.issn.1006-3250.2013.10.007.

9.李志庸，张国骏.钱乙临证下法及遣方用药之研究［J］.广西中医药，2005，28（5）：40.

10.王泷，孙钰，郭彦麟，等.易水学派医家运用六味地黄丸经验［J］.长春中医药大学学报，2018，34（1）：70.

11.卢红蓉，于志静.钱乙学术思想及对后世的影响［J］.中国中医基础医学杂志，2014，20（7）：880-881.

陈自明

❧ 学习要点 ❧

陈自明总结南宋以前妇科经验，提出妇人以血为基本，气血不调，损伤冲任是导致妇科疾病的重要病机。临证注重气血并补，调理肝脾，善用四物汤化裁。阐发痈疽病因病机、辨证方法，治疗强调开门逐寇，内外兼治，对证用药，对后世产生了重要影响。

目的要求：

掌握妇人以血为基本的观点，应用四物汤的特色；熟悉痈疽治疗经验；了解其生平、代表著作及学术成就对后世的影响。

一、概说

陈自明（约1190~1272），字良甫，又作良父，晚年自号"药隐老人"，南宋临川（今江西省抚州）人。

陈氏出身中医世家，祖父和父亲都是当地名医。陈氏自幼学医，勤学博览，精研《内经》《难经》《伤寒论》及《神农本草经》等经典医籍；寻师访友，遍游各地，精通内、外、妇、儿各科，临床经验丰富，对妇产科及外科尤为擅长；曾任建康府明道书院医谕。他鉴于宋代以前的妇产科专书"纲领散漫而无统、节目详略而未备"，学者无从深入研究、全面了解，于是"采摭诸家之善，附以家传经验方，秤而成编……论后有药，药不惟其贵贱，惟其效"。其《妇人大全良方》对妇产科学作了一次较为全面系统的总结，集宋代以前我国妇产科学之大成。后世王肯堂《女科准绳》、武之望《济阴纲目》均受其影响，因而有"妇人大全而薛注、薛注而女科准绳、女科准绳而济阴纲目"之说。《四库全书提要·医家类》评价说，"自明采摭诸家，提纲挈领，于妇科证治，详悉无遗。"《外科精要》对汪机、薛己影响较大。

陈氏治学主张博览群书，善于总结经验。如陈氏编纂《妇人大全良方》时参考的方书有《太平圣惠方》《本事方》《局方》《深师方》《斗门方》《海上方》等四十多种，参考《妇人经验方》《专治妇人方》《养胎论》《产宝方》《婴童宝鉴方》等妇科与儿科著作十余种，收录方剂多达1649个。

陈自明著作是《妇人大全良方》与《外科精要》。后世薛已校注本《校注妇人良方》流行较广。

二、学术特色与临证经验

（一）对中医妇科学的贡献

1.妇人以血为本

陈氏根据妇人有经、孕、胎、产及哺乳的生理特点，明确提出妇人以血为基本，只有气血充沛旺盛，经、孕、胎、产和哺乳才能保持正常。其云："气血，人之神也，不可不谨调护。然妇人以血为基本，则血气宣行，其神自清，月水如期……血凝成孕"。另一方面，妇人经、孕、产、乳以血为本，也易于损伤阴血，导致妇人血不足而气有余，这就是《灵枢·五音五味》所说的"妇人之生，有余于气，不足于血，以其数脱血也"。针对妇女的生理病理特点，陈氏主张"女子调其血"，常以四物汤为基础方加减化裁治疗多种妇科疾病，如治疗月经不调的桃仁散、月经不利的白薇圆，专治妇人诸疾的金钗煎与玉露通真圆，治疗不孕的养真圆，治疗产后四肢烦痛时发寒热的熟地黄散，治疗妇人百病的乌鸡煎圆，治疗妇人中风的续命煮散等。而当归、生地黄、熟地黄、阿胶等补血药在调经、求嗣、安胎、产后病及杂病中被广泛应用，更有以补血药命名的方剂，如当归散、当归羊肉汤、红花当归散、地黄通经园、地黄园、地黄煎、熟干地黄汤、阿胶圆等。

2.妇科疾病基本病机

（1）气血不调：陈氏十分重视气血理论对妇产科的指导作用，并引用北宋寇宗奭"夫人之生，以气血为本；人之病，未有不先伤其气血者"之说，强调气血的重要性，认为劳伤气血，或气血虚弱，或脏腑虚弱，或感受外邪等，均可导致气血不调，引发多种妇科疾病，如月经不调，经来腹痛，癥瘕，妇人两胁胀痛等；这是陈氏提出治疗妇科疾病重在调血的基础。其谓"大率治病，先论其所主。男子调其气，女子调其血。气血，人之神也，不可不谨调护。然妇人以血为基本，气血宣行，其神自清。"

（2）冲任损伤：陈氏认为，月经病虽然与气血失调密切相关，但亦与冲任损伤密不可分。他引经文"女子七岁，肾气盛，齿更发长；二七而天癸至，任脉通，太冲脉盛，月事以时下"，并对此进一步发挥为："天，谓天真之气降；癸，谓壬癸，水名；故云天癸也。然冲为血海，任主胞胎，肾气全盛，二脉流通，经血渐盈，应时而下。所以谓之月事者，平和之气，常以三旬一见，以像月盈则亏也"，而"冲任之脉为经脉之海，血气之行，外循经络，内荣脏腑。若无伤损，则阴阳和平而气血调适，经下据时"。由此可知，肾气盛、天癸至是女子月经正常的基础，冲任充盈、通调是月经正常的保证，三者之间存在着相互依存、相互资助的关系，是调节月经周期的关键之所在。因此，七情内伤，六淫外侵，饮食失节，起居失宜，脾胃虚损，心肝火旺等，皆可损伤冲任，而致月经不调。如"妇人月水不调者……风冷之气客于胞内，伤于冲任之脉"；"夫妇人崩中者，由脏腑伤损冲脉、任脉、血气俱虚故也。"

3.临证经验

（1）气血并补：陈氏重视"妇人以血为基本"、"妇人调其血"，但并未忽视气的重要性。因为气之与血，都是人身根本，一荣俱荣，一衰俱衰。陈氏深谙血虚须补气，气虚须补血之理，调治妇人虚证常采用气血并补方法。如"妇人血风劳症，因气血素虚，或产后劳伤，外邪所乘，或内有宿冷，以致腹中疼痛，四肢酸倦，发热自汗，月水不调，面黄肌瘦，当调补肝脾气血为主。"妇人因气血两虚而患诸证，以气血两虚为本，故当气血并补，而从肝脾调补者，以肝为藏血之脏，脾为元气之本。如调经的紫石英圆（人参、当归）、干地黄汤（人参、当归、地黄），治疗癥瘕的鳖甲煎圆（黄芪、人参、当归），治疗骨蒸的麦煎散（白术、当归、生地黄），治疗妇人中风的独活汤（人参、当归），安胎的钩藤汤（人参、当归），治疗产后不语的七珍散（人参、地黄），治疗妇人产后血气诸疾的朱翰林白术散（人参、白术、熟地黄）等均体现了这一特色。

（2）调治肝脾：血生于脾，而藏于肝，下注于血海，待冲、任充盈通调则化为月水。若因忧思伤脾，郁怒伤肝，脾不生血，水不涵木所致的月经不调或不通，当从肝脾论治；或补而行之，或解而行之，或行气活血，或滋肾养肝。其"妇人月水不通，或因醉饱入房，或因劳累过度，或因吐血失血，伤损肝脾，但滋其化源，其经自通。"另外，陈氏还重视断经前后月经紊乱的调治，如妇女天癸过期，月经不调，或二至四月不行，或一月再至，腰腹疼痛，证属血虚肝脾不调者应用当归散（当归、川芎、白芍药、黄芩、白术、山茱萸），补血益气，健脾养肝，兼以补肾清热。

（3）善用四物汤：四物汤是治疗"一切血病的总方"、"肝经调血之专剂"。因此陈氏将其列为"众疾门"通用方之首，广泛应用于多种疾病，可见其重要性。"夫通用方者，盖产前、产后皆可用也。或一方而治数十证，不可入于专门，皆是名贤所处。世之常用有效之方，虽曰通用，亦不可刻舟求剑，按图索骥而胶柱者也。"

陈氏认为四物汤通过加减可以"治妇人经病，或先或后，或多或少，疼痛不一。腰足腹中痛，或崩中漏下，或半产恶露多，或停留不出，妊娠腹痛下血、胎不安，产后块不散，或亡血过多，或恶露不下，服之如神。"如经血凝滞腹痛加莪术、肉桂；产后欲推陈致新加生姜；产后败血不去或胀或疼，胸膈胀闷，或发寒热，四肢疼痛加延胡索、没药、白芷；产后伤风，头痛发热，百骨节痛，加荆芥穗、天麻、香附、石膏、藿香；虚热心烦，口舌干渴，欲饮水者加天花粉、麦门冬；血崩不止加熟地黄、蒲黄；呕逆加白术、人参；寒热往来加炮干姜、牡丹皮；因热生风加川芎、柴胡；腹胀加厚朴、枳实；身热脉数，头昏项强，加柴胡、黄芩；脏腑滑泄，加肉桂、附子；虚烦不眠，加竹叶、人参；烦躁引饮，头痛大渴，加知母、石膏；水停心下，微吐逆，加猪苓、防己。

🌿 **医案举例** 🌿

◆妇人腹内一块不时上攻，成作痛有声，或吞酸痞闷，月经不调，小便不利，二年余矣。

面色青黄，余以为肝脾气滞，以六君加芎、归、柴胡、炒黄连、木香、吴茱萸各少许，二剂，却与归脾汤，下芦荟丸，三月余，肝脾和而诸症退，又与调中益气，加茯苓、丹皮，中气健而经自调。（《校注妇人良方·妇人痃癖诸气方论》）

◆一妇八月胎下坠或动，面黄体倦，饮食少思，此脾气虚弱，用补中益气汤加苏梗，三十余剂而安，产后眩晕，胸满咳嗽，用四物，加茯苓、半夏、桔梗而愈。（《校注妇人良方·产后血晕方论》）

◆一妇产后小腹痛甚，牙关紧急，此瘀血内停，灌以失笑散，下血而苏，又用四物加炮姜、白术、陈皮而愈。（《校注妇人良方·产后恶露腹痛方论》）

（4）妊娠用药禁忌：陈氏在长期的临床实践中总结出妇科用药的特有规律、妊娠用药大法和禁忌。"妊娠胎动，或饮食起居，或冲任风寒，或跌扑击触，或怒伤肝火，或脾气虚弱，当各推其因而治之。若因母病而胎动，但治其母；若因胎动而母病，惟当安其胎。""凡用药，病稍退则止，不可尽剂。"

妊娠用药宜清凉，不可轻用桂枝、半夏、桃仁等；禁用或忌用牛膝、三棱、干漆、大戟、巴豆、芒硝、牵牛子、芫花、桃仁、藜芦等剧泻、催吐、活血破血以及药性猛烈、毒性较强的药物；其编著的孕妇药忌歌易记易诵，影响至今。

孕妇药忌歌：螈斑水蛭地胆虫，乌头附子配天雄。踯躅野葛螠蛄类，乌喙侧子及虻虫。牛黄水银并巴豆，大戟蛇蜕及蜈蚣。牛膝藜芦并薏苡，金石锡粉及雌雄。牙硝芒硝牡丹桂，蜥蜴飞生及䗪虫。代赭蚱蝉胡粉麝，芫花薇衔草三棱。槐子牵牛并皂角，桃仁蛴螬和茅根，榄根硇砂与干漆，亭长波流茵草中。瞿麦蔄茹蟹爪甲，猬皮赤箭赤头红。马刀石蚕衣鱼等，半夏南星通草同。干姜蒜鸡及鸡子，驴肉兔肉不须供。切须妇人产前忌，此歌宜记在心胸。而明代武之望《济阴纲目》中的孕妇药忌歌诀则更易记诵：螈斑水蛭及虻虫，乌头附子与天雄。野葛水银并巴豆，牛膝薏苡连蜈蚣。三棱代赭芫花麝，大戟蛇蜕黄雌雄。牙硝芒硝丹皮桂，槐花牵牛皂角同。半夏南星与通草，瞿麦干姜蟹甲爪。硇砂干漆兼桃仁，地胆茅根莫用好。（《济阴纲目·孕妇药忌》）

（二）辨治痈疽特色

陈氏博览古今外科之书，"采摭群言，自立要领，或先或后，不失次序"，以北宋《集验背疽方》《外科新书》等为基础，结合本人的临床经验，深入系统论述了痈疽的病因病机、诊断、治疗方药及护理等，著成《外科精要》。

1.病因病机

陈氏总结痈疽病因有："一天行，二瘦弱气滞，三怒气，四肾气虚，五饮冷酒、食炙煿，服丹药。"其中情志损伤为内因，六淫外侵属外因，服丹石补药、膏粱酒面、房劳所致为内外因。

痈疽病机为脏腑不和，阴阳失调。陈氏用华佗"夫痈疽疮肿之作，皆五脏六腑蓄毒不流，非独因荣卫壅塞而发也"及马益卿"五脏不和则九窍不通，六腑不和则留结为痈，皆经络涩滞，气血不流畅，风毒乘之而致然也"之说进行阐发；并且指出痈疽形成之后，多数演变为脏腑热毒，其性质也发生转化，而"痈疽未溃，毒攻脏腑，一毫热药断不可用"。这不但明确了痈疽的病性，还为临床用药指明了方向。

2.辨证方法

陈氏提出痈疽诊断标准及判断成脓之征，并从内外、阴阳、脏腑等几个方面进行分析鉴别。

（1）诊断标准：陈氏根据痈疽范围大小确定属痈属疽，还用手指触诊判断其是否成脓。"二寸至五寸为痈，五寸至一尺为疽"。"痈疽脉数……以手掩之，若热者为有脓，不热者为无脓。"

（2）辨内外：痈发于外，疽发于内，这是痈和疽的最大区别，临证当合参脉证以辨之。痈肿乃六腑不和，毒发于外，症见焮肿高大，身热烦渴，饮食如常，脉浮数洪紧；疽肿是五脏不和，毒蓄于内，初发甚微，或无疮头，身不热而内躁，体重烦痛，情绪不乐，胸膈痞闷，饮食无味，脉沉细伏紧。

（3）辨阴阳：痈为阳，脉浮洪滑数，发于上；疽为阴，脉沉缓细涩，发于下。"若脉不数，不热而痛者，发于阴也，尤为恶证。"

（4）辨脏腑：陈氏根据脏象理论，通过痈疽发病部位判断所属脏腑，以指导临床用药。如"发于喉舌者，心之毒；发于皮毛者，肺之毒；发于肌肉者，脾之毒；发于骨髓者，肾之毒"。概言之，"发于外者，六腑之毒；发于内者，五脏之毒。"

3.痈疽治疗

陈氏总结治疗痈疽原则是：开门逐寇，内外兼治，对证用药。并说："凡疗斯疾，不可以礼法待之，仍要便服一二紧要经效之药，把定脏腑，外施针灸，以泄毒气。"

（1）内外兼治：外科疾病不仅有其自身的特点，在一定的阶段，或特定的症候中，实施外治具有特殊的治疗意义，而且还需要辨证论治，综合调治。陈氏将二者结合在一起，首创内外合一治疗原则用于外科领域，既体现了辨证论治的原则，又具有明确的针对性。他说："治当寒者温之，热者清之，虚者补之，实者泻之，导之以针石，灼之以艾灸。破毒溃坚，各遵成法，以平为期。"他所运用的外治方法很多，如针刺、石砭、艾灸、汤洗、烟熏、药敷、膏贴等，再结合内服汤剂辨证施治可以收到较好的疗效。这对后世外科学的发展产生了深远影响。

（2）对证用药：由于痈疽发病有其特有的规律，因此，治疗痈疽应当根据其不同临床表现，病情轻重，虚实寒热，"详察定名……对证用药，无失先后次序"。初期宜清热解毒，服内托散，外用灸法；溃脓宜排脓止痛，服排脓内补散，外用猪蹄汤淋洗；脓尽宜生肌长肉敷痂，外贴神异膏，内服加味十全汤。并告诫说痈疽未破，毒攻脏腑，禁用热药；痈疽已破，脏腑既亏，禁用寒凉之药。

（3）顾护脾胃：陈氏强调调理脾胃在治疗痈疽中的重要作用，明确指出"大凡疮疽，当调脾胃。盖脾为仓廪之官，胃为水谷之海，主养四旁，须进饮食，以生气血"，"大凡疮疽溃后，败肉渐去，新肉渐生，此乃脾胃之气充实也"，分别列出调理脾胃之法，示人以规矩："若饮食少思，用六君子汤以补脾胃；如不应，加姜、桂以温补之，使邪气自退。其不起者，由邪气盛，正气虚，不能发也，于旬日之外见之。若已发出，用托里消毒散以壮元气，助令溃腐；不应，须温补脾胃。其不起者，由真气虚，不能溃也，于二旬之外见之。若已腐溃，用托里散以补气血，生肌肉；不应，当专补脾胃；又不应，须温补脾胃。其不起者，乃脾气虚，不能收敛也，于一月之外而见之。凡此治法，窃尝用验"。

（4）重视灸法：陈氏重视用灸法治疗痈疽，详细介绍了灸法的功用、适应证、常用灸法及应用方法、注意事项等。在阐发灸法之功用时形象地说，"譬诸盗入人家，当开户逐之。不然，则入室为害矣"。并指出灸法可应用于痈疽各个阶段："未溃则拔引郁毒，已溃则补接阳气"，"苟或毒气郁结，瘀血凝滞，轻者药可解散，重者药无全功，是以灼艾之功为大"。同时指出灸法对痈疽发于四肢末端最为适宜，因为"患于肢末之处，毒愈凝滞，药难到达，艾灸之功为大。如妄服疏利之剂，耗损真气，不惟无以去毒，而害反随之矣。"具体常用骑竹马和隔蒜灸法，如"凡疮初发一二日，须用大颗独蒜切片三分厚，贴疮顶，以艾隔蒜灸之，每三壮易蒜，痛者灸令不痛，不痛者灸之令痛，疮溃则贴神异膏。如此则疮不开大，肉不败坏，疮口易敛，一举三得。此法之妙，人所罕知。"

另外，应用灸法治疗痈疽时，尚需注意："若初灸即痛者，由毒气轻浅，灸而不痛者，乃毒气深重，悉宜内服追毒排脓，外敷消毒之药。大抵痈疽不可不痛，又不可大痛，闷乱不知痛者，难治。"再者，头部痈疽不宜用灸法。

（5）注意事项：痈疽患者卧室应洁净馨香，饮食适宜，戒怒节劳，调补元气。

医案举例

◆一儒者，患背疽，肿焮痛甚，此热毒蕴结而炽盛。用隔蒜灸而痛止，服仙方活命饮而肿消，更与托里药而溃愈。（《外科精要·卷上》）

◆进士申天益，臂患痈，寒热头痛，形气虚弱，此手足阳明经风邪之证。用桔梗升麻汤二剂，外邪顿散；用托里消毒散二剂，肿痛顿退；乃用补中益气汤调理，形气渐复而愈。（《外科精要·卷中》）

4.痈疽预后

陈氏根据五善七恶并结合发病部位，局部状况，脉象，涉及脏腑等判断痈疽的生死预后："五善见三则善，七恶见四必危"，"感于六腑则易治，感于五脏则难瘳"；痈疽浮高易治，内陷为难治；脉微涩者易治，脉洪数者难治；发背位于肝俞以上且溃透内膜者死，痈疽未溃即内陷，面青唇黑，便污者死；"溃喉者不治，阴患入腹者不治，入囊者不治"；痈疽用灸法后不知痛者，预后不良。

五善七恶中的五善是实热而大小便涩，内外病相应，肌肉好恶分明，饮食如常，用药如所料。七恶是渴而发喘，眼角向鼻，大小便反滑泄；气绵绵而脉濡，与病相反；目中不了了，睛明内陷；未溃而肉黑内陷；已溃青黑，腐筋骨黑；发痉；呕逆。

医案举例

◆江阴举人陈鸣岐，寓京患背疽，用大补之剂而愈。翌日欲回，先期设席作谢，对谈如常。是晚得家信，大拂其意，恼怒发热作渴，食梨子少许，至夜连泻数次，早促余视，脉已脱矣，竟至不起。夫梨者，利也，利下行之物，凡脾胃虚寒，产妇金疮者，皆当忌之。（《外科精要·卷中》）

原著选读

●岐伯曰：女子七岁，肾气盛，齿更发长；二七而天癸至，任脉通，太冲脉盛，月事以时下。天，谓天真之气；癸，谓壬癸之水，故云天癸也。然冲为血海，任主胞胎，二脉流通，经血渐盈，应时而下，常以三旬一见，以象月盈则亏也。若遇经行，最宜谨慎，否则与产后症相类。若被惊怒劳役，则血气错乱，经脉不行，多致劳瘵等疾。若逆于头面肢体之间，则重痛不宁。若怒气伤肝，则头晕胁痛呕血，而瘰疬痈疡。若经血内渗，则窍穴淋沥无已。凡此六淫外侵，而变症百出，犯时微若秋毫，成患重如山岳，可不畏哉！（《校注妇人良方·卷一·调经门·月经序论第一》）

●大率治病，先论其所主。男子调其气，女子调其血。气血，人之神也，不可不谨调护。然妇人以血为基本，气血宣行，其神自清。所谓血室，不蓄则气和。血凝结，则水火相刑。月水如期，谓之月信。不然血凝成孕，此乃调燮之常。其血不来，则因风热伤于经血，故血不通。或外感风寒，内受邪热，脾胃虚弱，不能饮食。食既不充，荣卫抑遏，肌肤黄燥，面无光泽，时发寒热，腹胀作痛，难于子息。子脏冷热，久而劳损，必挟带下，便多淋沥，忽致崩漏。经云：腹中如块，忽聚忽散，其病乃瘕；血涸不流而抟，腹胀，时作寒热，此乃成癥。或先后爽期，虽通而或多或寡，究病之源，盖本于此。（《妇人大全良方·卷一调经门·产宝方序论第三》）

●夫妇人月水不调者，由劳伤气血致体虚，风冷之气乘也。若风冷之气客于胞内，伤于冲任之脉，损手太阳、少阴之经。冲任之脉皆起于胞内，为经络之海。手太阳小肠之经、手少阴心之经也，此二经为表里，主上为乳汁，下为月水。然则月水是经络之余，若冷热调和，则冲脉、任脉气盛，太阳、少阴所生之血宣流依时而下。若寒温乖适，经脉则虚。若有风冷，虚则乘之，邪搏于血，或寒或温，寒则血结，温则血消。故月水乍多乍少，故为不调也。（《妇人大全良方·卷一调经门·月水不调方论第五》）

●《腹中论》曰：有病胸胁支满者，妨于食。病至则先闻腥臊臭，出清液，四肢清，目眩，时前后血，病名曰血枯。此得之年少时，有所大脱血。若醉入房中，气竭肝伤，故月事衰少不来也。注云：夫藏血受天一之气，以为滋荣者也。其经上贯膈，布胁肋，今脱血失精，肝气已伤，故血枯涸而不荣。胸胁满，经以络所贯然也。妨于食，则以肝病传脾胃。病至则先闻腥臊臭，出清液，则以肝病而肺乘之。先唾血，四肢清，目眩，时时前后血，皆肝病血伤之证也。（《妇人大全良方·卷一·血枯方论》）

●《至真要大论》云：诸痛痒疮，皆属于心。又云：阳气凑袭，寒化为热，热盛则肉腐为脓。又云：大凡痈疽，多生于膏粱之人，何也？平日宠妾满前，温床厚被，未寒衣绵，未饥先食，无非饮醇酒，食鸡羊，啖油面，嗜炙煿，平日熏煮脏腑，色力太过，稍有不及，便服兴阳乳石狼虎之药以助之，取一时之快意，殊不知消渴、消中、消肾、痈疽、发背自此而起。又因气宇不顺而得之。既得斯疾，于心有慊，一毫冷药断不肯服，医者又不执术，只得徇情，首以十宣散投合其意，便以膏药敷贴其外，殊不知毒气方盛之时，外被敷药闭其毫孔，内服温药助其毒气，致令热毒之气，无路发越，内攻脏腑，倾人性命，急如反掌。一有是证，便以骑竹马取穴法，只灸五七壮，不可多灸。使心脉流通，毒气有路发泄，或以蒜钱饼，于疽顶上灸之，亦使毒气有路发泄，不致内攻。更于足三里穴上，灸五七壮，此乃此热就下故也。详载骑竹马灸法中。愚今谨择内托散、又名万金散，又名托里散。方见第一只。五香连翘汤第二只、沉麝汤第三只、甚者追毒丸又名神仙万病解毒丸，第十七只及漏芦汤，已上皆宣热拔毒之药。既灸之后，使毒气有路而出，服药之后，使毒气不伤其脏腑，然后玩味方论，或命医者商榷疾证，依法调治，亦未晚也。若有烦热口燥，咽干，大府秘难，六脉沉实而滑，或洪数有力，便可投之以漏芦汤、大黄等药，或追毒丸为宣热拔毒之计。或有泻证，医者不可便归咎于药，以为张本之计。殊不知患痈疽之人，每有泄泻，皆是恶候。若疑似之间，但服内托散，次以五香连翘汤、沉麝汤，五七日之后，继之以国老膏、万金散、牛胶饮子、忍冬酒、柞木散、黄矾丸、远志酒之类，皆可选用，以为破敌之需。(《外科精要·卷上·疗发背痈疽灸法用药要诀第一》)

●夫痈疽疮肿之作者，皆五脏六腑蓄毒不流，则皆有矣，非独因荣卫壅塞而发者也。其行也，有处；其主也，有归。假令发于喉舌者，心之毒；发于皮毛者，肺之毒；发于肌肉者，脾之毒；发于骨髓者，肾之毒；发于下者，阴中之毒；发于上者，五脏之毒。故内曰坏，外曰溃，上曰从，下曰逆。发于上者得之速，发于下者得之缓。感于六腑则易治，感于五脏则难疗也。又近骨者多冷，近虚者多热。近骨者久不愈，则化成血虫；近虚者久不愈，则传气成漏。成虫则多痒少痛，或先痒后痛；生漏则多痛少痒，或不痛不痒。内虚外实者，多痛少痒；血不止则多死，脓疾溃则多生。或吐逆无度，饮食不时，皆痈疽之使然。(《外科精要·卷上·华佗论痈疮第二十一》)

●论曰：夫痈疽破溃之后，其形候有逆有顺，眼白睛黑而眼小，一恶也；不能下食，纳药而呕，食不知味，二恶也；伤痛渴甚，三恶也；髀项中不便，四肢沉重，四恶也；声嘶色脱，唇鼻青黑，面目四肢浮肿，五恶也；烦躁时嗽，腹痛渴甚，泄利无度，小便如淋，六恶也；脓血大涩，焮痛尤盛，脓色败臭，不可近之，七恶也；喘粗短气，恍惚嗜卧，八恶也；未溃先黑，久陷面青，唇黯便污者，九恶也。更有气噫痞塞，咳嗽身冷，自汗无时，瞪目耳聋，恍惚惊悸，语言颠错，皆是恶证。所谓五善者，动息自宁，饮食知味，一善也；便利调匀，二善也；神采精明，语声清朗，三善也；脓溃肿消，色鲜不臭，四善也；体气和平，五善也。五善见三则吉，诸恶见四必危。若五善并至，则善无以加；七恶骈臻，则恶之剧矣。又有疽发所在，有不可治者何？脑上诸阳所会，穴则髓出；颈项上近咽喉，药饵饮食之所通，一有所碍，两不能进；肾俞上与肾相抵，命之所系，穴即透空，又不可著艾，三处有疽，并为难治。(《外科精要·卷中·形证逆顺务在先明论第二十八》)

·参考文献·

1.盛维忠.陈自明医学全书［M］.北京：中国中医药出版社，2005.

2.李成文，周明丽，王松慧.两宋金元名家医案［M］郑州：河南科学技术出版社，2016.

3.杨云松.陈自明妇产科疾病用药心法［M］.北京：中国医药科技出版社，2022.

4.李丛.旴江医家陈自明学术特色探悉［J］.江苏中医药，2007，39（8）：12.

5.周步高，何晓晖，潘源乐，等.试论旴江医学对中医学发展的贡献和价值［J］.中华中医药杂志，2022，37（03）：1254-1257.

6.孟萍，高晓静，傅淑清.旴江医家陈自明妇科应用葳术经验［J］.时珍国医国药，2014，25（11）：2734-2736.

7.陈丽云.《妇人大全良方》妇科疾病诊治特色［J］.上海中医药大学学报，2005，19（3）：11.

8.邹来勇，涂国卿，汤群珍.旴江医家"治风先治血"思想探骊［J］.中国中医基础医学杂志，2019，25（05）：585-586.DOI：10.19945/j.cnki.issn.1006-3250.2019.05.008.

9.于佳琪，付姝菲.古代妇科名家运用"血不利则为水"诊疗思路探析［J］.时珍国医国药，2019，30（02）：435-437.

10.于绍卉，张红.《妇人大全良方》中调经门的特点［J］.长春中医药大学学报，2008，24（3）：125.

11.温萍，叶明花.《妇人大全良方》调经思想探析［J］.江西中医药，2021，52（03）：4-6.

12.邓柏龄，刘红宁，严景妍.《妇人大全良方》崩漏证治探析［J］.江西中医药，2021，52（02）：5-6.

13.丁宁.《妇人大全良方》妇人血证辨治规律研究［D］.中国中医科学院，2022.

14.范培，梁瑞宁.旴江医家陈自明助孕安胎学术特色探析［J］.新中医，2015，47（7）：303-304.

15.王河宝，李小贞，吴丽芳，等.《妇人大全良方》女性养生思想探颐［J］.江西中医药，2017，48（06）：3-5.

16.顾漫.陈自明《外科精要》版本考略［J］.中华医史杂志，2007，37（1）：34.

17.徐春娟，何晓晖，陈荣.中医妇科学奠基者陈自明学术思想的现代研究［J］.江西中医学院学报，2012，24（06）：7-10.

刘完素

❧ 学习要点 ❧

刘完素深入研究《内经》，重视中医基础理论探讨，结合临床实践，标新立异，勇创新说，阐发火热论，提出六气皆能化火观点，补充燥证病机，发明辛凉与甘寒解表及表里双解大法，表里分治火热病，论治中风独具特色，创制防风通圣散、地黄饮子、芍药汤等名方，开创了金元时期中医学发展的新局面。

目的要求：

掌握六气皆能化火理论及治疗火热病、中风的特色；熟悉其创新精神与创新思想，治疗火热病方法的历史沿革；了解其生平、代表著作及学术成就对后世的影响。

一、概说

刘完素（约1120~1200），字守真，自号通玄处士；金代河间府（今河北省河间市）人，故后世称为刘河间；因医术高超，金章宗完颜璟曾多次征召其做官皆不就，故赐号"高尚先生"。

刘完素重视中医理论对临床的指导作用，深入研究《内经》，强调理论与临床实践相结合，其谓"夫医道者，以济世为良，以愈病为善。盖济世者，凭乎术；愈疾者，仗乎法。故法之与术，悉出《内经》之玄机"（《素问病机气宜保命集·序》）。刘完素受理学、道教及宋学学风的影响，独辟蹊径，着重探讨中医病机理论，并根据当时北方外感热病猖獗以及气候（运气）变化特点，在《素问·热论》等篇及张机《伤寒论》的基础上，创造性地提出六气皆能化火、五志化火及阳气怫郁的学术观点，并首次阐发燥证病机，总结火热病与杂病的治疗经验，收集并创制许多新方，成为主火论的开山；还应用《内经》亢害承制理论阐发病理本质与标象的内在联系。受其标新立异，勇创新说的影响，后世张元素、张从正、李杲、王好古、罗天益、陈言、朱震亨、王履等金元著名医家纷纷提出新的学术主张与见解，改变了从唐代至北宋期间重方药收集、轻理论研究，而导致中医徘徊不前的局面，使中医学跃上了新台阶，促进了中医基础理论与临床医学的迅猛发展，开创了金元时期新学肇兴、百家争鸣的新局面，为明清中医学的发展、成熟奠定了坚实的基础。

刘完素弟子有穆大黄、马宗素、荆山浮屠，罗知悌师从荆山浮屠，又将河间之学及张从正、李杲之说传于朱震亨。朱氏将理学思想引入中医学领域，提出阳有余阴不足论与相火论，主张滋阴降火治疗火热证，从其学者有赵道震、赵良仁、戴垚、戴思恭、王履、刘叔渊、刘纯等，其最有成就者，当推戴思恭与王履；戴思恭发明气属阳动作火，血属阴难成易亏说，畅论郁证和痰证辨治要诀，并传学于汪机；王履进一步阐发亢害承制论，区分火热病与伤寒病为治不同；而私淑朱氏之学者有王纶、徐彦纯等。另外，金代葛雍、镏洪、张从正均私淑河间之学，麻九畴、常德又私淑张从正之说；这就是后世总结的河间学派师承之大概。

刘完素治学主张深入研究《内经》，勇创新说。

刘完素的代表著作有《素问玄机原病式》《黄帝素问宣明论方》（又名《医方精要宣明论方》），另有《素问病机气宜保命集》《伤寒标本心法类萃》《三消论》（载于《儒门事亲》）。后人将《素问玄机原病式》《黄帝素问宣明论方》《伤寒标本心法类萃》与葛雍《伤寒直格》、马宗素《伤寒医鉴》、镏洪《伤寒心要》合称《河间六书》。现有《刘完素医学全书》合订本。

二、学术特色与临证经验

（一）火热论

宋金时期《局方》盛行，医者按图索骥，滥用成方，用药多偏温燥；治疗外感病大多墨守《伤寒论》成规，不辨寒热，动辄投以麻黄汤或桂枝汤；北方气候干燥，饮食醇酿，易化热生燥；加之战乱频繁，社会动荡，生活不定，情志不畅，疫病流行，因而热病较多，众医束手无策，亦非《局方》、经方所能奏效。刘完素受当时革新思想的影响，深入探讨火热病的病因病机，阐发六气皆能化火、五志化火与阳气怫郁，为治疗火热病提供理论指导。

1.六气皆能化火

刘完素在阐发火热与风、湿、燥、寒的关系时，认为风、湿、燥、寒在病理变化过程中，皆能化热生火；而火热也往往是产生风、湿、燥的原因之一。这就是后世概括的"六气皆能化火"理论，刘氏以此说明火热为病的广泛性。

（1）风与火热：刘完素认为风属于木，木能生火，风又可以助火，而热甚（极）则可导致抽搐等生风表现；因此风与火热可以互相转化，即风能生火助火，热极生风。"故火本不燔，遇风冽乃焰"（《素问病机气宜保命集·卷上·病机论第七》）；"风木生热，以热为本，风为标，言风者，即风热病也"（《黄帝素问宣明论方·论风热湿燥寒》）。因此，刘氏解释因热导致头目眩晕的病机是"由风木旺，必是金衰不能制木，而木复生火，风火皆属阳，多为兼化，阳主乎动，两动相搏，则为之旋转"（《素问玄机原病式·五运主病》）。风能化热，热极生风，不仅发展了中医病机理论，而且更重要的是为提出辛凉或甘寒解表大法治疗风热表证提供理论基础或依据。

（2）湿与火热：刘完素认为湿邪郁滞，可以化生火热，即"积湿成热"。《黄帝素问宣明论方·论风热湿燥寒》云:"湿本土气,火热能生土湿,故夏热则万物湿润,秋凉则湿复燥干也。湿病本不自生,因于火热怫郁,水液不能宣行,即停滞而生水湿也。凡病湿者,多自热生,而热气尚多,以为兼证,当云湿热,亦犹风热义同;虽病水寒,不得宣行,亦能为湿,虽有此异,亦以鲜矣"。反之,若火热怫郁,影响水液宣通,则可停而为湿。湿与热不但可以互生,并且二者可相兼为病,临床可见水肿、腹胀、小便不利等;治疗用辛苦寒药除湿热怫郁痞膈,通利大小便。

(3)燥与火热:燥邪容易耗伤津液化热生火,热盛伤津又可以化燥,因而燥热常相兼为病。同时吐泻亡液、风邪偏胜,或寒凉收敛,气血不通,闭塞腠理也可导致燥病,症见皮肤无汗干燥或燥裂,肢体麻木不仁,大便干涩等。由此,刘完素提出"诸涩枯涸,干劲皴揭,皆属于燥",治疗主张"宜开通道路,养阴退阳,凉药调之……慎毋服乌附之药"(《素问病机气宜保命集·卷上·病机论第七》),补充并发展了《内经》"燥者润之","燥淫于内,治以苦温,佐以甘辛,以苦下之……燥化于天,热反胜之,治以辛寒,佐以苦甘"治疗方法,对后世喻昌、李梴、石寿棠等治疗燥证影响较大。

医案举例

◆虞天民治仲兄,年四十五岁,平生瘦弱血少,深秋得燥症,皮肤拆裂,手足枯燥,搔之屑起,血出痛楚,十指中厚皮而莫能搔痒。虞制一方,名生血润肤饮,用归、芪、生熟地、天麦二门冬、五味、片芩、栝蒌仁、桃仁泥、酒红花、升麻,煎服十数贴,其病如脱。大便燥结,加麻仁、郁李仁,此值庚子年,岁金太过,至秋深燥金用事,久晴不雨,乃得此症。(《名医类案·皮肤皴裂》)

(4)寒与火热:刘完素认为冒犯寒邪,或内伤生冷,玄府闭塞,阳气被郁,气液难以畅达而化热,出现火热之证。热极可以生寒,表现为火极似水的真热假寒之象,并非火热化生寒邪。

六气皆能化火理论,重点阐发三个问题:风能化热为辛凉或甘寒解表治疗大法提供了理论依据;热极生风开创了论治中风由外风转向内风的先河;论述燥证病机,补充了《内经》病机十九条的不足。

2.五志化火

怒、喜、悲、思、恐为五脏之志,刘完素认为若喜怒无常,思虑太过,悲恐至极,势必精神烦劳,既可损伤肝、心、脾、肺、肾本脏,影响脏腑功能,又能躁扰阳气致气血郁滞,化生火热,此即五志化火;五志化火生热关键又在于心,而火热亢盛反过来又可以影响神明,出现神志异常。如心火热甚,扰动心神,波及肺、肝、肾,可出现惊惑、悲笑、谵妄歌唱、骂詈、癫狂、中风等证。《素问玄机原病式·六气为病》谓"五脏之志者,怒喜悲思恐也。悲,一作忧。若志过度则劳,劳则伤本脏。凡五志所伤皆热也……情之所伤,则皆属火热。"后世张从正赞扬说"今代刘河间治五志,独得言外之意,谓五志所发,皆从心造,故凡见喜、怒、悲、惊、思之证,皆以平心火为主"(《儒门事亲·九气感疾更相为治衍》)。即治疗五志化火当以泻心火为主。朱震亨提出"五志之动,各有火起"。刘宗厚进一步总结说:"大怒则火起于肝,醉饱则火起于胃,房劳则火起于肾,悲哀动中则火起于肺；心为君主，自焚，则死矣。"然张景岳则持不同意见，认为五志之伤主要伤气败阳，"但伤气者十之九，动火者十之一"(《景岳全书·火证》)。

正是由于六气皆能化火，五志过极也可以化热，因而刘完素将病机十九条中属于火（瞀冒、口噤、瘈疭、鼓栗、胕肿、疼酸、惊骇、冲逆、躁、狂等）的10种病证扩大为34种，属于热（胀满、呕吐、吐酸、泄泻、下迫、转戾、水液混浊等）的7种病证扩大为23种，热与火病证共计57种；再加上可以从火热推论的风、湿、寒、燥25种病证；充分说明了火热为病的广泛性。

3.阳气怫郁说

刘氏论述病机时常常提到"阳气怫郁"的问题，虽然与"六气皆能化火"的论点同出一辙，但"阳气怫郁"还有其特定的内容和规律性，而且阳气怫郁又与玄府气液有密切关系。

（1）玄府气液宣通

刘氏所论之玄府与《内经》之"所谓玄府者，汗空也"有显著不同。刘氏认为，"玄府"不仅专指汗空，且不独具于人，他说，"玄府者，无物不有，人之脏腑、皮毛、肌肉、筋膜、骨骼、爪牙，至于世之万物，尽皆有之，乃气出入升降之道路门户也"，"气液出行之腠道纹理"。可见，刘氏将人体各种组织的腠理统称为"玄府"，并明确论述了玄府为气液运行之通道，而且把营卫、气血、津液在人体脏腑、皮肉、筋骨的玄府中正常运行的生理功能称作"气液宣通"。

玄府气液宣通有赖于气的开通宣行，他认为："大道无形，非气不足以长养万物，由是气化则物生，气变则物易，气甚即物壮，气弱即物衰，气正即物和，气乱即物病，气绝即物死。"由此说明气机通畅在人体生命活动中具有重要作用；若阳气怫郁，"玄府闭密"，气机阻滞，就可产生多种病变。

（2）阳气怫郁病变

导致阳气怫郁的具体病机有二：一是六气、五志化火，多由于"郁"，如湿郁生热，乃水湿怫郁不得发散，营卫受阻，"积湿成热"。二是由"阳热"导致"怫郁"。所谓"阳热发则郁"，"阳热易为郁结"。又说："郁，怫郁也。结滞壅塞，而气不通畅。所谓热甚则腠理闭密而郁结也。如火炼物，热极相合，而不能相离，故热郁则闭塞而不通畅也。"

阳气怫郁可导致气机升降出入失常，气机郁滞，阳气不能开通宣行而广泛致病。诸凡喘呕吐酸、吐下霍乱、暴注下迫、肿胀便秘、转筋、战栗动摇、中风瘫痪、暴病暴死、鼻衄鼻窒、皮肤不仁、疮疹痈疽等病证，总归于阳气怫郁所致。

刘氏治疗阳气怫郁之病，十分重视开发郁结，以保持机体玄府气液宣通。他主要用宣、清、通三法和辛苦寒药。

（二）治疗火热病方法

刘完素在先贤基础上，阐发火热理论，将火热病分为表证和里证，创制防风通圣散、三一承气汤，或与天水散、黄连解毒汤、凉隔散合用，清解表里热邪。

1.表里为纲辨治热病

刘完素在火热理论指导下，根据火热病的发病特点及其阳气怫郁病机，将火热病分为表证与里证，突破了《伤寒论》温药发表、先表后里的成规，主张用宣、清、通三法和辛苦寒药开发郁结，宣通气液，发明并总结出辛凉或甘寒解表、表里双解、攻下里热、清热解毒、养阴退阳等治疗实热证的大法，对后世产生了深远的影响。虽然其对虚热证少有论述，但却为后世李杲、朱震亨、王肯堂深入研究虚热证病因病机提供了思路与方法。

（1）表证：多为"怫热郁结"所致，临床常用石膏、滑石、甘草、葱白、豆豉等辛凉或甘寒解表，宣散郁结，体现了应用宣法治疗阳气怫郁的思路。反之，若用辛热之药，虽能开发郁结，使气液宣通，气和而已，"然病微者可愈，甚者郁结不开，其病转加而死矣"。表证兼有里热，创立防风通圣散或双解散解表清里；或选用天水一凉膈半、或天水凉膈各半，散风壅开结滞，宣通气血，以解除郁热。夏暑季节应因时制宜，若必须使用麻黄、桂枝等辛温解表，可加入黄芩、石膏、知母、柴胡、地黄、芍药、栀子、茵陈等。

（3）里证：症见腹满实痛、烦躁谵妄、大便不行，目睛不了了，脉多沉实等，当用大承气汤或三一承气汤攻下里热。若热毒极深，波及血分，阳厥阴伤，症见遍身清冷疼痛、咽干或痛、腹满实痛、闷乱喘息、脉沉细等，须用大承气汤或三一承气汤合黄连解毒汤，并根据情况可反复应用4~5次，其热毒方可退去。若下后热势尚盛，或下后湿热犹甚而下利不止，可用黄连解毒汤清解余热，或配伍养血益阴药。若下后余热不盛，可用小剂黄连解毒汤或凉膈散散其余热。若热极失下，残阴欲绝，以黄连解毒汤合凉膈散，或白虎汤合凉膈散，养阴退阳。充分体现了应用清法与通法治疗阳气怫郁之病的思路。

医案举例

◆虞天民治一人，四月间，得伤寒证恶寒，发大热而渴，舌上白苔。三日前，身脊百节俱痛。至第四日，惟胁痛而呕，自利。至第六日，虞诊之，左右手皆弦长而沉实，俱数甚。虞曰：此本三阳合病，今太阳已罢，而少阳与阳明仍在。与小柴胡合黄连解毒。服三服，胁痛呕逆皆除，惟热犹甚。九日后，渐加气筑痰响，声如曳锯，出大汗，汗退后身热愈甚，法当死。视其面上有红色，洁净而无贼邪之气，言语清亮，间有谵语而不甚含糊。虞故不辞而复与治，用凉膈散倍大黄，服二服。视其所下复如前，自利清水，其痰气亦不息，与大承气汤合黄连解毒汤，二服，其所下亦如前。此盖结热不开，而燥屎不来耳。复以二方相间，日三四服。至五帖，始得结屎十数块，痰气渐平，热渐减。至十五日，热退气和而愈。（《古今医案按·伤寒》）

（3）热邪半在表半在里：柴胡汤和解。

2.防风通圣散及用药特色

防风通圣散（防风、川芎、当归、芍药、大黄、芒硝、连翘、薄荷、麻黄各半两，石膏、桔梗、黄芩各一两，白术、栀子、荆芥各二钱半，滑石三两，甘草二两，生姜三片）集辛散、苦寒、甘温于一炉，针对风邪郁遏，气血不能宣通，化热生火而设，宣散风邪、疏通气血与下结导滞并举，通过玄府、二便使邪有出路，则气机通畅。因本方具有宣肺解表、疏散风邪、清热凉血、通腑解毒、攻下里热、活血化瘀、通络散结、益气养阴、清热利湿通淋、清解暑热、利咽化痰、宣通郁结等功效，故广泛应用于憎寒壮热，头目昏眩，目赤眼痛，口苦口干，咽喉不利，胸膈痞闷，大便秘结，小便赤涩，疮疡肿毒，肠风痔漏，惊狂谵语，舌苔腻或黄，脉数等症，故获"有病无病，防风通圣"之美誉。明代虞抟在防风通圣散基础上去白术、生姜加柴胡、黄连、黄柏、生地黄、羌活、皂刺等，化裁为加减通圣散用于治疗疠风；孙一奎则用本方去大黄、芒硝，石膏、滑石减半，加辛夷花治疗鼻渊；目前临床上常用于高血压、头痛、胆囊炎、糖尿病、血脂异常与肥胖、婴儿湿疹、皮肤病等。

本方用药配伍特色，一是辛温药与苦寒药相配伍，治疗外感风邪化热或兼有里热证。它不但迈出了用辛凉解表法治疗风热表证的第一步，而且突破了《伤寒论》用温药发表、先表后里的成规，改变了北宋以前大凡外感病不加辨证即用麻黄汤与桂枝汤的按图索骥不良风气，并使《素问·至真要大论》"风淫于内，治以辛凉，佐以苦甘，以甘缓之，以辛散之"之意不解自明，为辛凉解表大法的完善以及吴瑭创制桑菊饮与银翘散等辛凉解表方剂奠定了基础。故刘完素为自己辩解说："余自制双解、通圣辛凉之剂，不遵仲景法桂枝、麻黄发表之药，非余自炫，理在其中矣。故此一时，彼一时，奈五运六气有所更，世态居民有所变，天以常火，人以常动，动则属阳，静则属阴，内外皆扰，故不可峻用辛温大热之剂。"二是风药与清热药合用治疗火热病，体现了《素问·六元正纪大论》"火郁发之"之意，后世张从正用防风通圣散原方加葱根、豆豉治疗头项偏肿连一目症，汗而发之即愈，以及李杲治疗大头瘟的普济消毒饮，也是大量苦寒药之中配伍少量的风药就是明证。三是防风通圣散中宣、清、通三法和辛苦寒药并举的配伍规律，充分体现了刘完素重视阳气怫郁，开发郁结，宣通气液，促进气血流通的用药特点。

> **医案举例**

◆一酒病人，头痛、身热、恶寒，状类伤寒。两手脉俱洪大，三两日不圊。以防风通圣散约一两，用水一中碗，生姜二十余片，葱须根二十茎，豆豉一大撮，同煎三五沸，去滓，稍热分作二服。先服一服多半。须臾，以钗股探引咽中，吐出宿酒，酒之香味尚然，约一两杓，头上汗出如洗。次服少半，立愈。《内经》曰：火郁发之。发为汗之，令其疏散也。（《儒门事亲·凡在表者皆可汗式十五》）

◆南乡陈君俞，将赴秋试，头项偏肿连一目，状若半壶，其脉洪大。戴人出视。《内经》曰：面肿者风。此风乘阳明经也，阳明气血俱多，风肿宜汗。乃与通圣散入生姜、葱根、豆豉，同煎一大盏。服之微汗。次日以草茎鼻中，大出血，立消。（《儒门事亲·风形》）

3.三一承气汤及用药特色

刘氏创制三一承气汤（大黄、芒硝、枳实、厚朴各半两，甘草一两，生姜三片）泻热通便，以通治三承气汤主证，而不致于误用三承气汤。用于热邪与积滞互结所致的谵妄下利，咽干烦渴，腹满按之硬痛，小便赤涩，大便秘结，或热甚喘闷，惊悸癫狂，目赤，目痛，口舌生疮，喉痹，痈疡，发斑，小儿热极生风，死胎不下，脉沉实等。将张机承气汤主治范围由20多症发展到30多症。故《医方类聚》引《修月鲁般经》评价说，"盖大黄苦寒，而通九窍二便，除五脏六腑积热；芒硝咸寒，破痰散热，润肠胃；枳实苦寒，为佐使，散滞气，消痞满，除腹胀；厚朴辛温，和脾胃，宽中通气；四味虽下剂，有泄有补，加甘草、生姜和中健脾，保护胃气。然以甘草之甘，能缓其急结，湿能润燥，而又善以和合诸药而成功，是三承气而合成一也。善能随证消息，但用此方，则不须用大、小承气并调胃等方也。"

医案举例

◆朱丹溪治吴江王氏子，年三十岁，忽阴挺长肿而痛，脉数而沉实，用朴硝荆芥汤浸洗，又用三一承气汤大下之，愈。（《续名医类案·前阴》）

（三）防治中风经验

中风病名始于汉代张机。汉、唐及至宋代多从外风立论，《金匮要略》按病情轻重分为中经、中络、中脏、中腑；多用侯氏黑散及小续命汤治疗。刘完素突破内虚邪中病机，首次提出热极也可导致中风，这是中风病因学的一个重大突破和转折，并创制三化汤、大秦艽汤、地黄饮子等分别治疗痰热中脏、气血痹阻、肾虚痰泛之中风。

1.辨治中风经验

刘氏在《素问病机气宜保命集·卷中》专立"中风论"，认为"风本生于热，以热为本，以风为标，凡言风者，热也……是以热则风动"；并根据病情的轻重，将中风分为中脏、中腑、中血分而论之。近年来大量证候学研究表明，在中风病急性期，尤其是一周之内，火热证占有相当的比例，也支持刘氏之论。另外还提出将息失宜，情志刺激，心火暴甚，肾水虚衰，水不制火，阴虚阳实，可导致偏枯，足不履用，音声不出等。刘氏之论对后世缪希雍、张介宾、叶桂、王清任、张伯龙、张锡纯、张山雷防治中风产生了不小的影响。

（1）加减小续命汤：用于暴中风邪所致卒中风欲死，身体缓急，口目不正，舌强不能言，奄奄忽忽，神情闷乱，并"有表证，脉浮而恶风恶寒，拘急不仁，或中身之后，或中身之前，或中身之侧"的中腑证，以孙思邈小续命汤（麻黄、桂枝、防风、杏仁、川芎、白芍、人参、甘草、黄芩、防己、附子、生姜、大枣）随症加减，疏风清热，并告诫春夏加石膏、知母、黄芩，秋冬加桂、附、芍药。

（2）三化汤：用于"唇吻不收，舌不转而失音，鼻不闻香臭，耳聋而眼瞀，大小便秘结"的中脏证。三化汤（厚朴、大黄、枳实、羌活）通腑泻热，降浊升清，开通腑法治中风之先河。当代治疗中风常用的通腑化痰汤、星蒌承气汤和大黄瓜蒌汤无不受此影响。

（3）大秦艽汤：用于血弱不能养筋所致的手足不能运动，舌强不能言语的中风。用大秦艽汤（秦艽、甘草、川芎、当归、白芍药、细辛、羌活、防风、黄芩、石膏、白芷、白术、生地黄、熟地黄、茯苓、独活）祛风清热，益气养血，疏通气血之郁滞。清代汪昂在《医方集解》中称之为"六经中风轻者之通剂也"。

（4）地黄饮子：刘氏认为平素将息失宜，导致肾水虚衰，不能制火，加之在情绪急剧波动的诱因下，五志过极而化火，从而心火暴甚，化火生风，风火相煽，气血上逆而出现偏枯，足不履用，言语不利等中风症状；这揭示了《素问》"血之与气并走于上，则为大厥，气复返则生，不复返则死"的未言之秘。因此刘氏指出："所以中风瘫痪者，非谓肝木之风实甚，而卒中之也，亦非外中于风尔。由乎将息失宜，而心火暴甚，肾水虚衰不能制之，则阴虚阳实而热气怫郁，心神昏冒，筋骨不用，而卒倒无所知也。多因喜怒思悲恐之五志，有所过极，而卒中者，由五志过极，皆为热甚故也。若微则但僵仆，气血流通，筋脉不挛，缓者发过如故。或热气太盛郁结壅滞，气血不能宣通，阴气暴绝，则阳气后竭而死，俗谓中，不过尔。或即不死而偏枯者，由经络左右双行，而热甚郁结，气血不得宣通，郁极乃发，若一侧得通，则痞者痹，而瘫痪也。其人已有怫热郁滞，而气血偏行，微甚不等，故《经》言：汗出偏沮，令人偏枯。然汗偏不出者，由怫热郁结，气血壅滞故也。人卒中则气血不通，而偏枯也。"（《素问玄机原病式·六气为病·火类》）故用地黄饮子（熟地黄、巴戟天、山茱萸、石斛、肉苁蓉、炮附子、五味子、肉桂、茯苓、麦门冬、菖蒲、远志、生姜、大枣、薄荷）滋肾阴，补肾阳，开窍化痰，水火相济。其妙用薄荷利咽喉"治中风失音"，对后世之正舌散、转舌膏治中风舌强不语用薄荷不无启迪。近现代用地黄饮子治疗中风、呆病已成为普遍。

另外还有换骨丹（麻黄、防风、仙术、白芷、槐角、川芎、人参、何首乌、桑白皮、苦参、威灵仙、蔓荆子、木香、龙脑、朱砂、麝香、五味子、温酒）治疗瘫痪中风，口眼歪斜，半身不遂；防风天麻散（防风、天麻、川芎、白芷、草乌头、白附子、荆芥穗、当归、甘草、滑石）用于中风偏枯，暴喑不语；祛风丸（川乌头、草乌头、天南星、半夏、甘草、川芎、藿香、零陵香、地龙、白僵蚕、全蝎、生姜）用于中风偏枯，语言謇涩，手足战掉。

2.用药禁忌

刘完素在治疗中风时提出"中风之人，不宜用龙、麝、犀、珠，譬之提铃巡于街，使盗者伏而不出，益使风邪入于骨髓，如油入面，莫能出也，此之类焉。""凡觉中风，必先审六经之候，慎勿用大热药乌、附之类，故阳剂刚胜，积火燎原，为消、狂、疮、肿之属，则天癸竭而荣卫涸，是以中风有此诫。"（《素问病机气宜保命集·中风论第十》）

3.中风预后及预防方法

（1）中风预后：刘完素从中风轻重和筋脉抽搐的缓急来推测预后。"若微者但僵仆，气血流通，筋脉不挛；缓者发过如故；或热气太甚，郁结壅滞，气血不能宣通，阴气暴绝则阳气后竭而死"。"诸筋挛虽势恶而易愈也，诸筋缓者难以平复"。中腑者其治多易，中脏者其治多难。

（2）中风预防：中风发有先兆，宜应先期预防，所谓见微知著，"止于萌芽"。因此刘完素重视中风先兆，强调未病先防，已病防变。指出"中风者，俱有先兆之证。凡人如觉大拇指及次指麻木不仁，或手足不用，或肌肉蠕动者，三年内必有大风之至。"主张先服八风散（藿香、白芷、前胡、黄芪、甘草、人参、羌活、防风），愈风汤（羌活、甘草、防风、蔓荆子、川芎、细辛、枳壳、人参、麻黄、甘菊、薄荷、枸杞子、当归、知母、地骨皮、黄芪、独活、杜仲、白芷、秦艽、柴胡、半夏、前胡、厚朴、熟地黄、防己、茯苓、黄芩、生地黄、石膏、芍药、苍术、桂，用于初觉风动欲倒仆），天麻丸（天麻、牛膝、杜仲、萆薢、玄参、羌活、当归、生地黄、附子）各一料，以预防中风的发生，这是其对中风病防治的又一贡献。现代实验研究发现，愈风汤、天麻丸均能对抗肾上腺素的缩血管效应，减轻脑缺血及其再灌注引起的脑组织损伤，对抗大鼠血栓形成；愈风汤通过提高红细胞超氧化物歧化酶活性，抑制脑缺血再灌注大鼠模型体内脂质过氧化反应，说明这三方具有预防中风的物质基础。

医案举例

◆蓟州牧杨芊，丙寅春，五旬余，卒中肢废，口不能言，大小便难，中府而兼中脏也。初进通幽汤不应，加大黄、麻仁，二剂始通，舌稍转动。又用加减大秦艽汤，数剂始能言，但舌根尚硬。后用地黄饮子，及参、芪、术等兼服，舌柔胃强，左手足尚不能举动。此由心境不堪，兼之参饵调服也。今庚午秋，闻其在楚已痊愈。(《续名医类案·卷二》)

◆太塘程晓山，程松谷从弟也。客湖州，年四十，悬壶之日，湖中亲友举贺，征妓行酒，宴乐月余。一日忽言曰：近觉两手小指及无名指掉硬不舒，亦不为用。口角一边常牵扯引动，幸为诊之。六脉皆滑大而数，浮而不敛。其体肥，其面色苍紫。予曰：据脉滑大为痰、数为热、浮为风。盖湿生痰、痰生热、热生风也。君善饮，故多湿。近又荒于色，故真阴竭而脉浮，此手指不舒，口角牵扯，中风之症已兆也。所喜面色苍紫，其神藏，虽病犹可治。切宜戒酒色，以自保爱。为立一方，以二陈汤加滑石为君，芩连为臣，健脾消痰，撤湿热从小便出；加胆星、天麻以定其风，用竹沥、姜汁三拌三晒，仍以竹沥打糊为丸，取竹沥引诸药入经络化痰。外又以天麻丸滋补其筋骨，标本两治。服二料，几半年，不惟病痊，且至十年无恙。迨行年五十，湖之贺者如旧，召妓宴乐者亦如旧，甘酒嗜音荒淫，而忘其旧之致病也。手指、口角牵引、掉硬尤甚，月余中风，左体瘫痪矣（瘫痪俗所谓半身不遂也）。归而逆予诊之，脉皆洪大不敛，汗多不收，呼吸气促。予曰：此下虚上竭之候。盖肾虚不能纳气归原，故汗出如油喘而不休，虽和缓无能为矣，阅二十日而卒。(《孙氏医案·新都治验》)

（四）防治泄痢经验

刘完素指出"痢者，五脏窘毒，结而不散，或感冷物，或冒寒暑失饥，不能开发，又伤冷热等食，或更服暖药过极，郁化成利"，认为泄痢乃郁化而成，故重视行气调血，提出"行血则便脓自愈，调气则后重自除"治疗大法，创制芍药汤等治疗泄痢名方。

刘氏治疗泄痢多从风、湿、热论治，主张宜补、宜泻、宜和、宜止。如伤于风者为飧泄，表现为不饮水而谷完出，春伤于风，夏必飧泄，故治疗以宣风散导，后服苍术防风汤（苍术、防风）。伤于湿者为水泄，太阴脾经受湿，水泄下注，体微重微满，困弱无力，不欲饮食，用白术芍药汤（白术、芍药、甘草）。伤于热者，轻则飧泄、身热、脉洪，治以黄芩芍药汤（黄芩、芍药、甘草）；重则下利、脓血稠黏，用大黄汤（大黄、酒），除湿热痞闭积滞，使气液宣行。落实到脏腑，则以脾胃为核心，认为凡下痢皆脾胃受湿，宜调胃去湿，用白术、芍药、茯苓三味煎服。其中，白术除脾胃之湿，芍药除胃中之湿热，茯苓通水道走湿。

具体用药，如属寒者少而属热者多，可见下痢脓血，里急后重，主以芍药汤下血调气。下痢见血，用黄连，佐以官桂、当归。先便白脓后血，或发热，或恶寒，为上部血，用黄芩；恶寒，脉沉，或腰痛，或血痢下痛，为中部血，用黄连；恶寒，脉沉，先血后便为下部血，用地榆；里急后重闭者，为大肠经气不宣通，用大黄、槟榔、木香。若暴泄如水，周身汗出，一身尽冷，脉微而弱，气少不能语，甚者呕吐，急以重药温之，用浆水散（炮附子、干姜、高良姜、半夏、肉桂、炙甘草、浆水）。痢后调护方面，痢除后，用白术黄芪汤调之。

兼证选药：发热、恶寒、腹不痛，加黄芩；未见脓血而恶寒，黄连为主，佐以桂枝；腹痛甚者，加当归，倍芍药；痢或泄而呕者，为胃中气不和，生姜、橘皮、芍药、当归、肉桂、茯苓；泻痢久不止，或暴下者，皆太阴受病，加芍药；下痢身困倦，加白术；下痢日久，通身自汗，逆冷，气息微者，加桂、附；四时下痢，当于芍药、白术内，春加防风，夏加黄芩，秋加厚朴，冬加桂、附。

医案举例

◆一人患痢久不愈，脉沉细弦促，右为甚。日夜数十行，下清涕，有紫黑血丝，食少。丹溪曰：此瘀血痢也。凡饱食后疾走，或极力叫号殴跌，多受疼痛，大怒不泄，补塞太过，火酒火肉，皆致此病。此人以非罪受责故也。乃以乳香、没药、桃仁、滑石，佐以木香、槟榔、大黄，神曲糊丸。米饮下百丸，再服，大下秽物而愈。（《古今医案按·痢》）

原著选读

●经曰：亢则害，承乃制。谓己亢过极，则反兼胜己之化，制其甚也。如以火炼金，热极则反为水。又如六月热极，则物反出液而湿润，林木流津。故肝热甚则出泣，心热甚则出汗，脾热甚则出涎，肺热甚则出涕，肾热甚则出唾。亦犹煎汤热甚则沸溢，及热气熏蒸于物，而生津者也。故下部任脉湿热甚者，津液涌溢而为带下也。且见俗医治白带下者，但依近世方论，而用辛热之药，病之微者，虽或误中，能令郁结开通，气液宣行，流湿润燥，热散气和而愈。其或势甚而郁结不能开通者，旧病转加，热证新起，以至于死，终无所悟。曷若以辛苦寒药，按法治之，使微者、甚者，皆得郁结开通，湿去燥除，热散气和而愈；无不中其病，而免加其害。

且如一切怫热郁结者，不必止以辛甘热药能开发也，如石膏、滑石、甘草、葱、鼓之类寒药，皆能开发郁结。以其本热，故得寒则散也。夫辛甘热药，皆能发散者，以力强开冲也。然发之不开者，病热转加也，如桂枝、麻黄类辛甘热药，攻表不中病者，其热转甚也。是故善用之者，须加寒药，不然则恐热甚发黄，惊狂或出矣。如表热当发汗者，用辛甘热药，苟不中其病，尚能加害，况里热郁结，不当发汗，而误以热药发之不开者乎？又如伤寒表热怫郁，燥而无汗，发令汗出者，非谓辛甘热药属阳，能令汗出也，由怫热郁结开通，则热蒸而自汗出也。不然则平人表无怫热者服之，安有如斯汗出也。其或伤寒日深，表热入里，而误以辛甘热药汗之者，不惟汗不能出，而又热病转加，古人以为当死者也。又如表热服石膏、知母、甘草、滑石、葱、鼓之类寒药，汗出而解者；及热病半在表半在里，服小柴胡汤寒药，能令汗而愈者；热甚服大柴胡汤下之，更甚者，小承气汤、调胃承气汤、大承气汤下之；发黄者，茵陈蒿汤下之；结胸者，陷胸汤、丸下之，此皆大寒之利药也，反能中病以令汗出而愈。然而中外怫热郁结，燥而无汗，岂但由辛甘热药为阳，而能开发汗出也。况或病微者，不治自然作汗而愈者也。所以能令作汗之由者，但怫热郁结，复得开通，则热蒸而作汗也。凡治上下中外一切怫热郁结者，法当仿此，随其浅深，察其微甚，适其所宜而治

之，慎不可悉如发表，但以辛甘热药而已。(《素问玄机原病式·热类》)

●然皮肤之汗孔者，谓泄气液之孔窍也。一名气门，谓泄气之门也；一名腠理者，谓气液出行之腠道纹理也；一名鬼神门者，谓幽冥之门也；一名玄府者，谓玄微府也。然玄府者，无物不有，人之脏腑、皮毛、肌肉、筋膜、骨髓、爪牙，至于世之万物，尽皆有之，乃气出入升降之道路门户也。夫气者，形之上，神之母，三才之本，万物之元，道之变也。故元阳子解《清静经》曰：大道无形，非气不足以长养万物，由是气化则物生，气变则物易，气甚即物壮，气弱即物衰，气正即物和，气乱即物病，气绝即物死。经曰：出入废，则神机化灭；升降息，则气立孤危。故非出入，则无以生、长、化、收、藏，是以升降出入，无器不有。人之眼、耳、鼻、舌、身、意、神识，能为用者，皆由升降出入之通利也。有所闭塞者，不能为用也。若目无所见、耳无所闻、鼻不闻臭、舌不知味、筋痿骨痹、齿腐、毛发堕落、皮肤不仁、肠不能渗泄者，悉由热气怫郁，玄府闭密而致，气液、血脉、荣卫、精神不能升降出入故也。各随郁结微甚，而察病之轻重也。(《素问玄机原病式·火类》)

●凡人风病，多因热甚，而风燥者，为其兼化，以热为其主也。俗云风者，言未而忘其本也。所以中风瘫痪者，非谓肝木之风实甚，而卒中之也。亦非外中于风尔。由乎将息失宜，而心火暴甚，肾水虚衰，不能制之，则阴虚阳实，而热气怫郁，心神昏冒，筋骨不用，而卒倒无所知也。多因喜、怒、思、悲、恐之五志，有所过极，而卒中者，由五志过极，皆为热甚故也。若微则但僵仆，气血流通，筋脉不挛，缓者发过如故。或热气太甚，郁结壅滞，气血不能宣通，阴气暴绝，则阳气后竭而死。俗谓中，不过尔。或即不死而偏枯者，由经络左右双行，而热甚郁结，气血不得宣通，郁极乃发，若一侧得通，则痞者痹，而瘫痪也。其人已有怫热郁滞，而气血偏行，微甚不等，故经言：汗出偏沮，令人偏枯。然汗偏不出者，由怫热郁结，气血壅滞故也。人卒中则气血不通，而偏枯也。

所谓肥人多中风者，盖人之肥瘦，由血气虚实使之然也。气为阳而主轻微、血为阴而主形体。故西方金、北方水，为阴而刚也；东方木、南方火，为阳而柔也。故血实气虚则肥，气实血虚则瘦，所以肥者能寒不能热，瘦者能热不能寒。由寒则伤血，热则伤气，损其不足，则阴阳愈偏，故不能也。损其有余者，平调是故能之矣。故瘦者腠理疏通，而多汗泄，血液衰少，而为燥热，故多为劳嗽之疾也。俗以为卒暴病甚，而为热劳，徐久病微，而为冷劳者，是以迟缓为言，而病非冷也，识其证候，为热明矣，但热有微甚而已。或言肥人多中风由气虚，非也。所谓腠理致密，而多郁滞，气血难以通利，若阳热又甚而郁结，故卒中也。故肥人反劳者，由暴然亡液，损血过极故也。瘦人反中风者，由暴然阳热太甚，而郁结不通故也。(《素问玄机原病式·火类》)

·参考文献·

1.宋乃光.刘完素医学全书［M］.北京：中国中医药出版社，2006.

2.李成文.河间学派医案［M］.北京：中国中医药出版社，2015.

3.刘帆，魏凤琴.刘完素火热论学术思想的形成与发展研究［J］.北京中医药大学学报，2020，43（1）：27-31.

4.张同，徐邵路遥，陈曦."六气皆从火化"机制探析与运用［J］.中国中医基础医学杂志，2024，30（08）：1323-1325.

5.余赟楠，宋咏梅.阳气怫郁理论探析［J］.中华中医药杂志，2022，37（08）：4470-4473.

6.张凯文，陈家旭，王君，等.试论中医玄府理论的演变及影响［J］.中国中医基础医学杂志，2022，28（07）：1022-1025+1034.

7.钟霞，滕晶，焦华琛.玄府概念研究进展［J］.中华中医药杂志，2022，37（06）：3339-3342.

8.金钊，江昀峰.发生学视角下的玄府及玄府学说演化动力分析［J］.中华中医药杂志，2023，38（02）：500-503.

9.卓兴卫，周慧，朱建伟，等.基于"玄府郁闭"理论的糖尿病证候演变及治法探讨［J］.时珍国医国药，2021，32（04）：1025-1026.

10.韦鹏飞，胡双元，张怡，等.以防风通圣散探析刘完素开玄三法［J］.北京中医药大学学报，2022，45（07）：689-693.

11.聂金娜，苏颖.刘完素五运六气精义论［J］.中华中医药杂志，2021，36（2）：778-780.

12.刘立伟，任江，王一童，等.五运六气理论对刘完素医学理论体系的影响［J］.南京中医药大学学报，2024，40（04）：334-340.

13.程佩，孙悦，胡素敏，等.刘完素运气脉法理论及临床价值探讨［J］.中华中医药杂志，2019，34（3）：997-999.

14.武宏玉，王伟，李定邦，等.刘完素《伤寒标本心法类萃》用药特色探析［J］.时珍国医国药，2024，35（09）：2231-2234.

15.叶瑜，马艳春，李成文.刘完素防治中风经验探讨［J］.中医药学报，2008，36（6）：76.

16.李海玉，胡艳敏.刘完素诊治中风病的特点［J］.中国中医基础医学杂志，2017，23（4）：453-454.

17.杨振弢，许峰巍，彭莹莹，等.刘完素治湿别论［J］.天津中医药，2020，37（4）：410-413.

18.李丽，杜惠兰.刘完素妇科学术思想初探［J］.中国中医基础医学杂志，2017，23（10）：1360-1361.

19.马作峰.《素问病机气宜保命集》运用温法探析［J］.中国中医基础医学杂志，2022，28（09）：1399-1401.

20.王剑锋，武士峰，李成文，等.刘完素临证用方特色探讨［J］.河南中医学院学报，2008，23（1）：76.

张元素

　　张元素重视理论探讨，结合临床实践，敢于疑古，勇创新说，阐发脏腑辨证理论，药物升降浮沉说，创立归经学说与引经报使，中药分类法，重视气味配伍。创制当归拈痛汤、九味羌活汤、枳术丸等名方，成为金元时期中医学术争鸣的开创者之一。

目的要求：

　　掌握脏腑辨证论治体系、药物升降浮沉、中药归经学说与引经报使；熟悉中药分类及气味配伍法，用药经验；了解其生平，代表著作及学术成就对后世的影响。

一、概说

　　张元素（约12~13世纪），字洁古，金代易州（今河北省易县）人。

　　张氏与刘完素同时代而略晚。8岁应"童子举"，27岁试"经义"进士，因犯"庙讳"而落榜，遂弃仕从医。深入研究《内经》，探隐索微。重视五脏六腑病证研究，阐发遣药制方理论，并因治愈刘完素的伤寒病而声名大噪。故《元史》编修王祎在《青岩丛录》论述金代中医学术发展成就时，将张元素与刘完素、张从正、李杲并列，并指出"金氏之有中原也，张洁古、刘守真、张子和、李明之四人著作，医道于是乎中兴"，由此可见其在当时的地位及学术影响。

　　张元素为易水学派的开创者，其学传于李杲、王好古及其儿子张璧，李杲复传于罗天益。明代薛己、张介宾、李中梓诸家私淑李杲；赵献可又私淑薛己并传学于高鼓峰、董废翁、吕晚邨诸人；张璐对薛己和张介宾二家之学均有所承受；李中梓之学一传沈朗仲，再传马元仪，三传尤在泾。这就是后世所说的易水学派发展概况。李杲提出"内伤脾胃，百病由生"之论，发明升阳泻火和甘温除热治疗大法；王好古于三阴证独有发挥；罗天益详细论述饮食与劳倦病因，突出甘补辛升，重视三焦分治，创制顺气和中汤治疗气虚头痛。张介宾服膺张元素、李杲之学，倡"阳非有余，阴常不足"论，制左归丸、右归丸、左归饮、右归饮诸方，而为阴阳两补之巨匠；薛己私淑张元素、李杲，又遥承王冰、钱乙之说，重肾中水火，临床多脾肾并重；赵献可对肾命水火说，独具匠心，提出"两肾各一寸五分之间"为命门，广泛应用六味丸、八味丸，以肾命概括脾胃，又与薛己略异。李中梓重视先后二天，酷似李杲与张介宾。由于上述明清诸家治疗脾肾虚损多偏于温补，故时人又称之为温补学派。

张氏治学敢于疑古，重视学术创新，认为"运气不齐，古今异轨，古方新病不相能也。"（《金史·张元素》）因而创立脏腑辨证理论与中药归经学说等，对后世产生了重大影响。

张元素代表著作是《医学启源》《脏腑标本寒热虚实用药式》，另有《珍珠囊》与《洁古家珍》（见于元代杜思敬所辑《济生拔粹》）。现有《张元素医学全书》合订本。

二、学术特色与临证经验

（一）脏腑辨证理论

张氏脏腑辨证理论渊源于《内经》《金匮要略》《中藏经》《备急千金要方》《小儿药证直诀》，结合临证实践经验，深入探讨五脏与六腑、经脉、五运六气的相互关系，借助五行学说构建以五脏为中心的脏腑辨证体系，以此阐发脏腑生理特点、病证、病机、治则、方药，并确立"脏腑标本寒热虚实用药式"，指导临床实践。

1."天人相应"论藏象

张氏运用"天人合一"、"天人相应"理论论述藏象，以传统思维方式将五脏的功能、性质、特征、正常脉象等都概括地反映出来。如肺为太虚，属金，金火合德，燥金主清，上焦象天，下络大肠；再如，"肝与胆为表里，足厥阴少阳也，其经王于春，乃万物之始生也。其气软而弱……其脉弦长而平。"

2.依据脉象辨病症

张氏将五脏病脉分为太过与不及，又有急、缓、大、小、滑、涩之别，因而通过病脉可辨析五脏病症。如肝"脉实而弦，此为太过，病在外，令人忘忽眩运；虚而微，则为不及，病在内，令人胸胁胀满。"而"脉急甚，主恶言；微急，气在胸胁下（为积聚）。缓甚，则呕逆；微缓，水痹。大甚，内痛吐血；微大，筋痹。小甚，多饮；微小，（血）痹。滑甚，癫疝；微滑，遗尿。涩甚，流饮；微涩，疭挛。"

3.虚实寒热辨病性

张氏脉症并举辨别虚实寒热，以确立治疗大法，并为临证用药提供依据，这是脏腑辨证的核心。故张氏说："夫人有五脏六腑，虚实寒热，生死逆顺，皆见形证脉气，若非诊切，无由识也。虚则补之，实则泻之，寒则温之，热则凉之，不虚不实，以经调之，此乃良医之大法也。"如症见胸中痛，不能转侧，两臂不举，多太息，舌燥，脉迟涩，病为"肝中寒"；症见眼赤，视物不明，目痛，喘满多嗔，腹胀不嗜食，梦中惊悸，脉实，病属"肝中热"；症见胁下坚痛，目盲臂痛，发寒热如疟状，不欲食，月经不来，气急，脉沉弱，病属"肝虚冷"。

此外，张氏还重视脏腑的"是动""所生病"，其引述文字与《灵枢·经脉》基本相同。

4.确立治则定方药

张氏根据《内经》五脏苦欲补泻的理论，总结五脏补泻方法；还结合脏腑本病、标病，以及寒热虚实辨证用药。如"肝苦急，急食甘以缓之，甘草。肝欲散，急食辛以散之，川芎。补以细辛之辛，泻以白芍药之酸。肝虚，以陈皮、生姜之类补之。经曰：虚则补其母，水能生木，水乃肝之母也，若以补肾，熟地黄、黄柏是也，如无他证，惟不足，钱氏地黄丸补之。实则芍药泻之，如无他证，钱氏泻青丸主之。实则泻其子，心乃肝之子，以甘草泻之。"

5.综合分析判吉凶

人与天地相应，五脏之气运行各有规律，五脏之气又互有影响，因此，可根据诸脏气的运行规律和五脏间的相互影响，分析病变规律和判断预后。如"肝病旦慧、晚甚、夜静。肝病头痛目眩，胁满囊缩，小便不通，十日死。又身热恶寒，四肢不举，其脉当弦而急，反短涩者，乃金克木也，死不治。"

（二）阐发中药理论

张氏对中药和制方的研究，多以《内经》理论为指归，发明创见颇多。

1.升降浮沉

中药气味升降理论，早在《内经》就有论述，即气味分阴阳，气味有厚薄；气为阳，味为阴；阳气主上升，阴味主下降；"味厚者为阴，薄为阴之阳；气厚者为阳，薄为阳之阴"（《素问·阴阳应象大论》）。因此，气薄者未必尽升，味薄者未必尽降。

张氏在此基础上，明确提出中药有气同味异，味同气异，各有厚薄，功效各不相同。并深入探讨各种中药在人体作用趋向的机理，认为中药可随所治病症不同，会产生不同的作用趋向。故在《医学启源·用药备旨》说"凡同气之物，必有诸味；同味之物，必有诸气。互相气味，各有厚薄，性用不等。""升降者，天地之气交也。茯苓，淡，为天之阳，阳也，阳当上行，何谓利水而泄下？经云：气之薄者，阳中之阴，所以茯苓利水而泄下，亦不离乎阳之体，故入手太阳也。麻黄，苦，为地之阴，阴也，阴当下行，何谓发汗而升上？经曰：味之薄者，阴中之阳，所以麻黄发汗而升上，亦不离乎阴之体，故入手太阴也。附子，气之厚者，乃阳中之阳，故经云发热；大黄，味之厚者，乃阴中之阴，故经云泄下。竹，淡，为阳中之阴，所以利小便也；茶，苦，为阴中之阳，所以清头目也。"黄芪、当归、干姜、附子、黄连、甘草等均"可升可降"，枳壳"浮而升，微降"，"上行头目，下行血海。"（《汤液本草》）

2.气味补泻

人体脏腑各有自己的属性、特点，对中药气味的反应各不相同，因而不同中药对五脏六腑的治疗作用也会有差异。张氏据《素问·脏气法时论》"肝苦急，急食甘以缓之；心苦缓，急食酸以收之；脾苦湿，急食苦以燥之；肺苦气上逆，急食苦以泄之；肾苦燥，急食辛以润之"论述，结合自己的经验，用甘草缓肝急，五味子收心缓，白术燥脾湿，黄芩泄肺气，黄柏、知母润肾燥，填补了空白。又依据"肝欲散，急食辛以散之，用辛补之，酸泻之；心欲软，急食咸以软之，用咸补之，甘泻之"观点，提出用川芎散肝，细辛补肝，白芍泻肝；芒硝软心，泽泻补心，黄芪、甘草、人参泻心；甘草缓脾，人参补脾，黄连泻脾；白芍敛肝，五味子补肺，桑白皮泻肺；知母坚肾，黄柏补肾，泽泻泻肾等。

3.归经学说

《内经》曾概论中药五味、五色与脏腑的密切关系，如《素问·宣明五气论》曰："酸入肝，辛入肺，苦入心，咸入肾，甘入脾。"《素问·至真要大论》曰："夫五味入胃，各归所喜攻，酸先入肝，苦先入心，甘先入脾，辛先入肺，咸先入肾。久而增气，物化之常也，气增而久，夭之由也。"《素问·五脏生成论》曰："色味当五脏：白当肺、辛，赤当心、苦，青当肝、酸，黄当脾、甘，黑当肾、咸。"张氏依据经旨，并参考唐宋医家对中药的认识，发明了中药归经理论。

所谓归经，即中药作用的定位，是某种中药对某些脏腑经络的病变起着主要或特殊治疗作用。张氏以脏象学说、经络学说为理论基础，根据临床疗效，并结合中药形、色、气、味等特性，以判断中药归属何经，指导临床用药；否则归经不明，用药难获满意效果。如心主神志的功能异常，可导致失眠、多梦、神志不宁、癫狂、痴呆、健忘、昏迷等，分别选用酸枣仁（养心安神）、远志（宁心安神）、朱砂（镇惊安神）等可减轻或消除上述症状，故将诸药归心经；又如足太阳膀胱经受风寒后，可引发头项痛、身痛、肢体关节酸楚等症，投用羌活就能消除或减轻这些症状，即云羌活归膀胱经；再如紫苏子、白前能治疗咳喘，而归肺经；茯神、柏子仁因能治疗心悸、失眠，而归心经等。不过，张氏还同时指出同一类中药，因归经不同而作用部位不尽相同，功效也有差异，用药时应详加分辨。如泻火中药中"黄连泻心火，黄芩泻肺火，白芍药泻肝火，知母泻肾火，木通泻小肠火，黄芩泻大肠火，石膏泻胃火。柴胡泻三焦火，须用黄芩佐之；柴胡泻肝火，须用黄连佐之，胆经亦然。黄柏泻膀胱火。"（《医学启源·用药备旨》）并告诫或强调说，临证用药不能惟归经论，"不惟止能如此，更有治病，合为君臣，处详其宜而用之，不可执而言也"（《医学启源·主治心法》）。

另外，张氏还提出引经报使说，即某些中药能引导其他中药的药力到达病变部位或某一经脉，起"向导"的作用，使全方发挥更好的疗效，通俗地称为引经药。一种是引向经脉，如太阳经病，用羌活、防风为引；一种是引向疾病所在，如咽喉病须用桔梗载药上浮。张氏总结了十二经的引经药为：太阳小肠与膀胱经病，在上为羌活，在下则为黄柏；阳明胃与大肠经病，在上为升麻、白芷，在下则为石膏；少阳胆与三焦经病，在上为柴胡，在下则为青皮；太阴脾与肺经病，为白芍药；少阴心与肾经病，为知母；厥阴肝与心包络病，在上为青皮，在下则为柴胡。治疗六经头痛须各加引经药，如云："头痛须用川芎，如不愈，各加引经药，太阳蔓荆，阳明白芷，少阳柴胡，太阴苍术，少阴细辛，厥阴吴茱萸。"（《医学启源·用药备旨》）

4.中药分类

《医学启源·用药备旨》以"天人合一"、"天人相应"理论为基础，根据中药气味厚薄之性、阴阳升降补泻特点，融合生长化收藏之理，并将五运六气应用其中，将100多种中药分为五类，创立了新的中药分类方法。

（1）风升生类：防风、羌活、升麻、柴胡、葛根、威灵仙、细辛、独活、香白芷、鼠粘子、桔梗、藁本、川芎、蔓荆子、秦艽、天麻、麻黄、荆芥、薄荷、前胡，其味酸、苦、咸、平，皆味之薄者，为阴中之阴，味薄则通。

（2）热浮长类：黑附子、干姜、干生姜、川乌头、良姜、肉桂、桂枝、花椒、吴茱萸、茴香等，气味辛、甘、温、热，属气之厚者，为阳中之阳，气厚则发热。

（3）湿化成类：黄芪、人参、甘草、当归、熟地黄、白术、苍术、橘皮、青皮、藿香、槟榔等，戊土其本气平，其兼气温凉寒热，在人胃应之；己土其本味淡，其兼味辛甘咸苦，在人以脾应之。

（4）燥降收类：茯苓、泽泻、猪苓、滑石、瞿麦、车前子、木通、灯草、通草、桑白皮、天门冬、麦门冬等，气之薄者，阳中之阴，气薄则发泄，辛、甘、淡、平、寒、凉是也。

（5）寒沉藏类：大黄、黄柏、黄芩、黄连、石膏、草龙胆、生地黄、知母、汉防己、茵陈蒿、朴硝、牡蛎、玄参、苦参、地榆、栀子等，味之厚者，阴中之阴，味厚则泄，酸、苦、咸、寒是也。

5.制方大法

张氏制方重视气味配伍，并结合病机，提出风制法、暑制法、湿制法、燥制法、寒制法五种制方原则或大法，首次阐发以五味之间的相生相制关系立方治病。如"风制法：肝、木、酸，春生之道也，失常则病矣。风淫于内，治以辛凉，佐以苦辛，以甘缓之，以辛散之。"（《医学启源·用药备旨》）他解释说："酸、苦、甘、辛、咸，即肝木、心火、脾土、肺金、肾水之本也"。"若用其味，必明其味之可否；若用其气，必明其气之所宜。识其病之标本脏腑，寒热虚实，微甚缓急，而用其药之气味，随其证而制其方也。"（《医学启源·用药备旨》）

然而，四时变化、五行化生，均有一定的规律，否则，就会导致疾病。当此之时，就应设法以制其变。如风淫于内，是肝木失常，火因而炽，当治以辛凉，俾辛金克其木，凉水沃其火，如此等等。如当归拈痛汤治肢节烦痛，肩背沉重，胸膈不利，遍身痛，下注于胫，肿痛不可忍的湿热病。张氏阐释道："经云：湿淫于内，治以苦温；羌活苦辛，透关利节而胜湿；防风甘辛，温散经络中留湿，故以为君。水性润下，升麻、葛根苦辛平，味之薄者，阴中之阳，引而上行，以苦发之也；白术苦甘温，和中除湿；苍术体轻浮，气力雄壮，能去皮肤腠理之湿，故以为臣。血壅而不流则痛，当归身辛温以散之，使气血各有所归。人参、甘草甘温，补脾养正气，使苦药不能伤胃。仲景云湿热相合，肢节烦痛，苦参、黄芩、知母、茵陈，苦以泄之。凡酒制药，以为因用。治湿不利小便，非其治也。故用猪苓甘温平，泽泻咸平，淡以渗之，又能导其留饮，故以为佐。气味相合，上下分消，其湿气得以宣通矣。"（《医学启源·用药备旨》）

【医案举例】

◆东垣治一朝贵，年近四十，身体充肥，脚气始发，头面浑身支筋微肿，皆赤色，足胫赤肿，痛不可忍，手近皮肤，其痛转甚，起而复卧，卧而复起，日夕苦楚。春间，李为治之，其人以北土高寒，故多饮酒，积久伤脾，不能运化，饮食下流之所致。投以当归拈痛汤一两二钱，其病减半，再服，肿悉除，只有右手指末微赤肿，以三棱针刺指爪甲端，多出黑血，赤肿全去。(《名医类案·脚气》)

◆江应宿治休宁程君膏长子，十八岁，遍身疼痛，脚膝肿大，体热面赤。此风湿相搏也，与当归拈痛汤二三服，热退而愈。(《名医类案·遍身痛》)

◆龚子材治张太仆，每天阴，即遍身痛如锥刺，已经数年。左脉微数，右脉洪数，乃血虚有湿热也。以当归拈痛汤加生地、白芍、黄柏，去人参，数剂而瘳。(《续名医类案·痛痹》)

◆张路玉治沈汝楫子，夏月两膝胫至脚，痛极僵挺，不能屈者十余日。或用敷治之法，不效。其脉软大而数，令拭去敷药，与当归拈痛汤二剂，汗出而愈。(《续名医类案·湿》)

（三）临证用药经验

张氏治病用药，既遵循前人思路，更长于灵活变通，常"自为家法"，对后世学术创新产生了深刻影响。

1. 深识药性

张氏详析中药特性，以脏腑辨证理论、归经学说和引经报使为依据，进一步结合五脏苦欲之说，指导临证用药，更好地发挥药效。

如柴胡乃"风升生"之类，其味微苦，性平微寒，气味俱轻，属阳，主升，少阳经药，能引胃气上升，以发散表热；苦为阴中之阳，去寒热往来，胆痹必用柴胡梢；其为少阳、厥阴引经药，善除本经头痛，妇人产前产后必用之药。在肝病中，柴胡为和解之药。

2. 随证用药

张氏发展张机"方证"、"药证"思想，在《医学启源·主治心法》中详细列举了随证治病用药经验，用药凡例等。

如肢节痛，用羌活，风湿亦用之。腹痛用芍药，恶寒而痛加桂，恶热而痛加黄柏。治疗水泻以茯苓、白术为君，芍药、甘草佐之。治疗下焦有湿，龙胆草、汉防己为君，黄柏、甘草为佐。

张氏还在辨证的基础上，根据季节变化添加药物，如春天加防风、升麻；夏天加黄芩、知母、白芍药；秋天加泽泻、茯苓；冬天加肉桂、桂枝。

3. 依病性用药

张氏受《中藏经》"五脏六腑虚实寒热生死逆顺"的影响，以脏腑辨证为指导，确立脏腑标本寒热虚实用药规范，如肝脏病的用药式是：

（1）有余泻之：肝实为有余，用泻法，又分为五种。泻子用甘草；行气用香附、川芎、瞿麦、牵牛、青橘皮；行血用红花、鳖甲、桃仁、莪术、三棱、穿山甲、大黄、水蛭、虻虫、苏木、牡丹皮；镇惊用雄黄、金箔、铁落、珍珠、代赭石、龙骨、石决明等；搜风用羌活、荆芥、薄荷、蔓荆子、白花蛇、独活、皂荚、乌头、防风、白附子、僵蚕、蝉蜕。

（2）不足补之：肝虚为不足，用补法，分为三法。补母用枸杞子、杜仲、狗脊、熟地黄、苦参、萆薢、阿胶、菟丝子；补血用当归、牛膝、续断、白芍、血竭、没药、川芎；补气用天麻、柏子仁、苍术、菊花、细辛、密蒙花、决明、谷精草、生姜。

（3）本热寒之：泻木用芍药、乌梅、泽泻；泻火用黄连、龙胆草、黄芩、苦茶、猪胆；攻里用大黄。

（4）标热发之：和解用柴胡、半夏；解肌用桂枝、麻黄。

4.创制新方

由于时代和社会的变迁，疾病谱改变，发病规律也发生了变化，其治疗必然发生变化，故张氏提出"古方新病不相能也"。面对新的临床需要，在遵循制方原则的同时，结合临床实际，灵活变通，创制不少新方，如九味羌活汤、枳术丸、当归拈痛汤等，迄今仍广泛用于临床。

九味羌活汤是专为风寒在经或风湿疼痛而设，用以代替麻、桂之方；因麻、桂辛温太过，不宜四季使用。方中羌活入足太阳，为拨乱反正之主药；苍术入足太阴，辟恶而去湿；白芷入足阳明，治头痛在额；川芎入足厥阴，治头痛在脑；细辛入足少阴，治本经头痛；黄芩入手太阴，以泄气中之热；生地入手太阴，以泄血中之热；防风为风药卒徒，随所引而无不至，治一身尽痛为使；甘草甘平，用以协和诸药。其配伍特点一是升散药和清热药结合运用；二是体现了"分经论治"的思想。正如《顾松园医镜》所说："以升散诸药而臣以寒凉，则升者不峻；以寒凉之药而君以升散，则寒者不滞。"应用本方应"视其经络前后左右之不同，从其多少大小轻重之不一，增损用之。"明代江瓘更是赞扬说，"余每治伤风外感而无内伤者，但用九味羌活汤、参苏饮，无不立愈。"（《名医类案·伤风》）

枳术丸，乃张元素化裁于《金匮要略》治水饮的枳术汤。原方枳实用量重于白术，以消化水饮为主，兼顾脾胃。张氏改汤为丸，且白术剂量倍于枳实，"但令人胃气强实"，自能消除积滞，并取荷叶"其色青，形乃空，清而象风木者也"，以使甲胆之气上升，"更以烧饭和药，与白术协力，滋养谷气而补，令胃厚，再不至内伤"。充分反映了张氏养正除积、扶养胃气的治疗思想。

医案举例

◆虞恒德治一人因劝斗殴，眉棱骨被打破，得打伤风。头面发大肿，发热。虞适见之，以九味羌活汤取汗。外用杏仁捣烂，入白面少许，新汲水调敷疮上，肿消热退而愈。后累试累验。（《名医类案·撷扑损伤》）

◆一男子秋间发疙瘩，两月余渐高，有赤晕，月余出黑血，此风热血虚所致。先用九味羌活汤，风热将愈，再用补中益气汤而愈。（《续名医类案·疙瘩》）

原著选读

●夫药有寒、热、温、凉之性，有酸、苦、辛、咸、甘、淡之味，各有所能，不可不通也。夫药之气味不必同，同气之物，其味皆咸，其气皆寒之类是也。凡同气之物，必有诸味，同味之物，必有诸气，互相气味，各有厚薄，性用不等，制方者，必须明其用矣。经曰：味为阴，味厚为纯阴，味薄为阴中之阳；气为阳，气厚为纯阳，气薄为阳中之阴。然味厚则泄，薄则通；气厚则发热，气薄则发泄。又曰：辛甘发散为阳，酸苦涌泄为阴，咸味涌泄为阴，淡味渗泄为阳。凡此之味，各有所能。

然辛能散结润燥，苦能燥湿坚软，咸能软坚，酸能收缓，甘能缓急，淡能利窍。故经云：肝苦急，急食甘以缓之；心苦缓，急食酸以收之；脾苦湿，急食苦以燥之；肺苦气上逆，急食苦以泄之；肾苦燥，急食辛以润之，开腠理，致津液通气也。肝欲散，急食辛以散之，以辛补之，以酸泻之；心欲软，急食咸以软之，以咸补之，以甘泻之；脾欲缓，急食甘以缓之，以甘补之，以苦泻之；肺欲收，急食酸以收之，以酸补之，以辛泻之；肾欲坚，急食苦以坚之，以苦补之，以咸泻之。凡此者，是明其气味之用也。若用其味，必明其味之可否；若用其气，必明其气之所宜。识其病之标本脏腑；寒热虚实、微甚缓急，而其用药之气味，随其证而制其方也，是故方有君臣佐使，轻重缓急，大小反正逆从之制也。主病者为君，佐君者为臣，应臣者为使，此随病之所宜，而又赞成方而用之。君一臣二，奇之制也；君二臣四，耦之制也。

去咽喉之病，近者奇之；治肝肾之病，远者耦之，汗者不可以奇；下者不可以耦。补上治上制以缓，缓则气味薄；补下治下制以急，急则气味厚。薄者则少服而频服，厚者则多服而顿服。又当明五气之郁，木郁达之，谓吐令调达也，火郁发之，谓汗令其疏散也；土郁夺之，谓下无壅滞也；金郁泄之，谓解表利小便也；水郁折之，谓制其冲逆也。凡此五者，乃治病之大要也。（《医学启源·用药备旨》）

●头痛须用川芎，如不愈，各加引经药，太阳蔓荆，阳明白芷，〔少阳柴胡〕，〔太阴苍术〕，少阴细辛，厥阴〔吴〕茱萸。

顶巅痛，〔用〕藁本，去川芎。肢节痛，用羌活，风湿亦用之。小腹痛，用青皮、桂、茴香。腹痛用芍药，恶寒而痛加桂；恶热而痛加黄柏。腹中窄狭，〔用〕苍术、麦芽。下部腹痛用川楝子。腹胀用姜制厚朴、紫草。腹中实热，用大黄、芒硝。心下痞，用枳实、黄连。肌热去痰，用黄芩；〔肌热〕亦用黄芪。虚热，用黄芪，亦止虚汗。胁下痛，往来寒热，用柴胡。胃脘痛，用草豆蔻。气刺痛，用枳〔壳〕，看何经，分以引经药导之。眼痛不可忍者，用黄连、当归根，以酒浸煎。茎中痛，用甘草〔梢〕。脾胃受湿，沉困无力，怠惰嗜卧，去痰。用白术（枳实、半夏、防风、苦参、泽泻、苍术）。破滞气，用枳壳（高者用之，能损胸中至高之气，三二服而已）（陈皮、韭白、木香、白豆蔻、茯苓）。调气用木香、（香附子、丁、檀、沉）补气用人参（用）膏、粳米。去滞气用青皮，多则泻元气。破滞血用桃仁、苏木、（红花、茜根、玄胡索、郁李仁）。补血不足，用甘草（当归、阿胶）和血用当归，凡血受病皆用。血刺痛用当归，详上下用根梢。（上部血，防风使〔牡〕丹皮、剪草、天麦二门冬。中部血，黄连使。下部血，地榆使。新血红色，生地黄；陈血瘀色，熟地黄）去痰用半夏，热痰加黄芩，风痰加南星。胸中寒邪痞塞，用陈皮、白术。然，多则泻脾胃。嗽用（五味、杏仁、贝母），去上焦湿及热，须用黄芩，泻肺火故也。去中焦湿与痛，用黄连，泻心火故也。去下焦湿肿及痛，并膀胱火，必用汉防己、草龙胆、黄柏、知母。渴者用干〔葛〕、茯苓（天花〔粉〕、乌梅），禁半夏。心烦，用栀子仁（牛黄、朱砂、犀角、茯苓）。饮水多致伤脾，用白术、茯苓、猪苓。喘用阿胶。宿水不消，用黄连、枳壳。水泻，用白术、茯苓、芍药。肾燥香豉。疮痛不可忍者，用苦寒药，如黄芩、黄连，详上下分根梢及引经药〔则可〕。小便黄用黄柏，涩者加泽泻（余沥者杜仲）惊悸恍惚，用茯神、（金虎〔睛〕珠）（凡春加防风、升麻；夏加黄芩、知母、白芍药；秋加泽泻、茯苓；冬加桂、桂枝）凡用纯寒纯热药，必用甘草，以缓其力〔也〕；寒热相杂，亦用甘草，调和其性也；中满者禁用。经曰：中满勿食甘。（《医学启源·主治心法》）

· 参考文献 ·

1.郑洪新.张元素医学全书［M］.北京：中国中医药出版社，2006.

2.张璐砾，戴铭.张元素用药心法［M］.北京：中国医药科技出版社，2006

3.李成文.金元五大家说［J］.北京中医药大学学报，2003，26（4）：21.

4.张再康，张紫微，冯瑞雪.张元素未列入金元四大家原因探讨［J］.中医杂志，2014，55（02）：172-173+176.

5.谷建军，庄乾竹.中医脏腑辨证的形成与发展源流［J］.世界中西医结合杂志，2011，6（05）：372-374.

6.任北大.张元素脏腑辨证理论及用药特点的研究［D］.北京中医药大学，2017.

7.杨雪梅，李德杏，王玉兴.金元时期脏腑辨证学说发展特点研究［J］.天津中医药大学学报，2006，25（2）：62.

8.庄文元，杨东方，郑嘉涵.易水学派张元素生平再考［J］.河北中医，2021，43（04）：533-536.

9.刘金涛，翟双庆.张元素对气味厚薄升降浮沉理论的建构［J］.中华中医药杂志，2020，35（05）：2428-2431.

10.杨金萍，王振国，陈花英子.张元素"气味厚薄阴阳升降"与"药类法象"理论探析［J］.中国中医基础医学杂志，2015，21（03）：338-339.

11.程昭寰，王永炎.张元素气味配伍理论述要［J］.浙江中医杂志，2003，38（10）：415.

12.李小庆，刘金星.浅谈张元素的药物四气五味理论［J］.四川中医，2015，33（10）：5-6.

13.郑洪新，李敬林.张元素对中药分类、药性、归经报使理论的创新［J］.中国中医基础医学杂志，2013，19（12）：1377-1378+1387.

14.王瑾，梁茂新，孙宁.张元素对中药归经理论的贡献［J］.中医杂志，2016，57（15）：1266-1270.

15.李成文.葛根入肺经膀胱经探讨［J］.北京中医药大学学报，2008，31（5）：228.

16.范忠星，董尚朴，周计春.张元素"自为家法"思想探析［J］.中华中医药杂志，2019，34（10）：4586-4588.

17.李俊哲.从张元素学术角度浅析《内经》五脏五味补泻理论［J］.中医研究，2004，（06）：8-9.

18.姜婧，刘刚，张钰欣，等.基于《医学启源》探讨易水学派张元素时空脏腑观及其应用［J］.四川中医，2023，41（12）：32-35.

19.翟金海，陈兰，花海兵.张元素谴药制方论形成的理论渊源［J］.长春中医药大学学报，2017，33（02）：179-181.

20.李付平，董尚朴，张秀芬，等.张元素《医学启源》的脾胃观探讨［J］.上海中医药杂志，2017，51（12）：36-38.

张从正

一、概说

张从正（约1156~1228），字子和，号戴人，金代睢州考城人（今河南兰考人）。因居宛丘（今河南省淮阳县东南）较久，故自称宛丘；因春秋战国时睢州属于戴国，因此又自号戴人。

张氏出生于世医之家，二十余即悬壶豫东南，中年从军江淮，担任军医。由于医术高明，花甲之年被选为太医，后不久辞职返乡。张颐斋序《儒门事亲》云其"兴定中召补太医，居无何求去，盖非好也。于是退而与麻征君知几、常公仲明辈，日游濦上，相与讲明奥义，辨析至理"，"一法一论，其大义皆子和发之，至于博之于文，则征君所不辞焉。议者咸谓，非宛丘之术，不足以称征君之文；非征君之文，不足以弘宛丘之术，所以世称二绝。"《金史·本传》对他评价甚高，"精于医，贯穿《素》《难》之学，其法宗刘守真，用药多寒凉，然起疾救死多取效。"

张氏治学主张以《内经》《难经》《伤寒论》为宗，兼采百家之长。针对医界滥用辛燥温补之弊，提出"病由邪生，攻邪已病"的学术观点，临证主张以祛邪为主，多采用汗、吐、下三法；并发展情志疾病治疗方法。

张从正著作是《儒门事亲》，经麻知几、常仲明两人润色而成。另有《心镜别集》，系常德整理张氏之学而成。

二、学术特色与临证经验

（一）攻邪理论

1.三邪致病说

张氏论病，首重邪气，其认为疾病是由于邪气侵犯人体所导致的，因为"夫病之一物，非人身素有之也。或自外而入，或由内而生，皆邪气也。"其所论邪气指天地人三邪，天地六气、人之六味一旦太过，都可成为邪气。"天之六气，风暑火湿燥寒；地之六气，雾露雨雹冰泥；人之六味，酸苦甘辛咸淡。故天邪发病，多在乎上；地邪发病，多在乎下；人邪发病，多在乎中，此为发病之三也。"

张氏还十分重视七情所伤和治疗失当所造成的药邪，并指出"先去其药邪，然后及病邪"。

2.汗吐下攻邪三法

张氏幼承庭训、青年即悬壶应诊，长期临床实践，积累了丰富的经验。在其"攻邪已病"思想指导下，对《内经》《伤寒论》等有关汗、吐、下法理论与方法进行了深入系统地研究，扩大了三法的应用范围与适应证，发展了中医攻邪学说。正如张氏之言："今予论汗吐下三法，先论攻其邪，邪去而元气自复也。况予所论之法，识练日久，至精至熟，有得无失，所以敢为来者言也"，"且予之三法，能兼众法，用药之时，有按有蹻，有揃有导，有减有增，有续有止。"（《儒门事亲·论汗吐下三法赅尽治病诠》）"世人欲论治大病，舍汗、吐、下三法，其余何足言哉？"（《儒门事亲·五积六聚治同郁断》）张氏应用汗吐下三法或三法兼用，或三法先后使用，攻逐邪气，就是为了改善气血壅滞的病理状态，促进血气流通，达到恢复健康的目的，充分体现了张氏认为气血"贵流不贵滞"的观点，符合其所谓的《内经》一书，惟以血气流通为贵"（《儒门事亲·凡在下者皆可下式》）之旨。但需注意，运用汗吐下法时均"中病即止，不必尽剂，过则伤人"。

（1）汗法：凡是具有疏散外邪作用的治疗方法，张氏认为都属汗法范畴，除了服用辛散解表的内服药外，还有灸、蒸、熏、渫、洗、熨、烙、针刺、砭石、导引、按摩等多种方法，"凡解表者，皆汗法也"。其理论依据是《阴阳应象大论》中"其有邪者，渍形以为汗。其在皮者，汗而发之。"同时，在张从正概念中，出血疗法亦属"汗法"，"血汗同源"故也。

①适应范围：邪气在表，尚未深入，结搏于皮肤之间，藏于经络之外，或疼痛走注，麻痹不仁，四肢肿痒拘挛；提邪出表治疗飧泄；以及出血疗法治疗上部血行壅滞之属实热证的疾病，和腰脊牵强、阴囊燥痒等病证。

②治疗方药：感受风寒邪在表者，可用麻黄汤或桂枝汤热药发表；表里俱病用大小柴胡汤、柴胡饮子；风热侵袭宜通圣散、双解汤、当归饮子等辛凉解表。张氏认为荆芥、白芷、陈皮等四十味药均有解表功效，并按性味分为辛温、辛热、辛甘、辛凉四大类，以便临床选用。对于目暴赤肿痛、头痛、年少发白早落、阴囊燥痒、喉痹急症等，则采用针刺放血疗法。

另外，张氏还主张汗法可与吐法、下法先后连用或合用，也可根据病情需要酌情于吐下之后继续用汗法。

③注意事项：使用汗法时，应注意观察汗出程度，"凡发汗欲周身浆浆然，不欲如水淋漓，欲令手足俱周遍，汗出一二时为佳。"发汗之剂应"中病则止，不必尽剂。"还需要因时因地，因人因脉，辨证施治。如"南陲之地多热，宜辛凉之剂解之；朔方之地多寒，宜辛温之剂解之。午未之月多暑，宜辛凉解之；子丑之月多冻，宜辛温解之；少壮气实之人，宜辛凉解之；老者气衰之人，宜辛温解之。病人因冒寒食冷而得者，宜辛温解之；因役劳冒暑而得者，宜辛凉解之。病人禀性怒急者，可辛凉解之；病人禀性和缓者，可辛温解之。病人两手脉浮大者，可辛凉解之；两手脉迟缓者，可辛温解之。"

医案举例

◆丹霞僧病头痛，常居暗室，不敢见明。其头热痛，以布环其头上，置冰于其中，日易数次，热不能已。诸医莫识其证，求见戴人。戴人曰：此三阳蓄热故也。乃置炭火于暖室中，出汗涌吐。三法并行，七日方愈。僧顾从者曰：此神仙手也。（《儒门事亲·头热痛》）

◆常仲明，常于炎暑时风快处，披露肌肤以求爽，为风所贼，三日鼻窒，虽坐于暖处少通，终不大解。戴人使服通圣散，入生姜、葱根、豆豉，同煎三两服。大发汗，鼻立通矣。（《儒门事亲·因风鼻塞》）

◆南邻朱老翁，年六十余岁，身热数日不已，舌根肿起，和舌尖亦肿，肿至满口，比原舌大二倍。一外科以燔针刺其舌下两旁廉泉穴，病势转凶，将至颠蹶。戴人曰：血实者宜决之。以铓针磨令锋极尖，轻砭之，日砭八九次，血出约一二盏，如此者三次，渐而血少痛减肿消。夫舌者，心之外候也。心主血，故血出则愈。又曰：诸痛痒疮疡，皆属心火。燔针艾火，是何义也？（《儒门事亲·舌肿》）

（2）吐法：凡是具有催吐等上行作用的治疗方法，促使停留于咽喉、胸膈、胃脘等胸脘以上部位的痰涎、宿食、毒物等的排出，都是吐法。包括服用催吐药、引涎、漉涎、嚏气、追泪等多种方法，"凡上行者，皆吐法也"。其理论依据是《阴阳应象大论》中"其高者，因而越之。"

①适应范围：风痰、宿食、酒积等在胸脘以上的大满大实之症；伤寒和杂病中的某些头痛；痰饮病胁肋刺痛；痰厥失语，牙关紧闭，神志不清；眩晕恶心诸症。

②治疗方药：张氏认为病邪"凡在上者，皆宜吐之。"故用瓜蒂散治伤寒头痛，用葱根白豆豉汤治杂病头痛，瓜蒂末（独圣散）配茶末治痰食积滞，用三圣散治疗发狂，而膈实中满、痰厥失音、牙关紧闭则用稀涎散。并从临床中总结出栀子、黄连、苦参、大黄、黄芩、郁金、常山、藜芦、地黄汁、木香、远志等三十六味药均有催吐功效，还指出常山、胆矾、瓜蒂有小毒，藜芦、芫花、轻粉、乌附尖有大毒。其余二十九种皆吐药之无毒者。

③注意事项：审慎运用吐法，先予小剂量，不效则逐渐加量，并用钗股、鸡羽探引，不吐可饮以齑汁，边探边饮。身体壮实者，可一吐而安；体弱者可小量多次轻吐；吐不尽者，可隔数日再吐。又有以汗药（通圣、益元）探吐，吐后汗出而愈者，"守真双解，子和演为吐法"（《心镜别

集》），后世称"刘张法"。

若吐后口渴，可进食凉水、瓜果等凉物，不必服药；若吐至头昏目眩，饮冰水或凉水可止；若吐不止，因于藜芦者可用葱白解之，因于石药者可用甘草贯众汤解之，因于瓜蒂或其他草木药者用麝香煎汤解之。

吐后应避免饱食，禁房室劳伤与七情刺激等。性情刚暴，好怒喜淫，病势重危，老弱气衰，自吐不止，亡阳血虚，出血等病证，则禁用吐法。

医案举例

◆张叟年七十一，暑月田中，因饥困伤暑，食饮不进，时时呕吐，口中常流痰水，腹胁作痛。医者概用平胃散、理中丸、导气丸不效；又加针灸，皆云胃冷，乃问戴人。戴人曰：痰属胃，胃热不收，故流痰水。以公年高，不敢上涌，乃使箸探之，不药而吐之痰涎一升；次用黄连清心散、导饮丸、玉露散以调之。饮食加进，惟大便秘，以生姜、大枣煎调胃承气汤一两夺之，遂愈。（《儒门事亲·中暑》）

◆阳夏贺义夫，病伤寒，当三日以里，医者下之而成结胸，求戴人治之。戴人曰：本风温证也，不可下，又下之太早，故发黄结胸。此已有瘀血在胸中，欲再下之，恐已虚，唯一涌可愈，但出血勿惊。以茶调、瓜蒂散吐之。血数升而衄，且噎逆。乃以巾卷小针，而使枕其刃，不数日平复。（《儒门事亲·风温》）

（3）下法：凡是具有下行作用的治疗方法。包括催生、下乳、磨积、逐水、破经、泄气等多种方法，"凡下行者，皆下法也"。其理论依据是《素问·阴阳应象大论》"因其重而减之"，"其下者，引而竭之，中满者，泻之于内"。下法可以推陈致新、畅调营卫，促进气血流通，使邪气不易留恋，正气得到恢复。

①适应范围：邪滞宿食蕴结在胃肠，杂病腹满拒按，黄疸，食劳及"寒湿痼冷，热客于下焦"所致月经不调、小便不利、腰胯沉痛、落马坠井、杖疮等临床各科多种疾病。

②论治方药：张氏用下法，根据热壅、寒结、水聚、痰滞、血瘀不同病机分别投以寒下、凉下、温下、热下、峻下、缓下之剂，其中尤以寒凉之剂为多。并根据病人体质、症状轻重，适当用药，善用丸、散之剂；"急则用汤，缓则用丸，或以汤送丸，量病之微甚，中病即止，不必尽剂，过而生愆"。寒下首选调胃承气汤，以及调中汤（大承气汤加姜枣）、陷胸汤、大柴胡汤，凉下选八正散、洗心散、黄连解毒散，温下选无忧散、十枣汤，热下选煮黄丸、缠金丸，峻下选舟车丸、浚川散等。张氏还指出牵牛子、大戟、芫花、皂角、羊蹄根、苦瓠子等有小毒；巴豆、甘遂等有大毒，其中尤以巴豆毒性最甚。

另外，张氏使用下法，常与吐法前后连用。如治一黄疸病人"面黄如金，遍身浮肿乏力"，先以茶调散涌出涎水一盂，后以舟车丸、通经散泻下四五次，六七日后，又以舟车丸等再泻下四五次，待面色变红，复以茶调散吐出痰二升，病方治愈。

③注意事项：攻逐畅肠，临睡时服药；消积化癥，润肠通便，宜食后服用；活血通结，食前服用；行经通络，宜温淡酒调服；运脾化滞，以生姜汁送下；急症急攻，则不拘时日服。

洞泄寒中，伤寒脉浮，表里俱虚，厥而唇青，手足厥冷，小儿慢惊，十二经败症等均不宜用下法。

医案举例

◆一妇人年四十余，病额角上、耳上痛，俗呼为偏头痛。如此五七年，每痛大便燥结如弹丸，两目赤色，眩运昏涩，不能远视。世之所谓头风药、饼子风药、白龙丸、芎犀丸之类，连进数服，其痛虽稍愈，则大便稍秘，两目转昏涩。其头上针灸数千百矣。连年着灸，其两目且将失明，由病而无子。一日问戴人，戴人诊其两手脉，急数而有力，风热之甚也。余识此四五十年矣，遍察病目者，不问男子妇人，患偏正头痛，必大便涩滞结硬，此无他。头痛或额角，是三焦相火之经，及阳明燥金胜也。燥金胜，乘肝则肝气郁，肝气郁则气血壅，气血壅则上下不通，故燥结于里，寻至失明。治以大承气汤，令河水煎三两，加芒硝一两，煎残顿令温，合作三五服，连服尽。荡涤肠中垢滞结燥，积热下泄如汤二十余行。次服七宣丸、神功丸以润之，菠菱葵菜猪羊血为羹以滑之。后五七日、十日，但遇天道晴明，用大承气汤，夜尽一剂，是痛随利减也。三剂之外，目豁首轻，燥泽结释，得三子而终。（《儒门事亲·偏头痛》）

（二）情志疗法

张氏在《素问·五运行大论》"怒伤肝，悲胜怒；喜伤心，恐胜喜；思伤脾，怒胜思；忧伤肺，喜胜忧；恐伤肾，思胜恐"五志相胜理论的启示下，认识到情志的异常变化，既可引起本脏的情志病变，又可导致相应脏器的情志病变，并根据五行相胜之理，采用"以情胜情法"治疗。"故悲可以治怒，以怆恻苦楚之言感之；喜可以治悲，以谑浪亵狎之言娱之；恐可以治喜，以迫遽死亡之言怖之；怒可以治思，以污辱欺罔之言触之；思可以治恐，以虑彼志此之言夺之。凡此五者，必诡诈谲怪，无所不至，然后可以动人耳目，易人视听。"（《儒门事亲·九气感疾更相为治衍》）如治息城司侯因悲伤过度而致心痛，渐致心下结块，大如覆杯，且大痛不止，屡经用药不效，张氏诊断为"因忧结块"，根据喜胜悲，喜则百脉舒和的原则，假借巫者的惯技，杂以狂言以谑，引得病人大笑不止，一二日而心下结散，达到不药而瘥之效。

移情胜病，张氏善于汲取前人经验，触类旁通而有所创新。如对《内经》"惊者平之"的理论独具心得，分析"惊者，为自不知故也"，"平者，常也，平常见之必无惊。"（《儒门事亲·内伤形》）对《内经》之语作出了新的解释。如治"卫德新之妻"受惊案，他首先弄清病因，继而模拟病因，使患者逐渐习惯而清除惊恐。如"击拍门窗，使其声不绝，以治因惊而畏响，魂气飞扬者。"病者耳闻目睹，习惯响声，习以为常，则胆气壮盛，神志安定，惊恐消除而病愈。

可见，张氏的情志疗法，是在继承了《内经》有关情志治疗理论的基础上，通过临床实践而总结出的一套有价值的治疗方法。

医案举例

◆息城司侯，闻父死于贼，乃大悲哭之。罢，便觉心痛，日增不已，月余成块，状若覆杯，大痛不住，药皆无功。议用燔针炷艾，病患恶之，乃求于戴人。戴人至，适巫者在其旁，乃学巫者，

张从正

杂以狂言以谑病者。至是大笑，不忍回，面向壁。一二日，心下结块皆散。戴人曰：《内经》言，忧则气结，喜则百脉舒和。又云：喜胜悲。《内经》自有此法治之。(《儒门事亲·内伤形·因忧结块》)

◆卫德新之妻，旅中宿于楼上，夜值盗劫人烧舍，惊坠床下，自后每闻有响，则惊倒不知人。家人辈蹑足而行，莫敢冒触有声，岁余不瘥。诸医作心病治之，人参、珍珠及定志丸，皆无效。戴人见而断之曰：惊者为阳，从外入也；恐者为阴，从内出。惊者，为自不知故也；恐者，自知也。足少阳胆经属肝木。胆者，敢也，惊怕则胆伤矣。乃命二侍女执其两手，按高椅之上，当面前，下置一小几。戴人曰："娘子当视此。"一木猛击之，其妇大惊。戴人曰："我以木击几，何以惊乎？"伺少定击之，惊也缓，又斯须，连击三五次，又以杖击门，又暗遣人击背后之窗，徐徐惊定而笑，曰："是何治法？"戴人曰：《内经》云：'惊者平之。'平者常也，平常见之必无惊。"是夜使人击其门窗，自夕达曙。夫惊者，神上越也，从下击几，使之下视，所以收神也。一二日，虽闻雷亦不惊。(《儒门事亲·惊》)

◆一富家妇人，伤思虑过甚，二年不寐，无药可疗。其夫求戴人治之。戴人曰：两手脉俱缓，此脾受之也。脾主思故也。乃与其夫，以怒而激之。多取其财，饮酒数日，不处一法而去。其人大怒汗出，是夜困眠，如此者，八九日不寤，自是而食进，脉得其平。(《儒门事亲·不寐》)

◆项关令之妻，病怒不欲食，常好呼叫怒骂，欲杀左右，恶言不辍。众医皆处药，几半载尚尔，其夫命戴人视之。戴人曰，此难以药治。乃使二娼各涂丹粉，作伶人状，其妇大笑。次日，又令作角抵，又大笑。其旁常以两个能食之妇，夸其食美，其妇亦索其食，而为一尝之。不数日，怒减食增，不药而瘥，后得一子。夫医贵有才，若无才，何足应变无穷？(《儒门事亲·病怒不食》)

◆一人因喜成病，庄医切脉，为之失声，佯曰："吾取药去。"数日更不来。病者悲泣，辞家人曰："处世不久矣。"庄知其将愈，慰之。诘其故，引《素问》"惧胜喜"。可谓得玄关者也。(《石山医案·喜》)

(三) 临证用药特点

1.汗吐常用综合疗法

张氏临证应用汗法与吐法，常以外治疗法配合内服，或单用外治，来达到更好的汗、吐之效。张氏于汗法，还用九曲玲珑灶、水疗法、澡浴、熨室、导引按摩、砭刺出血等外治法。在吐法中，常用撩痰，以细长物刺激舌根等部位，引起反射性呕吐；鼻饲漉涎取涎，常于中风牙冠紧闭或风痫抽搐不便服药时用；嚏气法多用不卧散啼鼻取嚏，效同吐法；催泪法如治眼病外障用锭子眼药点于目内眦，待药化泪出而愈。外治可单行，也可与内服方药同用，方法简便，易为患者接受，尤其是不愿服药之人与不能服药之病更是首选，因而对后世颇有启发。

医案举例

◆鄌之营兵秋家小儿，病风水。诸医用银粉、粉霜之药，小溲反涩，饮食不进，头肿如腹，四肢皆满，状若水晶。家人以为勉强，求治于戴人。戴人曰：此证不与壮年同。壮年病水者，或因留饮及房室。此小儿才七岁，乃风水证也，宜出汗。乃置燠室，以屏帐遍遮之，不令见火。若内火见外火，必昏愦也。使大服胃风汤而浴之；浴讫，以布单重覆之，凡三五重，其汗如水，肿乃减五分；隔一二日，乃依前治之，汗出，肿减七分，乃二汗而全减。尚未能食，以槟榔丸调之，儿已喜笑如常日矣。(《儒门事亲·小儿风水》)

2.善用大黄，下法尤擅

大黄具有泻热通腑，凉血解毒，逐瘀通经，止血之功，张氏临证喜用大黄，与大黄有关的方剂有74个（包括没有方名的5个），用于治疗多种疾病，既有单味，也有复方，可做君臣佐使；而且可以长期应用，不少病例辨证选药，持续服用数日，如王论夫服大黄四十余日病方瘳。

（1）重视配伍：以大黄为君的方剂有泻心汤、大黄丸、承气汤、大陷胸汤、三黄丸等；以大黄为臣的方剂有备急丸、抵当汤、麻仁丸、八正散等；以大黄为佐使的方剂有琥珀丸、神佑丸、木香槟榔丸、人参白术散等；治牙痛的大黄末纸捻等。

（2）灵活加减：根据不同的病证，大黄常与清热解毒药配伍（三黄丸、泻心汤、黄连散、凉膈散等）。与风药配伍（防风通圣散、双解散、黄连清心汤、芎黄汤、柴胡饮子等），与泻下药配伍（承气汤、调中汤、大陷胸汤、脾约丸），与活血化瘀药配伍（三和汤、抵当汤（丸）、大黄芍药汤等），与利水消肿药配伍（八正散、泄水丸、导水丸、大黄牵牛丸等），与益气健脾药配伍（木香槟榔丸、进食丸、木香化癖散、人参白术散），配僵蚕、芒硝治喉痹等。

（3）应用方法：张氏之用大黄常入丸、散剂，重视服用方法，配合其他疗法，可充分发挥疗效。如治疗腰脚湿的牛黄白术丸，每服三十丸，食前生姜汤下，要利，加至百丸。如治疗狂证先将其置燠室中涌而汗出3次，又以调胃承气汤半斤，用水五升，煎半沸，分作三服，大下二十行乃康，以通圣散调其后。

医案举例

◆柏亭王论夫，本因丧子忧抑，不思饮食。医者不察，以为胃冷，血燥之剂尽用之。病变呕逆而瘦，求治于戴人。一视涌泄而愈。愈后忘其禁忌，病复作，大小便俱秘，脐腹撮痛，呕吐不食一日，大小便不通十有三日，复问戴人。戴人曰：令先食葵羹、菠菱菜、猪羊血，以润燥开结；次与导饮丸二百余粒，大下结粪；又令恣意饮水数升，继搜风丸，桂苓白术散以调之；食后服导饮丸三十余粒。不数日，前后皆通，药止呕定食进。此人临别，又留润肠丸，以防复结；又留涤肠散，大闭则用之。凡服大黄、牵牛，四十余日方瘳。(《儒门事亲·呕逆不食》)

◆淮安大商杨秀伦，年七十四，外感停食。医者以年高素封，非补不纳。遂致闻饭气则呕，见人饭食辄叱曰：此等臭物，亏汝等如何吃下？不食不寝者匝月，惟以参汤续命而已。慕名来聘，余诊之曰：此病可治，但我所立方必不服，不服则必死。若徇君等意，以立方亦死，不如竟不立也。群问：当用何药？余曰：非生大黄不可。众果大骇，有一人曰：姑俟先生定方再商。其意盖谓千里而至，不可不周全情面，俟药成而私弃之可也。余觉其意，煎成，亲至病人所，强服，旁人皆惶恐无措，止服其半，是夜即气平得寝，并不泻。明日全服一剂，下宿垢少许，身益和。第三日侵晨，余卧书室中未起，闻外哗传云：老太爷在堂中扫地。余披衣起询，告者曰：老太爷久卧思起，欲亲来谢先生。出堂中，因果壳盈积，乃自用帚掠开，以便步履。旋入余卧所，久谈。早膳至，病者观食，自向碗内撮数粒嚼之，且曰：何以不臭？从此饮食渐进，精神如旧，群以为奇。余曰：伤食恶食，人所共知，去宿食则食自进，老少同法。今之医者，以老人停食不可消，止宜补中气，以待其自消，此等乱道，世反奉为金针，误人不知其几也。余之得有声淮扬者，以此。（《洄溪医案·外感停食》）

3. 反对滥用药补，提倡食养

张从正主张"养生当论食补，治病当论药攻"（《儒门事亲·推原补法利害非轻说》），用汗、吐、下三法祛邪，所谓"损有余乃所以补不足"，故"不补之中有真补存焉"（《儒门事亲·凡在下皆可下式》），达到以攻为补，邪去正安的治疗目的。

张氏虽言攻邪即是补虚，其前提是攻邪不可伤败胃气，他认为善用药者，要使病人进五谷，保养胃气，才是真正懂得补法的道理。病退谷进，邪去精生，才可达到邪去正安的疗效。三法攻邪后，病邪虽去，正气未复，且汗、吐、下也不可避免地伤气耗液，故病后养胃气是治疗过程中必不可缺的一环。对于补养正气，张氏遵《素问·脏气法时论》"五谷为养，五果为助，五畜为益，五菜为充，气味合而服之，以补精益气"之旨为食疗之圭臬，偏重在饮食调养，藉谷肉果菜以养正扶赢。

张氏反对邪未去而言补，尤其是详细分析了滥用补法的危害。"夫养生当论食补，治病当论药攻，然听者皆逆耳，以予言为怪。盖议者尝知补之为利，而不知补之为害也。论补者盖有六法：平补、峻补、温补、寒补、筋力之补、房室之补。以人参、黄芪之类为平补；以附子、硫黄之类为峻补；以豆蔻、官桂之类为温补；以天门冬、五加皮之类为寒补；以巴戟、肉苁蓉之类为筋力之补；以石燕、海马、起石、丹砂之类为房室之补。此六者，近代之所谓补者也。若施之治病，非徒功效疏阔，至其害不可胜言者"。（《儒门事亲·推原补法利害非轻说》）并批评说，"惟庸工误人最深，如鲧湮洪水，不知五行之道。夫补者人所喜，攻者人所恶。医者与其逆病人之心而不见用，不若顺病人之心而获利也。"（《儒门事亲·汗吐下三法赅尽治病诠》）

张氏慎用药补，但也并非拙于补虚。除食疗补虚之外，张氏也不废弃补养正气方药。其运用补法的特点：一是对无病之人反对滥用补药；二是对邪积未去而先议补，则无异于以粮资寇，其慎于用补，是避免助邪伤正；三是对"脉脱下虚，无邪无积"（《儒门事亲·论汗吐下三法赅尽治病诠》）的虚证病人，方可议投补剂。对于上述病人如赵显之，病虚赢，泄泻褐色，每闻大黄气味即泄。张氏诊两手脉沉而软，乃洞泄寒中证也，灸水分穴一百余壮，次服桂苓甘露散、胃风汤、白术丸等药，不数月而愈。

医案举例

◆息城酒监赵进道，病腰痛，岁余不愈，诊其两手脉，沉实有力，以通经散下五七行；次以杜仲去粗皮，细切，炒断丝，为细末，每服三钱，猪腰子一枚，薄批五七片，先以椒盐淹，去腥水，掺药在内，裹以荷叶，外以湿纸数重封，以文武火烧熟，临卧细嚼，以温酒送下；每旦以无比山药

丸一服，数日而愈。(《儒门事亲·推原补法利害非轻说》)

◆汝南节度副使完颜君宝，病脏毒，下虾血，发渴，寒热往来，延及六载，日渐瘦弱无力，面黄如染，余诊其两手脉沉而身凉，《内经》寒以为荣气在，故生可治。先以七宣丸下五七行，次以黄连解毒汤加当归，赤芍药、与地榆散同煎服之，一月而愈。(《儒门事亲·推原补法利害非轻说》)

原著选读

●人身不过表里，气血不过虚实。表实者里必虚，里实者表必虚；经实者络必虚，络实者经必虚，病之常也。良工之治病者，先治其实，后治其虚，亦有不治其虚时。粗工之治病，或治其虚，或治其实，有时而幸中，有时而不中。谬工之治病，实实虚虚，其误人之迹常著，故可得而罪也。惟庸工之治病，纯补其虚，不敢治其实，举世皆曰平稳，误人而不见其迹，渠亦自不省其过，虽终老而不悔。且曰：吾用补药也，何罪焉？病人亦曰：彼以补药补我，彼何罪焉？虽死而亦不知觉。夫粗工之与谬工，非不误人，惟庸工误人最深。如鲧湮洪水，不知五行之道。夫补者人所喜，攻者人所恶。医者与其逆病人之心而不见用，不若顺病人之心而获利也，岂复计病者之死生乎？呜呼！世无真实，谁能别之？今余著此汗吐下三法之诠，所以该治病之法也。庶几来者有所凭借耳。

夫病之一物，非人身素有之也，或自外而入，或由内而生，皆邪气也。邪气加诸身，速攻之可也，速去之可也，揽而留之，可乎？虽愚夫愚妇，皆知其不可也。及其闻攻则不悦，闻补则乐之。今之医者曰：当先固其元气，元气实，邪自去。世间如此妄人，何其多也！夫邪之中人，轻则传久而自尽，颇甚则传久而难已，更甚则暴死。若先论固其元气，以补剂补之，真气未胜，而邪已交驰横鹜而不可制矣。惟脉脱下虚，无邪无积之人，始可议补，其余有邪积之人而议补者，皆鲧湮洪水之徒也。今予论吐、汗、下三法，先论攻其邪，邪去而元气自复也。况予所论之法，识练日久，至精至熟，有得无失，所以敢为来者言也。

天之六气，风暑火湿燥寒；地之六气，雾露雨雹冰泥；人之六味，酸苦甘辛咸淡。故天邪发病，多在乎上；地邪发病，多在乎下；人邪发病，多在乎中，此为发病之三也。处之者三，出之者亦三也。诸风寒之邪，结搏皮肤之间，藏于经络之内，留而不去，或发疼痛走注，麻痹不仁，及四肢肿痒拘挛，可汗而出之。风痰宿食在膈或上脘，可涌而出之。寒湿固冷，热客下焦，在下之病，可泄而出之。《内经》散论诸病，非一状也，流言治法，非一阶也。《至真要大论》等数篇，言运气所生诸病，各断以酸苦甘辛咸淡以总括之。其言补时见一二，然其补非今之所谓补也，文具于补论条下，如辛补肝，咸补心，甘补肾，酸补脾，苦补肺。若此之补，乃所以发腠理，致津液，通血气。至其统论诸药，则曰辛甘淡三味为阳，酸苦咸三味为阴。辛甘发散，淡渗泄，酸苦咸涌泄。发散者归于汗，涌者归于吐，泄者归于下。渗为解表归于汗，泄为利小溲归于下。殊不言补，乃知圣人止有三法，无第四法也。然则圣人不言补乎？曰：盖汗下吐，以若草木治病者也。补者，以谷肉果菜养口体者也。夫谷肉果菜之属，犹君之德教也；汗下吐之属，犹君之刑罚也。故曰：德教，兴平之粱肉；刑罚，治乱之药石。若人无病，粱肉而已，及其有病，当先诛伐有过。病之去也，粱肉补之，如世已治矣，刑措而不用。岂可以药石为补哉？必欲去大病大瘵，非吐汗下未由也已。然今之医者不得尽汗下吐法，各立门墙，谁肯屈己之高而一问哉？且予之三法能兼众法，用药之时，有按有蹻，有揃有导，有减有增，有续有止。今之医者，不得予之法，皆仰面傲笑曰：吐者，瓜蒂而已矣；汗者，麻黄、升麻而已矣；下者，巴豆、牵牛、朴硝、大黄、甘遂、芫花而已矣。既不得其术，从而诬之。予固难与之苦辨，故作此诠。（《儒门事亲·汗下吐三法赅尽治病诠》）

●余用补法则不然。取其气之偏胜者，其不胜者自平矣。医之道，损有余，乃所以补其不足也。余尝曰：吐中自有汗，下中自有补，岂不信然？余尝用补法，必观病人之可补者，然后补之。（《儒门事亲·推原补法利害非轻说》）

●若此数证，余虽用补，未尝不以攻药居其先，何也？盖邪未去而不可言补，补之则适足资寇。故病蠲之后，莫若以五谷养之，五果助之，五畜益之，五菜充之。相五脏所宜，毋使偏倾可也。凡药皆毒也，非止大毒、小毒谓之毒，虽甘草、苦参，不可不谓之毒，久服必有偏胜。气增而久，夭之由也。是以君子贵流不贵滞，贵平不贵强。卢氏云：强中生百病。其知言哉！人惟恃强，房劳之病作矣，何贵于补哉？以太宗、宪宗高明之资，犹陷于流俗之蔽，为方士燥药所误；以韩昌黎、元微之犹死于小溲不通、水肿。有服丹置数妾，而死于暴脱；有服草乌头、如圣丸，而死于须疮；有服乳石、硫黄，小溲不通；有习气求嗣，而死于精血；有嗜酒而死于发狂见鬼；有好茶而为癖。乃知诸药而不可久服，但可攻邪，邪去则已。（《儒门事亲·推原补法利害非轻说》）

·参考文献·

1.张从正.儒门事亲［M］.北京：中国医药科技出版社，2019.

2.李成文，周明丽，王松慧.两宋金元名家医案［M］郑州：河南科学技术出版社，2016.

3.李成文.河间学派医案［M］.北京：中国中医药出版社，2015.

4.丁光迪.金元医学评析［M］.北京：人民卫生出版社，1996.

5.申丕强，王明杰.试论张从正攻邪学说的基本思想［J］.成都中医学院学报，1990，（02）：5-8.

6.于峥，杨威，刘寨华.张从正《儒门事亲》五运六气治法述要［J］.中国中医基础医学杂志，2009，15（12）：891+895.

7.何忠锅，王光晃.张从正"血气流通"理论渊源及学术价值［J］.江苏中医药，2009，41（02）：9-11.

8.宋亚南，邓艳芳，屈乐，等.基于数据挖掘的《儒门事亲》用药规律分析［J］.中华中医药杂志，2015，30（08）：3017-3020.

9.张光霁.张从正《儒门事亲》与药邪［J］.中国中医基础医学杂志，1998，（06）：17-19.

10.吕凌，袁佺.张从正"苦寒发汗"治法研究［J］.时珍国医国药，2015，26（6）：1443-1444.

11.霍炳杰，常靓，刘羽，等.张子和中医心理思想探讨［J］.中国中医基础医学杂志，2015，21（12）：

1492-1493.

12.黄健,郭丽娃.浅析张从正的中医心身医学思想［J］.中华中医药杂志,2005,（02）:76-78.

13.杜同仿.张从正运用补法的特点［J］.广州中医药大学学报,2000,（02）:126-128.

14.郑宇东.对张子和汗吐下三法的再认识［J］.中医研究,1999,（04）:1-2.

15.李成文,杨红亚.张从正非药物疗法探讨［J］.中国医药学报,2004,19（11）:649-651.

16.朱飞叶,谢冠群.探讨张从正补法运用特色［J］.中华中医药杂志,2018,33（9）:3797-3799.

17.任何.张从正运用大黄的医学源流和经验［J］.安徽中医临床杂志,1998,10（3）:184.

18.李响,张丰川.张从正攻邪理论指导蛇串疮治疗探析［J］.中国中医基础医学杂志,2017,23（2）:175-176.

19.张建斌,王玲玲.张从正刺络放血的理论和实践［J］.中国针灸,2001,（04）:55-57.

李杲

❧ 学习要点 ❧

李杲系统总结阐发脾胃生理功能，脾胃内伤病的病因病机，临床特征及其与外感病的鉴别，提出"内伤脾胃，百病由生"观点，发明补中升阳，甘温除热治疗原则，创制补中益气汤、升阳益胃汤、升阳散火汤、当归补血汤、当归六黄汤等著名方剂，成为"补土派"的创始人。

目的要求：

掌握脾胃生理功能、脾胃内伤病病因病机、甘温除热与补中益气汤；熟悉脾胃学说历史沿革，临证经验与用药特色；了解其生平，代表著作与学术成就对后世的影响。

一、概说

李杲（1180~1251），字明之，晚年自号东垣老人，金代真定（今河北正定县）人。

李杲家境富有，幼业儒术，因母病被庸医所误而死，乃发愤学医，付资千金拜易州（今河北易水县）名医张元素为师，不数年，尽得其传。但"君初不以医为名，人亦不知君之深于医也。"泰和二年（1202年）李杲"进纳得官，监济源税……君辟兵汴梁，遂以医游公卿间，其明效大验，具载别书。壬辰北渡，寓东平；至甲辰还乡里"（《东垣试效方·东垣老人传》）。李杲受《黄帝内经》与张元素学术思想的影响，结合当时战争频繁，饥困劳役，惊恐忧伤，容易损伤脾胃，加之滥用苦寒重损胃气的现状，深入系统探讨脾胃内伤病的病因病机、治疗方药，提出"内伤脾胃，百病由生"学术见解，创立脾胃学说，并成为补土学派的鼻祖，对后世产生了重大影响，故有"外感宗仲景，内伤法东垣"之说。李杲不仅擅长治疗脾胃内伤疾病，而且还善于治疗其他各科疾病。而《元史·李杲传》评价说："李杲……人不敢以医名之。士大夫或病其资性高霄，少所降屈，非危急之疾，不敢谒也。其学于伤寒、痈疽、眼目病为尤长。"

李杲传学于罗天益，罗氏阐发脾胃内伤学说，重视甘补辛升；以补中益气汤为基础，加入川芎、蔓荆子、细辛、白芍药创制的顺气和中汤，成为治疗气虚头痛的著名方剂。罗氏还将李杲平生临证经验记录整理编成《兰室秘藏》而流传后世。同师于张元素的王好古因师亡复拜李杲为师，著《阴证略例》，重视脏腑内伤、阳气虚损，阐发阴证病因病机和辨证治疗。

李杲的代表著作是《脾胃论》《内外伤辨惑论》《兰室秘藏》；另有《东垣试效方》《医学发明》《活法机要》《药类法象》《用药心法》《脉诀指掌》等。现有《李东垣医学全书》合订本。

二、学术特色与临证经验

（一）创立脾胃学说

脾胃学说导源于《内经》，其关于脾胃主水谷精微运化，主肌肉，为血气化生之源等论述，奠定了脾胃学说理论基础。《伤寒杂病论》"实则阳明，虚则太阴"，"保胃气，存津液"，"四季脾旺不受邪"等奠定了脾胃学说临床证治基础。钱乙提出小儿脾胃柔弱忌用攻下，用益黄散、七味白术散、异功散等顾护脾胃思想，对李杲不无启示。张元素阐发脏腑辨证，详论中药归经，使辨治脾胃病有了重要依据。李杲继承前贤理论，着重探讨脾胃生理功能，脾胃内伤病的病因病机，辨病思路，总结用药经验，脾胃学说自成体系。王好古师承张、李之说，从脏腑内伤、阳气虚损研究阴证。罗天益详论脾胃并将饮食所伤分作食伤和饮伤，劳倦所伤分为虚中有寒和虚中有热。明代薛己进一步阐发内伤寒中证，提出"人之胃气受伤，虚证蜂起。"万全提出"脾胃虚弱，百病蜂起"。王纶阐发脾阴之说，缪希雍善用资生丸等养脾阴，杨仁斋提出"胃气弱则百病生，脾阴足而万邪息。"叶桂根据温病易伤胃阴的特点，并结合临床实践，提出滋养胃阴大法。唐宗海从脾阴虚论治唾血。李杲的脾胃学说得以丰富和完善。

1.脾胃生理功能

（1）脾胃是元气之本：李杲认为元气源于先天精气，依靠后天胃气的滋养；而谷气、荣气、清气、卫气、生发诸阳上升之气又出自元气，虽然各自发挥不同的生理功能，但"皆饮食入胃，谷气上行，胃气之异名。"《脾胃论·脾胃虚则九窍不通论》更是明确指出，"分而言之则异，其实一也。""元气之充足，皆由脾胃之气无所伤，而后能滋养元气。"反之，"则脾胃之气既伤，而元气亦不能充，而诸病之所由生也"（《脾胃论·脾胃虚实传变论》）。这就是后世所概括的"内伤脾胃，百病由生"说。由此可以得出结论，脾胃是元气之本，元气是健康之本，脾胃伤则元气衰，元气衰则百病由生，说明脾胃与元气有着极其密切的关系，这是李杲脾胃学说中的基本论点。

（2）脾胃为升降枢纽：升降浮沉是自然界一切事物不断运动变化的主要形式。一年四季，以春为首，春夏地气升浮而生长，万物由萌芽而繁茂；时至秋冬，则天气沉降而杀藏，万物凋落而收藏；惟长夏土气居于中央，"升已而降，降已而升，如环无端"，为四时变化升降的枢纽。李杲认为人与自然相应，脾胃属于土，为人身升降之枢纽。故在《脾胃论·天地阴阳生杀之理在升降浮沉之间论》阐发说："盖胃为水谷之海，饮食入胃，而精气先输脾归肺，上行春夏之令，以滋养周身，乃清气为天者也；升已而下输膀胱，行秋冬之令，为传化糟粕，转味而出，乃浊阴为地者也"。

"地气者，人之脾胃也。脾主五脏之气；肾主五脏之精，皆上奉于天。"(《脾胃论·阴阳寿夭论》)再加上顺应四时之气，起居有时，饮食有节，则能保持脾胃正常的升清降浊功能，元气充沛，身体健康。否则，脾胃受损，影响升降，便会出现两种变化："或下泄而久不能升，是有秋冬而无春夏，乃生长之用，陷于殒杀之气，而百病皆起；或久升而不降，亦病焉。"(《脾胃论·天地阴阳生杀之理在升降浮沉之间论》)

但李杲更重视升发，认为只有脾气升发，水谷之气上升，元气才能充沛，生机才能活跃，阴火方可潜降。反之，谷气不升，脾气下陷，元气就会亏乏，生机受损，脏腑经络都会受病，阴火亦即随之上冲为害。因而，其在临证喜用升麻、柴胡等，以助脾土升发之性。

2.脾胃内伤病因

（1）饮食不节：饥饱无常，饮食失节，极易伤胃损脾，故《脾胃论·脾胃胜衰论》论述说，"夫饮食不节则胃病，胃病则气短、精神少而生大热，有时而显火上行，独燎其面……胃既病，则脾无所禀受……故亦从而病焉。"

（2）劳役过度：宋金元时期，战争频繁，或从军打仗，或疲于奔命，繁重而无休止的劳役，易损伤脾胃。"形体劳役则脾病，病脾则怠惰嗜卧，四肢不收，大便泄泻。脾既病，则其胃不能独行津液，故亦从而病焉"(《脾胃论·脾胃胜衰论》)。

（3）情志内伤：战争导致颠沛流离，精神恐惧紧张，忧伤喜怒，影响脾胃，损耗元气，也是导致脾胃内伤病的原因。

李氏特别强调，脾胃内伤病的形成常常是三种因素综合作用的结果，而精神因素在发病中具先导作用。即"皆先由喜怒悲忧恐，为五贼所伤，而后胃气不行，劳役饮食不节继之，则元气乃伤。"

另外，外感时邪，滥用苦寒，亦能伤及脾胃。《脾胃论·脾胃损在调饮食适寒温》说"胃肠为市，无物不受，无物不入，若风、寒、暑、湿、燥一气偏胜，亦能伤脾伤胃。"

3.脾胃内伤病机

（1）气火失调：李杲认为元气与阴火互相制约的关系失调是导致脾胃内伤的主要病机。元气充沛，阴火戢敛，从而发挥其正常的生理作用，即"少火生气"；元气不足，阴火反而亢盛鸱张，耗伤元气，这时阴火则成为"元气之贼"，可引起多种病变。脾胃内伤的早中期容易出现"气高而喘，身热而烦，脉洪大而头痛，或渴不止"的内伤热中证。"以五脏论之，心火亢盛，乘其脾土，曰热中"(《脾胃论·胃虚脏腑经络皆无所受气而俱病论》)。但随着元气的日益衰惫，或治疗失当，热中证可逐渐发展转化为寒中证。

李杲所论的"阴火"，其概念十分宽泛，包括亢盛的心火、下焦包络之火、相火、肾间阴火、七情之火、脾胃津亏燥热等多种。如《脾胃论·饮食劳倦所伤始为热中论》云："脾胃气衰，元气不足而心火独盛。心火者，阴火也，起于下焦，其系系于心。心不主令，相火代之。相火，下焦包络之火，元气之贼也。火与元气不两立，一胜则一负。脾胃气虚，则下流于肾，阴火得以乘其土位。""或因劳役动作，肾间阴火沸腾。"实际上李氏所谓阴火之阴，意为火由内伤而来，内属于阴，外属于阳，故称之为阴火。阴火是内伤因素（饮食不节、劳役过度、情志刺激等）导致的以脾胃气虚为基础产生的一系列火热病症的概称。因此李氏创立补中益气汤"甘温除大热";升阳散火汤则用于饮冷湿困,火郁脾土之表热如火燎之证;朱砂安神丸用阴血不足之心火偏亢;当归补血汤用于血虚气弱之发热。这是甘温除大热的主要机理所在。

（2）升降失常:脾胃居中焦,是精气升降运动的枢纽,升则上输于心肺,降则下归于肝肾。脾胃健运,脾升胃降,清升浊降,气机调和,五脏六腑功能正常。若脾胃气虚,升降失司,则不能运化水谷,湿浊下流,阴火沸腾而炽盛,影响五脏六腑及四肢九窍,发生种种病证。"脾胃气虚则下流于肾,阴火得以乘其土位。"李杲在论述内障眼病时指出:"元气不行,胃气下流,胸中三焦之火及心火乘于肺,上入脑灼髓,火主散溢,瞳子开大"（《兰室秘藏·内障眼论》）。《脾胃论·脾胃虚则九窍不通论》曰:"脾胃既为阴火所乘,谷气闭塞而下流,即清气不升,九窍为之不利,"并可波及肺肾,因此,专立"肺之脾胃虚论"和"肾之脾胃虚论"加以阐发。

4.脾胃内伤病临床特征

由于阴火概念宽泛,因而产生阴火的病机复杂,加之脏腑之间生克制化的影响,故临床表现错综复杂,或为全身性症状,或为局部症状,或为形似外感热病表现,但均可概括为脾胃气虚和火热亢盛两大症候群,并与外感病有着明显的不同。因而李杲撰写《内外伤辨惑论》从辨阴证阳证、辨脉、辨寒热、辨手心手背、辨口鼻、辨气少气盛、辨头痛、辨筋骨四肢、辨渴与不渴、辨劳役受病表虚不作表实治之等方面与之进行鉴别。

（1）脾胃气虚症候群:主要有肢体沉重,四肢不收,怠惰嗜卧,气短声低,头痛目眩,精神少,纳差乏味等。

（2）火热亢盛症候群:主要有身热,烦躁,恶热,手心热,气高而喘,口渴,肌热不欲更衣,脉洪大,皮肤不任风寒,蒸蒸燥热,得凉则止等。

（二）临证经验与用药特色

李杲依据升降浮沉之理,针对脾胃内伤之脾胃气虚、清阳下陷、阴火上冲三个环节,在《内经》"脾欲缓,急食甘以缓之,用苦泻之,甘补之";"土郁发之"理论指导下,提出补益脾胃,升发元气,潜降阴火等治疗方法。创制59首方剂,包括升阳补气,升阳散火,升阳除湿,升阳益胃等汤,共用中药103种,其中应用频率最高的是人参、陈皮、升麻、当归、白术、黄芪、柴胡、甘草、苍术、黄柏、羌活、茯苓、半夏、泽泻等,反映了益气升阳兼泻阴火的思想。他以参、芪、术、草等甘温药以补中健脾,用升、柴、葛等风药升阳举陷,佐甘寒以泻阴火,以解决火与元气不两立的矛盾。

1.甘温除热

对于身热而烦,气高而喘,口渴,头痛,脉洪大的内伤热中证,李杲在《脾胃论·饮食劳倦所伤始为热中论》提出"惟当以辛甘温之剂,补其中而升其阳,甘寒以泻其火则愈矣。《经》曰:劳者温之,损者温之。又云,温能除大热,大忌苦寒之药损其脾胃。"创制补中益气汤,补中益气,升阳举陷,甘温除热;由于内伤热中证是气虚为本,阴火上冲所致的热象为标,还须少加黄柏苦寒坚阴，或加生地黄补水降火，烦扰不止再加黄连泻心火以治标。对于长夏四肢困倦，精神短少，懒于动作，胸满气促，肢节沉疼，或气高而喘，身热而烦，心下膨痞，小便黄而数，大便溏而频，或痢出黄如糜，或如泔色，或渴，不思饮食，自汗体重，或汗少，脉洪缓的湿热困脾，用清暑益气汤（人参、黄芪、苍术、白术、麦门冬、五味子、黄柏、青皮、当归、神曲、升麻、葛根、泽泻、陈皮、甘草）益气清热，化湿生津。

李杲在《脾胃论·饮食劳倦所伤始为热中论》《内外伤辨惑论·四时用药加减法》中详细介绍了补中益气汤随症加减变化规律。如精神短少加人参、五味子；头痛加蔓荆子，痛甚加川芎，顶痛脑痛加藁本、细辛；头痛有痰，沉重懒倦者加半夏、生姜；头上有热别以清空膏（川芎、柴胡、黄连、防风、羌活、炙甘草、黄芩）；嗌痛颔肿，脉洪大，面赤者加黄芩、甘草、桔梗；口干咽干加葛根；春月咳嗽加佛耳草、款冬花，夏月咳嗽加五味子、麦门冬，秋月与冬月咳嗽加麻黄；久病痰嗽去人参以防痰嗽增益耳；胸中胃上有寒食不下，或胸中气壅滞加青皮、木香、陈皮，冬月加干姜、砂仁，春初犹寒少加益智仁、草豆蔻，夏月少加栀子、黄芩、黄连，秋月加麦门冬、草豆蔻、白豆蔻、砂仁；心下痞，夯闷者加芍药、黄连；痞腹胀加枳实、木香、砂仁、厚朴，天寒少加干姜或肉桂；心下痞，觉中寒加附子、黄连；不能食而心下痞加生姜、陈皮；能食而心下痞加黄连、枳实；脉缓有痰而痞加半夏、黄连；脉弦，四肢满，便难而心下痞加黄连、柴胡、甘草；腹中痛加白芍药、甘草，如恶寒觉冷痛加肉桂；脐下痛加熟地黄，如痛不已乃大寒，更加肉桂；恶热喜寒而腹痛加白芍药、黄芩，天凉时恶热而痛加白芍药、甘草、黄芩、肉桂；天寒时腹痛加益智仁或半夏、生姜，去芍药；夏月腹中痛，不恶寒，不恶热者加黄芩、甘草、芍药；胁下痛或胁下缩急，加柴胡、甘草。

医案举例

◆王亦林患劳倦，发热，神昏倦怠，已半月，皆作外感治，不愈。诊得两脉浮虚，右脉倍甚，此饮食失节，劳役过度，脾虚则胃气亦虚，气不上行于阳，反下陷于阴而发热也。夫内伤脾胃之症，与外感风寒者不同，东垣言之详矣。外感风寒，乃伤其形，为有余之症；内伤脾胃，乃伤其气，为不足之症。有余当泻，汗之、吐之、下之、克之是也；不足当补，温之、和之、调之、补之是也。经云：劳者温之，损者温之。又上气不足者，推之扬之。脾不足者，以甘补之。当以辛甘温之剂，补其中而升其阳，则愈矣。乃用补中益气汤，服后得微汗，然非发汗也，乃阴阳气和而汗自出也。一剂热退，再剂神清，不数剂而康复倍常矣。（《续名医类案·内伤》）

2. 升阳散火

对于"胃虚过食冷物，抑遏阳气于脾土"的肌热，四肢发热，骨髓中热，热如火燎，扪之烙手，发困等，李杲根据《内经》虚则补之，火郁发之理论，用升阳散火汤（人参、甘草、防风、柴胡、升麻、葛根、羌活、独活、白芍）益气升阳，发散郁火；方中升麻、柴胡、葛根、羌活、独活、防风等风药升发阳气，疏散燥热，发越脾土之郁遏；人参、甘草甘温益气；白芍合人参补益脾肺，甘酸化阴敛阴，散中有收，以升散发越阴火。若五心烦热用火郁汤（升麻、柴胡、葛根、防风、甘草、白芍、葱白）发散郁火。

医案举例

◆虞恒德治一妇人，年四十余，夜间发热，早晨退，五心烦热，无休止时半年。后虞诊六脉皆数，伏而且牢，浮取全不应，与东垣升阳散火汤四服，热减大半，胸中觉清快胜前，再与二贴，热悉退。后以四物加知母、黄柏，少佐以炒干姜，服二十余贴愈。（《名医类案·火热》）

◆江应宿治王晓，鼻塞，气不通利，浊涕稠粘，屡药不效，已经三年。宿诊视，两寸浮数，曰：郁火病也。患者曰：昔医皆作脑寒主治，子何悬绝若是耶？经曰：诸气膹郁，皆属于肺。河间云：肺热甚则出涕，故热结郁滞，壅塞而气不通也。投以升阳散火汤十数剂，病如失。（《古今医案按·鼻》）。

◆僧慎柔治一贵介，年三旬，先因齿痛，用石膏三钱煎服，顷即满头皆肿痛，牙龈上腭肿势尤甚。天明稍退，盖得阳气故也。诊之，右关细涩，左关洪，左尺亦涩。慎柔谓须纳气下达，方得脉和。定方名羌活散火汤，羌活酒炒五分，防风三分，酒连一分，酒芩二分，白茯苓一钱，人参二钱，甘草五分，半夏一钱，破故纸一钱，枸杞子一钱，二剂。其细涩脉即粗大，是阳气下行矣。头痛稍止，可见前头痛是下焦无阳，阴火上冲。服至八剂，头痛全止，齿根肿独未退，脉则益和，曰将愈矣，此阳气已至羔所。果四五日后，出脓少许而廖。

俞震按：僧案是阳升不降头痛。（《古今医案按·头痛》）

3.升阳除湿

用于中气不足，脾湿下陷，"阴盛乘阳"之脾胃虚弱，不思饮食，肠鸣腹痛，泄泻无度，四肢困弱，小便黄等症，李杲创制升阳除湿汤。方中重用苍术配甘草、大枣、生姜、陈皮、神曲燥湿健脾，补中益气；猪苓、泽泻、益智仁、半夏配羌活、苍术渗湿健脾；升麻、柴胡、防风、羌活升阳举陷。另外也用五苓散、葛花解酲汤等升阳除湿。

4.清泻实火

对于风热毒邪客于心肺，上攻头目，憎寒体重，头面肿大，目不能开，上喘，咽喉不利，舌干口燥，并具有传染性的大头瘟，创制普济消毒饮（黄芩、黄连、连翘、板蓝根、马勃、玄参、柴胡、升麻、桔梗、牛蒡子、薄荷、僵蚕、陈皮、甘草）清热解毒，疏风散邪。对于阳明经热盛，或因服补胃热药而致牙痛不可忍，喜寒恶热，牵引头脑满热，头痛，创制清胃散（黄连、生地、丹皮、当归、升麻）清胃凉血。对于湿热下注，肠澼下血，用凉血地黄汤（黄柏、知母、青皮、槐角、熟地黄、当归）清热燥湿，养血活血。若肝胆火盛，下焦湿热用龙胆泻肝汤（柴胡、泽泻、车前子、木通、生地黄、当归、龙胆草，较《局方》少栀子、黄芩、甘草）泻肝胆实火，清下焦湿热。对于阴火炽盛，脾胃气虚者，用补脾胃泻阴火升阳汤（黄芩、黄连、石膏、柴胡、升麻、羌活、人参、苍术、黄芪、甘草）清泻阴火，兼以益气。还有治疗目病的黄芩黄连汤（黄芩、黄连、草龙胆、生地黄），治疗疮疡的黄连消毒饮（黄连、黄芩、黄柏、生地黄、知母、羌活、独活、防风、藁本、当归、桔梗、黄芪、人参、甘草、连翘、苏木、防己、泽泻、橘皮）等。

医案举例

◆泰和二年四月，民多疫病，初觉憎寒壮热体重，次传头面肿甚，目不能开，上喘，咽喉不利，舌干口燥，俗云大头伤寒，染之多不救。张县丞患此，医以承气汤加板蓝根下之，稍缓，翌日其病如故，下之又缓，终莫能愈，渐至危笃，请东垣视之，乃曰：身半以上，天之气也，邪热客于心肺之间，上攻头面而为肿，以承气泻胃，是诛伐无过，殊不知适其病所为故。遂用芩、连各五钱，苦寒泻心肺之火；玄参二钱，连翘、板蓝根、马勃、鼠粘子各一钱，苦辛平清火散肿消毒；僵蚕七分，清痰利膈；甘草二钱以缓之，桔梗三分以载之，则诸药浮而不沉；升麻七分，升气于右，柴胡五分，升气于左。清阳升于高巅，则浊邪不能复居其位。经曰："邪之所凑，其气必虚"。用人参二钱以补虚，再佐陈皮二钱以利其壅滞之气，名普济消毒饮子。若大便秘者加大黄。共为细末，半用汤调，时时服之。半用蜜丸嚼化。且施其方，全活甚众。(《古今医案按·大头瘟》)

5.用药特色

李杲十分重视药物升降浮沉的配合，讲究君臣佐使，用药能因时、因地、因人、因脏腑经络所伤之不同，随证加减，灵活权变。慎用寒凉渗淡、辛热发汗之药，注意饮食，适寒温，远欲省言，安养心神，以助脾胃功能的恢复。

（1）注重配伍：李杲制方重视君臣佐使，根据疾病的病因病机与临床表现，寒温并用、攻补兼施，散敛结合，灵活配伍，少则二味，多则可至二十多味，创制许多名方。如当归补血汤只有2味药，补中益气汤有8味，普济清毒饮有14味，生津甘露饮子有24味，其组方法度谨严，主次分明。如脾胃不足，以白术为君，人参、黄芪为臣，甘草、芍药、桑白皮为佐，黄连为使；心火亢盛，则以黄连为君，黄柏、生地为臣，芍药、石膏、知母、黄芩、甘草为佐；肝木妄行，则以柴胡为君，防风、芍药、肉桂为臣，羌活、独活、藁本、川芎、蔓荆子、白芷、猪苓、泽泻、黄柏、知母、石膏为使；肺金受邪，则以人参为君，黄芪、橘皮为臣，白术、白芍、桂枝、桑白皮、木香、槟榔、五味子为佐，白术、川乌为臣，苍术、附子、肉桂、茯苓、猪苓为佐，泽泻为使。但临证也可根据临床实际，随时制宜，随证用药。

（2）轻药愈病：李杲临证用药主张用量宜小，以轻取胜。如补中益气汤总量最多不过二钱八分；升阳益胃汤和补脾胃泻阴火升阳汤，每服也仅三钱。

（3）喜用风药：李氏常用升麻、柴胡、葛根、独活、羌活、防风、藁本、蔓荆子、白芷等辛散疏风之品。如配伍补气药益气升举脾阳；配伍苦寒药清解疏散热邪，即"火郁发之"之意。

（4）用药宜忌：李氏在《脾胃论·脾胃将理法》中强调临证用药忌大咸及大辛味，蒜、韭、五辣、醋、肉桂、干姜之类，否则损伤元气。"如春时有疾，于所用药内加清凉风药；夏月有疾，加大寒之药；秋月有疾，加温气药；冬月有疾，加大热之药，是不绝生化之源也"。注意饮食（宜温食、减食、美食），适寒温，禁劳役，远欲，省言，安养心神；慎用寒凉渗淡，辛热发汗之药，以助脾胃功能的恢复。

另外，李氏对于"肺之脾胃虚"阳气不伸所致的怠惰嗜卧，四肢不收，体重节痛，口干舌干，饮食无味，不欲食，食不消，大便不调，小便频数；兼见肺病，洒淅恶寒，惨惨不乐，面色恶而不和者，用升阳益胃汤（黄芪、半夏、人参、炙甘草、独活、防风、白芍药、羌活、橘皮、茯苓、柴胡、泽泻、白术、黄连）升阳益气。对于"肾之脾胃虚"的中焦气弱，脾胃受寒，饮食不美，呕吐泄泻，脐腹冷痛，心腹疼痛，腹中雷鸣，大便无度，肢体沉困，自汗，手足厥逆等，可用沉香温胃丸（附子、巴戟天、干姜、茴香、肉桂、沉香、甘草、当归、吴茱萸、人参、白术、白芍药、白茯苓、高良姜、木香、丁香）温补脾肾。因肌困劳役所致的妇人饥热，躁热，目赤面红，烦渴引饮，昼夜不息，其脉洪大而虚，重按全无之阴血亏虚者，李氏则在《兰室秘藏·杂病门》中创制当归补血汤，重用黄芪一两健脾益气为君，酒制当归二钱为臣兼以补血。用当归六黄汤（当归、生地、熟地、黄连、黄芩、黄柏、黄芪）滋阴泻火，固表止汗，治疗盗汗。

医案举例

◆某患朱头痛累月，苦不可忍，咸用清风散火之剂，诊其脉浮虚不鼓，语言懒怯，肢体恶寒，此劳倦伤其中，清阳之气不升，浊阴之气不降也。故汗之反虚其表，清之益伤其中，其恶寒乃气虚，不能上荣而外固也，况脉象浮虚，体倦语怯，尤为中气弱之验，与补中益气汤，一剂知，二剂已。（《续名医类案·头》）

◆一人脚膝常麻，饮食多即泄泻，此脾虚湿热下流。用补中益气汤加防己、黄柏而愈。（《续名医类案·泄泻》）

原著选读

●脾胃虚实传变论

故夫饮食失节，寒温不适，脾胃乃伤。此因喜、怒、忧、恐，损耗元气，资助心火。火与元气不两立，火胜则乘其土位，此所以病也。

《调经篇》云：病生阴者，得之饮食居处，阴阳喜怒。又云：阴虚则内热，有所劳倦，形气衰少，谷气不盛，上焦不行，下脘不通，胃气热，热气熏胸中，故为内热。脾胃一伤，五乱互作，其始病遍身壮热，头痛目眩，肢体沉重，四肢不收，怠惰嗜卧，为热所伤，元气不能运用，故四肢困怠如此。

圣人著之于经，谓人以胃土为本，成文演义，互相发明，不一而止，粗工不解，妄意使用，本以活人，反以害人。今举《经》中言病从脾胃所生，及养生当实元气者，条陈之。

《生气通天论》云：苍天之气，清净则志意治，顺之则阳气固，虽有贼邪，弗能害也，此因时之序。故圣人传精神，服天气，而通神明。失之内闭九窍，外壅肌肉，卫气散解。此谓自伤，气之削也。阳气者，烦劳则张，精绝，辟积于夏，使人煎厥。目盲耳闭，溃溃乎若坏都。故苍天之气贵清净，阳气恶烦劳，病从脾胃生者一也。

《五常政大论》云：阴精所奉其人寿，阳精所降其人夭。阴精所奉，谓脾胃既和，谷气上升，春夏令行，故其人寿。阳精所降，谓脾胃不和，谷气下流，收藏令行，故其人夭。病从脾胃生者二也。

《六节脏象论》云：脾、胃、大肠、小肠、三焦、膀胱者，仓廪之本，荣之居也，名曰器。能化糟粕，转味而入出者也。其华在唇四白，其充在肌，其味甘，其色黄。此至阴之类，通于土气。凡十一脏，皆取决于胆也。胆者，少阳春升之气，春气升则万化安。故胆气春升，则余脏从之；胆气不升，则飧泄、肠澼，不一而起矣。病从脾胃生者三也。

《经》云：天食人以五气，地食人以五味。五气入鼻，藏于心肺，上使五色修明，音声能彰；五味入口，藏于肠胃，味有所藏，以养五气，气和而生，津液相成，神乃自生。此谓之气者，上焦开发，宣五谷味，熏肤、充身、泽毛，若雾露之溉。气或乖错，人何以生，病从脾胃生者四也。

岂特四者，至于《经》论天地之邪气，感则害人五脏六腑，及形气俱虚，乃受外邪，不因虚邪，贼邪不能独伤人，诸病从脾胃而生明矣。

圣人旨意，重见叠出，详尽如此，且垂戒云：法于阴阳，和于术数，食饮有节，起居有常，不妄作劳，故能形与神俱，而尽终其天年，度百岁乃去。由是言之，饮食起居之际，可不慎哉！（《脾胃论·卷上》）

●脾胃胜衰论

胃中元气盛，则能食而不伤，过时而不饥。脾胃俱旺，则能食而肥；脾胃俱虚，则不能食而瘦。或少食而肥，虽肥而四肢不举，盖脾实而邪气盛也。又有善食而瘦者，胃伏火邪于气分则能食，脾虚则肌肉削，即食㑊也。叔和云：多食亦肌虚。此之谓也。

夫饮食不节则胃病，胃病则气短、精神少而生大热，有时而显火上行，独燎其面。《黄帝针经》云：面热者，足阳明病。胃既病，则脾无所禀受，脾为死阴，不主时也，故亦从而病焉。

形体劳役则脾病，脾病则怠惰嗜卧，四肢不收，大便泄泻；脾既病，则其胃不能独行津液，故亦从而病焉。

大抵脾胃虚弱，阳气不能生长，是春夏之令不行，五脏之气不生。脾病则下流乘肾，土克水则骨乏无力，是为骨痿。令人骨髓空虚，足不能履地，是阴气重迭，此阴盛阳虚之症。大法云：汗之则愈，下之则死。若用辛甘之药滋胃，当升当浮，使生长之气旺。言其汗者，非正发汗也，为助阳也。

夫胃病其脉缓，脾病其脉迟，且其人当脐有动气，按之牢若痛，若火乘土位，其脉洪缓，更有身热、心中不便之证。此阳气衰弱，不能生发，不当于五脏中用药法治之，当从《藏气法时论》中升降浮沉补泻法用药耳。（《脾胃论·卷上》）

●古之至人，穷于阴阳之化，究乎生死之际，所著《内经》，悉言人以胃气为本。盖人受水谷之气以生，所谓清气、荣气、卫气、春升之气，皆胃气之别称也。夫胃为水谷之海，饮食入胃，游溢精气，上输于脾；脾气散精，上归于肺；通调水道，下输膀胱。水精四布，五经并行，合于四时五脏阴阳，揆度以为常也。

苟饮食失节，寒温不适，则脾胃乃伤；喜怒忧恐，劳役过度，而损耗元气。既脾胃虚衰，元气不足，而心火独盛。心火者，阴火也，起于下焦，其系系于心，心不主令，相火代之。相火，下焦胞络之火，元气之贼也。火与元气不能两立，一胜则一负。脾胃气虚，则下流于肾，阴火得以乘其土位。故脾胃之证，始得之则气高而喘，身热而烦，其脉洪大而头痛，或渴不止，皮肤不任风寒，而生寒热。盖阴火上冲，则气高而喘，身烦热，为头痛，为渴，而脉洪大；脾胃之气下流，使谷气不得升浮，是生长之令不行，则无阳以护其荣卫，不任风寒，乃生寒热。皆脾胃之气不足所致也。

然而与外感风寒所得之证颇同而理异。内伤脾胃，乃伤其气；外感风寒，乃伤其形。伤外为有余，有余者泻之；伤内为不足，不足者补之。汗之、下之、吐之、克之，皆泻也；温之、和之、调之、养之，皆补也。内伤不足之病，苟误认作外感有余之病而反泻之，则虚其虚也。《难经》云：实实虚虚，损不足而益有余。如此死者，医杀之耳。然则奈何？曰：惟当以甘温之剂，补其中，升其阳，甘寒以泻其火则愈。《内经》曰：劳者温之，"损者温之。盖温能除大热，大忌苦寒之药泻胃土耳。今立补中益气汤。(《内外伤辨惑论·饮食劳倦论》)

·参考文献·

1.张年顺.李东垣医学全书［M］.北京：中国中医药出版社，2006.

2.李成文，蔡华珠.李东垣脾胃病用药心法［M］.北京：学苑出版社，2023.

3.李成文，周明丽，王松慧.两宋金元名家医案［M］郑州：河南科学技术出版社，2016.

4.李成文.易水学派医案［M］.北京：中国中医药出版社，2015.

5.危北海.中医脾胃学说应用研究［M］.北京：北京出版社，1994.

6.杨风庭.脾胃总论.见：陆拯.近代中医珍本集·内科分册（第二版）［M］.杭州：浙江科学技术出版社，2003.

7.丁光迪.金元医学评析［M］.北京：人民卫生出版社，1996.

8.陆拯.脾胃明理论［M］.北京：中医古籍出版社，1991.

9.吴其飞，吴以岭.脾胃学［M］.北京：科学技术文献出版社，1989.

10.高新彦.补中益气汤现代研究与应用［M］.北京：人民军医出版社，2007.

11.陈梓越，李奕诗，蓝海.李东垣"阴火"理论探析［J］.中华中医药杂志，2017，32（6）：2389-2391.

12.白建英，张秀芬，杨贵真，等.李东垣《脾胃论》"阴火"理论探讨［J］.中华中医药杂志，2018，33（10）：4586-4588.

13.张星平，肖莹.李杲"阴火说"探微［J］.上海中医药杂志，2003，37（1）：46.

14.程昭寰，王永炎.略论东垣甘温除热法与气味配伍的应用［J］.新中医，2004，36（1）：7.

15.张晓阳.论李杲的风药理论与临床应用［J］.中国中医基础医学杂志，1999，（5）：151.

16.王晓梅，桑希生，丁宁，等.补中益气汤本旨求真［J］.中医杂志，2020，61（08）：730-732+736.

17.毛德西.李东垣脾胃学说的特点与用药规律探讨［J］.河南中医学院学报，2004，（02）：10-

12+27.

18.王彦刚,吕静静,田雪娇,等.基于数据挖掘的李东垣用药规律研究 [J].中国中医药信息杂志,2016,23(06):39-42.

19.杨芳艳,安荣,马伦,等.李东垣眼科疾病诊疗思想探微 [J].中华中医药杂志,2019,34(7):3167-3169.

20.贾润霞,李成文.李杲活血化瘀10法 [J].江苏中医药,2007,40(5):61.

21.董青,李成文.李杲寒凉思想初探 [J].河南中医,2004,24(1):6.

朱震亨

学习要点

朱震亨学宗刘完素，兼采李杲与张从正之说，援引理学阐发医理，提出阳常有余阴常不足论和相火论；阐发阴虚火旺病因病机，提出滋阴降火治疗大法，创制大补阴丸；总结气、血、痰、郁等杂病论治特点和经验，对中医基础理论与临床医学的发展产生了重大影响。

目的要求：

掌握相火论、阳有余阴不足论及论治火证、痰证和郁证经验；熟悉其学术渊源，痰病历史沿革；了解其生平，代表著作及学术成就对后世的影响。

一、概说

朱震亨（1281~1358年），字彦修，元代婺州义乌（今浙江义乌市）人。因世居丹溪，故学者尊之为丹溪翁。

朱氏幼习举子业，善文章词赋。早年因母亲病脾，涉猎《素问》等医书，粗通医术。36岁时，师从朱熹四传弟子许谦专修理学。4年后，在许谦的勉励下，放弃举子业而致力于医学，从学于刘完素的再传弟子罗知悌，自此医术日精。针对当时《局方》习以成俗、医者墨守成规时弊，他指出："操古方以治今病，其势不能以尽合。苟将起度量，立规矩，称权衡，必也《素》《难》诸经乎！"（戴良《丹溪翁传》）推崇刘完素、张从正及李杲三家之学，援引理学阐发医理，倡导相火论和阳有余阴不足论，阐发阴虚火旺的病因病机和治法方药，探讨杂病论治特点和规律，对后世产生了重要影响，故明代王纶评价说"杂病用丹溪"（《明医杂著·医论》）。然而后世不善学习者独执滋阴降火之一偏，并造成流弊，也为批评者授之以柄，如张介宾《景岳全书·辨丹溪》，徐大椿《医学源流论·四大家论》对丹溪之学颇多垢病，徐氏说："医道之晦久矣，明人有四大家之说……谓为千古医宗，此真无知妄谈也……河间、东垣乃一偏之学，丹溪不过斟酌诸家之言，而调停去取，以开学者便易之门，此乃世俗之所谓名医也……刘则专崇《内经》，而实不能得其精义；朱则平易浅近，未睹本原；至于东垣执专理脾胃之说，纯用升提香燥，意见偏而方法乱，贻误后人。"但晚清唐宗海说："世之读丹溪书者，见其多用凉药，于是废黜热药，贻误不少，而丹溪不任咎也。盖丹溪之书，实未尝废热药。"（《血证论·本草补救论》）可谓评价客观。

朱震亨的弟子有赵道震、赵良仁、戴垚、戴思恭、王履、刘叔渊、虞诚斋等。其中戴思恭与王履成就最大。戴思恭悉心整理朱氏临床经验，充实完善痰证和郁证等杂病的论治心法；王履提出伤寒、温暑为治不同论以及真中、类中之说。私淑朱氏者甚众，如王纶对滋阴学说进行了重要总结与阐发，首次明确提出："丹溪先生发明补阴之说。"（《明医杂著·补阴丸论》）虞抟则对阳有余阴不足论和杂病论治都有独到的见解和发挥。这就是后世所说的丹溪学派。

朱氏治学主张博采众长，融汇诸家，注重学术创新；还重视中医教育，培养了大批人才，为中医学的发展做出了突出贡献。

朱震亨的代表著作是《格致余论》《局方发挥》；另有《本草衍义补遗》《金匮钩玄》《脉因证治》《丹溪心法》《丹溪手镜》《丹溪治法心要》等系朱震亨的门人或私淑者根据其医学理论和临床经验整理而成。现有《朱丹溪医学全书》合订本。

二、学术特色与临证经验

（一）阳常有余，阴常不足论

阳有余阴不足的思想自古有之，如《素问·太阴阳明论》云："阳者，天气也，主外；阴者，地气也，主内。故阳道实，阴道虚。"但未受到后世医家的重视。宋元时期，理学家却对其高度关注，并有重要的发展，如程颢强调："天地阴阳之运，升降盈虚，未尝暂息，阳常盈，阴常亏。"（《濂洛关闽书·卷八》）朱震亨受此影响，明确提出"阳有余阴不足论"，旨在说明人体阴精难于充足，相火易于妄动，为治疗阴虚火旺提供理论依据。

1.天地日月相应，阳有余阴不足

朱氏认为，天大运于地之外，日实运于月之外，均属阳；地小含于天之内，月缺禀日光始明，皆属阴。从天地、日月而言，自然是阳有余阴不足。人与自然相应，"人受天地之气以生，天之阳气为气，地之阴气为血，故气常有余，血常不足"（《格致余论·阳有余阴不足论》），亦即阳有余阴不足。

2.人之生长壮老，阴气难成易亏

《格致余论·阳有余阴不足论》云："人之生也，男子十六岁而精通，女子十四岁而经行，是有形之后，犹有待于乳哺、水谷以养，阴气始成，而可与阳气为配，以能成人，而为人之父母。古人必近三十、二十而后嫁娶，可见阴气之难于成，而古人之善于摄养也。《礼记》注曰：惟五十然后养阴者有以加。《内经》曰：年至四十，阴气自半而起居衰矣。又曰：男子六十四岁而精绝，女子四十九岁而经断。夫以阴气之成，止供得三十年之视听言动，已先亏矣。"朱氏根据《内经》《礼记》有关论述，指出在人体生长壮老的生命过程中，阴气难成而易亏，阳有余阴不足是人体的基本状态。

3.人之情欲无涯，相火妄动伤阴

朱氏秉承理学的观点，认为人之情欲无涯，容易引起人体相火妄动，耗损人体阴精。况且"阳主动，阴主静"，动是常态，因此人之一生多处于阳有余阴不足的状态。朱氏云："主闭藏者肾也，司疏泄者肝也，二脏皆有相火，而其系上属于心。心，君火也，为物所感则易动，心动则相火亦动，动则精自走，相火翕然而起，虽不交会，亦暗流而疏泄矣。"（《格致余论·阳有余阴不足论》）由于"人之情欲无涯，此难成易亏之阴气，若之何而可以供给也"，所以阳有余阴不足。

4.收心节欲茹淡，养阴抑阳摄生

朱氏根据人体阳有余阴不足的实际状况，提出将养阴抑阳原则贯穿于人生从少壮到衰老的摄生全过程之中。养阴是针对阴不足，扶养阴气阴精；抑阳是抑制情欲相火，针对阳有余。所谓阳有余，实指人体相火易于妄动而言，非阳气有余，这是阴气易亏的重要原因之一。抑阳就是通过节制情欲，防止相火妄动伤阴，以达到保护阴气的目的。因此，阴不足固然要培补阴气，但抑阳保阴同样必不可少。故朱氏特著《饮食箴》《色欲箴》，示人节饮食、戒色欲，勿使相火妄动，保持"阴平阳秘"。

（1）收心养心：人心不足，欲望无限，温馨声色等极易引发相火妄动，耗伤阴精。只要做到"收心养心"，"人心听命乎道心，而又能主之以静"（《格致余论·相火论》），即可防止心动引发相火妄动，相火就不会为害人体。

（2）护阴摄养：顺应人体阴气生长盛衰，保护和调养阴气。一是幼年之时不宜过于饱暖，以培护阴精；二是青年晚婚，以待阴精充沛，婚后宜节制房事，远彼帷幄，以顾护阴精；三是年老当保养阴精，顺应人体年老阴气渐少、精血俱耗之生理状况，推崇《礼记》"惟五十然后养阴者有以加"之观点，反对服食乌附金石丹剂。《养老论》云："人生至六十、七十以后，精血俱耗，平居无事，已有热症。何者？头昏目眵、肌痒尿数、鼻涕牙落、涎多寐少、足弱耳聩、健忘眩运、肠燥面垢、发脱眼花、久坐兀睡、未风先寒、食则易饥、笑则有泪。但有老境，无不有此。"详尽地分析了由于阴气不足、精血俱耗而致衰老的原因，这对防止早衰、却病延年具有重要的意义，同时，对于研究生命科学和老年医学亦有重要的启示。

（3）顺时避虚：朱震亨认为，脏腑盛衰应之四时盈虚，人须顺时而养，方可体强年寿。他指出：一年之虚、一月之虚、一日之虚和病患之虚等四虚之时，须特别注意摄养。如夏月火土之旺，必独宿而淡味；冬月火气之伏，以养其本然之真，而为来春发生升动之本；"苟值一月之虚，亦宜暂远帷幕，各自珍重，保全天和，期无负敬身之教。"（《格致余论·阳有余阴不足论》）若犯此四者之虚，则多见病患早衰。

（4）节食茹淡：朱震亨将饮食分为"天赋"与"人为"两大类，强调两者功用大不相同。他说："味有出于天赋者，有成于人为者。天之所赋者，若谷菽菜果，自然冲和之味，有食之补阴之功，此《内经》所谓味也；人之所为者，皆烹饪调和偏厚之味，有致疾伐命之毒，此吾子所疑之味也。"（《格致余论·茹淡论》）他推崇天赋之味，主张节食茹淡，反对人为之品，避免辛热甘腻及饕餮厚味，认为以此可以达到养阴抑阳的目的。他指出："安于冲和之味者，心之收，火之降也；以偏厚之味为安者，欲之纵，火之胜也，何疑之有？"（《格致余论·茹淡论》）

（二）相火论

相火之名，最早见于《内经》的运气学说。王冰注《素问》提出少阳相火说。宋金时期，研究相火之风日盛，钱乙、刘完素、张元素、李杲、张从正等著名医家从不同角度阐发相火，将其研究重点从运气学说转移到脏腑学说。这时，相火的涵义也随之发生了明显的变化，不再是运气的概念，而与脏腑功能及其变化密切关联。至元代，朱震亨在周敦颐《太极图说》的基础上，参合诸家之说，专论相火，与"阳有余阴不足论"相得益彰。

1.相火含义

《素问·天元纪大论》曰："君火以明，相火以位。"王冰解释说"君火之政，守位而奉天之命，以宣行火令尔。以名奉天，故曰君火以名；守位禀命，故云相火以位。"朱震亨阐发说："太极动而生阳，静而生阴。阳动而变，阴静而合，而生水、火、木、金、土，各一其性，惟火有二：曰君火，人火也；曰相火，天火也。火内阴而外阳，主乎动者也，故凡动皆属火。以名而言，形气相生，配于五行，故谓之君；以位而言，生于虚无，守位禀命，因其动而可见，故谓之相。"（《格致余论·相火论》）可见，朱震亨所论之相火基本同于《素问》，都强调君相之火相对而存，为主从关系，相火从属于君火。

2.相火生理

（1）相火与脏腑关系：寄于肝肾，"肝肾之阴，悉具相火"（《格致余论·相火论》），又分属于胆、膀胱、心包络、三焦等脏腑。朱震亨指出："肝属木而肾属水也。胆者，肝之腑；膀胱者，肾之腑；心胞络者，肾之配；三焦以焦言，而下焦司肝肾之分，皆阴而下者也"（《格致余论·相火论》）。可见，相火正常作用的发挥，有赖于脏腑功能的正常。

（2）相火特性：相火"内阴而外阳"，以肝肾精血为物质基础，以阳动为功用。《格致余论·相火论》曰："天之火虽出于木，而皆本乎地。故雷非伏、龙非蛰、海非附于地，则不能鸣、不能飞、不能波也。鸣也、飞也、波也，动而为火者也。"

（3）相火作用：朱震亨认为在正常情况下，生生不息的相火是人身之动气，是推动和维持人体生命活动的动力。他说："天主生物，故恒于动。人有此生，亦恒于动。其所以恒于动，皆相火之为也。""天非此火不能生物，人非此火不能有生。"（《格致余论·相火论》）因此，相火对于生命具有重要意义，没有相火，人体就没有生机。当然，只有动而有节的相火，才能具有如此重要的作用，正如他所说："彼五火之动皆中节，相火惟有裨补造化，以为生生不息之运用耳。"（《格致余论·相火论》）

3.相火病理

相火只有动而中节，才能有助于生命活动，成为生生不息的动气；相火如果妄动，就成为病理之火，反而有害于人体，造成一系列的病变。

（1）病因：主要有情志过极、色欲无度、饮食厚味等。朱氏指出："醉饱则火起于胃，房劳则火起于肾，大怒则火起于肝"（《格致余论·疝气论》），脏腑之火煽动则相火妄动，"相火易起，五性厥阳之火相煽，则妄动矣。"（《格致余论·相火论》）其中，情欲无度是为关键。"夫以温柔之盛于体，声音之盛于耳，颜色之盛于目，馨香之盛于鼻，谁是铁汉，心不为之动也。"（《格致余论·阳有余阴不足论》）面对世间种种诱惑，人难免心动，心动则君火动，君火动则相火亦随之而动。

（2）危害：妄动的相火煎熬真阴，耗伤元气。"火起于妄，变化莫测，无时不有，煎熬真阴，阴虚则病，阴绝则死。君火之气，经以暑与湿言之；相火之气，经以火言之，盖表其暴悍酷烈，有甚于君火者也。故曰相火元气之贼。"（《格致余论·相火论》）其次是造成众多病证。朱震亨说："岐伯历举病机一十九条，而属火者五，此非相火之为病之出于脏腑者乎？"（《格致余论·相火论》）他还认为，刘完素"五运主病"之属肝、肺、脾、心者，"是皆火之为病，出于脏腑者然也。"（《格致余论·相火论》）

（三）火证论治

朱震亨将火证分实火、郁火和虚火，采用泻火、发散和补益进行治疗。朱氏的滋阴降火法更是补充拓展了热病的治疗法则，对后世产生了极大影响。

1.实火可泻

朱震亨认为，火盛于内，劫夺阴气，必以苦寒治之，即实火可泻。如人壮气实、火盛癫狂者，治以黄连解毒汤或硝、黄、冰水之类；肝经火旺者，用左金丸。此为正治之法，以苦寒直折火势。《丹溪心法·火》又云："凡火盛者，不可骤用凉药，必兼温散。"若"人虚火盛狂者，以生姜汤与之。若投冰水正治，立死"（《丹溪心法·火》）。此为反治之法，顺其病势而治也。

2.火郁当发

对于火邪怫郁之证，《丹溪心法·火》谓："火郁当发，看何经，轻者可降，重者则从其性而升之。"对于火郁于中焦者，朱震亨主张用李杲泻阴火升阳汤、升阳散火汤之类治之，认为泻阴火升阳汤能"发脾胃火邪，又心、胆、肝、肺、膀胱药也；泻阴火，升发阳气，荣养气血者也"，可治肌热烦热，面赤食少，喘咳痰盛等证；升阳散火汤用于血虚或胃虚过食冷物，抑遏阳气于脾土所致的四肢发热、肌热等证。

3.虚火可补

虚火属于"中气不足，味用甘寒"；"阳虚发热，用补中益气汤"；而"气从脚下起，入腹如火者，乃虚之极也"（《丹溪心法·火》），用附子末调敷涌泉穴，再以四物汤加降火药服之。其中，朱氏对阴虚火动（旺）阐发最为深刻详尽。

（1）阴虚火动病机：阴精下流、相火妄动可致阴虚火动之证。朱震亨说："阴虚则发热。夫阳在外，为阴之卫；阴在内，为阳之守。精神外驰，嗜欲无节，阴气耗散，阳无所附，遂致浮散于肌

表之间而恶热也。"（《格致余论·恶寒非寒病恶热非热病论》）

（2）阴虚火动治则：滋阴降火，补阴必兼泻火。阴虚与火动密切相关，阴虚可致火动，火动又必然伤阴；阴气越虚，制阳越弱，火动越甚，阴气更伤；补阴可以制火，泻火可以保阴。因此，只有滋阴与泻火并用，才能解决阴虚火动之难治。

（3）阴虚火动治疗：阴虚有阴精虚和阴血虚之分，宜分别治之。阴精虚相火旺，创制大补阴丸治之；阴血虚相火旺，以四物汤加知、柏治之。方药之中，熟地、龟板滋阴补肾以制火，四物之品滋补阴血以制火，而黄柏、知母清泻虚火以存阴。诸药合用，共奏滋阴降火之功，阴虚火动之证自除。

医案举例

◆朱丹溪治一人，夜间发热，早晨退，五心烦热无休，六脉沉数，此郁火也。用升阳散火汤，热退。以四物加知、柏，佐以干姜，调理而安（《续名医类案·卷五》）。

◆汪石山治一妇，年逾三十无子，诊视其脉近和，惟尺部觉洪滑耳。曰：子宫有热，血海不固也。其夫曰：然，每行人道，经水即来。乃喻以丹溪大补丸加山茱萸、白龙骨止涩之药以治其内。再以乱发灰、白矾灰、黄连、五倍子为末，以治其隐处，果愈且孕（《名医类案·卷十一》）。

（四）痰证论治

朱震亨重视对病理产物性病因"痰"所致病证的论治，从理论到临证用药多有阐发。

1.病因病机

病因主要有情志忧郁、饮食厚味、外感无汗、滥投补剂，或脾虚水谷不运，或肾虚水液不行，或阴虚火动伤津等，均可导致气机逆乱，津液停滞而为痰。病机多与脾虚、湿滞、气郁、火炎有关。

2.临床证候

由于"痰之为物，随气升降，无处不到"（《丹溪心法·痰》），或贮于脏腑，或客于经络，或停于四肢，因而导致多种病症，且变化多端；如"为喘为咳，为呕为利，为眩为晕，心嘈杂，怔忡惊悸，为寒热痛肿，为痞隔，为壅塞，或胸胁间辘辘有声，或背心一片常为冰冷，或四肢麻痹不仁。""风痰多见奇证，湿痰多见倦怠软弱。气实痰热结在上者，吐难得出。痰清者属寒……热痰挟风，外证为多。"此外，结核、肿块、神志病变（癫狂健忘）等也可由痰作祟，故《丹溪心法·痰》不仅详列痰饮表现，并指出"百病多有兼痰者。"

3.治则治法

（1）实脾燥湿：《丹溪心法·痰》谓："治痰法，实脾土，燥脾湿，是治其本"，"大凡治痰用利药过多，致脾气虚，则痰易生而多。"脾为生痰之源。若脾气健运，气机调达，水湿运化，痰饮自消，故曰治脾为治痰之本。渗利之品虽可祛湿化痰，但过用亦可伤脾生痰，不如实脾燥湿，以绝生痰之源。

（2）治痰先治气：朱氏十分赞同严用和治痰先治气的观点，指出"善治痰者，不治痰而治气，气顺则一身之津液亦随气而顺矣。又严氏云：人之气道贵乎顺，顺则津液流通，绝无痰饮之患。古方治痰饮用汗、吐、下、温之法，愚见不若以顺气为先，分导次之。"

（3）临证辨治：《丹溪心法·痰》指出：痰在膈上，或在经络之中，或胶固稠浊宜用吐法；痰在肠胃间可用下法；食积痰用攻法；痰因火盛逆上治火为先；内伤挟痰必用人参、黄芪、白术等。对于痰瘀所致的病证，主张化痰活血，痰瘀同治。《丹溪心法·中风》中提出："中风大率主血虚有痰，治痰为先，次养血行血"。

（4）选方用药：以二陈汤为治痰基本方，《丹溪心法·痰》说："二陈汤，一身之痰都管治。"于临证应用时，可根据病证性质和部位不同灵活配伍：如湿痰用苍术、白术；热痰用青黛、黄连、黄芩；食积痰用神曲、麦芽、山楂；风痰用南星；老痰用海浮石、半夏、瓜蒌、香附、五倍子；中气不足加人参、白术。由于痰随气走，痰饮无处不到，所以还需要针对不同的病位选用适当的引药，"痰在胁下，非白芥子不能达；痰在皮里膜外，非姜汁、竹沥不可导达；痰在四肢，非竹沥不开；痰结核在咽喉中，燥不能出入，用化痰药和咸药软坚之味，瓜蒌仁、杏仁、海石、桔梗、连翘，少佐朴硝，以姜汁、蜜和丸，嚼服之"（《丹溪心法·痰》），以提高临床疗效。

4.痰证预后 痰成块，或吐咯不出，兼气郁者难治；气湿痰热者难治。

医案举例

◆宪幕之子傅兄，年十七八，时暑月，因大劳而渴，恣饮梅浆，又连得大惊三四次，妄言妄见，病似邪鬼。诊其脉，两手皆虚弦而带沉数。予曰：数为有热，虚弦是大惊，又梅酸之浆郁于中脘，补虚清热，导去痰滞，病乃可安。遂与人参、白术、陈皮、茯苓、芩、连等浓煎汤，入竹沥、姜汁。与旬日，未效，众皆尤药之不审。余脉之，知其虚之未完与痰之未导也。仍与前方入荆沥，又旬日而安（《格致余论·虚病痰病有似邪祟论》）。

◆丹溪治一壮年，恶寒。多服附子，病甚，脉弦而似缓。以红茶入姜汁、香油些少，吐痰一升，减棉衣大半。又与防风通圣散去麻黄、硝、黄，加地黄，百贴而安。知其燥热已多，血伤亦深，须淡食以养胃，内观以养神，则水可升，火可降。必多服补血凉血药乃可，否则内外不静，肾水不生，附毒必发。彼以为迂，果疽发背死。（《古今医案按·卷四》）

（五）郁证论治

1.病因病机

多由外感六淫、内伤情志、饮食失节和久病失调等，导致人体气血怫郁，传化失常，郁久又可化热生火。病位在中焦。《丹溪心法·六郁》指出："气血冲和，万病不生。一有怫郁，诸病生焉。故人身诸病多生于郁……凡郁皆在中焦。"戴思恭进一步阐发说："郁者，结聚而不得发越也。当升者不得升，当降者不得降，当变化者不得变化也。此为传化失常，六郁之病见矣。"（《丹溪心法·六郁》）"曰病得之稍久则成郁，久郁则蒸热，热久必生火"（《丹溪心法·心脾痛》）。

2.临床证候

《丹溪心法·六郁》将郁证分为气郁、湿郁、痰郁、热郁、血郁和食郁六种；六者既可单独为病，又可相因致病，但总以气郁为关键，多由气郁而影响及其他。"气郁者，胸胁痛，脉沉涩；湿郁者，周身走痛，或关节痛，遇阴寒则发，脉沉细；痰郁者，动则喘，寸口脉沉滑；热郁者，瞀闷，小便赤，脉沉数；血郁者，四肢无力，能食便红，脉沉；食郁者，嗳酸，腹饱不能食，人迎脉平和，气口脉紧盛者是也。"

3.治则治法

朱氏指出治疗郁证重在调气，以苍术、川芎为主，朱氏创制越鞠丸以解诸郁。《丹溪心法·六郁》云："苍术、抚芎总解诸郁，随证加入诸药。凡郁皆在中焦，以苍术、抚芎开提其气以升之。假如食在气上，提其气则食自降矣。余皆仿此。"气郁用香附、苍术、川芎；湿郁用白芷、苍术、川芎、茯苓；痰郁用海石、香附、南星、瓜蒌；热郁用栀子、青黛、香附、苍术、川芎；血郁用桃仁、红花、青黛、川芎、香附；食郁用苍术、香附、山楂、神曲，春加川芎，夏加苦参，秋冬加吴茱萸。

医案举例

◆一妇人饮食后，或腹胀，或吞酸，服枳术丸，吞酸益甚，饮食日少，胸膈痞满，腿内酸痛，畏见风寒。又服养胃汤一剂，腿内作痛，又二剂，腿浮肿，月经不行。此郁结所伤，脾虚湿热下注，侵晨用四君、芎、归、二陈，午后以前汤送越鞠丸，饮食渐进，诸症渐愈。又用归脾、八珍二汤，兼服两月余而经行（《名医类案·卷十一》）。

◆一小儿身瘙痒起赤晕，后脓水不止，先用归脾饮二剂，又用胡麻散而愈。后因惊，挟食发热起赤晕，用越鞠丸一钱，枳、术、蓬术末各五分，葱汤调服二次。又用消风散一服，赤晕顿消，又用越鞠丸而痊（《续名医类案·卷三十》）。

原著选读

●相火论

太极动而生阳，静而生阴，阳动而变，阴静而合，而生水、火、木、金、土，各一其性。惟火有二，曰君火，人火也；曰相火，天火也。火内阴而外阳，主乎动者也，故凡动皆属火。以名而言，形气相生，配于五行，故谓之君；以位而言，生于虚无，守位禀命，因其动而可见，故谓之相。天主生物，故恒于动，人有此生，亦恒于动，其所以恒于动，皆相火之为也。见于天者，出于龙雷，则木之气；出于海，则水之气也。具于人者，寄于肝肾二部，肝属木而肾属水也。胆者，肝之腑；膀胱者，肾之腑；心胞络者，肾之配；三焦以焦言，而下焦司肝肾之分，皆阴而下者也。天非此火不能生物，人非此火不能有生。天之火虽出于木，而皆本乎地。故雷非伏，龙非蛰，海非附于地，则不能鸣，不能飞，不能波也。鸣也，飞也，波也，动而为火者也。肝肾之阴，悉具相火，人而同乎天也。或曰：相火，天人之所同，何东垣以为元气之贼？又曰：火与元气不两立，一胜则一负。然则，如之何而可以使之无胜负也？曰：周子曰：神发知矣，五性感物而万事出，有知之后，五者之性为物所感，不能不动。谓之动者，即《内经》五火也。相火易起，五性厥阳之火相扇，则妄动矣。火起于妄，变化莫测，无时不有，煎熬真阴，阴虚则病，阴绝则死。君火之气，经以暑与湿言之；相火之气，经以火言之，盖表其暴悍酷烈，有甚于君火者也，故曰相火元气之贼。

周子又曰：圣人定之以中正仁义而主静。朱子曰：必使道心常为一身之主，而人心每听命焉。

此善处乎火者。人心听命乎道心，而又能主之以静。彼五火之动皆中节，相火惟有裨补造化，以为生生不息之运用耳，何贼之有？

或曰：《内经》相火，注曰少阴、少阳矣，未尝言及厥阴、太阳，而吾子言之何耶？曰：足太阳、少阴，东垣尝言之矣，治以炒柏，取其味辛能泻水中之火是也。戴人亦言：胆与三焦寻火治，肝和胞络都无异。此历指龙雷之火也。予亦备述天人之火皆生于动，如上文所云者，实推展二公之意。或曰：《内经》言火不一，往往于六气中见之，言脏腑者未之见也。二公岂它有所据耶？子能为我言之乎？经曰：百病皆生于风、寒、暑、湿、燥、火之动而为变者。岐伯历举病机一十九条，而属火者五，此非相火之为病之出于脏腑者乎？考诸《内经》，少阳病为瘈瘲，太阳病时眩仆，少阴病瞀、暴喑、郁冒不知人，非诸热瞀瘈之属火乎？少阳病恶寒鼓栗，胆病振寒，少阴病洒淅恶寒振栗，厥阴病洒淅振寒，非诸禁鼓栗，如丧神守之属火乎？少阳病呕逆，厥气上行，膀胱病冲头痛，太阳病厥气上冲胸，小腹控睾引腰脊上冲心，少阴病气上冲胸，呕逆，非诸逆冲上之属火乎？少阳病谵妄，太阳病谵妄，膀胱病狂颠，非诸躁狂越之属火乎？少阳病肿善惊，少阴病瞀热以酸，胕肿不能久立，非诸病胕肿，疼酸惊骇之属火乎？又《原病式》曰：诸风掉眩属于肝，火之动也；诸气膹郁病痿属于肺，火之升也；诸湿肿满属于脾，火之胜也；诸痛痒疮疡属于心，火之用也。是皆火之为病，出于脏腑者然也，注文未之发耳！以陈无择之通敏，且以暖炽论君火，日用之火言相火，而又不曾深及，宜乎后之人不无聋瞀也，悲夫！（《格致余论》）

● 阳有余阴不足论

人受天地之气以生，天之阳气为气，地之阴气为血，故气常有余，血常不足。何以言之？天地为万物父母，天，大也，为阳，而运于地之外；地，居天之中，为阴，天之大气举之。日，实也，亦属阳，而运于月之外；月，缺也，属阴，禀日之光以为明者也。人身之阴气，其消长视月之盈缺。故人之生也，男子十六岁而精通，女子十四岁而经行，是有形之后，犹有待于乳哺水谷以养，阴气始成，而可与阳气为配，以能成人，而为人之父母，古人必近三十、二十而后嫁娶，可见阴气之难于成，而古人之善于摄养也。《礼记》注曰：惟五十然后养阴者有以加。《内经》曰：年至四十，阴气自半，而起居衰矣。又曰：男子六十四岁而精绝，女子四十九岁而经断。夫以阴气之成，止供给得三十年之视听言动，已先亏矣。人之情欲无涯，此难成易亏之阴气，若之何而可以供给也？经曰：阳者，天气也，主外；阴者，地气也，主内。故阳道实，阴道虚。又曰：至阴虚，天气绝；至阳盛，地气不足。观虚与盛之所在，非吾之过论。主闭藏者肾也，司疏泄者肝也。二脏皆有相火，而其系上属于心。心，君火也，为物所感则易动。心动则相火亦动，动则精自走，相火翕然而起，虽不交会，亦暗流而疏泄矣。所以圣贤只是教人收心养心，其旨深矣。天地以五行更迭衰旺而成四时，人之五脏六腑亦应之而衰旺。四月属巳，五月属午，为火大旺。火为肺金之夫，火旺则金衰。六月属未，为土大旺，土为水之夫，土旺则水衰。况肾水常藉肺金为母，以补助其不足，故《内经》谆谆于资其化源也。古人于夏必独宿而淡味，兢兢业业于爱护也。保养金水二脏，正嫌火土之旺尔。《内经》曰：冬不藏精者，春必病温。十月属亥，十一月属子，正火气潜伏闭藏，以养其本然之真，而为来春发生升动之本。若于此时恣嗜欲以戕贼，至春升之际，下无根本，阳气轻浮，必有温热之病。夫夏月火土之旺，冬月火气之伏，此论一年之虚耳。若上弦前、下弦后，月廓月空，亦为一月之虚。大风大雾，虹霓飞电，暴寒暴热，日月薄蚀，忧愁忿怒，惊恐悲哀，醉饱劳倦，谋虑勤动，又皆为一日之虚。若病患初退，疮痍正作，尤不止于一日之虚。今日多有春末夏初，患头痛脚软，食少体热，仲景谓春夏剧、秋冬差，而脉弦大者，正世俗所谓注夏病。若犯此四者之虚，似难免此。夫当壮年便有老态，仰事俯育，一切隳坏，兴言至此，深可惊惧。古人谓不见所欲，使心不乱。夫以温柔之盛于体，声音之盛于耳，颜色之盛于目，馨香之盛于鼻，谁是铁汉，心不为之动也？善摄生者，于此五个月出居于外，苟值一月之虚，亦宜暂远帷幕，各自珍重，保全天和，期无负敬身之教，幸甚！（《格致余论·阳有余阴不足论》）

●《和剂局方》之为书也，可以据证检方，即方用药，不必求医，不必修制，寻赎见成丸散，病痛便可安痊。仁民之意，可谓至矣！自宋迄今，官府守之以为法，医门传之以为业，病者恃之以立命，世人习之以成俗。然予窃有疑焉。何者？古人以神圣工巧言医。又曰：医者，意也。以其传授虽的，造诣虽深，临机应变，如对敌之将，操舟之工，自非尽君子随时反取之妙，宁无愧于医乎？今乃集前人已效之方，应今人无限之病，何异刻舟求剑，按图索骥？冀其偶然中，难矣！

予曰：医之视病问证，已得病之情矣。然病者一身血气有浅深，体段有上下，脏腑有内外，时月有久近，形志有苦乐，资禀有厚薄，能毒有可否，标本有先后；年有老弱，治有五方，令有四时；某药治某病，某经用某药；孰为正治反治，孰为君臣佐使。合是数者，计较分毫；议方治疗，贵乎适中。今观《局方》，别无病源议论，止于各方条述证候，继以药石之分两，修制药饵之法度，而又勉其多服、常服、久服。殊不知一方通治诸病，似乎立法简便，广络原野，冀获一兔，宁免许学士之诮乎？仲景诸方，实万世医门之规矩准绳也，后之欲为方圆平直者，必于是而取则焉。然犹设为问难，药作何应，处以何法。许学士亦曰：我善读仲景书而知其意，然未尝全用其方。《局方》制作将拟仲景耶？故不揣荒陋，敢陈管见，倘蒙改而正诸，实为医道之幸。（《局方发挥》）

·参考文献·

1.田思胜.朱丹溪医学全书［M］.北京：中国中医药出版社，2006.

2.柳普照，李成文.朱丹溪医案医论［M］.北京：学苑出版社，2024.

3.李成文，周明丽，王松慧.两宋金元名家医案［M］郑州：河南科学技术出版社，2016.

4.李成文.河间学派医案［M］.北京：中国中医药出版社，2015.

5.朱震亨.丹溪医集［M］.北京：人民卫生出版社，2013.

6.刘时觉.丹溪逸书［M］.上海：上海中医药大学出版社，2005.

7.陈国代.朱震亨格物致知的思想来源［J］.中医药学刊，2006，（04）：724-725.

8.吴筱枫.理学对朱震亨医学生涯的影响［J］.山东中医药大学学报，2016，40（03），273-275.

9.赵鸿君.朱丹溪医学思想的理学内涵探析［J］.中国中医基础医学杂志，2005，11（12）：935.

10.高晓涵，张俐敏，周洁，等.基于宋明理学"太极之理"探讨朱丹溪相火论思想［J］.山西中医药大学学报，2022，23（04）：280-283.

11.朱近人.论朱丹溪"阳有余阴不足"［J］.中华中医药学刊，2015，33（06）：1461-1463.

12.彭新，尹玉芳，于峥，等.朱丹溪学术思想渊源探讨［J］.中国中医基础医学杂志，2017，23（03）：299-300.

13.李清，潘桂娟.朱丹溪"六郁"学说浅析［J］.中国中医基础医学杂志，2010，16（02）：93-95.

14.席崇程，田栋，刘金涛，等.论朱震亨与张介宾补肾思想之异同［J］.北京中医药大学学报，2020，43（08）：636-640.

15.衣标美，潘桂娟.朱丹溪诊治"痰郁"的法则探讨［J］.中华中医药杂志，2015，30（04）：980-983.

16.翟争，巩勋，崔家康，等.朱丹溪痹证论治特色探析［J］.中国中医基础医学杂志，2020，26（05）：583-584+612.

17.金子开，郭子为，孙萌，等.朱丹溪痿证诊疗思路探微［J］.中国中医基础医学杂志，2021，27（3）：386-388.

18.张帆，周胜利.浅论朱丹溪《格致余论》从血论治痛风特色［J］.中医药学报，2018，46（06）：106-108.

19.郑凡超，陈龙娇，李裕思，等.朱丹溪"倒仓法"探析［J］.中国中医基础医学杂志，2020，26（1）：30-31.

20.刘东明，高希言.朱丹溪的针灸临床特色［J］.中国针灸，2019，39（10）：1127-1130.

薛 己

❤ 学习要点 ❤

薛己重视脾肾，提出胃气受伤，虚证蜂起之说；临证擅用补中益气汤、六味地黄丸、金匮肾气丸等补益脾胃，温补肾命，对后世产生了重大影响。

目的要求：

掌握人以胃气为本理论，温补脾肾治疗方法；熟悉用药特色，应用补中益气汤经验；了解其生平，代表著作及学术成就对后世的影响。

一、概说

薛己（约1487~1559），字新甫，号立斋，明代吴郡（今江苏苏州）人。

薛氏出身中医世家，其父薛铠擅长儿科，著《保婴撮要》，官至太医院医士。薛己幼承家技，勤奋好学，精研医术，过目成诵，通晓各科，尤擅疡科。22岁时补为太医院医士，28岁擢升为御医，33岁升南京太医院判，嘉靖年间（1522~1566）升任院使，不久辞官还乡，治病救人，著书立说。临证重视脾胃和肾命，擅用温养补虚，成为温补学派的先驱；《四库全书总目提要·医家类二》谓："然己治病务求本原，用八味丸、六味丸直补真阳真阴，以滋化源，实自己发之。其治病多用古方，而出入加减，具有至理，多在一两味间见神明变化之妙。"应用疏通、发散、和解、补托、峻补、温补等内治法治疗疮疡，给后世启发颇多。《正体类要》创立伤科内治大法，被誉为薛己学派，或整体派，或正体派，或平补治伤派，对后世汪机、陈文治、胡廷光、钱秀昌等产生了重要影响。

薛氏治学主张博览群书，吸取诸家之长，借鉴前人经验，如其著述多达12种，评注或校注医书8种，涉及内、外、妇、儿、针灸、口齿、骨伤、本草等诸多内容；正如《疠疡机要·序》所云："以岐黄世业，旁通诸家，微词颐旨，靡不究竟。"注意总结经验，详细记录各科临证医案，甚至是死亡病案；医案内容包括病因病机、治则治法、辨证用药及预防预后，既有古方及成方的运用，又针对临床实际情况进行灵活变化。

薛己代表著作是《内科摘要》。还有《外科发挥》《外科枢要》《外科心法》《外科经验方》《疠疡机要》《口齿类要》《女科撮要》《保婴粹要》《正体类要》《过秦新录》《本草约言》。另外，评注或校注的医书有父薛铠《保婴撮要》、钱乙《小儿药证直诀》、王纶《明医杂著》、陈文中《小儿痘疹方论》、陈自明《妇人大全良方》、倪维德《原机启微》。后人将其汇编成《薛氏医案》。现有《薛立斋医学全书》合订本。

二、学术特色与临证经验

脾为后天之本，肾为先天之本。薛己受李杲、王冰、钱乙影响，重视脾胃与肾命，临证注意调理脾胃，滋补肾命，擅长应用温补，为明清温补学派形成奠定了基础，对后世产生了重大的影响。

（一）人以胃气为本

1.胃为五脏本源

脾胃为气血生化之源，濡养五脏六腑，四肢百骸，对人体至关重要，故薛氏说："《内经》千言万语，旨在人有胃气则生，又曰四时皆以胃气为本。""胃为五脏本源，人身之根蒂。"人之一身，以脾胃为主。脾胃气实，则肺得其所养，肺气既盛，水自生焉；水升则火降，水火既济，而成天地交泰之令矣。脾胃一虚，四脏俱无生气。人体诸脏所以能发挥其正常生理功能，皆是因为接受了脾胃所生化之水谷精气，他指出，"人以脾胃为本，纳五谷精液，其精者入营，浊者入卫，阴阳得此是谓橐龠，故阳则发于四肢，阴则行于五脏；土旺四时，善载乎万物，人得土以养百骸，身失土以枯四肢。"（薛注《明医杂著·医论》）因而临证非常重视脾胃，"故曰补肾不若补脾，正此谓也。"

2.脾胃与气血关系

薛己认为脾胃为人身之本，气血之生化又以中焦脾胃为源，生血必以调补脾胃阳气为先。"血生于脾，故云脾统血，凡血病当用苦甘之剂，以助阳气而生阴血"；"血虚者，多因脾气衰弱，不能生血，皆当调补脾胃之气"

3.胃气受伤，诸证蜂起

薛氏在《内经》"邪之所凑，其气必虚"理论指导下，阐发脾胃盛衰在发病学上的重要作用。这是因为人体脾胃健运，气血充沛，则正气旺盛，邪气较难侵犯，若胃气受伤，脾胃虚弱，则虚证蜂起。故薛氏在论述病证时常强调脾胃之衰，并指出某些外感疾病也是由于脾胃虚弱，元气不足引起。"内因之症，属脾胃虚弱。""设或六淫外侵而见诸症，亦因其气内虚而外邪乘袭。""若人体脾胃充实，营血健壮，经隧流行而邪自无所容。""人之胃气受伤，则虚证蜂起。"

（二）温补脾肾

薛氏临证强调调理脾肾，注重人体阳气，用药多偏温而力避寒凉，以免损伤脾肾，常选用补中益气汤等温补脾胃，金匮肾气丸（八味丸）及六味地黄丸（六味丸）以补养肾命。

1.温补脾胃

薛己认为脾胃为健康之本，不论内伤外感引起的疾病，多与脾胃虚损有关。对于阳气不足，或虚火燥热，主张以温补之法升发脾胃阳气，使阳生阴长。"若阳气虚弱而不能生阴血者，宜用六君子汤；阳气虚寒而不能生阴血者，亦用前汤加炮姜；若胃土燥热而不能生阴血者，宜用四物汤；若脾胃虚寒而不能生阴血者，宜用八味丸。其余当更推五脏互相生克而调补之。"并告诫说，慎用黄柏、知母等苦寒之剂，以防克伐阳气；少用麦门冬、芍药、栀子、生地等甘寒之品，恐其滋碍脾胃；不宜滥用淡渗之剂，以虑阳气外泄。

2.温补肾命

薛氏既重视脾胃，又重视肾命。因为肾阴肾阳为脏腑阴阳之根本，"无阳则阴无以生，无阴则阳无以化。"（《保婴撮要·小便不通》）在王冰"壮水之主，以制阳光；益火之源，以消阴翳"的启发下，根据脾胃与肾、命门的关系，强调治疗虚损病除补脾胃外，还当求之于肾命，故以六味丸补肾阴、八味丸温肾阳以治其本，并配合补气、补血、健脾、燥湿、凉血等以治其标。后世赵献可受其启发，则以六味丸、八味丸治百病。

3.脾肾同治

薛氏认为，虚损病症常见肺脾肾俱虚，脾肾俱虚或阴阳俱虚，单脏治疗难以奏效，故而强调培补元气，滋其化源，采用脾肾同治法。因脾虚日久，而致肾虚；或因肾阳虚衰，火不生土，而致脾胃虚损，终致脾肾两虚。治疗时前者应当补脾而兼顾其肾；后者宜补肾而兼顾脾胃。若脾肾虚寒，宜用四神丸；若脾肾虚脱，用六君子汤加姜、桂，如果不效，急补命门之火，以生脾土，常用八味丸治之。薛氏的病案中，在治疗气虚兼阴虚时，更是补脾与补肾药交叉使用，早服补中益气汤、十全大补汤之类，晚服六味丸、八味丸或四神丸之类，如他论述劳瘵的治疗："大抵此证属足三阴亏损，虚热无火之症，故昼发夜止，夜发昼止，不时而作，当用六味地黄丸为主，以补中益气汤调补脾胃。若脾胃先损者，当以补中益气汤为主，以六味地黄丸温存肝肾，多有得生者。"（《明医杂著·劳瘵》）体现了薛氏先后二天并重的思想。

金元以后，不善于医者，执刘完素、朱震亨之一偏，滥用寒凉，损伤脾胃，克伐真阳，形成了苦寒时弊。而明代社会安定，服用温补药物养生延年之风盛行。薛己在此背景下，私淑李杲之学，遥承王冰、钱乙之说，注重脾肾而长于温补，不但纠正了时弊，而且对后世产生了重要影响，成为温补学派的先驱。嗣后孙一奎阐发动气命门说，以壮元汤与补中益气汤保护三焦元气；赵献可又私淑薛己之学，对肾水命门火多有发挥，临证喜用六味地黄丸与金匮肾气丸；张介宾受张元素、李杲及薛己之学启迪，倡"阳非有余，阴常不足"论，强调阴阳两补；李中梓提出肾脾为先后天根本论和阴阳水火论；清初医家张璐尊崇薛己、张介宾之说，所用方药多本《薛氏医案》和《景岳全书》，而以己意参定之；清代高鼓峰、吕留良、董废翁等人则宗赵氏之学。这就是后世所谓的温补学派，不但发展了易水学派的脏腑病机学说，而且又深入探讨肾命学说，对于生命本源研究、养生理论完善、温补脾肾大法的广泛应用具有重要意义。

（三）用药方法与特色

1.朝夕互补法

薛氏认为治疗虚损必须根据人体一天之中阳气消长进退，自然界昼夜晨昏变化规律，以及不同病变朝暮阴阳偏虚不同状况，采用不同的方剂配合与朝夕用药方法，调补脾肾，达到阴阳平衡的目的。具体方法是："阳虚者，朝用六君子汤，夕用加减肾气丸；阴虚者，朝用四物汤加参、术，夕用加减肾气丸；真阴虚者，朝用八味地黄丸，夕用补中益气汤。"气阴两虚者，朝用补中益气汤和十全大补汤以培补脾胃元气，夕用六味丸或八味丸以调补肾命水火。气血俱虚者，朝用补中益气汤，夕用六君子汤加当归以图气血双补。

> **医案举例** 🐌

◆司厅陈国华，素阴虚，患咳嗽。以自知医，用发表化痰之剂，不应；用清凉化痰等药，其证益甚。余曰："此脾肺虚也。"不信，用牛黄清心丸，更加胸腹作胀，饮食少思，足三阴虚证悉见，朝服六君、桔梗、麦冬、五味，补脾土以生肺金，夕用八味丸，补命门火以生脾土，诸证渐愈。《经》曰："不能治其虚，安问其余？"此脾土虚不能生肺金而金病，复用前药而反泻其火，吾不得而知也。(《内科摘要·卷上》)

2.急证骤补法

治疗危急虚证，必须立即选取作用强、见效快的方药进行急救。急补的常用方有八味丸、独参汤及参附汤。八味丸用于肾元不固之危证；或因无根虚火上炎而见发热夜重，热从脚起，口干舌燥，小便频数，淋漓作痛，用八味丸引火归源，以固根本；或因火衰寒盛而见胸腹虚痞，小便不利，脘腹膨胀，手足逆冷，急用八味丸以回阳救逆；或因火不生土而五更泄泻，急用八味丸以补肾纳气。独参汤用于气血津液脱失之危重症，如疮疡病久，气虚不摄，汗出不止，急用之以补气止汗；如失血过多，不论其脉证如何，均可急用独参汤以补气固脱。参附汤用于阳虚气脱之危重症，如疮疡病过用寒凉之剂，或犯房事，或因吐泻，损伤阳气，出现发热头痛，恶寒憎寒，扬手掷足，汗出如水，腰背反张，郑声不绝等虚阳外越之假热证，须急以参附汤温阳救脱；畏寒头痛，耳聩目蒙，玉茎短缩，冷汗时出，或厥冷身痛，或咬舌啮齿，舌根强硬等阳气虚脱之真寒证，急以参附汤回阳救逆。

3.偏虚纯补法

对于较为单纯的阴虚、阳虚、气虚、血虚，或补阴，或补阳，或补气，或补血。如发热昼夜俱重之重阳无阴证，用四物汤或六味丸纯补其阴；如见疮疡微肿，色黯不痛，脉大无力之纯阴无阳证，用回阳汤纯补阳气；如发热面赤而脉大虚弱之阴血不足证，用当归补血汤纯补其血；如疮疡脓多而清，或瘀肉不腐，溃而不敛，脉大无力气血两虚证，用八珍汤双补气血。

> **医案举例** 🐌

◆一儒者每春夏口干发热，劳则头痛，服清凉化痰药，泻喘烦躁；用香薷饮，神思昏愦，脉大而虚。此因闭藏之际，不远帷幕为患，名曰注夏。用补中益气去柴胡、升麻，加五味、麦门、炮姜一剂，脉益甚。仍用前药加肉桂五分，服之即苏，更用六味丸而瘥。(《内科摘要·卷下》)

◆洞庭马志卿母，疟后形体骨立，发热恶寒，自汗盗汗，胸膈痞满，日饮米饮盏许，服参、术药益胀，卧床半年矣。余以为阳气虚寒，用大剂补中益气加附子一钱，二剂诸症渐退，饮食渐进，

又二剂痊愈。(《明医杂著·卷之二》)

(四)应用补中益气汤经验

薛己十分推崇李杲的"补土"思想，临证擅用补中益气汤，根据病症变化，灵活变通，或汤或丸，或朝服，或晚进，或与六味丸、八味丸交替服用，或用于疑难病，积累了丰富的经验。

1.补益元气，重视升举

薛氏认为，举凡脾胃虚弱、元气不足所致之证，皆可以补中益气汤升补阳气、滋益脾肺之气。"若病气形气俱不足而不能愈，宜补中益气汤滋养诸脏自愈。"(明医杂著注·卷之二·拟治岭南诸病)如阳气下陷于阴中而发热者，日晡倦怠者，面白喘嗽、倦怠者，疮疡不溃或溃后脓清不敛，或溃后发热者，胃虚津液不足而渴者等，均可用之。

2.升补阳气，据情而用

薛氏治病据病情需要确定升补阳气的顺序，并便于选择方药。如先用六君子汤，治疗小儿每停食辄服峻利之药，后肚腹膨胀，呕吐泄泻，取效即用补中益气汤善后；先用四君、升麻、柴胡，治疗小儿伤食发热，作渴，饮食渐进后，再用补中益气汤收功等。小儿行迟，先用地黄丸加鹿茸、五味子、牛膝为主，佐以补中益气汤；脾虚肝盛，兼元气下陷，不时嗜卧露睛，作渴少食，大便频黄者，用补中益气汤，佐以地黄丸。

3.合方灵巧，脾肾并重

薛氏临床善于辨证用药，常以补中益气汤为基础，两方或数方合用，尤其强调升补阳气和滋益肾阴并举，以获取最佳疗效。如用六君子、补中益气二汤治疗脾虚不能摄涎者；以补中益气汤兼逍遥散治乳痈发热，怠惰嗜卧，至夜热甚者；用加减八味丸、补中益气汤、六味地黄丸，治疗瘰疬面赤作渴，属肝肾虚热者；用补中益气汤，八味、四神二丸，治疗唾痰口干，头晕久泻，忽然失音等；用六味地黄丸、补中益气汤，治疗饮食劳倦，月经不行，晡热内热，自汗盗汗之证；用补中益气汤、六味地黄丸，治疗肺痈，鼻流清涕，咳吐脓血，胸膈作胀，属脾土不能生肺金，肺金不能生肾水之证等。

4.朝夕用药，治各有宜

朝用补中益气汤，夕用五味异功散加木香，治因惊久泻，面色青黄者；夕用六君子汤，治疗朝寒暮热，或时发寒热，则倦怠殊甚等症；夕用六君子加木香，治疗伤食，腹胀作痛者；夕用六君、柴胡、升麻，治疗脾虚下陷腹满作呕，饮食少思者；夕用加味归脾汤，治疗肝脾虚羸，面青善怒，体瘦作渴，天癸未至，不时寒热之证；夕用四神丸，治疗脾胃损伤大便洞泻，小便频数者；夕用金匮肾气丸，治疗疟后肚腹膨胀，小便不利者；夕用加味逍遥散疏肝，治疗发作时面赤无力，发后面黄体倦之证；夕与龙胆泻肝汤清泄湿热，治疗脾胃气虚、肝胆湿热之阴挺。

朝用地黄丸加五味子，夕用补中益气汤，治疗小儿言迟泄泻，声音不亮，喉音如哑，饮食少思之证；朝用加减金匮肾气丸，夕用补中益气汤，治疗小儿伤食膨胀，服克伐、渗利之剂，小便涩滞闭塞之证。

尚有一日三时不同用药的经验：朝间用补中益气汤，午间用五味异功散，晚间用六味地黄丸，治疗小儿肿胀，小便赤频，盗汗发热者。

5.药物加减，审机而用

薛氏常用补中益气汤加五味子、麦门冬，以益气升阳、清敛浮热，主治元气虚浮之证，如溃疡发热，溃后口干、遇劳益甚，热渴头痛、倦怠少食，或因劳而耳鸣、头痛体倦等。补中益气汤加茯苓、半夏，以益气升阳、祛痰散结，主治元气不足，痰湿阻滞之证，如唇疮、齿痛、发背等。并据病情灵活加减，如肝经有火，不能藏血，脾经气虚，不能摄血，用补中益气加炒栀子、芍药、牡丹皮；咽痛，遇劳愈甚，以补中益气汤加芩、连；齿痛，脉浮无力，以补中益气汤加黄连、生地黄、石膏等。

6.择时服药，助脾增效

薛氏临证洞察病情，主张因时用药。如空心服补中益气汤，食远服异功散，治疗小儿伤食呕吐，服克伐之药，脾土亏损，肝木所乘，唇色白或青者；五更服六味地黄丸，食前服补中益气汤，治疗耳如蝉鸣，服四物汤反耳鸣益甚，属元气亏损之症。临证之时，薛氏还常用间服补中益气汤之法，以增疗效，如睡中切牙，属脾胃积热者，先用清胃散及二陈、黄连、山楂，间服补中益气汤等。

7.经验治病，可资借鉴

薛氏临证积累了丰富的经验，其用补中益气汤治疗顽症给后世以启发。面白，鼻流清涕，不闻香臭数年者，为肺气虚，用补中益气加麦门冬、栀子。风斑因风邪收敛腠理，或浴出见风而病者，宜用补中益气汤以补元气，加芎、芷、羌活以散风邪等。

此外，薛氏根据临证所见认为：外感之病误治所致变证，或他病经治愈后，或他病误治后，多会出现脾气虚弱。因此，在治疗这类病症时，多从补脾益气入手，应用补中益气汤为主，常获良效。如小儿伤风，咳嗽发热，服解表之剂而致喘促出汗，以补中益气汤加五味子补之即愈。

医案举例

◆少宰李蒲汀耳如蝉鸣，服四物汤，耳鸣益甚。此元气亏损之症，五更服六味地黄丸，食前服补中益气汤顿愈。此症若血虚而有火，用八珍加山栀、柴胡。气虚而有火，四君加山栀、柴胡。若因怒就聋或鸣，实用小柴胡加芎、归、山栀；虚用补中益气加山栀；午前甚用四物加白术、茯苓，久须用补中益气；午后甚用地黄丸。(《内科摘要·卷下》)

◆州判蒋大用形体魁伟，中满吐痰，劳则头晕。所服皆清痰理气，余曰：中满者，脾气亏损也；痰盛者，脾气不能运也；头晕者，脾气不能升也，指麻者，脾气不能周也。遂以补中益气汤加茯苓、半夏以补脾土，用八味地黄以补土母而愈。(《内科摘要·卷上》)

◆大尹徐克明，因饮食失宜，日晡发热，口干体倦，小便赤涩，两腿酸痛，余用补中益气汤治之。彼知医，自用四物、黄柏、知母之剂，反头眩目赤，耳鸣唇燥，寒热痰涌，大便热痛，小便赤涩；又用四物、芩、连、枳实之类，胸膈痞满，饮食少思，汗出如水；再用二陈、芩、连、黄柏、知母、麦门、五味，言语谵妄，两手举拂。屡治反甚，复求余，用参、芪各五钱，归、术各三钱，远志、茯神、酸枣仁、炙草各一钱，服之熟睡良久，四剂稍安；又用八珍汤调补而愈。夫阴虚乃脾虚也，脾为至阴，因脾虚而致前症，盖脾禀于胃，故用甘温之剂以升发胃中元气，而除大热。胡乃反用苦寒，复伤脾血耶。若前症果属肾经阴虚，亦因肾经阳虚不能生阴耳。经云：无阳则阴无以生，无阴则阳无以化。又云：虚则补其母，当用补中益气、六味地黄以补其母，尤不宜用苦寒之药。世以脾虚误为肾虚，辄用黄柏、知母之类，反伤胃中生气，害人多矣。大凡足三阴虚，多因饮食劳役，以致肾不能生肝，肝不能生火而害脾土不能滋化，但补脾土，则金旺水生，木得平而自相生矣。（《内科摘要·卷上》）

原著选读

●论疮疡当明本末虚实

疮疡之作，皆由膏粱厚味，醇酒炙煿，房劳过度，七情郁火，阴虚阳辏，精虚气节，命门火衰，不能生土，荣卫虚弱，外邪所袭，气血受伤而为患。当审其经络受证，标本缓急以治之。若病急而元气实者，先治其标；病缓而元气虚者，先治其本；或病急而元气又虚者，必先于治本，而兼以治标。大要肿高骨痛，脓水稠粘者，元气未损也，治之则易。漫肿微痛，脓水清稀者，元气虚弱也，治之则难。不肿不痛，或漫肿黯黑不溃者，元气虚甚，治之尤难者也。主治之法，若肿高焮痛者，先用仙方活命饮解之，后用托里消毒散。漫肿微痛者，用托里散；如不应，加姜、桂；若脓出而反痛，气血虚也，八珍汤；不作脓，不腐溃，阳气虚也，四君加归、芪、肉桂；不生肌，不收敛，脾气虚也，四君加芍药、木香；恶寒憎寒，阳气虚也，十全大补加姜、桂；晡热内热，阴血虚也，四物加参、术；欲呕作呕，胃气虚也，六君加炮姜；自汗盗汗，五脏虚也，六味丸料加五味子；食少体倦，脾气虚也，补中益气加茯苓、半夏；喘促咳嗽，脾肺虚也，前汤加麦冬、五味；欲呕少食，脾胃虚也，人参理中汤；腹痛泄泻，脾胃虚寒也，附子理中汤；小腹痞，足胫肿，脾肾虚也，十全大补汤加山茱萸、山药、肉桂；泄泻足冷，脾肾虚寒也，前药加桂、附；热渴淋秘，肾虚阴火也，加减八味丸；喘嗽淋秘，肺肾虚火也，补中益气汤，加减八味丸。大凡怯弱之人，不必分其肿溃，惟当先补胃气。或疑参、芪满中，间有用者，又加发散败毒，所补不偿所损。又有泥于气质素实，或有痰，不服补剂者，多致有误。殊不知疮疡之作，缘阴阳亏损，其脓既泄，气血愈虚，岂有不宜补者哉！故丹溪先生云：但见肿痛，参之脉证虚弱，便与滋补，气血无亏，可保终吉。（《外科枢要·卷一》）

●论疮疡五善七恶主治

疮疡之证，有五善，有七恶。五善见三则瘥，七恶见四则危。夫善者，动息自宁，饮食知味，便利调匀，脓溃肿消，水鲜不臭，神彩精明，语声清朗，体气和平是也。此属腑证，病微邪浅，更能慎起居，节饮食，勿药自愈。恶者，乃五脏亏损之证，多因元气虚弱，或因脓出水多，气血亏损，或因汗下失宜，荣卫消烁，或因寒凉克伐，气血不足，或因峻厉之剂，胃气受伤，以致真气虚而邪气实，外似有余而内实不足，法当纯补胃气，多有可生，不可因其恶，遂弃而不治。若大渴发热，或泄泻淋闭者，邪火内淫，一恶也，竹叶黄芪汤。气血俱虚，八珍汤加黄芪、麦冬、五味、山茱萸。如不应，佐以加减八味丸煎服。脓血既泄，肿毒尤甚，脓色败臭者，胃气虚而火盛，二恶也，人参黄芪汤。如不应，用十全大补汤加麦冬、五味。目视不正，黑睛紧小，白晴青赤，瞳子上视者，肝肾阴虚而目系急，三恶也，六味丸料加炒山栀、麦冬、五味。如不应，用八珍汤加炒山栀、麦冬、五味。喘粗气短，恍惚嗜卧者，脾肺虚火，四恶也，六君加大枣、生姜。如不应，用补中益气汤加麦门冬、五味。心火刑克肺金，人参平肺散；阴火伤肺，六味丸加五味子煎服。肩背不便，四肢沉重者，脾胃亏损，五恶也，补中益气汤加山茱萸、山药、五味。如不应，用十全大补汤加山茱萸、山药、五味。不能下食，服药而呕，食不知味者，胃气虚弱，六恶也，六君子汤加木香、砂仁。如不应，急加附子。声嘶色败，唇鼻青赤，面目四肢浮肿者，脾肺俱虚，七恶也，补中益气汤加大枣、生姜。如不应，用六君子汤加炮姜，更不应急加附子，或用十全大补汤加附子、炮姜。腹痛泄泻，咳逆昏愦者，阳气虚，寒气内淫之恶证，急用托里温中汤，复用六君子汤加附子，或加姜、桂温补。此七恶之治法也。

此外，更有溃后发热，恶寒作渴，或怔忡惊悸，痞寐不宁，牙关紧急，或头目赤痛，自汗盗汗，寒战咬牙，手撒身热，脉洪大按之如无，或身热恶衣，欲投于水，其脉浮大，按之微细，衣厚仍寒，此血气虚极，传变之恶证也。若手足逆冷，肚腹疼痛，泄痢肠鸣，饮食不入，呃逆呕吐，此阳气虚，寒气所乘之恶证也。若有汗而不恶寒，或无汗而恶寒，口噤足冷，腰背反张，颈项劲强，此血气虚极，变痉之恶证也，急用参、芪、归、术、附子救之，间有可生者。大抵虚中见恶证者难治，实证无恶候者易治。宋时齐院令虽尝纂其状，而未叙其因。皇明陶节庵，虽各立一方，亦简而未悉，予故补其缺云。(《外科枢要·卷一》)

·参考文献·

1.盛维忠.薛立斋医学全书[M].北京：中国中医药出版社，1999.

2.李成文.易水学派医案[M].北京：中国中医药出版社，2015.

3.闫石，潘琳琳.薛己用补中益气汤.北京：中国医药科技出版社，2021.

4.辛宁，于志浩.薛己用六味丸.北京：中国医药科技出版社，2021.

5.刘巨海，李崧.薛己用八味丸.北京：中国医药科技出版社，2021.

6.董红昌.薛立斋《内科摘要》评析[M].中国中医药出版社，2012.

7.孙广瀚，许霞，孙朗.探讨明代御医薛己生平[J].湖北民族大学学报（医学版），2021，38（1）：63-65.

8.史常永.薛立斋生平年表[J].中华医史杂志，1981，11（2）：67.

9.付滨，杨美娟，周玉政.明代医家"薛立斋"之名考实[J].中医文献杂志，2015，33（2）：23-25.

10.黄晓红，许文忠.薛立斋治疗"足三阴虚损"的组方思想初探［J］.北京中医药大学学报，2006，29（8）：523-524.

11.潘琳琳，田原，周婧，等.温补派薛己活用补中益气汤的临证特色研究［J］.江苏中医药，2017，49（9）：71-72.

12.潘琳琳，王淞，孙君艺，等.温补派薛己活用补中益气汤治疗外科疾病的经验探析［J］.中国中医基础医学杂志，2020，26（2）：166-168.

13.刘桂荣，李成文.薛己应用补中益气汤的经验［J］.河南中医，2012，32（3）：293-295.

14.蔡泳源，李奕祺.明代医家薛己治疗脾肾同病特色探析［J］.福建中医药，2021，52（2）：32-34.

15.王泷，郭彦麟，孙钰，等.薛己运用六味地黄丸规律新探［J］.中医学报，2019，34（2）：255-258.

16.李成文，刘桂荣，李建生.易水学派薛己辨治内伤咳嗽特色［J］.中医药学报，2012，40（1）：4-6.

17.王川，尹建平，陈柏书.明代大医薛己调经特色探析［J］.江苏中医药，2018，50（12）8-10.

18.周露，李奕祺.《保婴撮要》外科治疗特色探析［J］.新中医，2020，52（14）：32-34.

19.牛永涛，谢林，席志鹏，等.《正体类要》气血脏腑辨证论治思想初探［J］.中医正骨，2019，31（7）：75-76.

20.姚文轩，刘桂荣，李成文.从薛己医案辨分析效与更方的关系［J］.中华中医药杂志，2013，28（11）：3346-3348.

万 全

❧ 学习要点 ❧

万全阐发小儿生理病理特点及三因致病说，重视优生优育；提出"脾胃虚弱，百病蜂起"之说，临证注重调理脾胃，善用丸散膏丹。还详细论述了寡欲、慎动、法时、却疾养生方法与方药。

目的要求：

掌握小儿生理病理特点、三因致病说、养生四要；熟悉优生优育观，临证用药特色；了解其生平，代表著作及其对后世的影响。

一、概说

万全（1499~1582），字全仁，号密斋，祖籍江西豫章，明代湖北罗田（今湖北省罗田县）人。

万全出身中医儿科世家，幼习举子业，获廪生，终因仕途不利，转而继承家学，潜心《灵枢》《素问》，精研岐黄，荟萃众长，提出"脾胃虚弱，百病蜂起"之说。他精于儿科和养生学，提出孕前调养、孕期调养、出生养护、婴幼儿调养四个阶段的育养方法，对优生优育、胎养胎教、疾病预防治疗及婴幼儿教育具有重要指导意义。万氏医德高尚，将许多家传秘方公之于世，造福后人。万氏因治愈罗田知县朱云阁之女的惊风病，被赐以儒医之匾。万氏临证之余教子授徒，其门人有甘大用、甘大文、卢半默、蔡朝宸、胡三溪等。

万氏治学善于总结经验，著书立说，撰写专著10本；临证诊断主张以望色为先，问诊次之，主要问其好恶，曾服何药，便于和脉症相参，做出正确诊断，而且处方时告诉其方药功效。

万氏著有《幼科发挥》《片玉心书》《育婴秘诀》《痘疹心法》《片玉痘疹》《广嗣纪要》《万氏女科》《伤寒摘锦》《保命歌括》《养生四要》等，其中《幼科发挥》《片玉心书》《育婴秘诀》《痘疹心法》《片玉痘疹》五种为儿科专著。现有《万密斋医学全书》合订本。

另外万氏还在书中撰写近千首诗词歌赋，其用"西江月"词牌填的词就多达二百余首；涵盖了内科、妇科与儿科生理病理、诊断、症状与治疗、预后、养生等多个方面。用文学诗词歌赋方式表达中医，更增加其可读性与乐趣性，还为其课徒提供了新手段，深受后世好评。

二、学术特色与临证经验

（一）小儿病论治特点

1.小儿生理病理

万全师承家学，遥承钱乙，并结合临床实践经验，深入探讨小儿生理特点与病理变化特征，总结小儿疾病发病原因，为辨治儿科病打下基础。

（1）生理特点：万全总结为小儿形气未充，气血未定，易寒易热。他认为"儿之初生，语其皮肉，则未实也；语其筋骨，则未坚也；语其肠胃，则谷气未充也；语其神智，则未发开也"，因此小儿"有如水面之泡，草头之露。气血未定，易寒易热。"这段文字是说小儿的脏腑功能不完全，正气不足，易受外邪入侵，易受饮食所伤。加之父母爱子心切，生活调摄不得要领，往往是"看承太重，重绵厚褥，反助阳以耗阴。流歠放饭，总败脾而损胃。"他严肃指出父母应该知道"爱之愈深，害之愈切"之理，故告诫人们："若要小儿安，常受三分饥与寒。饥，谓节其饮食也；寒，谓适其寒温也。勿令太饱太暖之意，非不食不衣之谬主说也。"

（2）病理特点：万氏总结为心肝常有余，肺脾肾常不足。

肝常有余：小儿生长发育迅速，如草木萌芽，生机勃勃，这是由于肝主升发功能旺盛，这种功能状态在生理上称为"肝常有余"。若肝之升发之气太过，易致肝气横逆、肝阳上亢、肝火上炎等病理变化，临床多见高热动风等阳实证，这是病理状态下的有余之象。

心常有余：万全认为"心属火，旺于夏，所谓壮火之气也。"临床上，小儿常因心肝风火同化，实热动风之证多见。小儿乃"纯阳"之体，感邪后易从热化。同时，由于神气怯弱，邪气易内陷心包，导致心火上炎，心火与肝风交相煽动，耗伤真阴，筋脉失养而动风。它是儿科疾病向"易实"衍化的病理基础之一。

肺常不足：万全认为小儿肺脏娇弱，藩篱不密，卫外功能较差，六淫疫疠之邪易从口鼻或皮毛而入，影响肺卫，出现咳、喘、痰、哮等小儿常见病。这正如他所说"天地之寒热伤人也，感则肺先受之。"因为"肺为娇脏，难调而易伤也。"

脾常不足：小儿脏腑娇嫩，脾主运化功能尚未强壮，肠胃软脆，故易饥易饱。如果饮食失时失节，或寒温失调，或不恰当用药，则更易损伤脾胃，出现呕吐、腹胀、厌食或不食、泄泻、慢惊、疳证等症状。因而，万氏总结说"小儿脾常不足，非大人可比，幼小无知，口腹是贪，父母娇爱，纵其所欲，是以脾胃之病，视大人犹多也。"他提出"脾胃壮实，四肢安宁"，如果"脾胃虚弱，百病蜂起。"

肾常不足：万全认为，肾之精气是人体生命活动的根基，小儿处于生长发育时期，肾之精气相对不足，而无有余，所发生病变也多以禀赋不足之病为特征。万全指出："肾主虚无实"，"肾者，元气之主。肾虚则为禀赋不足之病。"

另外，万氏还论述了小儿为纯阳之体，生长发育旺盛，故而"阳常有余"，病则"易实"；同时，相对其纯阳之体，小儿也常阴不足，不能满足生长发育需要，易出现阴虚动风等。

2.小儿病因说

万氏在陈无择三因基础上，将小儿病因分为三大类：

（1）外感六淫：万全认为，穿衣不慎或感受外邪致病者为外因。他说："衣太厚则热，太薄则冷，冷热之伤，此外因"，小儿"有因外感风寒暑湿之气得之者，谓之外因。"

（2）饮食不节：万全认为，乳贵有时，食贵有节，小儿不能自制或家长失于调护，极易导致乳食失节，他说："乳多则饱，乳少则饥，饥饱之伤，此内因也。"也"有因饮食寒热之伤得之者，谓之内因。"

（3）客忤、跌仆及水火烫伤：此为不内外因，多由家长监护不力所致。

3.小儿病用药特色

（1）注重调理脾胃：万全认为，人以脾胃为本，且小儿脾常不足，加之饮食不节，极易损伤脾胃，而"脾胃虚弱，百病蜂起"。因此治疗"小儿久病，只以补脾胃为主，补其正气，则病自愈。"他强调"调理脾胃者，医中之王道也。"临证常用人参、白术、山药、茯苓、陈皮、砂仁、甘草等药。治疗弱男赢女的不孕与不育就采用"补赢女则养血壮脾，补弱男则养脾绝色"的调理脾胃法，充分体现了万氏重视脾胃的思想。万全指出："调理之法，不专在医，唯调乳母，节饮食，慎医药，使脾胃无伤，则根本常固矣。"

医案举例

公子脾胃素弱，常伤食。一医枳术丸、保和丸，其意常用枳术丸补脾，至伤食则服保和丸，不效。公以问余，予曰：此法固好，但专用枳术丸则无消导之药，初不能制其饮食之伤；专服保和丸，则脾胃之虚不能胜其消导，而反损中和之气。当立一方，七分补养，三分消导，则脾胃自强，不能再伤矣。公曰：甚善，汝作一方来看。余乃制用人参、白术、青皮、陈皮、甘草、木香、缩砂仁、山药、莲肉、使君子、神曲、麦芽为末，荷叶煨饭，捣烂为丸，米饮下，名之曰养脾消食肥儿丸。服后精采顿异，饮食无伤。（《幼科发挥·泄泻》）

（2）善用丸散膏丹：万全根据小儿特点，处方以药味少、药量小，灵活变通，喜用丸散膏丹为特色，并配合小儿推拿治疗小儿疾病。他根据祖传经验和自己的临床实践，总结出了100多个家传经验方，寓神效于平凡之中。

（3）用药中正平和：万全认为，因"初生小儿，内外脆薄，药石针灸，必不能耐也"，故无病不可服药；一旦患病，偏寒偏热之剂不可多服，用药贵在平和，勿犯小儿生生之气；即使是"温平凉平之药，亦不可以群聚久服也"；要避免积温成热，积凉成寒。他提出以"调理但取其平，补泻无过其剂"为原则，以药攻邪，以食养病，并告诫说"中病即已，救本为先"，等待"病衰其半，即止其药，以待其真气之发生，又以乳食之养，助其发生之气。"此外，他还指出"病有攻者急攻之，

万
全

109

不可喜补恶攻。"而"今之调脾胃药，不知中和之道，偏之为害，喜补而恶攻，害于攻者大，害于补者，岂小小哉。"

（4）反对滥用攻补：万全反对滥用攻伐，慎用金石之药。因为小儿脏腑娇嫩，形气未充，易为虚实，而攻伐之品多为苦寒药，可损阳败胃。金石之品辛热走气以耗阴，使小儿伤阴化热而滋生病端，亦当少用。故他提出要"慎勿用轻粉、巴豆之类，恐伤元气，损脾胃、误杀小儿"，此外"轻粉之去痰，硇砂之消积，硫黄之回阳，有毒之药，皆宜远之。"

医案举例

一儿初生即吐，医欲用钱氏木瓜丸，予阻之曰：不可。小儿初生，胃气甚微，初饮乳或有乳多过饱而吐者，当令乳母缓缓与之，或因浴时客寒犯胃而吐者，当取其乳汁一杯，用姜葱同煎，少与服之。或因恶露涉水，停在腹中而吐者，宜以炙甘草煎汤而吐去之。如何敢用木瓜丸，以铁粉、槟榔之剂，重犯其胃中初生中和之气耶？故常语人曰：钱氏小儿方，非先生亲笔，乃门人附会说也。（《幼科发挥·呕吐》）

（二）优生优育观

优生是优育的基础，而父母精血充沛又是优生的重要前提，因而万全撰写《广嗣纪要》总结种嗣注意事项，分析不孕无子的常见原因，保胎与胎教，妊娠疾病治疗，育儿方法等，对后世优生优育颇有启发。他指出"男女配匹，所以广胤嗣，续纲常也。厥系匪轻。求子之方，不可不讲。夫男子以精为主，女子以血为主，阳精溢泻而不竭，阴血时下而不愆，阴阳交畅，精血合凝，胚胎结而生育蕃矣。不然，阳衰不能下应乎阴，阴亏不能上从乎阳，阴阳抵牾，精血乖离，是以无子。""今世无子者，多娶幼妾，或寒经而不调，或沸腾而多病，所以未成先伤，未结先坏，精血愈耗，神气愈怯，故无子，或生而多夭也。"（《广嗣纪要·寡欲篇第二》）

1.优生准备

（1）婚配要求：对男女婚配年龄，万全提出男子应该三十岁，女子应该二十岁，他引《褚氏遗书》云："合男女必当年，男虽十六而精通，必三十而娶，女虽十四而天癸至，必二十而嫁。皆欲阴阳气血完实而后交合，则交而孕，孕而育，育而为子，坚壮强寿。今未笄之女，天癸始至，已近男色，阴气早泄，未完而伤，未实而动，是以交而不孕，孕而不育，育而子厄不寿。"（《广嗣纪要·择配篇第三》）他补充说老夫配少女或老妇配少男虽也可生子，但不是最佳选择；反对同族结婚；还指出女有螺、纹、鼓、角、脉五不宜，男有生、犍、变、半、妒五种病，均难结胎而有子。

（2）保精养血：万全认为，种子之前，男子要注重保精，女子贵在养血。保精应做到房事有节，不可纵欲，调神全形，使精盈而溢，而慎神荡形乐，勿令未满即泻，否则精竭阳痿；养血当交接有度，心情舒畅，豁达开朗，月事才能时下。因此，要惜精爱身，寡欲养神，忍性戒怒，要做到"应期交接，妙合而凝，未有不成孕育者矣。"关于其中道理，他在《广嗣纪要·寡欲篇第二》中曰："故求子之道，男子贵清心寡欲以养其精，女子贵平心定气以养其血。何也？盖男子之形乐者气必盈，志乐者神必荡。不知安调则神易散，不知全形则盈易亏，其精常不足，不能至于溢而泻也。此男子所以贵清心寡欲，养其精也。女子之性偏急而难容，情媚悦而易感。难容则多怒而气逆，易感则多交而沥枯，气逆不行，血少不荣，则月事不以时也。此女子所以贵平心定气，养其血也。"《育婴家秘·预养以培其元一》也进一步阐发说："必于平日，男子清心寡欲以养其精，女子忍性戒怒以养其血，至于交合之时，男悦其女，女悦其男，两情欣洽，自然精血混合而生子也。"而"弱男宜待壮而婚。"（《广嗣纪要·调元篇第四》）这实际上就是孕前调养之法。

（3）择时交会：万全认为男女交合种子，不但要心情舒畅，情投意合，而且还应选择最佳受孕时间与交合地点，这样才能"男女情动，彼此神交，然后行之，则阴阳和畅，精血合凝，有子之道也。"否则"交而不孕，孕而不育，疾病日生"，或"不惟令人无子，且致夭也"。万氏总结交媾种子有"三虚四忌"之禁，主要体现在忧怒悲恐，醉饱劳倦，风雨雷电，大寒大暑，恶劣环境，病体方愈，"其交勿频"，以及弱男弱女或少男少女等。他还分析了富贵之人与贫苦百姓种子之不同，提出"富贵之人，身安志乐，嗜欲纵而身体瘁，娇妻美妾，爱博而情不专，苟不立此种子之法，则纵恣无度，空劳神思，终不成胎孕也。郊野之民，形苦志苦，取乐不暇，一夫一妻，情爱不夺，至如交合之时，自然神思感动，情意绸缪，积久有余之气，交久未合之身，阳施阴受，此所以交则有孕而生育之多也。"（《广嗣纪要·协期篇第五》）

（4）调治疾病：优生优育必须要求父母健康无病，如果有疾病，一定要调治好，才能考虑生育问题。如果女子月事不调，精血不旺，男子举而不坚，甚或阳痿，遗精早泄，均可影响种嗣，即便男女之间有房事活动，也只会是"虽交不孕，虽孕不成"。在保养方面，万氏主张男当益精节欲，女宜养血调经。在治疗疾病方面，万全提出对于女子月事不调因神思过度者，用调元丸；因肥盛或恣于酒食，宜服苍附导痰丸；怯瘦性急者，要用四物加香附、柴胡、黄芩养血凉血，养阴降火；子宫虚寒无子者，可用韩飞霞女金丹或杨仁斋艾附暖宫丸。对于男子举而不坚或早泄者用螽斯丸；阳痿用壮阳丹；神不守舍，精关不固，梦交精出，则用镇神镇精丹；误服壮阳辛燥之剂，真水渐涸用补阴丸。羸男亏阳，精常不足，当用六味地黄汤或加五味子、附子补肾以益其精；弱女亏阴，血常不足，当用参苓白术散或加当归、川芎补脾以益其血。

2.注重胎教胎养

万氏在《育婴家秘》和《万氏女科》详述了孕期胎养与胎教方法。他主张妊娠期间应戒房事，调喜怒，淡滋味，适起居，慎医药。他提出女子"自妊娠之后，则须行坐端严，性情和悦，常处静室，多听美言，令人讲读诗书，陈说礼乐，耳不闻非言，目不观恶事。"（《育婴家秘·胎养以保其真二》），此外还要注意"妇人受胎之后，常宜行动往来，使血气流通，百脉和畅，临产无难。"并且指出"孕妇有疾，必择其专门平日无失者用之。若未试之，医有毒之药，不可轻用，以贻后悔。又不可轻用针灸，导致堕胎。"万氏提倡胎教，他认为"古者妇人有娠，即居侧室，以养其胎气也……当此之时，胎教之法，不可不讲。故常使之听美言，见好事，闻诗书，操弓矢；淫声邪色，不可令其见闻也。"（《广嗣纪要·协期篇第五》）

3.细心护养

（1）生活调养：万氏提倡母乳喂养，强调节乳食，勿使过饥过饱，要做到"乳贵有时，食贵有

万
全

111

节"。他认为小儿穿衣应随气候变化而增减，衣服宜薄而不宜厚。他反对过分饱暖和溺爱，认为小儿"要受三分饥与寒"，不能"深其居，简其出，过于周密"，多到户外活动。他说："养子须调护，看成莫纵驰，乳多终损胃，食壅即伤脾。衾厚非为益，衣单正所宜，无风频见日，寒暑顺天时。"（《育婴家秘·鞠养以慎其疾四》）因此，他告诫说："天气和暖之时，宜抱向日中嬉戏，数见风日，则血凝易刚，肌肤坚实，可耐风寒，不致疾病。"

（2）早期教育：万氏强调应对幼儿进行早期品德与礼貌教育，要做到"遇物则教之，使其知之也"，培养小儿好学精神。他说："小儿能言，必教以正言，如鄙俚之言勿语也。能食则教以恭敬，如亵慢之习勿作也……言语问答，教以诚实，勿使欺妄也。宾客往来，教以拜揖迎送，勿使退避也。"

（3）精神调摄：万氏不拘于前人"小儿无七情之伤"观点，明确提出："儿性执拗，平日亲怒之人，玩弄之物，不可失也，失则心思，思则伤脾，昏睡不食，求人不得则怒，怒则伤肝，啼哭不止"。因此，应注重精神调摄，防止大惊卒恐伤及神志。

（4）勿妄用药：万全指出，小儿若无病，切忌服药；即使患病，亦忌乱投，否则危害甚大。因而他告诫说："小儿周岁有病者，勿妄用药，调其乳母可也。不得已而用，必中病之药。病衰则已，勿过其则也。"他强调治病用药不能"信巫"、"求鬼"。

另外，万全主张以剪刀放火上烧后断脐，且脐带未落时，不可频浴，否则易患脐风。

（三）养生方法

万全十分重视养生，总结寡欲、慎动、法时、却疾养生四法，并列方110余首，载药240余种，为妊娠、婴幼儿至百岁老人提供了一套完整的防病治病、强身用药的措施。正如《养生四要·养生总论》所云："养生之道，只要不思声色，不思胜负，不思得失，不思荣辱，心无烦恼，形无劳倦，而兼之以导引，助之以服饵，未有不长生者也。"

1.寡欲

万氏将其列入养生第一要义，寡乃节制之意，欲指食欲和性欲；寡欲并非绝谷休妻，而是顺应人性，节制食欲和性欲，以尽天年。故曰，"夫食、色，性也，故饮食、男女，人之大欲存焉，口腹之养，驱命所关"。"然则寡欲者，其延龄广嗣之大要乎"。

（1）节制饮食：万全主张食不过饱，食必兼味，不宜偏食，不宜多饮；喜嗜之物，不可纵口；宜薄五味，因膏粱厚味，毒甚于鸩；不食香美、炙煿之品。他还提出晨起早行，不可空腹，宜服糜粥，或饮少量醇酒，以有利于养生。

（2）节制性欲：万全认为，婚嫁不宜过早，房事要有节度，不可纵欲，不可乐极。他告诫说：交接过多容易伤筋，导致阳痿不举，施泄过多易伤精而导致阴虚，阴阳俱虚则精液自出。正如《养生四要·寡欲第一》中说："今之男子，方其少也，未及二八而御女，以通其精，则精未满而先泻，五脏有不满之处，他日有难形状之疾。至于半衰，其阴已痿，求女强合，则隐曲未得而精先泄矣。及其老也，其精益耗，复近女以竭之，则肾之精不足，取给于脏腑，脏腑之精不足，取给于骨髓。

故脏腑之精竭，则小便淋痛，大便干涩，髓竭则头倾足软，腰脊酸痛。尸居于气，其能久乎"。

2.慎动

它是指形神活动应动静适度，不可过极，才能有利于养生，否则暴喜、暴怒、暴恐、过哀、过思等可损伤心肝肾肺脾而影响情志，心神难静。久视、久卧、久坐、久立、久行等五劳可损伤血、气、肉、骨、筋而影响形体，故"心劳则神不安，神不安则精神皆危，便闭塞而不通，形乃大伤。以此养生则殃。"（《养生四要·慎动第二》）由于"人之好动者，多起于意，"因而万氏主张采用打坐、调息方法，并用四物平肝汤制肝，用黄连安神丸防治过喜，用加减二陈汤防治过思，用加味四君子汤制悲，定志丸制恐，安神定志，达到"慎动"境界，"以此养生则寿，殁世不殆。"

万氏所论的打坐方法与传统不同，是根据自身实践体会总结出来的，认为打坐不仅限于静坐，不应"如聋哑痴呆一样全然不思外界事理"，而是"将一件事，或解悟精义，或思索某首诗文"，亦能静下来，收到传统打坐而不能获得的益处。

3.法时

根据气候季节变化，调整生活起居，以顺应天地四时变化，万全认为人体"阴阳和则气平，乖则生病。"因此，其养生方法为：春三月，夜卧早起，广步于庭，披发缓形，以使志生；夏三月，夜卧早起，无厌于日，使志无怒；秋三月，早卧早起，与鸡俱兴，使志安宁；冬三月，早卧晚起，必待日光，使志闲逸。关于其中的道理，万全解释道："春夏养阳也，济之以阴，使阳气不至于偏胜也；秋冬养阴也，济之以阳，使阴气不至于偏胜也。"故春时宜食凉，夏时宜食寒，秋时宜食温，冬时宜食热，因此要"节其饮食，适其寒温，热无灼灼，寒无沧沧也。"他还告诫说：夏月不可多食瓜、桃、冰之类，冬月不可多食辛燥炙煿之物。

4.却疾

万全主张养生应当积极防病治病，以"不治已病治未病"为宗旨，提倡"与其病后才服药，弗如药前能自防"，反对有病"不即求医，隐忍翼瘥，至于病深，犹且自讳，不以告人"。他认为临证应根据病情，"虚则补之，实则泄之"，"中病即止，勿过其剂"，防止损伤正气。他强调说："凡养生祛邪之剂，必热无偏热，寒无偏寒。温无聚温，温多成热；凉无聚凉，凉多成寒……得其中和，此制方之大旨也。"（《养生四要·却疾第四》）

最后，万全告诫说"善养生者，当知五失。不知保身一失也，疾不早治二失也，治不择医三失也，喜峻药攻四失也，信巫不信医五失也"。

原著选读 📖

●密斋云：男女配匹，所以广胤嗣，续纲常也。厥系匪轻。求子之方，不可不讲。夫男子以精为主，女子以血为主，阳精溢泻而不竭，阴血时下而不愆，阴阳交畅，精血合凝，胚胎结而生育蕃矣。不然，阳衰不能下应乎阴，阴亏不能上从乎阳，阴阳抵悟，精血乖离，是以无子。昧者曾不知此，乃拂自然之理，谬为求息之术，方且推生克于五行，蕲补养于药石，以伪胜真，以人夺天，虽有子孕而不育，育而不寿者众矣。（《广嗣纪要》）

●养生之法有四：曰寡欲，曰慎动，曰法时，曰却疾。夫寡欲者，谓忍其性也；慎动者，谓保定其气也；法时者，谓和于阴阳也；却疾者，谓慎于医药也；坚忍其性则不坏其根矣，保定其气则不疲其枝矣，和于阴阳则不犯其邪矣，慎于医药则不遇其毒矣。(《养生四要》)

●夫寡欲者，谓坚忍其性也；慎动者，谓保定其气也；法时者，谓和于阴阳也；却疾者，谓慎于医药也。坚忍其性则不坏其根矣，保定其气则不疲其枝矣；和于阴阳则不犯邪矣，慎于医药则不遏其毒矣。养生之要，何以加于此哉。(《养生四要》)

●咳嗽何分声与痰，只将四气作蹄筌；春风夏暑秋多湿，冬月违和总受寒。

治嗽三法脉为例，浮则初从发散议；沉实消详清利行，濡弱属虚宜补益。

咳嗽连绵肺已虚，补脾滋肾莫踌躇；一朝憔悴成劳瘥，脉证乖违事可虞。(《保命歌括》)

●小儿伤风咳嗽，其症身热憎寒；自汗燥烦不安然，日夜嗽声无遍。

时常鼻流清涕，咽喉不利痰涎，脉浮头痛症多端，治则宜乎发汗。

●小儿方术，号曰哑科，口不能言，脉无可施，惟形色以为凭，竭心思而施治。故善养子者，似擎龙以调护；不善养子者，如舐犊而爱惜。爱之愈勤，害之愈急。乍头温而足冷，忽多啼而不乳，差之毫厘，失之千里。此小儿方术专门，以补化工之不及。肠胃脆薄兮，饮食易伤，筋骨柔弱兮，风寒易袭，父母何知。看承太弛。重绵厚袄，反助阳以耗阴；流歠放饭，徒败脾而损胃。闻异声，见异物，失于堤防；深其居，简其出，过于周密。未期而行立兮，喜其长成；无事而嘻笑兮，谓之聪慧。一旦病生，双亲心戚，不信医而信巫，罔求药而求鬼，乃人事之弗修，谓天命之如此。(《片玉心书》)

●经曰：诸风振掉，皆属肝木。盖在天为风，在地为木，在人身中则肝应之。风之从肝，自然之理也。自河间先生本诸《内经》作《原病式》，然后风从肝治，其义始明。古方用续命、排风治之者，乃火郁发之之意也。河间用通圣散，仲阳用泻青丸治之，乃风淫所胜，治以辛凉。今之论者，乃谓古方之所治者，真中风也；河间之所治者，类中风之病也。岂理也哉！谨按经云：厥阴不从标本，从乎中治。中者谓少阳相火也。胆为少阳相火，肝之从火，其义甚明。(《保命歌括》)

·参考文献·

1.傅沛藩.万密斋医学全书［M］.北京：中国中医药出版社，1999.

2.邵金阶.万密斋学术研究［M］.武汉：湖北科技出版社，2000.

3.李成文，康宁.万全妇科二书校注［M］.郑州：河南科学技术出版社，2019.

4.李成文.万全中医诗词歌诀［M］.北京：化学工业出版社，2019.

5.李成年，杨云松.万全儿科病用药心法［M］.北京：中国医药科技出版社，2021.

6.安邦煜，张牧寒.明代万密斋儿科全书［M］.中医古籍出版社，2007.

7.潘桂娟.万密斋［M］.北京：中国中医药出版社，2017.

8.毛德华.万全生平著述考［M］.武汉：华中师范大学出版社，1997.

9.赵国平.万密斋医事活动编年［J］.中医文献杂志，1996，（4）：34-36.

10.文颖娟，潘桂娟.万密斋学术思想特色探析［J］.中医杂志，2011，52（24）：2077-2080.

11.文颖娟，潘桂娟.万密斋方药养生钩玄［J］.中华中医药杂志，2018，33（11）：4830-4835

12.文颖娟，潘桂娟.万密斋慎动养生思想探析［J］.中华中医药杂志，2016，31（7）：2487-2490

13.文颖娟.万密斋调经学术思想探讨［J］.中华中医药杂志，2013，28（11）：21-24.

14.杨若俊，熊磊，代丽，等.万全"育婴四法"学说探析［J］.中华中医药杂志，2021，36（02）：1147-1149.

15.王凌，汪锦城，胡镜清，等.明代医家万全养心思想探析［J］.时珍国医国药，2024，35（07）：1712-1713.

16.孟艳丽，苏琪，张雯.万全的小儿情志观［J］.湖南中医药大学学报，2021，41（05）：775-778.

李时珍

李时珍著《本草纲目》，是我国药学史上的重要里程碑，也是一部具有世界性影响的博物学著作。其在药物气味与归经、脾胃升降思想、命门学说、奇经八脉，以及痰证论治等方面均有所成就，对后世有很大影响。

目的要求：

掌握脾胃升降思想、痰证论治理论与方法；熟悉药物气味与归经、命门学说、奇经八脉方面的贡献；了解其生平著作与其成就对后世的影响。

一、概说

李时珍（1518~1593），字东璧，晚号濒湖山人。明州（今湖北蕲春）人。

李时珍幼年时身体羸弱，少年即随父言闻习医，并习举子业，14岁中秀才，其后曾三次赴武昌应试均不第，故决心弃儒学医，钻研医学。《明史·李时珍传》云："尝读书十年不出庭户，博学无所弗窥，善医。"终以医术名震四方，被楚王府聘为奉祠正，掌管良医所事务，又被举荐任太医院判，后托病辞归。因念当时本草之书多有谬误，立志予以订正，到山东、江西、安徽、江苏、河南、河北、湖广等地深入考察，历经三十年，"考古证今，奋发编摩"，著成《本草纲目》。

李氏著作有《本草纲目》《濒湖脉学》《奇经八脉考》。现有《李时珍医学全书》合订本。

二、学术特色与临证经验

（一）阐释发挥气味与归经

1.药物气味

药物气味在临证应用上极为重要，自《内经》以降，以张元素、李杲为代表的医学家建立了以气味为核心的用药法则。《本草纲目》全面总结了气味理论，在第一卷《序例》中专列了气味阴阳、五味宜忌、五味偏胜、升降浮沉、四时用药例、五运六淫用药式、六腑六脏用药气味补泻、五脏五味补泻等有关气味理论的篇目，并结合实际，作了深入发挥。

李氏对药物气味进行了深入研究，或修正前人谬误，或增补前人所未逮。如艾叶，《名医别录》原作"苦，微温"，李时珍修改为"苦而辛，生温熟热，可升可降，阳也。"在发明中详解道："艾叶生则微苦太辛，熟则微辛太苦，生温熟热，纯阳也，可以取太阳真火，可以回垂绝元阳，服之走三阴而逐一切寒湿。"(《本草纲目·草部·艾》)据此在主治上增补了"温中逐冷除湿"的功用。李时珍又善于依据药物的生长习性、性状部位，推理其气味与作用。枸杞子一药，指出药物部位不同，气味也有异："窃谓枸杞苗叶味苦甘而气凉，根味淡气寒，子叶甘气平，气味既殊则功用当别。"(《本草纲目·木部·枸杞、地骨皮》)。

2.药物归经与引经

李氏对张元素等人的药物归经理论极为推崇，在继承的基础上有所发展，指出同归于一经的药物有入气分、入血分之不同，如紫草条下曰："紫草味甘咸而气寒，入心包络及肝经血分"(《本草纲目·草部·紫草》)。李氏在论述归经时，常把脏腑、经络等功能结合起来讨论，故有"本病""经病""窍病"之分。在总结归纳药物归经的同时，李氏运用归经学说阐发药效，比较药物功能之异同。如葛根、麻黄皆为轻扬发散之品，李氏认为，二者功能不同，实为归经不同所致，"麻黄乃太阳经药，兼入肺经，肺主皮毛。葛根乃阳明经药，兼入脾经，脾主肌肉。所以二味药皆轻扬发散，而所入迥然不同也"(《本草纲目·草部七·葛》)，进一步深化了归经学说。

"引经报使"一词为李氏在《本草纲目·序例》中首次提出。《引经报使》篇收录了《洁古珍珠囊》中药物归经理论，并十二经引经药如："手少阴心，黄连、细辛……足阳明胃，白芷、升麻、石膏、葛根……手少阳三焦，连翘、柴胡、上地骨皮、中青皮、下附子。"《序列下》则归纳了李东垣关于引经药的随证应用。

（二）调护脾胃，注重升降

重视脾胃后天的作用，是李时珍学术思想的另一个重要特点。在脾与元气的关系上，指出："土为元气之母，母气既和，津液相成，神乃自生，久视耐老，此其权舆也。"(《本草纲目·果部·莲实》)脾胃生理功能正常，人体元气得其所养而充实。

1.注重脾胃升降运化

李氏在临床上十分强调脾胃升降与运化的重要性，主张开合相济，补而不滞，泄而不伤，否则"人之中气不足，清阳不升则头为之倾。"(《本草纲目·草部·辛夷》)在用药方面注重升发，尤其擅长调治脾胃以升清降浊。"升麻引阳明清气上升，柴胡引少阳清气上行，此乃禀赋素弱，元气虚馁，乃劳役饥饱生冷内伤，脾胃引经最要药也。"应用补气药的同时，必须加升阳提气之品，补升并用，达到"清气上行，胸膈爽快，手足和暖，头目精明，神采迅速，诸证如扫。"(《本草纲目·草部·升麻》)。

李氏对于滋补药的应用，在"虚不受补"的情况下，要首先固护脾胃，若脾胃不健，反可致气机壅滞，加重脾胃之虚，药力难行，体虚愈甚。此时用补，要以运脾为先，力求补而兼通，不碍邪气。于地黄条下云："姜汁浸则不腻膈，酒炙则不碍胃"；"生地黄生血，而胃气弱者服之恐碍食；熟地黄补血，而痰湿多者服之恐腻膈。"于泽泻条下云："古人用补药必兼泄泻，邪去则补药得力，一辟一合，此乃玄妙。后世不知此理，专一于补，所有久服必制偏盛之害也。"用济生二神丸，补骨脂、肉豆蔻二药往往加木香佐之，以顺其气，使脾胃为之斡旋。

2.保护胃气，慎用苦寒

李氏遣药用方特别注重保护胃气，慎用苦寒，主张应用攻邪药当中病则止。如他说："黄连大苦大寒之药，用之降火燥湿，中病即当止，岂可久服，使肃杀之令常行，而伐生发冲和之气乎？"又说龙胆草能泻肝胆之邪热，"但大苦大寒，过服恐伤胃中生发之气，反助火邪，亦久服黄连，反从火化之义。"李时珍多用性平和缓之品，以收缓补而不滞之效。其于何首乌条下说："不寒不燥，功在地黄、天门冬诸药之上。"在苦寒药物的使用上，或者脾胃虚弱而导致的食滞泄泻，都建议用米汤送服，如曲术丸、温白丸、二神丸等。

病案举例

一人素饮酒，因寒月哭母受冷，遂病寒中，食无姜蒜，不能一啜。至夏酷暑，又多饮水，兼怀怫郁。因病右腰一点胀痛，牵引右胁，上至胸口，则必欲卧。发则大便里急后重，频欲登圊，小便长而数，或吞酸，或吐水，或作泻，或阳痿，或厥逆，或得酒少止，或得热稍止。但受寒食寒，或劳役，或入房，或怒或饥，即时举发。一止则诸证泯然，如无病患，甚则日发数次。服温脾胜湿、滋补消导诸药，皆微止随发。时珍思之，此乃饥饱劳逸，内伤元气，清阳陷遏，不能上升所致也。遂用升麻葛根汤合四君子汤，加柴胡、苍术、黄芪煎服，服后仍饮酒一二杯助之。其药入腹，则觉清气上行，胸膈爽快，手足和暖，头目精明，神采迅发，诸证如扫。每发一服即止，神验无比。若减升麻、葛根，或不饮酒，则效便迟。(《本草纲目·草部·升麻》)

（三）阐发命门学说

自《难经》提出左肾右命门说，后世医家皆从之。李氏本首倡两肾之间为命门，尝著《命门考》《命门三焦客难》等书，惜原篇已佚，然在《本草纲目》《奇经八脉考》等书中间有涉及，仍可窥其大意。

1.命门的位置与作用

李氏提出命门在两肾之间，"三焦者，元气之别使；命门者，三焦之本原，盖一原一委也。命门指所居之府而名……其体非脂非肉，白膜裹之，在七节之旁，两肾之间，二系著脊，下通二肾，上通心肺，贯属于脑。"(《本草纲目·果部二·胡桃》)从位置、形态及功能上明确命门为肾外一府。命门内藏精气，为元气之原，三焦为委，命门元气经由三焦发出，温养脏腑百脉，表现为相火的功能。故又说："三焦即命门之用。"(《奇经八脉考·冲脉》)

2.命门为病辨治经验

（1）命门阳虚火衰：命门藏精血而生相火，若命门火衰，阳气不足，脏腑失于温煦，影响及脑则头晕目眩，及于心则胸痹心痛，及于肺则虚喘吸短，及于脾胃则出纳失调，及于肾则腰酸足软，精关不固，白带不孕，或阳虚水泛，疮疽肿痛，色白坚紧。治当温补命门阳气，以图其本。然命门藏精血而恶燥，温补阳气则有温养柔和与温热刚燥之别。温养药如胡桃、补骨脂、淫羊藿、鹿角、麋角、韭子等，其性柔和，可补精血以养命门阳气。温热药如乌附、仙茅、阳起石、蛇床、蜀椒、益智、胡芦巴、秋石等，为右肾命门气分药，其性刚燥，可散寒湿，凡命门火衰而症见气弱寒湿者宜之，但非温补常剂久服之品，多服反能动火。

（2）命门阴虚火旺：若命门精血不足，相火偏旺，随三焦而外炎，症见头眩耳鸣，目赤鼻干，口舌生疮，心烦不寐，咳痰咳血，大便秘结，尿黄尿血，梦遗盗汗，月经过多等。然命门相火依赖精血涵养，故为水中之火，当济阴以配阳，而济阴有甘寒养阴与苦寒坚阴之异。如阴虚火浮者，宜补益阴精，用甘寒平补，使精气充而邪火自退，亦即王太仆"壮水之主，以制阳光"法，药如枸杞、地骨皮、元参、生地、猪脊髓等甘寒滋水养阴。命门相火偏旺，制过亢之阳必用苦寒之药，如黄柏、知母等。

（四）奇经八脉理论与应用

李氏非常强调奇经八脉的重要性，认为"医不知此，罔探病机；仙不知此，难安炉鼎。"(《奇经八脉考·奇经八脉总说》)并进一步指出"阳维主一身之表，阴维主一身之里，以乾坤言也；阳跷主一身左右之阳，阴跷主一身左右之阴，以东西言也；督主身后之阳，任、冲主身前之阴，以南北言也；带脉横束诸脉，以六合言也。"(《奇经八脉考·八脉》)，确立了奇经八脉为十二经阴阳纲维的统帅地位。

1. 整理补充奇经八脉循行路线与腧穴

奇经八脉理论源于《黄帝内经》，其后历代名家对于奇经八脉的论述颇多，但大多难于掌握应用。李氏博引《黄帝内经》《难经》《针灸甲乙经》及张仲景、张元素、李东垣等相关理论，对奇经八脉的循行与部位做了大量研究，例如冲脉的循行路线，《内经》中记载其循行路线至少有5条，李时珍确定"其浮而外者"属于交会穴的上行经脉1条，即冲脉，证实了冲脉与任脉、足阳明、足少阴的密切关系，又对冲脉的起止部位、走向、交会等情况有了清晰交代。关于督脉的循行，李时珍补充了"经素髎、水沟，会手足阳明，至兑端，入龈交，与任脉、足阳明交会而终"(《奇经八脉考·督脉》)，使督脉的循行路线更加清晰。李氏详细考证了奇经的腧穴，记载穴位158个，在详论每条经脉的同时，对奇经穴位进行厘定，进一步完善、补充了奇经八脉系统。

2. 完善奇经脉诊方法

李氏十分重视奇经八脉的脉诊，于《奇经八脉考·气口九道脉》指出："气口一脉，分为九道，总统十二经并奇经八脉，各出诊法，而岐伯秘授黄帝之诀也。"并做脉诊图，根据脉象部位注明应诊得之脉。此图不但补充了任督冲三脉之象，而且复原了《脉经》第十卷佚缺之"手检图"。奇经八脉的脉诊部位在寸口，确定了具体定位与主病，为奇经病证的诊断奠定了理论基础。

3. 丰富奇经辨治内容

李氏开辟医家运用奇经八脉学说作为临床辨证体系的先河。《奇经八脉考》专篇论述了二维为病、二跷为病、冲脉为病、任脉为病、督脉为病和带脉为病，在总结前人观点的基础上多有发挥。例如阴维脉病的主症，难经云："阳维为病苦寒热，阴维为病苦心痛。"李氏提出阴维心痛多为少阴、厥阴、任脉之气上冲而致，应详辨寒热虚实，"暴痛无热，久痛无寒。按之少止为虚，不可按近者为实。"寒痛可用金铃散、延胡索散、失笑散等方，阴虚伤血者可用四物汤、养营汤、妙香散等方。

（五）痰证的辨证论治特点

李氏在继承总结前人医学成就的基础上，结合自己的实践和认识，在其著作中对痰邪致病多有论述，治痰重在以五脏为核心，充分体现了"见痰休治痰"的整体思想。

1.痰邪致病与五脏相关

李氏认为痰邪致病与五脏气机失调有关，应以五脏为中心辨证论治。若肺失宣降，水道不利，津液停聚而为痰饮；或肺气不降，痰气交阻，喘咳诸症遂作，可选用杏仁、苏子、半夏、前胡、枇杷叶、白前、白果等以降气化痰。若脾胃升降失司，致中焦痰气交阻，发为胸脘痞满胀闷之症，可以厚朴、枳实温中下气、化痰进食。若停痰宿饮，风气上攻，胸膈不利，可用香附、皂荚、半夏、白矾、姜汁疏达肝气。若痰浊蒙蔽心窍，致使患者心神失常，可以麝香、菖蒲、郁金、牛黄等豁痰开窍。若肾阳亏虚，不能气化蒸腾，致使水泛为痰，虚喘短气，可用沉香、肉桂诸品温肾纳气。

2.痰有寒热燥湿之分

李氏根据痰饮的不同病症、性质、症状特点，提出"痰有六，湿热风寒食气也；饮有五，支留伏溢悬也，皆生于湿。"（《本草纲目·百病主治药上·痰饮》）可归纳为寒痰、热痰、湿痰、燥痰四种证型。

（1）寒痰：寒性凝滞，使津液聚而为痰，是寒痰致病的主要机制，可因外感寒湿、脾胃虚寒，以及肾阳亏虚所致。李氏治疗寒痰注重辨析虚实，常用温燥祛湿除涎之品，尤其擅用附子。如治寒痰凝聚，阻遏清阳的痰厥头痛，用附子与釜墨配伍；治疗"胃冷有痰，脾弱呕吐"，用生附子、半夏、生姜配伍，皆取附子辛热之性，峻补元阳，温暖脾土，破阴以化痰。

（2）热痰：李氏指出："今人痰病，火病十居六七。"（《本草纲目·果部·梨》）痰热较轻者，用瓜蒌、枇杷叶、前胡、贝母等清化痰热；较重者则用清热泻火药与祛湿化痰药配伍，以加强治疗热证之力。若痰热内扰，引动肝风，清热祛痰同时配伍牛胆为丸，以凉肝熄风。若肺胃之火重，则仿丹溪意，用石膏泻肺胃之邪热，使痰火得以消除。

（3）湿痰：脾为生痰之源。李氏治疗痰湿之证，常用半夏、南星、白术、苍术、陈皮等健脾燥湿。其云："风药可以胜湿，燥药可以除湿，淡药可以渗湿，泄小便可以引湿，利大便可以逐湿，吐痰涎可以祛湿。湿而有热，苦寒之剂燥之；湿而有寒，辛热之剂燥之。"（《本草纲目·序例上·十剂》）

（4）燥痰：李氏提出痰有燥湿之分，湿痰多生于脾肾，燥痰多起于肺胃。肺胃喜润而恶燥，若为燥邪所伤，煎熬津液即为燥痰。燥痰之证其痰粘稠不爽，或细如银丝不易咳出，或痰中带血，并见胸痛、咽喉干燥，苔少或薄黄，脉细。燥痰的治法，"阴虚火动有痰，不堪用燥剂"（《本草纲目·草部·天门冬》），用甘寒濡养，如麦冬、五味子、枇杷叶、天花粉、瓜蒌、贝母等轻清阴柔之品以润燥化痰。

"痰生百病食生灾"，痰饮是许多疾病发生和传变的重要原因。《本草纲目》辑录的附方中，治疗各种痰病及顽痰怪症的方剂约有三百余首，头痛、眩晕、风证、癫痫等均可从痰论治。如以橘皮、枳壳治疗痰气头痛，竹叶、竹沥、荆沥治疗痰热头痛，是对朱丹溪"头痛多主于痰"（《金匮钩玄·头痛》）思想的补充与发展。对于眩晕，李氏认为本病是气虚挟痰、挟火、挟风，或挟血虚，或兼外感，可用天南星配伍半夏、天麻、白附子、白僵蚕、硫黄、芒硝等药。如可用天南星治疗痰厥不省人事；半夏同甘草、防风煎服治疗痰厥中风；用苏子治风顺气化痰，利膈宽肠；用威灵仙宣通五脏，去冷滞痰水等等。可见，李氏在消痰除湿、化痰热的基础上重在治气，强调"气顺则风散，气降则痰下"，补充和丰富了关于痰证的内容。

病案举例

一宗室夫人，年几六十。平生苦肠结病，旬日一行，甚于生产。服养血润燥药则泥膈不快，服硝黄利药则困知，如此三十余年矣。时珍诊其人体肥膏粱而多忧郁，日吐酸痰碗许乃宽，又多火病。此乃三焦之气壅滞，有升无降，津液皆化为痰饮，不能下滋肠腑，非血燥比也。润剂留滞，硝黄徒入血分，不能通气，俱为痰阻，故无效也。乃用牵牛末皂荚膏丸与服，即便通利。自是但觉肠结，一服就顺，亦不妨食，且复精爽。盖牵牛能走气分，通三焦。气顺则痰逐饮消，上下通快矣。（《本草纲目·草部·牵牛子》）

原著选读

●胡桃

时珍曰：三焦者，元气之别使。命门者，三焦之本原。盖一原一委也。命门指所居之府而名，为藏精系胞之物。三焦指分治之部而名，为出纳腐熟之司。盖一以体名，一以用名。其体非脂非肉，白膜裹之，在七节之旁，两肾之间。二系著脊，下通二肾，上通心肺，贯属于脑。为生命之原，相火之主，精气之府。人物皆有之，生人生物，皆由此出。《灵枢·本脏论》已著其厚薄缓结之状。而扁鹊《难经》不知原委体用之分，以右肾为命门，谓三焦有名无状。而高阳生伪撰《脉诀》，承其谬说，以误后人。至朱肱《南阳活人书》、陈言《三因方论》、戴起宗《脉诀刊误》始著说辟之，而知之者尚鲜。胡桃仁颇类其状，而外皮水汁皆青黑。故能入北方，通命门，利三焦，益气养血，与破故纸同为补下焦肾命之药。夫命门气与肾通，藏精血而恶燥。若肾命不燥，精气内充，则饮食自健，肌肤光泽，肠腑润而血脉通。此胡桃佐补药，有令人肥健能食，润肌黑发固精，治燥调血之功也。命门既通则三焦利，故上通于肺而虚寒喘嗽者宜之，下通于肾而腰脚虚痛者宜之，内而心腹诸痛可止，外而疮肿之毒可散矣。洪氏《夷坚志》止言胡桃治痰嗽，能敛肺，盖不知其为命门三焦之药也。（《本草纲目·果部》）

●山楂

时珍曰：凡脾弱食物不克化，胸腹酸刺胀闷者，于每食后嚼二三枚，绝佳。但不可多用，恐反

李时珍

克伐也。按《物类相感志》言：煮老鸡、硬肉，入山楂数颗即易烂。则其消肉积之功，盖可推矣。珍邻家一小儿，因食积黄肿，腹胀如鼓。偶往羊树下，取食之至饱。归而大吐痰水，其病遂愈。羊杭乃山楂同类，医家不用而有此效，则其功应相同矣。(《本草纲目·果部》)

●八脉

奇经八脉者，阴维也，阳维也，阴跷也，阳跷也，冲也，任也，督也，带也。阳维起于诸阳之会，由外踝而上行于卫分；阴维起于诸阴之交，由内踝而上行于营分，所以为一身之纲维也。阳跷起于跟中，循外踝上行于身之左右；阴跷起于跟中，循内踝上行于身之左右，所以使机关之跷捷也。督脉起于会阴，循背而行于身之后，为阳脉之总督，故曰阳脉之海。任脉起于会阴，循腹而行于身之前，为阴脉之承任，故曰阴脉之海。冲脉起于会阴，夹脐而行，直冲于上，为诸脉之冲要，故曰十二经脉之海。带脉则横围于腰，状如束带，所以总约诸脉者也。是故阳维主一身之表，阴维主一身之里，以乾坤言也。阳跷主一身左右之阳，阴跷主一身左右之阴，以东西言也。督主身后之阳，任、冲主身前之阴，以南北言也。带脉横束诸脉，以六合言也。是故医而知乎八脉，则十二经、十五络之大旨得矣。仙而知乎八脉，则虎龙升降、玄牝幽微之窍妙得矣。(《奇经八脉考》)

●二维为病

李濒湖曰：阳维之脉与手足三阳相维，而足太阳、少阳则始终相联附者。寒热之证惟二经有之，故阳维为病亦苦寒热。盖卫气昼行于阳，夜行于阴，阴虚则内热，阳虚则外寒。邪气在经，内与阴争而恶寒，外与阳争而发热。则寒热之在表而兼太阳证者，有汗当用桂枝，无汗当用麻黄，寒热之在半表半里而兼少阳证者当用小柴胡加减治之。若夫营卫惵卑而病寒热者，黄芪建中及八物汤之类主之。洁古独以桂枝一证属之阳维，似未扩充。至于阴维为病主心痛，洁古独以三阴温里之药治之，则寒中三阴者宜矣，而三阴热厥作痛似未备矣。盖阴维之脉虽交三阴而行，实与任脉同归，故心痛多属少阴、厥阴，任脉之气上冲而然。暴痛无热，久痛无寒，按之少止者为虚，不可接近者为实。凡寒痛，兼少阴及任脉者，四逆汤；兼厥阳者，当归四逆汤；兼太阴者，理中汤主之。凡热痛，兼少阴及任脉者，金铃散、延胡索散；兼厥阴者，失笑散。兼太阴者，承气汤主之。若营血内伤，兼夫任、冲、手厥阴者，则宜四物汤、养营汤、妙香散之类。因病药之，如此则阴阳虚实，庶乎其不差矣。(《奇经八脉考》)

●沉（阴）

沉脉，重手按至筋骨乃得(《脉经》)。如绵裹砂，内刚外柔(杨氏)。如石投水，必极其底。沉脉法地，有渊泉在下之象，在卦为坎，在时为冬，在人为肾。又谓之石，亦曰营。太过则如弹石，按之益坚，病在外也。不及则气来虚微，去如数者，病在中也。《脉诀》言缓度三关，状如烂绵者，非也。沉有缓数及各部之沉，烂绵乃弱脉，非沉也。

〔体状诗〕水行润下脉来沉，筋骨之间软滑匀。女子寸兮男子尺，四时如此号为平。

〔相类诗〕沉帮筋骨自调匀，伏则推筋着骨寻。沉细如绵真弱脉，弦长实大是牢形(沉行筋间，伏行骨上，牢大有力，弱细无力)。

〔主病诗〕沉潜水蓄阴经病，数热迟寒滑有痰。无力而沉虚与气，沉而有气积并寒。寸沉痰郁水停胸，关主中寒痛不通，尺部浊遗并泄痢，肾虚腰及下元痌。

沉脉主里，有力里实，无力里虚。沉则为气，又主水蓄，沉迟痼冷，沉数内热，沉滑痰食，沉涩气郁，沉弱寒热，沉缓寒湿，沉紧冷痛，沉牢冷积。（《濒湖脉学》）

·参考文献·

1.李时珍.本草纲目［M］.北京：中国中医药出版社，1996.

2.李成文，相宏杰.神农本草经十家注［M］.北京：人民卫生出版社，2018.

3.高文勇，李成文.神农本草经用药指南［M］.郑州：河南科学技术出版社，2021.

4.陈善华.本草十三家注［M］.北京：中国医药科技出版社，2025.

5.宋杰，王平.李时珍对药物归经应用的贡献［J］.时珍国医国药，2018，29（02）：455-456.

6.赵艳，朱建平.明代中药归经与方剂归经［J］.中医杂志，2010，51（6）：563-565.

7.徐春梅，姚映芷等.浅议李时珍对中药气味理论研究的成就［J］.江西中医学院学报，2007，19（4）：19-20.

8.程静，郭岚.李时珍《本草纲目》痰邪致病理论探析［J］.时珍国医国药，2018，29（7）：1757-1758.

9.王培，李鲜，丁瑞丛，等.李时珍对张仲景《伤寒论》学术思想的继承与发展［J］.中医杂志，2020，61（09）：818-820.

10.樊讯，李家庚，蒋跃文，等.李时珍"三因制宜"学术思想浅析［J］.时珍国医国药，2020，31（08）：1998-1999.

11.孙可兴.略论李时珍医学理论的逻辑思维特征［J］.中华中医药杂志，2019，34（08）：3794-3796.

12.王剑，何诚道，邓鹏飞.试论李时珍医道文化思想体系［J］.时珍国医国药，2010，21（08）：2104-2106.

13.朱祥麟，朱寒阳.论李时珍的肾间命门及鼻为命门之窍说［J］.中国中医基础医学杂志，2005，（08）：617-619.

14.方菲，陈继东，向楠，等.李时珍《本草纲目》论治消渴特色浅析［J］.湖北中医杂志，2021，43（02）：44-46.

15.赵方舟，刘玥芸，陈家旭.李时珍《濒湖脉学》对中医脉学的传承与发展［J］.世界科学技术-中医药现代化，2017，19（04）：563-568.

16.刘宁.李时珍对脉学的贡献［J］.北京中医，2000，（06）：50-51.

17.宋杰，王平.试析李时珍对针灸学的贡献［J］.时珍国医国药，2018，29（4）：977-978.

龚廷贤

❦ 学习要点 ❧

龚廷贤阐发脾胃理论，擅长辨治泄泻、呕吐等杂病；总结老年养生方法，创制八仙长寿丸、阳春白雪糕、延寿丹等防治老年病良方，为后世老年养生提供了很多借鉴。

目的要求：

掌握脾胃理论，辨治泄泻、呕吐经验；熟悉老年养生方法与方药；了解其生平，代表著作及其学术成就对后世的影响。

一、概说

龚廷贤（1522~1619），字子才，号云林山人，明代江西金溪人。

龚氏出身世医家庭，父龚信，字瑞之，号西园，精医术，曾供职于太医院。龚氏年少习儒，幼即留意岐黄，因屡试不第，乃随父学医，继承家学，遍览历代名医典籍，访贤寻师，与名家研讨医术，博采众长，临证强调辨证论治与专方专药结合，终成一代名医。龚氏行医六十多年，医术高超，曾任太医院吏目。后因治愈明藩王鲁王妃的臌胀重症，被鲁王誉为"国手"，并赐"医林状元"匾额。

龚氏治学主张博览群书，注重学术交流，善于总结经验著书立说，将平生所治疑难杂症之所获及与其父的学术探讨，分门别类，编纂成册。

龚氏代表著作有《寿世保元》《万病回春》。还有《种杏仙方》《云林神彀》《济世全书》《小儿推拿秘旨》《鲁府禁方》《复明眼方外科神验全书》；此外，还续编了龚信《古今医鉴》。现有《龚廷贤医学全书》合订本。

二、学术特色与临证经验

（一）脾胃理论

龚氏认为"古今论脾胃及内外伤辨，惟东垣老人用心矣，但繁文衍义，卒难措用。"故在《寿世保元》中专列"脾胃论",进一步阐发脾胃内伤病因病机及其辨治方药,丰富了脾胃内伤学说。

1. 脾胃生理

龚氏认为脾胃为人身之本,五脏六腑之化源;脾胃健运,水谷精微化为荣血卫气,周流不息,能长养人体经络百骸,滋养五脏六腑,维持脏腑协调一致的功能活动。《寿世保元·脾胃论》谓:"夫脾胃者,仓廪之官也,属土以滋众脏,安谷以济百骸……人之一元,三焦之气,五脏六腑之脉,统宗于胃,故人以胃气为本也。"《寿世保元·内伤》云:"愚谓人之一身,以脾胃为主,脾胃气实则肺得其所养,肺气既盛,水自生焉。水升则火降,水火既济,而全天地交泰之令矣。脾胃既虚,四脏俱无生气。"同时还强调脾胃健运是维持人体精气升降运动及气血通调的重要保证,"凡善调脾胃者,当惜其气,气健则升降不失其度,气弱则稽滞矣。"

2. 病因病机

龚氏在继承李杲之学基础上,根据患者生活环境、年龄、体质等情况的不同,更加详尽地分析了脾胃内伤的病因病机。

(1)劳倦伤脾:常人劳倦过度或小儿脾胃虚弱,服用克伐之剂太过,虚损元气,气血不足,脾升胃降功能失常。

(2)嗜欲伤脾:恣食膏粱厚味,腻膈滞胃,痰湿中阻;恣情纵欲伤精耗气,肾病及脾,脾肾同病。多见于富贵之人。

(3)饮食伤胃:大饥大食或小儿乳食混吃,过食生冷坚硬之物,脾胃不能克化,积滞中脘而肠胃乃伤。多见于藜藿之人。

(4)嗜酒损伤脾胃:酒性大热助火且有毒,适量饮用有利于健康,若嗜酒无度,"早酒伤胃,宿酒伤脾……醉后入房,以竭其精。"

3. 调治脾胃特点

龚氏注重顾护胃气,根据脾胃病病因病机特点,治疗特别注重调理脾胃,在《万病回春》中提到:"调理脾胃者,医中王道也。"不主张过用香燥耗气之品,也反对世俗以枳术丸作为脾胃之要药的肤浅做法,认为枳术丸久服不但无效,还会剥削真气。临证强调审证求因、因证论治和整体调治。

(1)因证论治:饮食劳倦伤脾,中阳不举,气血不足,宜补中益气汤;嗜欲伤脾,恣食厚味生痰腻膈,纵情欲耗精散气,见胸膈不舒,吞酸,宜加味六君子汤加红花、知母;饮食自倍,损伤肠胃,宜保和丸或三因和中丸权之;若伤食因喜食而多食所致,当先和其胃气,勿服消导耗气之药,损谷自愈;因饥饿而急食所致,当先益其胃气,宜香砂养胃汤(人参、白术、茯苓、香附、砂仁、苍术、厚朴、陈皮、白豆蔻、木香、甘草);因人勉强劝而强食所致,宜百消丸(牵牛子、香附、五灵脂)消导;因病后脾胃虚弱而多食伤胃,宜参苓白术散补养。小儿内伤乳食,则用万亿丸(朱砂、巴豆、寒食面)。饮食不进,胸膈痞塞,大便溏泄,因房劳过度,肾阳衰惫,脾胃虚寒,中州脾土不运所致者,当服八味丸补火生土,则中焦自治;不宜用常法投脾胃药,否则治而不效,此即"补脾不如补肾。"另外还有治疗心脾虚怯,眩晕嘈杂的滋阴健脾汤(当归、川芎、白芍、生地黄、人参、白术、茯苓、陈皮、半夏、茯神、麦门冬、远志、甘草、姜、枣）；用于久泻倦怠食少的除湿健脾汤（白术、苍术、茯苓、白芍、当归、厚朴、陈皮、猪苓、泽泻、柴胡、升麻、防风、甘草，久泻加南星）；用于脐腹冷痛、久泻不止的参术健脾丸（苍术、人参、白术、茯苓、山药、补骨脂、枸杞子、菟丝子、莲子、川楝子、五味子、川牛膝、花椒、小茴香、陈皮、木香、远志）；用于气虚胃寒，完谷不化的益气健脾汤；用于脾胃虚弱，四肢沉重无力的补胃汤（黄芪、人参、甘草、当归、神曲、柴胡、升麻、苍术、青皮、黄柏）；用于脾胃虚弱，不思饮食，呕吐泄泻，胸痞腹胀的理气健脾丸（白术、茯苓、陈皮、半夏、当归、黄连、枳实、桔梗、神曲、山楂、香附、木香、甘草）等。

龚氏还根据所伤食物寒热性质不同，并结合体质强弱，辨证用药。如膏粱辛辣浓味等谷肉类多偏于热，宜用三黄枳术丸，甚则利气丸；水果瓜桃生冷等菜果类多偏于寒，宜用香砂养胃汤，甚则万亿丸；如冷热不调者，宜用备急丹（大黄、巴豆、干姜）。

若饮酒太过，呕吐痰逆，心神烦乱，胸膈痞塞，手足战摇，小便不利，大便稀溏，饮食减少等，宜服葛花解酲汤（葛花、砂仁、白豆蔻、人参、白术、茯苓、青皮、陈皮、木香、猪苓、泽泻、神曲、干生姜，素有热者加黄连）；吐血衄血用葛花、黄连。（《寿世保元·嗜酒丧身》）

（2）整体调治：从脏腑生克关系入手，提出养心健脾疏肝之法，进行整体调治，也即"求本之治"，这是龚氏治疗脾胃内伤病的又一特点，补充了李杲脾胃论的治疗内容。因为心火生脾土，养心则可助脾气；肝木克脾土，疏肝则可健脾胃；肺金平肝木，补肺可防制肝木横逆脾土。故"而求本之治，宜养心健脾疏肝为要也。夫心气和则脾土荣昌，心火，脾土之母，肝木，脾土之贼，木曰曲直作酸，故疏肝则胃气畅矣。肺乃传送之官，肺主气属金，肺金有力，则能平肝木，不能作膈闷矣。人多执于旧方香燥耗气之药，致误多矣。予家传三因和中健脾丸，为脾胃家之通用，其功效不可尽述。"（《寿世保元·脾胃论》）

医案例举

◆一妇人，胃脘当心而痛剧，右寸关俱无，左虽有，微而似绝，手足厥冷，病势危笃，察其色，眼胞上下青黯。此脾虚肝木所乘，用参、术、茯苓、陈皮、甘草补其中气，用木香和胃以行肝气，用吴茱萸散脾胃之寒止心腹之痛，急与一剂，俟滚先服，煎熟再进，诸病悉愈。何可泥其痛无补法，而反用攻伐之药，祸不旋踵！（《寿世保元·胃痛》）

◆一男子，胸膈作痞，饮食难化，服枳术丸，久而形体消瘦，发热口干，脉浮大而微，用补中益气加姜、桂，诸症悉退。唯见脾胃虚寒，遂用八味丸，补命门相火，不月而饮食进，三月而形体充。（《寿世保元·痞满》）

（二）辨治泄泻

龚氏提出"泄泻之症，只因脾胃虚弱，饥寒饮食过度，或为风寒暑湿所伤，皆令泄泻。"他根据泄泻病机、症状的不同，将其分为湿泻、气虚泻、火泻、痰泻、食积泻、寒泻、脾泻、肾泻等八类。

1.湿泻

中暑伤湿，或停饮夹湿，脾胃不和，水谷不化，阴阳不分，症见腹痛，泄泻，口渴，小便不利。宜胃苓汤（苍术、厚朴、陈皮、猪苓、泽泻、白术、茯苓、白芍、肉桂、炙甘草、生姜、大枣）健脾利湿，和中止泻。

2.气虚泻

饮食入胃不住，完谷不化者，证属气虚。用益气健脾汤（人参、白术、茯苓、陈皮、白芍、苍术、诃子、肉豆蔻、升麻、炙甘草、生姜、大枣）益气健脾，温中止泻。

3.火泻

泄泻腹痛，泻水如热汤，痛泻交作，证属火热。宜加味四苓散（白术、茯苓、猪苓、泽泻、木通、栀子、黄芩、白芍、甘草、灯心草）清热利湿止泻。

4.痰泻

泄泻或多或少，或泻或不泻者，伴有痰症表现，宜加味二陈汤（陈皮、半夏、茯苓、白术、苍术、厚朴、砂仁、山药、车前子、木通、炙甘草、生姜、乌梅、灯心草）化痰健脾，除湿止泻。

5.食积泻

腹痛甚而泄泻，泻后痛减，证属食积。宜香砂平胃散（苍术、陈皮、厚朴、白术、茯苓、半夏、砂仁、香附、神曲、白芍、炙甘草、生姜）燥湿健脾，理气止痛。

6.寒泻

泄泻，肚腹疼痛，四肢厥冷，症属于寒。宜附子理中汤（白术、干姜、人参、茯苓、砂仁、厚朴、苍术、附子、炙甘草、生姜）温阳散寒，健脾止泻。

7.脾泻

大便稀溏，易饱，证属脾气虚弱。宜扶脾散（莲子、陈皮、茯苓、白术、麦芽），或八柱散（人参、白术、肉豆蔻、干姜、诃子、附子、罂粟壳、炙甘草、姜、乌梅、灯心草），或用补脾丸（白术、莲子、人参、炙甘草、白芍、木香、山药、陈皮、干姜）健脾益气，和中止泻。

8.肾泻

五更泻泄，或不思饮食，或完谷不化，或大便不实，证属肾阳不足。宜二神丸（补骨脂、肉豆蔻、生姜、大枣）温补脾肾。

医案例举

许州黄太守患泄泻，二三年不愈，每饮烧酒三盅则止二三日，以为常，畏药不治。召余诊之，六脉弦数，先服此药，以解酒毒，后服理气健脾丸加泽泻而愈。(《寿世保元·泄泻》)

（三）辨治呕吐

龚氏认为"呕吐者，饮食入胃而复逆出也。有声无物谓之哕，有物无声谓之吐，呕吐谓有声有物。胃气所伤，中气不足所致"，"有外感寒邪者，有内伤饮食者，有气逆者，三者俱以藿香正气散加减治之。有胃热者，清胃保中汤。有胃寒者，附子理中汤。有呕哕痰涎者，加减二陈汤。有水寒停胃者，茯苓半夏汤。有久病胃虚者，比和饮。医者宜审而治之也。"（《寿世保元·呕吐》）他认为呕吐病位在胃，与脾胃之气受伤有关；临证辨治不离调理脾胃。

如外感寒邪用藿香正气散；内伤饮食用藿香正气散加砂仁、神曲、山楂；胃气上逆用藿香正气散加木香、砂仁、白豆蔻；胃热用清胃保中汤（藿香、白术、陈皮、半夏、白茯苓、砂仁、黄连、黄芩、栀子、甘草、枇杷叶、生姜）加减；虚寒呕吐，手足厥冷，腹痛冷甚，用附子理中汤；痰涎内聚而呕哕痰涎用加减二陈汤（陈皮、半夏、茯苓、甘草、人参、白术、竹茹、砂仁、栀子、麦门冬、生姜、大枣）；水寒停胃用茯苓半夏汤（茯苓、半夏、陈皮、苍术、厚朴、砂仁、藿香、干姜、乌梅、甘草）；胃气虚弱，如久病胃虚，呕吐日久，不纳水谷，闻食即呕，闻药亦呕，用比和饮（人参、白术、白茯苓、藿香、陈皮、砂仁、神曲、炙甘草、伏龙肝、生姜、大枣）。

此外，对于大便不通，大肠燥结而呕吐不止，先以蜜导煎通其幽门，然后服藿香、陈皮、白术、厚朴、茯苓、砂仁、枇杷叶、甘草、生姜等通便止呕；阴虚于下，阳气浮越无所依附而呕咳气喘，六味地黄丸盐水送下；热证呕吐或恶寒发热口苦者，用小柴胡汤加生姜、人参，或加乌梅；冷涎呕吐，阴证干呕，用吴茱萸汤。

医案举例

◆呕吐不食，腹痛后重，自用大黄等药一剂，腹痛益甚。自汗，发热，昏愦，脉大。予用参、术各一两。炙甘草、煨姜各三钱，升麻一钱。水煎服而苏。又用益气汤加炮姜，一剂而愈。（《寿世保元·呕吐》）

◆信陵府桂台殿下夫人，患因性气不好，一怒即便呕吐、胸膈不利、烦躁不睡、腹痛便闭、食下即吐，已经八日，心慌喘急垂危，后事已备，举家哭泣。召余诊，六脉虚微，此血虚胃弱，气郁痰火也。以二陈汤加姜连、酒芩、炒栀、当归、酒芍、香附、竹茹、白术，入竹沥、姜汁，二服而安。（《万病回春·呕吐》）

（四）养老思想

1.阐发衰老病机

龚氏认为衰老主要与肾脾有着密切关系。

（1）肾气耗伤：肾为先天之本，两肾之间的动气是人体生命活动的动力，其能"鼓舞变化，开阖周身，熏蒸三焦，消化水谷，外御六淫，内当万虑。"（《寿世保元·衰老论》）若在日常生活中，不注意摄生养性，不知保护肾间动气，反而色欲过度，肆意损耗，"所虑昼夜无停，八面受攻，由是神随物化，气逐神消，营卫告衰，七窍反常。"人体就会由壮而衰，出现一系列衰老的征象，如"啼号无泪，笑如雨流，鼻不嚏而涕，耳无声蝉鸣，吃食口干，寐则涎溢，溲不利而自遗，便不通而或泄。"进而元阳亏损，阳损及阴，则还会出现"真阴妄行，脉络壅涩，昼则对人瞌睡，夜则独卧惺惺"的表现。

（2）内伤脾胃：脾胃为后天之本，脾胃强健则气血生化有源，脏腑得养，才能健康长寿。如果饮食失时失节，或恣食膏粱厚味，则损伤脾胃，使人形神衰惫，加速衰老。他说："恣口腹之欲，极滋味之美，穷饮食之乐，虽肌肤充腴，容色悦泽，而酷烈之气，内蚀脏腑，形神虚矣，安能保合太和，以臻遐龄。"因此告诫说："人知饮食所以养生，不知饮食失调亦以害生。故能消息使适其宜，是谓贤哲防于未病。"

2.创制抗衰方药

龚氏认为人体衰老与脾肾有关，故防治老年病，多从脾肾入手。常用方剂如八仙长寿丸（生地黄、山茱萸、茯神、五味子、麦门冬、牡丹皮、山药、益智仁）、五仁斑龙胶（鹿角、人参、天门冬、麦门冬、枸杞子、川牛膝）、阳春白雪膏（茯苓、山药、芡实、莲子、陈仓米、糯米、白砂糖）、延寿丹（茯苓与蜂蜜为丸）等补益脾肾。八仙长寿丸、五仁斑龙胶重在补肾，阳春白雪糕、延寿丹重在补脾，充分体现了龚氏对老年病用药的特点。尤其阳春白雪糕，是药食两用保健养生食品，"最益老人"，具有补元气，健脾胃之功，不仅可治疗虚劳、瘦怯、泄泻、腹胀、肿满、喘嗽等症，而且还是饮食之上品，可作为保健食品，长期服用，延年益寿。

医案例举

一论年老，房有少艾，致头痛发热，眩晕喘急，痰涎壅塞，小便频数，口干引饮，遍舌生刺，缩敛如荔枝然，下唇黑裂，面目俱赤，烦躁不寐，或时喉间如烟火上冲，急饮凉水少解，已滨于死。脉洪大而无伦且有力，扪其身烙手。此肾经虚火游行于外，投以十全大补汤，加山茱、泽泻、丹皮、山药、麦门冬、五味、附子，水煎服。熟寐良久，脉症各减三四，再与八味丸，服之而愈。（《寿世保元·补益》）

3.倡导养生箴言

龚氏认为人之寿夭，在乎调摄，一有所偏，百病俱发。倡导贤哲应防病于未来，通过摄生养性以延年益寿，并以"妄想要息，房劳要绝，恼怒要除，饮食要节"作为却病延年的纲领，归纳许多养生至理名言，深入浅出，为后世所遵循。

（1）养性方面：龚氏主张清心寡欲养神，诗书悦心，山林逸性，悲哀欢乐勿令太过，谦和容让、济困扶危以养性情。

（2）情欲方面：龚氏提倡晚婚、节色欲以保肾精，还指出早婚对人体健康的危害。男子以精为主，女子以血为主；"男子破阳太早，则伤其精气。女破阴太早，则伤血脉。"所以"羸女则养血，宜及时而嫁。弱男则节色，宜待壮而婚。"已婚之人应戒淫声美色，尤其年高之人，血气既弱，更应慎而抑之，不可纵心恣意，就譬如枯朽之木，遇风则折。此外，饱食大醉，忿怒恐惧入房，则劳损血气，精虚气竭，他日出现难状之疾。

（3）饮食方面：龚氏明言饮食可以养生，但也能致病。若醉而强酒，饱而强食，未有不疾而丧生者。养生之道，饮食应细软而勿生硬，宜细嚼慢咽，不可过饱过饥。四时都要温食，特别是夏月伏阴在内，暖食尤宜。不宜食后便卧及终日稳坐，皆能凝结气血，久则损寿。提倡食后"常以手摩腹数百遍，仰面呵气数百口，趑趄缓行数百步"，以帮助消化。食饱不宜进行速步、走马、登高等剧烈运动，恐气满而激，损伤脏腑。不宜夜食，因食之不消，日久损胃。不欲极饥而食，食不可过饱。不欲极渴而饮，饮不可过多。食过多则结积，饮过多则成痰癖。所以要谨记：大渴不大饮，大饥不大食。谷肉果菜虽能养人，但过则伤正；若"恣口腹之欲，极滋味之美，穷饮食之乐，虽肌体充腴，容色悦泽，而酷烈之气，内蚀脏腑，精神虚矣。"(《寿世保元·饮食》)

（4）老人六戒：龚氏认为六戒是广筵专席，勉强支陪，衰年之戒；家之成败，开怀尽付儿孙，优游自如，清心寡欲；衣薄绵轻，不宜华丽粗重，慎于脱着，避风寒暑湿之侵，小心调摄；饮暖酒，食细软，节饮食，频慢食，四时服理气健脾之药；生活应有规律，凡事适兴而止；不问子孙贤否，衣衾棺椁自当预备，身虽强健，常以朝不保暮四字介意。

4.编纂养生歌诀

龚氏为了推广养生之道，还将摄养要点编成歌诀，言简意赅，以供诵记。

（1）摄养歌诀：薄滋味，省思虑，节嗜欲，惜元气，简言事，轻得失，破忧诅，除妄想，远好恶，收视听。

惜气存精更养神，少思寡欲勿劳心。食唯半饱无兼味，酒至三分莫过频。每把戏言多取笑，常含乐意莫生嗔，炎热变诈都休问，任我逍遥过百春。

（2）延年良箴：四时顺摄，谦和辞让，物来顺应，事过心宁，口勿妄言，意勿妄想，行住量力，勿为劳形，坐卧顺时，勿令身怠，悲哀喜乐，勿令过情，寒温适体，勿侈华艳，动止有常，言谈有节，儿孙孝养，身心安逸，积有善功，济困扶危等。

原著选读

●苟或饮食自倍所伤，乃一时膨闷，过则平矣。若伤之日久，仍不宽快者，得非元气亏损，而胃气弱乎。古今论脾胃及内外伤辨，惟东垣老人用心矣，但繁文衍义，卒难措用。盖内伤之要，有三致焉。一曰饮食劳倦即伤脾，此常人之患也，因而气血不足，胃脘之阳不举，宜补中益气汤主之。二曰嗜欲而伤脾，此富贵之患也，资以厚味，则生痰而泥膈，纵其情欲，则耗精而散气。《内经》曰：肾者胃之关，夫肾脉从脚底涌泉穴起，上股内，夹任脉，抵咽嗌，精血枯，则乏润下之力，故吞酸而便难，胸膈渐觉不舒爽，宜加味六君子汤，加红花三分、知母（盐炒）一钱主之。三曰饮食自倍，肠胃乃伤者，藜藿之患也，宜保和丸、三因和中丸权之。此内伤之由如此，而求本之治，宜养心健脾疏肝为要也。(《寿世保元·脾胃论》)

●若显内症多者，则是内伤重而外感轻，宜以补养为先。若显外症多者，则是外感重而内伤轻，宜以发散为急。

一论饮食劳倦伤脾，则不能生血，故血虚则发热，热则气散血耗而无力，或时易饥，或食饱闷，不思饮食，变病百端。如遇外感重者，则先理外感六分，而治内伤四分，见效即住。如外感轻，则内伤药用六分矣。能治万病，其效如神。

东垣曰：夫饮食不节则胃病，胃病则气短，精神减少，气不足以息，言语怯弱，腹中不和，口不知谷味，或胃当心而痛，或上支两胁痛，甚则气高而喘，身热而烦。胃既病则脾无所禀受，故亦从而病焉。若形体劳役而脾病，脾病则怠惰嗜卧，四肢不收，或食少，小便黄赤，大便或闭、或泄、或虚坐，只见些白脓，或泄黄糜，无气以动，而懒倦嗜卧，脾既病则胃不能独行津液，故亦从而病焉。若外感风寒，俱无此症，故易分别耳。

故东垣先生著《脾胃》《内外伤》等论，谆谆然皆以固脾胃为本。所制补中益气汤，又冠诸方之首，观其立方本旨可知矣。故曰补肾不若补脾，正此谓也……。(《寿世保元·内伤》)

●夫寒者，天地杀厉之气也，秋之寒露、冬之霜雪，皆寒邪也。是以辛苦之人，起居不由乎节，饮食不顺乎时，感其雾露之气，则其邪浅；感其霜雪之气，则其邪深。感而即病，名曰伤寒。不即病者，寒邪藏于肌肉之间，伏于荣卫之内，至春因温暖之气而发者，名曰温病．至夏因暑热之气而作者，名曰热病。伤寒也、温病也、热病也，一理而已。若乃疫疠之疾，稍有不同者，盖因春应温而反凉，夏应热而反冷，秋应凉而反热，冬应寒而反温，四时不正之气也。感其春夏不正之气，则为温疫；感其秋冬不正之邪，则为寒疫。然其经络传变、表里受证与伤寒同也。俗云：时气病尔。经总论之曰伤寒所以为人之大病者，害人最速也。轩岐以下，得其治法之秘者，唯张长沙一人而已。厥后刘河间不蹈其麻黄、桂枝发表之药，自制双解散，辛凉之剂非不同也，时有异也，彼一时也。奈五运六气有所更，世态居民有所变，天以常静，人以常动，动则属阳，静则属阴。清平之世，同水化也，虽有辛热之药，不生他症。扰攘之世，同火化也，若用辛热之药，则发黄生斑，变坏之病作矣。盖人内火既动，外火又侵，所以辛热发汗不如辛温，辛温发汗不如辛凉之药发汗，一剂而立雪。以辛热之药发汗，轻者必危，重者必死，可不谨哉？(《万病回春·伤寒》)

●夫泄泻属湿，属气虚，有火，有痰，有食积，有寒，有脾泄，有肾泄。凡泻水，腹不痛者，湿也；饮食入胃不住，完谷不化者，气虚也；腹痛，泻水如热汤，痛一阵泻一阵者，火也；或泻或不泻，或多或少者，痰也；腹痛甚而泄泻，泻后痛减者，食积也；肚腹痛，四肢冷者，寒也；常常泄泻者，脾泄也；五更泄者，肾泄也，宜分别而治也。大概泄泻因湿伤其脾者居多，以胃苓汤加减主之。(《寿世保元·泄泻》)

●补中益气汤治中气不足，或误服克伐，四肢倦怠，口干发热，饮食无味；或饮食失节，劳倦身热，脉洪大而无力；或头痛恶寒自汗；或气高而喘，身热而烦，脉微细软弱，自汗，体倦少食；或中气虚弱而不能摄血；或饮食劳倦而患疟痢等症，因脾胃虚而不能愈者；或元气虚弱，感冒风寒，不胜发表，宜用此代之；或入房而后，劳役感冒；或劳役感冒而后入房者，急加附子。愚谓人之一身，以脾胃为主。脾胃气实，则肺得其所养，肺气既盛，水自生焉。水升则火降，水火既济而令天地交泰之会矣。脾胃既虚，四脏俱无生气，故东垣先生著《脾胃》《内外伤》等论，谆谆然皆以固脾胃为本，所制补中益气汤又冠诸方之首。观其立方本旨可知矣。故曰补肾不若补脾，正此谓也。前所言治症概举其略，余当仿此而类推之。是方之妙，并注以表明之。(《万病回春·补益》)

●医家十要

一存仁心，乃是良箴，博施济众，惠泽斯深。

二通儒道，儒医世宝，道理贵明，群书当考。

三精脉理，宜分表里，指下既明，沉疴可起。

四识病原，生死敢言，医家至此，始至专门。

五知气运，以明岁序，补泻温凉，按时处治。

六明经络，认病不错，脏腑洞然，今之扁鹊。

七识药性，立方应病，不辨温凉，恐伤性命。

八会炮制，火候详细，太过不及，安危所系。

九莫嫉妒，因人好恶，天理昭然，速当悔晤。

十勿重利，当存仁义，贫富虽殊，药施无二。

●病家十要

一择明医，于病有裨，不可不慎，生死相随。

二肯服药，诸病可却，有等愚人，自家担搁。

三宜早治，始则容易，履霜不谨，坚冰即至。

四绝空房，自然无疾，倘若犯之，神医无术。

五戒恼怒，必须省悟，怒则火起，难以救获。

六息妄想，须当静养，念虑一除，精神自爽。

七节饮食，调理有则，过则伤神，太饱难克。

八慎起居，交际当祛，稍若劳役，元气愈虚。

九莫信邪，信之则差，异端诳诱，惑乱人家。

十勿惜费，惜之何谓，请问君家，命财孰贵。（《万病回春·云林暇笔》）

·参考文献·

1.李世华，王育学.龚廷贤医学全书［M］.北京：中国中医药出版社，1999.

2.李成文.龚廷贤用小方［M］.北京：中国医药科技出版社，2021.

3.李东阳，李成文.龚廷贤中医诗词歌赋［M］.北京：化学工业出版社，2024.

4.胡素敏，肖茜琼.龚廷贤治疗脾胃病［M］.北京：中国医药科技出版社，2021.

5.朱克，傅海燕，尚冰.明代《古今医鉴》学术特色探微［J］.中华中医药学刊，2023，41（12）：130-133

6.徐春娟，何晓晖，王河宝.试析盱江医学中的医学独创性［J］.中华中医药杂志，2015，30（08）：2744-2747.

7.徐春娟，裴丽，袁名华.《寿世保元》学术思想的现代研究［J］.时珍国医国药，2012，23（10）：2575-2577.

8.孙梦瑶，蔡志仙，章文春，等.基于形气神三位一体生命观对《寿世保元》养生要点探析［J］.中华中医药杂志，2022，37（06）：3014-3017.

9.王禄.龚廷贤治疗眩晕经验［J］.中国中医基础医学杂志，2005，11（8）：622.

10.于志峰，刘朝，张海芳，武学润，戴锡孟.《万病回春》治疗虚劳失血探幽［J］.中华中医药杂志，2019，34（04）：1490-1491.

11.季庭竹，吴承艳.龚廷贤《寿世保元》治血证特色探析［J］.中国中医基础医学杂志，2017，23（03）：305-306+317.

12.孙晓霞，杨帆，席鹏飞，等.龚廷贤治疗肿瘤方药用药规律探析［J］.辽宁中医杂志，2015，42（01）：149-151.

13.孟萍，陈建章，高晓静.旴江医家龚廷贤妇科诊治特色浅探［J］.中华中医药杂志，2011，26（08）：698-699.

14.李丛，罗侨.旴江医家龚廷贤崩漏证治特色探析［J］.中华中医药杂志，2018，33（9）：3846-3848.

15.周玄，方雨萱，张大伟.龚廷贤求嗣种子学术思想及运用初探［J］.中华中医药杂志，2021，36.（2）：1144-1146.

16.欧阳彦楚，欧阳厚淦，陈俊贤，等.旴江医家龚廷贤《万病回春》痈疽诊治思路探讨［J］.中华中医药杂志，2020，35（07）：3729-3731.

17.周蓝飞，宋济，洪静，等.旴江名医龚廷贤《寿世保元》耳病辨治经验探析［J］.中国中医基础医学杂志，2019，25（04）：440-441.

18.陶波，曾冰沁，谢强，等.旴江名著《种杏仙方》耳鼻咽喉科应用初探［J］.中国中医基础医学杂志，2018，24（11）：1509-1510+1513.

19.刘健英.明代名医龚廷贤食疗方精选［J］.中国食品，1995，（2）：8.

20.尹东辉，郭丽娃.《寿世保元》对中医老年医学的贡献［J］.上海中医药杂志，2007，（04）：62-63.

杨继洲

❧ 学习要点 ❧

杨继洲溯源穷流，集针灸诸家之大成，师古而不泥；重视经络理论，提出"宁失其穴，勿失其经"；总结和创新针刺手法，建立了比较规范和实用的针刺手法体系；倡导针灸药物并重，为针灸学的发展作出了重要的贡献。

目的要求：

掌握杨继洲总结和创新的针刺手法，针灸药物并重思想；熟悉经络理论对针灸的重要指导价值；了解其生平，著作及学术成就对后世的影响。

一、概说

杨继洲（约1522~1620），字济时，明代浙江三衢（今浙江衢县）人。

杨氏出身中医世家，祖父曾为太医。幼习举子业，博学善文。后因仕途不畅，遂秉承家学，专心业医，学验俱丰。行医50多年，足迹遍及江苏、福建、山东、河南、河北等地，曾在太医院任职。

杨氏治学主张溯源穷流，师古而不泥，重视经络理论，临证强调针灸药物综合运用。认为《素问》《难经》为针灸之源，最为重要，因为"不溯其源，则无以得古人立法之意；不穷其流，则何以知后世变法之弊"，"溯而言之，则惟《素》《难》为最要"；主张"由《素》《难》以溯其源，又由诸家以穷其流。"《针灸大成》集诸家针灸之大成，总结、规范和发展了针灸之针法和手法，为针灸学的发展作出了重要贡献。

杨继洲著作是《针灸大成》，以家传《卫生针灸玄机秘要》为基础，并汇集20多部医著的针灸精华而成。

二、学术特色与临证经验

（一）重视经络理论

杨氏临证十分重视经络理论的掌握和运用，强调若能辨经络以定病证和穴位，就可以提高临床诊治水平。他说"其他病以人殊，治以疾异，所以得之心而应之手者，罔不昭然，有经络在焉。"（《针灸大成·卷三·策》）并引《灵枢·经别》"夫十二经脉者，人之所以生，病之所以成，人之所以治，病之所以起"，以说明经络关系到人体的生理、病理以及疾病的发生和治疗。

1.临床辨证，经络为要

杨氏认为，"内而五脏六腑，外而四体百形，表里相应，脉络相通。其所以生息不穷，而肖形于天地者，宁无所纲维统纪于其间耶。"经络既是"所纲维统纪于其间"者，也是阴阳气血运行的通道。因此，杨氏将辨经络作为临床诊病察证的主要方法之一。《针灸大成·标幽赋》说："欲知脏腑之虚实，必先诊其脉之盛衰，既知脉之盛衰，又必辨其经脉之上下。"他在回答"虚实寒热之治"时又说："先诊人迎气口，以知阴阳有余不足，以审上下经络，循其部分之寒热，切其九候之变易，按其经络之所动，视其血脉之色状"（《针灸大成·经络迎随设为问答》）。可见，在临床辨证中，辨经络与诊脉都必不可少。

2.宁失其穴，勿失其经

杨氏认为不仅临床辨证之要在经络，而且临床治疗之要也在经络。其云："总而会之，则人身之气有阴阳，而阴阳之运有经络，循其经而按之，则气有连属，而穴无不正，疾无不除"（《针灸大成·策》），而且疾病"变症虽多，但依经用法，件件皆除也。"（《针灸大成·通玄指要赋》）在针灸治疗上，杨氏特别重视经络的主导作用，强调依经取穴。"灸穴须按经取穴，其气易连而其病易除"，"执事发策，而以求穴在乎按经"，"人而知乎此焉，则执简可以御繁，观会可以得要，而按经治疾之余，尚何疾之有不愈而不足以仁寿斯民也哉！"临证治疗要取得又快又好的效果，首先要分析确定病变所在的经络，再以此为基础选取治疗穴位。反之则本末倒置，难取其效。因此，杨氏在《针灸大成·标幽赋》中明确提出"宁失其穴，勿失其经"的针灸论治观点，对后世产生了极为深远的影响。

> 医案举例

◆壬申夏，户部尚书王疏翁，患痰火炽盛，手臂难伸，予见形体强壮，多是湿痰流注经络之中，针肩髃，疏通手太阴经与手阳明经之湿痰，复灸肺俞穴，以理其本，则痰气可清，而手臂能举矣。至户部尚书，形体益壮。（《针灸大成·医案》）

◆壬申岁，四川陈相公长孙，患胸前突起，此异疾也。人皆曰：此非药力所能愈。钱诚翁堂尊，推予治之，予曰：此乃痰结肺经，而不能疏散，久而愈高，必早针俞府、膻中，后择日针，行六阴之数，更灸五壮，令贴膏，痰出而平。（《针灸大成·医案》）

（二）总结创新针刺手法

杨氏十分注重针刺手法。他说："夫用针之法，要在识其通变，捷而能明，自然于迎随之间，而得施为之妙也"（《针灸大成·通玄指要赋》），"针力不到，补泻不明，气血错乱，或去针速，故不效也"（《针灸大成·治症总要》）。他收集整理各家针刺手法，结合临床实践经验，建立了比较规范和实用的针刺手法体系，这些手法大多为后世医家所效法。

1.十二字分次第手法（简称十二法）

杨氏在窦汉卿《针经指南》动、退、搓、进、盘、摇、弹、捻、循、扪、摄、按、爪、切等针刺十四法的基础上，将针刺手法归纳为爪切、指持、口温、进针、指循、爪摄、针退、指搓、指捻、指留、针摇及指拔等十二法，详尽说明其操作要领和作用，并编成简明易记的口诀："针法玄机口诀多，手法虽多亦不过，切穴持针温口内，进针循摄退针搓，指捻泻气针留豆，摇令穴大拔如梭，医师穴法叮咛说，记此便为十二歌"（《针灸大成·三衢杨氏补泻》）。

2.下手八法

杨氏在上述十二法的基础上，将针刺手法精简为揣、爪、搓、弹、摇、扪、循、捻等下手八法，详细说明其操作方法、作用和注意事项。如论述揣法时说，"揣而寻之。凡点穴，以手揣摸其处。在阳部筋骨之侧，陷者为真。在阴部郄腘之间，动脉相应。其肉厚薄，或伸或屈，或平或直，以法取之，按而正之，以大指爪切掐其穴，于中庶得进退，方有准也。《难经》曰：刺荣无伤卫，刺卫无伤荣。又曰：刺荣无伤卫者，乃掐按其穴，令气散，以针而刺，是不伤其卫气也。刺卫无伤荣者，乃撮起其穴，以针卧而刺之，是不伤其荣血也。此乃阴阳补泻之大法也"（《针灸大成·三衢杨氏补泻》）。

3.二十四法

杨氏在《针灸大全》《针灸聚英》和《针灸问对》等医籍记载的针刺手法基础上，阐述了烧山火、透天凉、阳中隐阴、阴中隐阳、留气法、运气法、提气法、中气法、苍龙摆尾、赤凤摇头、龙虎交战、龙虎升降、五脏交经、通关交经、隔角交经、关节交经、子午捣臼、子午倾针、进火补、进水泻等二十四种针刺复式手法，详细说明其操作方法、作用和注意事项。其中，有杨氏补充和完善其他医家的手法，如烧山火法出自《金针赋》，杨氏补充阐述了"三进一退"、"先浅后深"、"慢提紧按"等操作内容；有杨氏独创的，如运气法、中气法、五脏交经、通关交经、隔角交经、关节交经、子午倾针、进火补、进水泻等九法（《针灸大成·三衢杨氏补泻》）。

4.补泻手法

（1）补针要法：重切十字缝纹，随咳进针；长呼气一口，刺入皮三分；针手经络者，停二十四息；针足经络者，停三十六息；催气针沉，捻九摅九，号曰天才。少停呼气二口，徐徐刺入肉三分，如前息数足，又觉针沉紧，以生数行之，号曰人才。少停呼气三口，徐徐又插至筋骨之间三分，又如前息数足，复觉针下沉涩，再以生数行之，号曰地才。再推进一豆，谓之按，为截、为随也。此为极处，静以久留，却须退针至人部；又待气沉紧时，转针头向病所；自觉针下热，虚羸痒麻，病势各散，针下微沉后，转针头向上，插进针一豆许，动而停之，吸之乃去，徐入徐出，其穴急扪之（《针灸大成·经络迎随设为问答》）。

（2）泻针要法：重切十字纵纹三次，随咳进针，插入三分，刺入天部，少停，直入地部，提退一豆，得气沉紧，搓捻不动，如前息数尽，捻六撅六，吸气三口回针，提出于人部，号曰地才。又待气至针沉，如前息数足，以成数行之，吸气二口回针，提出至天部，号曰人才。又待气至针沉，如前息数足，以成数行之，吸气回针，提出至皮间，号曰天才。退针一豆，谓之提，为担、为迎也。此为极处，静以久留，仍推进人部，待针沉紧气至，转针头向病所，自觉针下冷，寒热痛痒，病势各退，针下微松，提针一豆许，摇而停之，呼之乃去，疾入徐出，其穴不闭也（《针灸大成·经络迎随设为问答》）。

（3）刺有大小：杨氏首次提出"刺有大小"，并根据刺之大小将补泻手法分为大补大泻和平补平泻两类。他说："有平补平泻，谓其阴阳不平而后平也。阳下之曰补，阴上之曰泻，但得内外之气调则已。有大补大泻，惟其阴阳俱有盛衰，纳针于天地部内，俱补俱泻，必使经气内外相通，上下相接，盛气乃衰"（《针灸大成·经络迎随设为问答》）。可见，杨氏所谓平补平泻，实指手法较轻、刺激量较小的补泻手法；所谓大补大泻，则是手法较重、刺激量较大的补泻手法。由于刺有大小，故其适应症和作用也各不相同。

5.得气手法

杨氏十分重视针刺得气，主张"宁失其时，勿失其气"（《针灸大成·标幽赋》），强调针刺"只以得气为度，如此而终不至者，不可治也。"（《针灸大成·经络迎随设为问答》）并将得气手法按其操作顺序可分为候气、取气和行气三种。首先为候气："用针之法，候气为先。须用左指，闭其穴门，心无内慕，如待贵人，伏如横弩，起若发机。若气不至，或虽至如慢，然后转针取之。转针之法，令患者吸气，先左转针，不至，左右一提也"；二为取气："呼尽内针，静以久留，以气至为故者，即是取气于卫；吸则纳针，以得气为故者，即是置气于荣也"；三是行气：即让气至病所，如"弹而努之者，是用指甲弹针，令脉气膹满，而得疾行至于病所也"，"又有病道远者，必先使气直到病所"等。

医案举例

戊辰岁，户部王缙庵公乃弟，患心痫疾数载矣。徐堂翁召予视之，须行八法开阖方可，公如其言。而刺照海、列缺，灸心俞等穴，其针待气至，乃行生成之数而愈。凡治此症，须分五痫，此卷前载之详矣，兹不悉录。（《针灸大成·医案》）

（三）倡导针灸药物并重

古代名医善用针灸，临证针灸药物灵活应用，以取良效。正如孙思邈所说："若针而不灸，灸而不针，皆非良医也。针灸而药，药不针灸，尤非良医也。但恨下里间知针者鲜耳，所以学者深须解用针，燔针、白针皆须妙解，知针、知药固是良医。"（《备急千金要方·针灸下》）但到了明代，医家大多热衷于方药，轻视针灸，甚至废弃不用，一些针灸技法面临失传的危险。杨氏对此十分忧虑，分析其成因和危害，阐述针灸的特色和优势，极力倡导针灸药物并重。

1.针砭时弊，推崇针灸

（1）重药物轻针灸危害：一是致使针灸衰落，濒临失传；二是影响人们的防病治病，难以实现寿民的愿望。杨氏对于不用针灸的严重后果评论说，"近世此科几于绝传，良为可叹！"并在《针灸大成·策》中尖锐指出："夫何诸家之术惟以药，而于针灸则并而弃之，斯何以保其元气，以收圣人寿民之仁心哉？"

（2）重药物轻针灸原因：一是古今病有不同，古人患病以外感为主，针灸可已；今人之病，多从内生，外邪易中，非汤药不能济。二是有的医家对针灸缺乏认识，授之不真，学之不精，以致针灸之术不彰。杨氏说："此和缓以后，方药盛行，而针灸兼用，固由世不古，若人非昔比，亦业针法之不精，传授之不得其诀耳。非古用针灸之多，今用针灸之少，亦非汤液之宜于今，而不宜于古耶"（《针灸大成·经络迎随设为问答》）。

（3）引经据典，推崇针灸：杨氏以《素问》诸书及古代名医为例，说明针灸妙用，完全可以治病救人，实为良医必精之医术。他在《针灸大成·标幽赋》中说："劫病之功，莫捷于针灸。故《素问》诸书，为之首载。缓、和、扁、华，俱以此称神医。盖一针中穴，病者应手而起，诚医家之所先也"，而且"又语云：一针、二灸、三服药。则针灸为妙用可知。业医者，奈之何不亟讲乎？"

2.针灸药物，不可缺一

（1）惟精于针，以备缓急：鉴于有的医家偏药物而废针灸，杨氏反复论述针灸治病的优势。他说："夫治病之法，有针灸，有药饵，然药饵或出于幽远之方，有时缺少，而又有新陈之不等，真伪之不同，其何以奏肤功、起沉疴也？惟精于针，可以随身带用，以备缓急"（《针灸大成·通玄指要赋》）。

（2）针灸药物，各有所长：杨氏认为，针可行气，灸可散郁，药可治内。由于病邪之至，或伤于内，或侵于外，病变的部位各不相同。只有选择适当的治疗方法，用其所长，才能取得较好的效果。《针灸大成·策》说："夫何喜怒哀乐、心思嗜欲之汩于中，寒暑风雨、温凉燥湿之侵于外。于是有疾在腠理者焉，有疾在血脉者焉，有疾在肠胃者焉。然而疾在肠胃，非药饵不能以济；在血脉，非针刺不能以及；在腠理，非熨焫不能以达。是针灸药者，医家之不可缺一者也。"

（3）治法因人，变通随症：考虑到病情的复杂多变，杨氏强调临证辨治要因人因证，灵活选用各种有效的治疗方法和手段，或针或灸或药，或针灸并举，或针灸药物同进，切不可拘泥于成方成法或一方一法。他在《针灸大成·策》中指出："人身之气，不能以恒平，而必待于调摄之技。故其致病也，既有不同，而其治之亦不容一律，故药与针灸不可缺一者也"。"故善业医者，苟能旁通其数法之原，冥会其奇正之奥，时可以针而针，时可以灸而灸，时可以补而补，时可以泻而泻。或针灸可并举，则并举之，或补泻可并行，则并行之。治法因乎人，不因乎数；变通随乎症，不随乎法；定穴主乎心，不主乎奇正之陈迹。譬如老将用兵，运筹攻守，坐作进退，皆运一心之神以为之。"

乙卯岁，至建宁，滕柯山母患手臂不举，背恶寒而体倦困，虽盛暑喜穿棉袄，诸医俱作虚冷治之。予诊其脉沉滑，此痰在经络也。予针肺俞、曲池、三里穴，是日即觉身轻手举，寒亦不畏，棉袄不复着矣。后投除湿化痰之剂，至今康健，诸疾不发。若作虚寒，愈补而痰愈结，可不慎欤！（《针灸大成·卷九·医案》）

戊午春，鸿胪吕小山，患结核在臂，大如柿，不红不痛。医云是肿毒。予曰：此是痰核结于皮里膜外，非药可愈。后针手曲池，行六阴数，更灸二七壮，以通其经气，不数日即平妥矣。若作肿毒，用以托里之剂，岂不伤脾胃清纯之气耶？（《针灸大成·医案》）

原著选读

●针有浅深策

问：病有先寒后热者，先热后寒者，然病固有不同，而针刺之法，其亦有异乎？请试言之！

对曰：病之在夫人也，有寒热先后之殊，而治之在吾人也，有同异后先之辨。盖不究夫寒热之先后，则谬焉无措，而何以得其受病之源；不知同异之后先，则漫焉无要，而何以达其因病之治。此寒热之症，得之有先后者，感于不正之气，而适投于腠理之中，治寒热之症，得之有后先者，乘其所致之由，而随加以补泻之法，此则以寒不失之惨，以热则不过于灼，而疾以之而愈矣。是于人也，宁不有济矣乎？请以一得之愚，以对扬明问之万一，何如？盖尝求夫人物之所以生也，本之于太极，分之为二气，其静而阴也，而复有阳以藏于其中；其动而阳也，而复有阴以根于其内，惟阴而根乎阳也，则往来不穷，而化生有体；惟阳而根乎阴也，则显藏有本，而化生有用。然而气之运行也，不能无愆和之异，而人之罹之也，不能无寒热之殊，是故有先寒后热者，有先热后寒者。先寒后热者，是阳隐于阴也，苟徒以阴治之，则偏于阴，而热以之益炽矣。其先热后寒者，是阴隐于阳也，使一以阳治之，则偏于阳，而寒以之益惨矣。夫热而益炽，则变而为三阳之症，未可知也。夫寒而益惨，则传而为三阴之症，未可知也。而治之法，当何如哉？吾尝考之《图经》，受之父师，而先寒后热者，须施以阳中隐阴之法焉。于用针之时，先入五分，使行九阳之数，如觉稍热，更进针令入一寸，方行六阴之数，以得气为应。夫如是，则先寒后热之病可除矣。其先热后寒者，用以阴中隐阳之法焉。于用针之时，先入一寸，使行六阴之数，如觉微凉，即退针，渐出五分，却行九阳之数，亦以得气为应。夫如是，则先热后寒之疾瘳矣。夫曰先曰后者，而所中有荣有卫之殊；曰寒曰热者，而所感有阳经阴经之异。使先热后寒者，不行阴中隐阳之法，则失夫病之由来矣。是何以得其先后之宜乎？如先寒后热者，不行阳中隐阴之法，则不达夫疾之所致矣。其何以得夫化裁之妙乎？抑论寒热之原，非天之伤人，乃人之自伤耳。经曰：邪之所凑，其气必虚。自人之荡真于情窦也，而真者危；丧志于外华也，而醇者漓；眩心于物牵也，而萃者涣；汨情于食色也，而完者缺；劳神于形役也，而坚者瑕。元阳丧，正气亡，寒毒之气，乘虚而袭。苟能养灵泉于山下，出泉之时，契妙道于日落，万川之中，嗜欲浅而天机深，太极自然之体立矣。寒热之毒虽威，将无隙之可投也。譬如墙壁固，贼人乌得而肆其虐哉？故先贤有言曰：夫人与其治病于已病之后，孰若治病

杨继洲

139

于未病之先，其寒热之谓欤？（《针灸大成·卷三》）

·参考文献·

1.杨继洲.针灸大成［M］.北京：中医古籍出版社，1998.

2.戴铭，林怡，李成文.杨继洲针灸学术思想述要［J］.中华中医药杂志，2011，26（10）：2205-2207.

3.叶险峰，李成文，阎杜海.宋代社会背景对针灸学的影响［J］.中国针灸，2007，27（1）：66-69.

4.叶险峰，李成文，张会芳，宋金元时期轻灸重针转折因素浅析［J］.中国针灸，2009，29（9）：759-762.

5.高希言.论杨继洲对针灸学的贡献［J］.中医杂志，2007，48（7）：660.

6.李志刚.《针灸大成》对针法灸法学的贡献［J］.针灸临床杂志，2005，21（10）：3.

7.袁宜勤，海月明，岳增辉.杨继洲对刺法的学术贡献浅析［J］.中医药学刊，2004，22（10）：1918.

8.王继，孙立虹.《针灸大成·策问》探微［J］.中国针灸，2004，24（7）：513.

9.王潇依，王美萍，许荣正.杨继洲寒热针法与针至病所理论关系之探讨［J］.中国中医药科技，2018，25（5）：688-689.

10.薛宏升，方晓丽.浅谈杨继洲"通关交经"针法的操作和临床应用［J］.中国针灸，2009，29（3）：209-211.

11.卓春萍，邓伟，李瑞.《针灸大成》中针灸医案特点分析［J］.中国针灸，2008，28（10）：773-775.

12.尚景盛，李永方.《针灸大成·医案》析［J］.上海针灸杂志，1997，16（6）：36-37.

13.刘坚.《针灸大成·医案》试析［J］.针灸临床杂志，2000，16（3）：1-2.

14.夏晓红，胡伶.从杨继洲医案看临床思维的培养［J］.中国针灸，2009，29（3）：231-233.

15.张琪棋，张晶.《针灸大成》月经病的诊治规律探究［J］.中国中医基础医学杂志，2020，26（7）：878-881.

16.刘高峰，冀来喜，张缙.小议《针灸大成》之金针拨障术［J］.中华中医药杂志，2020，35（6）：2926-2928.

17.郑清，孔立红，余超超，等.《针灸大成》眼病选穴规律探析［J］.上海针灸杂志，2019，38（1）：101-105.

18.杜纯，张庆乾.试析《针灸大成》医案论治肿瘤的学术特色［J］.中国针灸，2019，39（7）：781-784.

19.周晨，安冬，郑君.《针灸大成》耳鼻喉病治疗规律浅析［J］.四川中医，2017，35（7）：31.

20.李新伟.《针灸大成》论治精神疾病探析［J］.浙江中医杂志，2010，45（10）：755-756.

缪希雍

学习要点

缪希雍阐发外感病病因病机，提出邪从口鼻而入，应用自创羌活汤、白虎汤、竹叶石膏汤加减治疗外感热病；倡导"内虚暗风"说。临证重视调理脾胃，总结行血、补肝和降气治疗阴虚火旺吐血三要法；其学说对后世产生了较大影响。

目的要求：

掌握辨治伤寒病经验，调理脾胃特色，治疗吐血三要法；熟悉"内虚暗风"说；了解其生平，代表著作与学术成就对后世的影响。

一、概说

缪希雍（1546~1627），字仲淳，号慕台，明代南直隶苏州府常熟县（今江苏省常熟市）人。

缪氏家境贫寒，少时多病，十七岁患疟，久而不愈，乃遍检方书，竟自疗而愈。遂酷爱医术，悉心钻研，博览群书，才识日增。然乡人仍以凡人目之，遂托友赡母、游学神州。缪氏壮年游历四方，寻师访友，并与王肯堂、汤显祖等交游，声名著于当时。晚年因与东林党人交往受到阉党威胁而流寓金坛，以业医度过余生。其墓在阳羡（今江苏宜兴）山中。缪氏为贫苦之人治病，多不取报酬；他医抄其方，无所吝惜。在《神农本草经疏》中提出职业守则，如同情病人、读书识字、先当识药、虚心待人、勤求道术勿责厚报等"祝医五则"。继承缪氏之学者，有松陵顾澄先、延陵庄继光、云间康元浤、司马铭鞠、李枝、武林刘默等人。

缪氏治学主张一是注重收集药方，取诸家之长。不但与当时名医切磋技艺，而且还结交樵夫、农民、仆人、和尚、道士，搜集民间药方，并通过自己验证，有效者笔之于书，且说"我以脉与证试方，不以方尝病也"，"熟读仲景书，即秘法也"。二是师古而不泥古，认为古今时气变异、方土有殊，且人的体质不同，不能套用古方治今病。如治疗伤寒病只要依据仲景之意，而不必拘泥于方药。"其药则有时而可改，非违仲景也，实师其意，变而通之，以从时也，如是则法不终穷矣"。

缪氏代表著作有《先醒斋医学广笔记》《神农本草经疏》，另有《本草单方》。现有《缪希雍医学全书》合订本。

二、学术特色与临证经验

（一）辨治伤寒病经验

由于外感伤寒（即广义伤寒）是"关乎死生之大病"，缪希雍对此十分重视，并根据南方地域气候特征及人体禀赋，深入研究探讨其邪气侵犯途径，病邪性质，发病特点，临床特征，灵活变通仲景之法，创制羌活汤新方，补充《伤寒论》之未备。

1.邪入途径

外感病邪气侵入人体皆由皮毛而入。缪氏经过长期临床观察，发现了这种认识的片面性。因而一改古人之见，大胆提出"伤寒、温疫……凡邪气之入，必从口鼻"的论断，这一观点早于吴又可的《温疫论》，其贡献是不可忽视的。

2.病多阳明

缪氏认为，口鼻为脾胃之门户，伤寒瘟疫，必经口鼻而入，且发病多在阳明。他明确指出："伤寒瘟疫三阳证中，往往多带阳明者，以手阳明经属大肠，与肺为表里，同开窍于鼻；足阳明经属胃，与脾为表里，同开窍于口。凡邪气之入，必从口鼻，故兼阳明证者独多。"邪从口鼻而入，必以肺胃为潜伏之地，而胃属足阳明，肺与手阳明大肠为表里，故阳明证者独多。阳明病本属实热，易于化热。且江南气候多温热，患者多热多痰。

3.临证特色

缪氏治疗外感伤寒主张根据时代、地域、气候、禀赋、发病特点来灵活变通，有的放矢地进行治疗，方能效如桴鼓。"夫伤寒者，大病也。时者，圣人所不能违者也，以关乎死生之大病，而药不从时，故不殆哉。仲景，医门之圣也。其立法造论，后之明师如华佗、孙思邈辈，莫不宗之。汉末去古未远，风气犹厚，形多壮伟，气尚敦庞，其药大都为感邪即病而设。况南北地殊，厚薄不侔，故其意可师也，其法不可改也。循至今时，千有余年，风气浇矣，人物脆矣。况在荆扬交广梁益之地，与北土全别，故其药则有时而可改。非违仲景也，实师其意，变而通之，以从时也。如是则法不终穷矣。故作斯议。"

（1）羌活汤解表：缪氏治疗太阳病，脉"浮洪"，不用桂麻而自制羌活汤（羌活、葛根、杏仁、前胡、甘草、生姜、大枣）发汗解表；若秋深冬月，可加紫苏、葱白；冬月天气严寒，加麻黄、生姜助汗；若为太阳阳明证，加石膏、知母、麦门冬，且须大剂取汗。

（2）善清阳明：缪氏在论治外感病时，针对阳明证或多兼阳明证的特点，最重阳明证的辨证施治。在阳明经证和腑证中，又重阳明经证。其治疗强调速逐热邪，清泄阳明气分，以护脾胃，存津液。临床用药每以白虎汤、竹叶石膏汤加减，治疗阳明病不恶寒反恶热、或先恶寒不久旋发热、不大便、自汗、潮热、口渴、咽干、鼻干、畏人声、畏火，甚则谵语、狂乱、循衣摸床、脉洪大而长等症。但因半夏辛燥，有"渴家、汗家、血家"三禁，故主张在用竹叶石膏汤时去半夏。

石膏是清阳明邪热的主药，临床上多大剂量使用。缪氏在《神农本草经疏》中阐发说："辛能解肌，甘能缓热，大寒而辛甘则能除大热"，"又为发斑、发疹之要品，起死回生，功同金液。若用鲜少，则难责其功"。

缪氏根据伤寒易于化热，热甚耗津，枯竭阴液的特点，主张治疗以速逐热邪为要。因为阳明证易致气分热盛，烁灼津液，且热邪传变迅速，易犯营血；治疗不能延误，"迟则胃烂发斑"。再者热为阳邪，易耗阴液。"邪在三阳，法宜速逐，迟则胃烂发斑；或传入于里，则属三阴邪热炽者，令阴水枯竭，于法不治矣。"

（3）顾护津液：缪氏又根据《内经》和《伤寒论》之旨，提出"阳明多气多血，津液所聚而荫养百脉，故阳明以津液为本"的观点，主张热病以固护津液为要。

医案举例

◆章衡阳铨部患热病，病在阳明，头痛，壮热，渴甚且呕，鼻干燥，不得眠。诊其脉洪大而实。仲淳故问医师，医师曰：阳明证也。曰：然。问所投药，曰：葛根汤。仲淳曰：非也。曰：葛根汤非阳明经药乎？曰：阳明之药，表剂有二，一为葛根汤，一为白虎汤。不呕吐而解表，用葛根汤。今吐甚，是阳明之气逆升也，葛根升散，故用之不宜。白虎汤（硬石膏、知母、甘草）加麦门冬、竹叶，名竹叶石膏汤。石膏辛能解肌，镇坠，能下胃家痰热；肌解热散，则不呕，而烦躁壮热皆解矣。遂用大剂竹叶石膏汤，疏方与之，且诚其仲君曰：虏荆非六十万人不可，李信二十万则奔还矣。临别去，嘱曰：斯时投药，五鼓瘥。天明投药，朝餐瘥。已而果然。或谓呕甚，不用半夏，何也？仲淳曰：半夏有三禁，渴家、汗家、血家是也。病人渴甚而呕，是阳明热邪炽甚，劫其津液，故渴；邪火上升，故呕，半夏辛苦温而燥，有毒，定非所宜。又疑其不用甘草，何也？曰：呕家忌甘，仲景法也。(《先醒斋医学广笔记·卷一》)

◆于润父夫人妊九月，患伤寒阳明证，头疼，壮热，渴甚，舌上黑苔有刺，势甚危。仲淳投竹叶石膏汤……以井底泥涂脐上，干则易之。一日夜尽石膏十五两五钱，病瘳。越六日，产一女，母子并无恙。(《先醒斋医学广笔记·卷一》)

（二）治疗吐血三法

缪氏在《神农本草经疏·论治血三法药各不同》中将血证分为血虚、血瘀、血热三类，提出血虚宜补，药用甘寒、甘平、酸寒、酸温的熟地黄、白芍药、牛膝、炙甘草、酸枣仁、龙眼肉、鹿角胶、肉苁蓉、枸杞子、甘菊花等；血热宜清，药用酸寒、苦寒、咸寒、辛凉的牡丹皮、赤芍药、生地、黄芩、地榆、大小蓟、茜草、黄连、栀子、大黄、青黛、天门冬、玄参、荆芥等；血瘀宜通，药用辛温、辛热、辛平、辛寒、甘温、咸寒的当归、红花、桃仁、苏木、桂、五灵脂、蒲黄、姜黄、郁金、三棱、延胡索、花蕊石、没药、自然铜、牡蛎、芒硝等。缪希雍深入研究吐血的病因病机，认为时人治疗吐血，不详辨病机，或专用黄芩、黄连、栀子、黄柏、知母、四物汤等寒凉之剂，或滥用人参，不但与止血无补，反而损伤脾肺，变生他症。由于吐血病机为阴虚火旺，故治疗非苦寒和甘温之所宜，因而提出治疗吐血三要法。

1.宜行血不宜止血

缪氏认为"血不行经络者，气逆上壅也。行血则血循经络，不止自止。止之则血凝，血凝则发热恶食，病日痼矣"。失血乃血不循经，是由于"气逆上壅"，壅者宜行，逆者宜降，实为治本之法。

2.宜补肝不宜伐肝

缪氏认为，"肝为将军之官，主藏血。吐血者，肝失其职也。养肝则肝气平而血有所归，伐之则肝虚而不能藏血，血愈不止矣"。肝体阴而用阳，故当顺其性而补肝，使血有所藏。

3.宜降气不宜降火

缪氏指出，"气有余即是火，气降即火降，火降则气不上升，血随气行，无溢出上窍之患矣。降火必用寒凉之剂，反伤胃气，胃气伐则脾不能统血，血愈不能归经矣"。一则治气以降火，使气调火平，血得循经；再则免使脾胃损伤。

4.用药特色

缪氏提出的行血、补肝和降气三法，当视临床实际情况而灵活结合运用。吐血之证，以气机上逆，血不循经和肝不藏血为主要病机，若见血凉血，滥用苦寒，则易损伤脾胃而变生他证；若过用香燥辛热之品劫夺肝阴，使肝经气火更旺，血不得止。因此，他主张用白芍、炙甘草酸甘化阴以养肝制肝；用枇杷叶、麦门冬、薄荷、橘红、贝母清肺；用薏苡仁、山药养脾，用韭菜、降香、紫苏子以降气；用青蒿、鳖甲、银柴胡、牡丹皮、地骨皮补阴清热，用酸枣仁、茯神养心，用山茱萸、枸杞子补肾；用郁金凉血止血，缪氏称"郁金治吐血圣药"。融制肝清肺、养脾补肾、下气、补阴清热诸法合于一处，标本兼顾并合治，不止血、不降火、不伐肝而使脏腑调和，出血得止，其设想周到巧妙。缪氏还告诫说，"然阴无骤补之法，非多服药不效。病家欲速其功，医者张皇无主，百药虽试，以致殒身。覆辙相寻不悟，悲夫！"

顾季昭患阴虚内热。仲淳云：法当用甘寒，不当用苦寒。然非百余剂不可，慎勿更吾方。欲加减，使吾徒略加增损可也。果百剂而安。天门冬、麦门冬、桑白皮、贝母、枇杷叶各二钱，地骨皮三钱，五味子一钱，白芍药二钱，鳖甲三钱，苏子二钱，车前子二钱。（《先醒斋医学广笔记·吐血》）

（三）治疗中风特色

1.中风病机

缪氏认为南方无西北刚劲之风，气候多偏湿热，人之禀赋柔脆，往往多热多痰，且阴虚者居多；中风的发病机理也与北方有明显不同，是"真阴既亏，内热弥盛，煎熬津液，凝结为痰，壅塞气道，不得通利，热极生风，亦致猝然僵仆类中风证"。因而提出"内虚暗风"说，丰富了中风的病因病机，对后世影响较大。

2.中风鉴别

缪氏将临床常见的"似中风证"与类中风证进行了详细鉴别。似中风证表现为：睡眠不竟夕而易醒，心脉弦而不洪，多怒，肝脉弦而不长，语言謇涩不利，多痰声重，小便疾速不能忍，且有余沥，大便燥结，左尺脉浮洪，饮食少，不易消，初学者难以区分。缪氏辨析说：眠不竟夕而易醒者，心脉弦而不洪属心血不足；多怒，肝脉弦而不长，属胃虚、血少；语言謇涩不利，是属肾家有火，真阴日亏，津液日少，不能荣养于舌络，故语言不利；火性急速，故小便疾出而不能忍，且有余沥，而大便亦多燥结也；脉应沉实而反浮洪，失常之候；肺热则津液干枯，无以下滴而通水道，或煎熬浓稠而成痰。

3.治疗特色

类中风证系阴阳两虚，而阴虚者为多，与外来风邪迥异。设若误用辛热风燥治真中风药，则轻变重，重则必死。对它的治疗，则有标本先后之分。先以清热顺气开痰以救其标，后以益血补气以治其本。清热则用天门冬、麦门冬、菊花、白芍药、茯苓、天花粉、童便；顺气则用紫苏子、枇杷叶、橘红、郁金；开痰则用贝母、白芥子、竹沥、荆沥、栝蒌仁。益阴则用天门冬、菊花、生地、当归、白芍药、枸杞子、麦门冬、五味子、牛膝、黄柏、白蒺藜；补阳则用人参、黄芪、鹿茸、大枣。其辨证用药思路为治疗中风开启了新的门径，对后世医家有重要启迪。

另外，缪氏还对"似中风证"的治疗进行了论述，主张损其脾者，调其饮食，节其起居，适其寒温，以复脾阴。戒暴怒，则肝和而不贼脾土矣。命门乃先天真阳之气之所寄，亦须固护，否则火不生土，而脾胃因之日弱。具体治法：降气和肝滋肾。降气可使阳交于阴；肝和则脾胃不被贼邪所干，故能纳而能消，脾胃无恙，则后天元气日益生长矣；肾足则真阴自生，津液自足，舌络有所荣养，则舌之伸缩自如而言语自利矣。

（四）调理脾胃特色

李杲阐发脾胃理论，重视脾胃元气，治疗力主升补，用药多偏于温燥。缪氏论治脾胃，主张区分阴阳，尤其是侧重脾阴；认为脾胃阴血比之阳气更为重要，脾为至阴之脏，为胃行其津液而化生阴血，具有藏营、统血、散精之功能。脾阴无恙，后天阴液方无匮乏。反之，临床若见饮食不进，食不能消，中满腹胀，夜剧昼静，劳倦伤脾发热，肢痿等，则往往属于脾阴不足之候。因此，缪氏重视保护脾阴，用药突出甘润清灵，补充了《脾胃论》的不足，丰富了脾胃学说。其云："谷气者，譬国家之饷道也，饷道一绝，则万众立散，胃气一败，则百药难施。"而"脾胃无恙，则后天元气日长"。

1.平调脾胃

缪氏根据脾胃生理特点，在参苓白术散基础上创制资生丸健脾和胃，调理中焦。方中山药、莲子、芡实、薏苡仁、扁豆悦脾滋阴，人参、白术、茯苓、甘草健脾益气，桔梗、麦芽升清助运，山楂、神曲、砂仁、肉豆蔻、陈皮、藿香理气和脾，黄连、泽泻清脾和胃。用药甘平柔润，既不偏于温燥，亦不过于滋腻，滋中寓通，补而不滞。因为香燥温补，健胃除湿，救标则可，多服反能泻脾而损津液，故而反对滥用甘温而添薪助燃。

2.滋养脾阴

缪氏根据《内经》五脏补泻理论，认为治疗脾阴虚应当甘凉滋润，酸甘化阴，常用石斛、木瓜、牛膝、白芍、酸枣仁、生地黄、枸杞子、茯苓之品补益脾阴。并告诫说"世人徒知香燥温补为治脾虚之法，而不知甘寒滋润益阴之有益于脾也"，强调"益阴宜远苦寒"。这是对时医拘泥"脾喜燥恶湿"之见，扶脾之剂每每不离温燥升补，治阴虚火旺之证又多取苦燥弊端的批评，纠正了调理脾胃一味温补脾阳之偏。

3.脾肾双补

肾为先天，脾为后天，脾与肾是相互资生的关系。缪氏认为肾火能生脾土，治脾应兼顾肾。他指出"夫脾胃受纳水谷，必藉肾间真阳之气熏蒸鼓动，然后能腐熟而消化之。肾脏一虚，阳火不应，此火乃先天之真气，丹溪所谓人非此火不能有生者也。治宜益火之源，当以四神丸加人参、沉香，甚者加熟附、茴香、川椒"。并创制脾肾双补丸（人参、莲子、菟丝子、五味子、山茱萸、山药、车前子、肉豆蔻、橘红、砂仁、巴戟天、补骨脂）健脾益肾，较四神丸更进一步，常为后人所宗。

医案举例

◆无锡秦公安患中气虚不能食，食亦难化，时作泄，胸膈不宽。一医误投枳壳、青皮等破气药，下利完谷不化，面色黯白。仲淳用人参四钱、白术二钱、橘红钱许、干姜炮七分、甘草炙一钱、大枣、肉豆蔻，四五剂渐愈，后加参至两许痊愈。三年后，病寒热不思食，他医以前病因参得愈，仍投以参，病转剧。仲淳至曰：此阴虚也，不宜参。乃用麦门冬、五味子、牛膝、枸杞、芍药、茯苓、石斛、酸枣仁、鳖甲等十余剂愈。（《先醒斋医学广笔记·泄泻》）

◆顾鸣六乃郎，禀赋素弱，年数岁，患脾虚证，饮食绝不沾唇，父母强之，终日不满稀粥半盂，形体倍削，鸣六深以为忧。予为之疏一丸方，以人参为君，茯苓、山药、橘红、白芍药、莲肉、扁豆为佐，更定一加味集灵膏相间服之。百日后，饮食顿加，半年肌体丰满。世人徒知香燥温补为治脾虚之法，而不知甘寒滋润益阴之有益于脾也。治病全在活法，不宜拘滞。（《先醒斋医学广笔记·幼科》）

原著选读

●治法提纲

病在于阴，毋犯其阳；病在于阳，毋犯其阴。犯之者，是谓诛伐无过。

病之热也，当察其源，火苟实也，苦寒咸寒以折之；若其虚也，甘寒酸寒以摄之。病之寒也，亦察其源，寒从外也，辛热辛温以散之；动于内也，甘温以益之，辛热辛温以佐之。

经曰：五脏者，藏精气而不泻者也，故曰满而不能实，是有补而无泻者，其常也。脏偶受邪，则泻其邪，邪尽即止，是泻其邪，非泻脏也。脏不受邪，毋轻犯也，世谓肝无补法，知其谬也。六腑者，传导化物糟粕者也，故曰实而不能满，邪客之而为病，乃可攻也，中病乃已，毋尽剂也。

病在于经，则治其经，病流于络，则及其络，经直络横，相维辅也。病从气分，则治其气，虚者温之，实者调之。病从血分，则治其血，虚则补肝、补脾、补心；实则为热为瘀，热者清之，瘀者行之。因气病而及血者，先治其气；因血病而及气者，先治其血；因证互异，宜精别之。

病在于表，毋攻其里；病在于里，毋虚其表。邪之所在，攻必从之。

受邪为本，现证为标；五虚为本，五邪为标。譬夫腹胀，由于湿者，其来必速，当利水除湿，则胀自止，是标急于本也，当先治其标。若因脾虚渐成胀满，夜剧昼静，病属于阴，当补脾阴；夜静昼剧，病属于阳，当益脾气，是病从本生，本急于标也，当先治其本。举一为例，余可类推矣。

病属于虚，宜治以缓，虚者精气夺也；若属沉痼，亦必从缓。治虚无速法，亦无巧法。盖病已沉痼，凡欲施治，宜有次第，故亦无速法。

病属于实，宜治以急。实者，邪气胜也，邪不速逐，则为害滋蔓，故治实无迟法。亦无巧法，此病机缓急一定之法也。（《本草经疏·卷一》）

●中风治法大略

凡言中风，有真假内外之别；差之毫厘，谬以千里。何者？西北土地高寒，风气刚猛，真气空虚之人，猝为所中，中脏者死，中腑者成废人，中经络者可调理而瘳。治之之道，先以解散风邪为急，次则补养气血，此真中外来风邪之候也。其药以小续命汤、桂枝、麻黄、生熟附子、羌独活、防风、白芷、南星、甘草之属为本。若大江以南之东西两浙、七闽、百粤、两川、滇南、鬼方、荆扬梁三州之域，天地之风气既殊，人之所禀亦异。其地绝无刚猛之风，而多湿热之气。质多柔脆，往往多热多痰，真阴既亏，内热弥甚，煎熬津液，凝结为痰，壅塞气道，不得通利，热极生风，亦致猝然僵仆类中风证。或不省人事，或言语謇涩，或口眼㖞斜，或半身不遂。其将发也，外必先显内热之候，或口干舌苦，或大便闭涩、小便短赤，此其验也。刘河间所谓此证全是将息失宜，水不制火。丹溪所谓湿热相火，中痰中气是也。此即内虚暗风，确系阴阳两虚，而阴虚者为多，与外来风邪迥别。法当清热顺气开痰以救其标；次当治本：阴虚则益血，阳虚则补气，气血两虚则气血兼补，久以持之。设若误用治真中风药，如前种种风燥之剂，则轻变为重，重则必死。祸福反掌，不可不察也。初清热，则天门冬、麦门冬、甘菊花、白芍药、白茯苓、栝楼根、童便；顺气则紫苏子、枇杷叶、橘红、郁金；开痰则贝母、白芥子、竹沥、荆沥、栝楼仁。次治本，益阴则天门冬、甘菊花、怀生地、当归身、白芍药、枸杞子、麦门冬、五味子、牛膝、人乳、白胶、黄柏、白蒺藜之属；补阳则人参、黄芪、鹿茸、大枣。（《先醒斋医学广笔记·卷一》）

●伤寒时地议并六经治法

夫伤寒者，大病也。时者，圣人所不能违者也。以关乎死生之大病，而药不从时，顾不殆哉！仲景，医门之圣也，其立法造论，后之明师如华佗、孙思邈辈，莫不宗之。汉末去古未远，风气犹厚，形多壮伟，气尚敦庞，其药大都为感邪即病而设。况南北地殊，厚薄不侔，故其意可师也，其法不可改也，循至今时，千有余年，风气浇矣，人物脆矣，况在荆扬交广梁益之地，与北土全别，故其药则有时而可改，非违仲景也，实师其意，变而通之，以从时也。如是则法不终穷矣。故作斯议，条列其方，稍为损益，以从时地，俾后之医师，知所适从，庶几患斯疾者，可免于夭枉尔！

（《先醒斋医学广笔记·卷一》）

●春温夏热病大法

冬伤于寒，至春变为温病，大都头疼发热，或渴或不渴。三阳证俱，然亦间有先微寒，后即发热者，大抵发热其常也。药用辛温，佐以辛寒，以解表邪。太阳宜羌活汤，阳明宜白虎汤。无汗不呕者，间用葛根汤。少阳往来寒热等证，不可汗、吐、下，宜和解，小柴胡汤。渴者，去半夏，加栝蒌根；耳聋热盛，去人参，加麦冬、知母、栝蒌根，渴亦加之。

至夏变为热病，其表证大约与春温同，但热比于温则邪气更烈耳。解表用白虎汤、竹叶石膏汤。有太阳证则加羌活；有少阳证则加柴胡、黄芩。如发斑，白虎汤、竹叶石膏汤加玄参、栀子、桔梗、鼠粘、连翘、大青、小青、青黛，大剂与之。二证若大便秘，宜按之。其邪已结于内，便硬宜察，邪结中焦，小承气汤、调胃承气下之。邪结下焦，少腹坚痛，始用大承气汤下之。

伤寒、温疫，其不可治及难治者，皆属下元虚。

伤寒、温疫，三阳证中，往往多带阳明者，以手阳明经属大肠，与肺为表里，同开窍于鼻；足阳明经属胃，与脾为表里，同开窍于口。凡邪气之入，必从口鼻，故兼阳明证者独多。

邪在三阳，法宜速逐，迟则胃烂发斑。或入于里，则属三阴。邪热炽者，令阴水枯竭，于法不治矣。此治之后时之过也。

近代医师卤莽，既不明伤寒治法，又不识杂证类伤寒，往往妄投汗、下之药，以致虚人元气，变证丛生。元气本虚之人，未有不因之而毙者矣。戒之哉！汗、下之药，焉可尝试也！（《先醒斋医学广笔记·卷一》）

·参考文献·

1.任春荣.缪希雍医学全书［M］.北京：中国中医药出版社，1999.

2.谷建军.缪希雍养阴用药心法［M］.北京：中国医药科技出版社，2021.

3.宋佳，闫晓凡.缪希雍《先醒斋医学广笔记》用药特色探讨［J］.中华中医药杂志.2015，30（9）：3361-336.

4.彭慕斌，彭应涛，彭景星.缪希雍学术特色琐谈［J］.中医文献杂志，2013，31（03）：46-48.

5.赵瑞站，叶素川.缪希雍临证用药组方规律浅析［J］.河南中医，2010，30（04）：346-348.

6.郑齐.缪希雍养脾阴思想对燥湿相兼证治的启示［J］.南京中医药大学学报，2015，31（4）：305-306.

7.冯亚慧，谷建军.明代缪希雍脾阴学说内涵探析［J］.江西中医药，2017，48（12）：7-9.

8.易峰，杨进.缪希雍脾阴学说探讨［J］.中医药导报，2009，15（05）：4-5.

9.王新智.缪希雍脾胃论治思想探析［J］.安徽中医学院学报，1996，（04）：4-5.

10.邢斌.缪希雍升降论探析与体悟［J］.上海中医药杂志，2010，44（10）：11-12.

11.徐年年，熊秀萍.缪希雍降气思想简介［J］.中医药导报，2016，22（10）：117-118.

12.谷建军.略论缪希雍"补血须用酸枣仁"［J］.中医文献杂志，2005，23（2）：20.

13.肖海燕，周庆兵.缪希雍治血三法初探［J］.上海中医药杂志，2010，44（06）：33-34.

14.符坤，胡素敏.缪希雍吐血证治特点探讨［J］.江西中医药，2011，42（11）：11-12.

15.陈飞，李成文.缪希雍治疗中风用药特色［J］.河南中医，2004，24（5）：21.

16.朱介宾，顾鸣佳，杨进.缪希雍论中风［J］.江苏中医药，2022，54（05）：18-20.

17.马静毅，刘红权，徐征.缪希雍从脾阴论治"内虚暗风"探微［J］.四川中医，2020，38（08）：26-28.

18.李晓寅，陆海峰，俞欣玮.缪希雍白芍平肝法浅析［J］.江西中医药大学学报，2014，26（02）：21-22.

19.丁亮，肖燕，李文林，等.缪希雍治疗泄泻临床用药特色探析［J］.南京中医药大学学报，2017，33（04）：333-334.

20.陈承，熊秀萍.缪希雍治疗泄泻经验［J］.河南中医，2019，39（04）：521-523.

陈实功

一、概说

陈实功（1555~1636），字毓仁，号若虚，明代崇川（今江苏南通）人。

陈氏少年颖悟，习儒，崇尚医学，遇异人传授刀针之术，不久名震大江南北。临证治疗外科疾病主张内外结合，口服与外敷药物兼顾，灸法与针刀器械并举，因而成为外科领域中正宗学派的代表人物，对后世祁坤、吴谦影响较大。正如《外科正宗·自序》曰，余"历四十余年，心习方，目习症，或常或异，辄应手而愈。"

陈氏治学主张要有坚实的文化基础，然后才能学医，因而告诫后学说，"一要先知儒理，然后方知医业，或内或外，勤读先古明医确论之书，须旦夕手不释卷，一一参明，融化机度，印之在心，慧之于目，凡临证时自无差缪矣。"二是重视行医规范，制定"医家五戒与十要"，作为临证行医指南，尤其是坚守工作岗位，诊治妇女需有第三者在场，至今仍有指导意义。

陈实功的著作是《外科正宗》，对100余种外科疾病，从病因、症状、治法及具体方药、手术、预后等诸方面加以论述；并详细介绍了披（铍）针的形状、大小、加工方法与要求。清代著名医家徐大椿曾逐条评述，并赞扬说："此书所载诸方，大断已具，又能细载病名，各附治法，条理清晰，所以凡有学外科者问余当读何书，则令其先阅此书，以为入门之地。"《四库全书总目提要》赞扬其"列证最详，论治最精"。

二、学术特色与临证经验

（一）辨治疮疡经验

1.疮疡病因

（1）内因：恣食膏粱厚味，七情六欲不节，房欲劳伤，多见于富贵之人与肥胖者。其疮多坚硬，根蒂深固，外软内坚，平陷无脓，二便不调，饮食少进，此为表实里虚，毒多难出。

（2）外因：感受风寒湿邪，多见于不善调摄，澡薄劳碌及体虚之人。《外科正宗·病有三因受病主治不同论第十二》云："外因者，皆起于六淫，体虚之人，夏秋露卧，当风取凉，坐眠湿地，以致风寒湿气袭于经络；又有房事后得之，其寒毒乘虚深入骨髓，与气血相凝者尤重；或外感风邪，发散未尽，遂成肿痛。此肌肉血脉筋骨受之，其病由此外来者，发之多在不善调摄，澡薄劳碌人，十有八九。"

（3）不内外因：饥饱劳役，喜怒不常，饮食者冷热不调，动作者勤劳不惜，"以致脏腑不和，荣卫不顺，脾胃受伤，经络凝滞。故为疾者，外无六经形症，内无便溺阻隔，其病多生于膜外肉里肌肤之间，似瘰疬、痰注、气瘟、瘿瘤之属。"

2.疮疡治疗

陈氏根据疮疡发病部位、疮形、病程、年龄、脉象、病变涉及脏腑、局部与整体关系、精神状态、气血盛衰、标本缓急，辨别属于阴证与阳证，并将疮疡局部变化分为初生、将溃、溃后三个不同阶段，结合全身情况，确定治疗大法。主张以内治为主，内外并举，保护元气，顾护脾胃。

（1）内治：陈氏采用消托补三法治疗疮疡，初期以消法（包括汗、下、清、温等）为主；中期脓成不溃或脓出不畅阶段，用托法（包括扶正托毒、透脓托毒、排脓托毒）为主；后期以补法（包括补气血、调脾胃、益肝肾等）为主。

①消法：适用于肿疡初起，毒气已聚，未成脓腐，邪盛正实的"消除邪毒"方法。痈疽初起，或七日之内，或已灸之而未用他药，常用蟾酥丸或万灵丹等发散毒邪，从汗而解；焮痛势甚，烦躁饮冷，舌干口燥者，火在上也，宜清之，可用黄连解毒汤、神授卫生汤；肿硬痛深，口干便秘，身热脉实者，邪在里也，宜下之，可选用内疏黄连汤、四顺清凉饮、内消沃雪汤等，兼有表证者，用防风通圣散去麻黄。温法用于风寒湿毒入骨之证如附骨疽、鹤膝风等。夫附骨疽者，乃阴寒入骨之病也，初起寒热交作时，宜五积散加牛膝、红花，或万灵丹发汗俱可；如汗后肿疽仍不消减，此阴寒深伏，以大防风汤温暖经络，渗湿补虚。

②托法：适用于疮疡脓成而不消，邪实正虚的治法。盖托里则气血壮而脾胃盛，使脓秽自排，毒气自解，死肉自溃，新肉自生，饮食自进，疮口自敛。但须注意，此法，一定要脏腑和平，表里透彻，方可运用此法。其中分清托、温托两种。清托，为疮疡阳证治法，凡疮初发自然高起者，此疮原属阳证，内腑原无深毒，且脓发于表，宜托里透脓，方有托里消毒散、透脓散。温托，指当疮

疡脓溃时不作腐溃，疮不热，亦不高肿，脉细身凉，或食少便溏，乃阳气虚，当壮脾胃，助阳气，方有神功内托散。

③补法：适用于疮疡脓溃后邪正俱虚的治法。凡疮脓溃之后，五脏亏损，气血大虚，外形呈似有余，而内脏真实不足，法当纯补。如已溃时发热恶寒，脓多自汗作痛的情况，可选用十全大补汤。虚热少睡，饮食不甘，可选用黄芪人参汤；脾虚下陷食少，虚热间作的情况，可选用补中益气汤；脾气亏弱，身凉脉细，大便溏泄，可选用托里温中汤。肾虚作渴，不能相制心火者，可选用加减八味丸。

（2）外治：陈氏在治疗外证中，既重视内治，更在外治方法上精心专研，丰富和独创了许多宝贵的外治法，形成了一套较完整、系统、规范的外治疗法。

①疮疡初生

灸法：疮疡七日以前，形而未成，元气未弱，不论阴阳寒热虚实俱当先灸，轻者使毒随火而散，重者拔引郁毒，通彻内外。同时也指出项之以上疮疡、发于肾腧穴处及患者元气素虚，内无真气抵挡火气者，不宜用灸法。陈实功十分注重灸法，认为"盖艾火拔引郁毒，透通疮窍，使内毒有路而外发，诚为疮科首节第一法也"，并将灸法广泛应用于多种外科疾病。

神灯照法：即灯火热熏，是借鉴古法又外加药物，促使疮痛郁滞之气血得运，毒气随火解散而不向内侵袭脏腑。如"用须在八九日之后，疮势已定，毒气已聚，未成脓之时。用此照之，已成者自高，未成者自消，不溃者自溃，不脱者自脱，亦且解毒活血，消肿散瘀之良法也。"（《外科正宗·痈疽治法总论第二》）

外敷法：主要作用是消肿、拔毒、止痛。如如意金黄散，用大兰根捣汁可治阳证，用葱酒调敷则可治阴证。回阳玉龙膏，用热酒调敷治阴证；冲和膏以葱酒或麻油调敷治阴阳不和等。

此外初起时还可煎葱艾汤，每日淋洗疮疡一次，病情严重的早晚各淋洗一次，也可使气血流通，令疮疡易于消散。

②疮疡将溃

切开排脓法：疮肿已在十日以上，已到化脓期而仍不化脓外溃，疮形坚硬消托无效者，此乃疮根深固，毒气难出，或脓已成。主张用针法早期切开，"验其生熟、浅深、上下而针之，假如肿高而软者，发于肌肉，脓熟用针只针五六分；肿下而坚者，发于筋脉，脓熟用针只针六七分；肿平肉色不变者，毒气附于骨也，脓熟用针必须入深寸许，方得见脓。"陈实功将"脓既已成，当用针通"作为常规方法，认为"若不用之，则必致毒气内攻，产生变证"。但亦强调指出："若脓生而用，气血反泄；脓浅而针深，内脏不出，良肉受伤。"所以一定要视疮疡深浅而定，开窍发泄，使毒气向外，则便于脓排出。

扩创术：对于脓管被阻而致脓出不畅者，陈实功主张用扩创术，用针勾向正面钩起顽肉，用刀剪取去寸余顽硬之肉，使脓管通畅，疮头无闭塞，脓自涌出。这种切排术，名曰"畅通脓管术"，即现代的扩创引流术。

吸引法：用宣散开泄的药物与竹筒若干同煮，乘热急合于疮上，借助药力和筒具，宣通气血，拔毒泄热，吸取脓液毒水，从而达到脓毒外泄，毒尽疮愈的治疗方法。主要用于疮坚脓少，腐不易脱者。此法运用自然负压吸引，并借助药力，既可以减少挤压排脓的痛苦，又可防止脓肿挤压不当而造成脓毒内陷的弊端。

③疮疡溃后

淋洗浸渍法：用药物煎汤淋洗浸渍患处，使疮口洁净、祛除病邪从而达到治疗目的的一种外治法。常在疮疡溃后用猪蹄汤淋洗疮面，可起到通瘀滞、解毒气、脱腐肉、减痛苦的良好效果。

生肌收口法：是用能够解毒收敛，促进新肉生长作用的药物掺于疮面，使疮口加速愈合的方法，也是处理疮疡溃后的一种基本疗法。常用的有生肌玉红膏、生肌散、珍珠散等。

（3）重视脾胃：治疗疮疡虽多用消肿排脓之法及刀针之术，但脾胃盛衰与其关系极为密切。脾胃为气血生化之源，正气旺盛，元气充沛，正能抗邪，生肌长肉，有利于促进创口愈合。所以陈氏说："盖疮全赖脾土，调理必要端详。"《外科正宗·痈疽治法总论第二》云："脾胃者，脾为仓廪之官，胃为水谷之海。胃主司纳，脾主消导，一表一里，一纳一消，运行不息，生化无穷，至于周身气血、遍体脉络、四肢百骸、五脏六腑，皆借此以生养。又谓得土者昌，失土者亡。盖脾胃盛者，则多食而易饥，其人多肥，气血亦壮；脾胃弱者，则少食而难化，其人多瘦，气血亦衰。所以命赖以活，病赖以安，况外科尤关紧要。"

（4）疮疡预后

①根据气血盛衰判断预后：疮疡初起顶高根活，色赤发热，焮肿疼痛，日渐高肿，皮薄光亮；或溃后脓厚稠黄，色鲜不臭，腐肉自脱，焮肿易消，新肉易生，疮口易敛；精神好，饮食可，二便调和，说明气血旺盛，属于阳证，预后较好。痈疽初起顶平根散，色暗微肿，不热不疼，身体倦怠；或痈疽肿坚色紫，不作脓，不腐溃，口干烦躁；或已溃皮烂，肉坚不腐，肿仍不消，痛仍不减，心烦；或溃后脓水清稀，腐肉虽脱，新肉不生，色败臭秽，身体倦怠，乃气血亏虚，正气不能抗邪，属于阴证，预后不良。所以，《外科正宗·痈疽治法总论第二》阐发说，"气血者，人之所原禀，老者尚或有余，少者亦有不足，人之命脉，全赖于此。况百病生焉？失此岂能无变，独疮科尤关系不浅。但肿疡时，若无正气冲托，则疮顶不能高肿，亦不能焮痛；溃脓则无真阴相滋，则疮根不能收束，色亦不能红活收敛。凡视疮之顶高根活，不论老少，定知气血有余，故知老幼俱可无妨。"

②根据形色判断预后：阴病见阳色，腮颧红献；阳病见阴色，指甲呈青；面如涂脂，色若土黄，油腻黑气涂抹；身热脉细，口唇青，目珠直视；形容憔悴，精神萎靡；喘粗气短，语言谵妄，或神昏，循衣摸床，遗尿失禁；汗出如珠；肉绽烂斑，麻木不知痛痒等，预后不良。

（5）疮疡预防

少食膏粱醇酒厚味，节制情欲，房事有度；顺应四时气候变化，如夏热坐卧不可当风，忌置水于榻前床下，冬寒须避起居，常要温和。故陈氏主张"善养生者，节饮食，调寒暑，戒喜怒，省劳役，此则不损其脾胃也。如不然，则精神气血由此而日亏，脏腑脉络由此而日损，肌肉形体由此而日削，所谓调理一失，百病生焉。"

（6）注意事项

①饮食禁忌：陈氏主张不食牛肉、犬肉，生干瓜、果、梨、柿、菱、枣，鸡、鹅、羊肉、蚌、蛤、虾、蟹，赤小豆、荞面，以及油腻、煎、炒、烹、炙、酸厚味等，防止损伤脾胃，影响痈疽康复。对于溃后，气血两虚，脾胃并弱者，禁食生冷硬物，用八仙糕、参术膏健脾益气，培助根本；脾胃俱虚，精神短少，自汗劳倦，食少乏味，胸膈不宽，用白术膏、人参膏。

②环境卫生：疮疡患者所住房间要洒扫洁净，冬必温帏，夏宜凉帐，以防苍蝇、蜈蚣之属侵之。

③愈后禁忌：疮疡愈后不宜劳役太早、入房太早。大疮须忌半年，小疮当禁百日。

医案举例

◆一妇人中年肥胖，生渴三载，右手食指麻痒月余，后节间生一小泡，随后本指渐肿，疼胀不堪，视之原泡处已生黑斑，半指已变紫黑，此亢阳之极，乃成脱疽。诊之脉洪大、数而有力，此与肥人相反，如再黑色上延，坏人迅速。询问此妇先居富室无嗣，每纵膏粱，架烘炉炭，又兼多服种子热药，中年丧夫，家业尽被嗣人侵费，致久怀忧郁，后与寡母同栖，身耽寂寞，此先富后贫，所愿不得，又为失荣症也。辞不可治。彼妇母子再三哀恳，予亦无之奈何，乃遵孙真人治法，在肉则割，在指则切，此外无他，彼愿从之。先用人参养荣汤，随用软绢条尺许缠裹黑色尽处好肉节上，以渐收紧扎之，庶不通行血络；次用利刀放准，依节切下，将手随浸甘草温汤中片时，其血不大多，其疼亦不大甚，患者曰：惟心之俱不知而下以神力之佑也。予曰：所嫌者切而不痛，此为气血筋骨俱死；此物虽脱，其症未可得愈。每以八味丸料加人参、麦冬大剂煎服，先救肾水，次扶脾胃，间用金液戊土丹以解药毒。后三日，所扎指上渐渐放松，以通血脉，搽贴红、黑二膏生肉止痛，次后手背手掌日渐发肿，势恶之甚，惟不黑色，此内毒已出之故，仍用神灯照法，兼以猪蹄汤淋洗。后又肿上皆出数头，流出脓血，不计其许，两月外方得原肿稍退，脓秽稍减。又以参术膏、人参养荣汤兼服，半年外方妥。此妇虽活，五指失矣。（《外科正宗·脱疽治验》）

◆一男子患痔六年，每遇酒色劳役，痔则发肿，坚硬疼苦，十余日方得稍可。彼欲断其根，以枯痔散上至七日外，其痔渐黑裂缝，至十六日痔枯脱落，孔若鸡心，以生肌散逐日用之，内补养血健脾药而愈。（《外科正宗·痔疮治验》）

（二）辨治乳痈（乳岩）特色

1.病因病机

哺乳期妇女，调摄不慎，致使乳汁瘀滞，乳络不畅，日久败乳蓄积，酿而成脓；或忧郁伤肝，肝气滞而乳房结肿；或厚味饮食，暴怒肝火妄动乳房结肿，或忧郁伤肝，思虑伤脾，积想在心，所愿不得，经络痞涩，聚结成核而成乳岩。

2.临床表现

乳房肿胀疼痛，或红赤肿痛，或不热不红，或坚硬如石，身微寒热，或一囊结肿，溃烂流脓，四周作痒；身体疲倦，口干不寐，胸痞食少。或乳中结核，初如豆大，渐若棋子，短者半年，多

中医各家学说

154

者三载，不疼不痒，渐渐而大，始生疼痛，肿如堆栗，或如复碗，紫色气秽，渐渐溃烂，深者如岩穴，凸者若泛莲，疼痛连心，出血臭，则为乳岩表现。

3.治疗方药

乳痈、乳疽，结肿疼痛，但未成脓用牛蒡子汤；内吹与外吹，致乳结成肿痛，寒热交作，甚者恶心呕吐，用橘叶散；忧郁气滞，乳结肿硬，不疼不痒，久渐作疼，或胸膈不利，肢体倦怠，面色萎黄，饮食减少，用清肝解郁汤；乳痈初起，发热恶寒，头眩，肢体作痛，用保安万灵丹；郁怒伤肝，七情内结，以致乳中生核，不疼不痒，日久方痛，甚者胸膈不利，吞酸呕吐，头目昏眩，四肢倦怠；或已破溃，脓水清稀，不能收敛，饮食减少，口淡无味，自汗盗汗，肢体羸瘦，用益气养荣汤；乳痈初起肿痛未成脓，用治乳便用方并将药渣敷肿胀部位；气滞结肿成核，或痛或闪胁用木香饼贴患处，并以热熨斗熨之。

另外，对于产妇无儿吃乳，致乳房肿胀，坚硬疼痛难忍者，用回乳四物汤。

4.乳痈预后

乳痈初起红赤肿痛，身微寒热，无头眩，无口干，微痛；或乳房焮肿发热，疼痛有时，一囊结肿，不侵别囊；或溃后脓黄而稠，肿消疼痛渐止，四边作痒；或溃后脓水自止，肿痛自消，新肉易生，脓口易合者，预后较好。若初起一乳通肿，不痛不红，寒热心烦，呕吐不食；或乳房坚硬如石，不热不红，口干不寐，胸痞食少；或已溃无脓，正头腐烂，肿势愈高，痛势愈盛，流血；或溃后肉色紫黑，痛苦连心，形体日削，预后不良。而对乳岩的预后，则明确指出："凡犯此者，百人百必死。如此症知觉若早，只可清肝解郁汤或益气养荣汤，患者再加清心静养、无挂无碍，服药调理只可苟延岁月。"（《外科正宗·乳痈论第二十六》）

医案举例

◆一妇人右乳疼痛，肿如复碗，诊之脉数有力，此有余症，欲作脓也。以托里消毒散，数服而胀痛，即针之出脓碗许，又以十全大补汤加香附十余服而安。（《外科正宗·乳痈治验》）

◆一妇人因怒左乳肿痛，寒热交作。以人参败毒散一剂，表症已退；又以牛蒡子汤，二服肿消，渐渐而安。（《外科正宗·乳痈治验》）

另外，陈实功治疗皮肤病也有许多独到之处，如粉刺、酒渣鼻因血热郁滞肺脾所致，内服枇杷叶丸或黄芩清肺饮，外用真君妙贴散早晚用凉水调敷；治疗雀斑，因肾水不能荣华于上，火邪滞结而为斑，内服六味地黄丸以滋化源，外以玉容丸早晚搽洗或用玉肌散早晚洗面时汤调洗患处；治疗面生黧黑斑，因水亏不能制火，血弱不能华肉，以致火燥结成斑黑，色枯不泽，早上内服肾气丸以滋化源，早晚用玉容丸洗面斑，兼戒忧思、动火、劳伤等。

原著选读

●医家五戒

一戒：凡病家大小贫富人等，请视者便可往之。勿得迟延厌弃，欲往而不往，不为平易。药金毋论轻重有无，当尽力一例施与，自然生意日增，毋伤方寸。

二戒：凡视妇女及孀妇、尼僧人等，必候侍者在傍，然后入房诊视，倘傍无伴，不可自看。假有不便之患，更宜真诚窥视，虽对内人不可谈此，因闺阃故也。

三戒：不得出脱病家珠珀珍贵等送家合药，以虚存假换。如果该用，令彼自制入之，倘服不效，自无疑谤。亦不得称赞彼家物色之好。凡此等非君子也。

四戒：凡为医者，不可行乐登山，携酒游玩，又不可片时离去店中。凡有抱病至者，必当亲视，用意发药。又要依经写出药帖，必不可杜撰药方，受人驳问。

五戒：凡娼妓及私窠家请看，亦当正己，视如良家子女，不可他意儿戏，以取不正。视毕便回。贫窭者药金可壁病回，只可与药，不可再去，以图淫邪之报。(《外科正宗·卷四》)

● 医家十要

一要：先知儒理，然后方知医业。或内或外，勤读先古明贤确论之书，须旦夕手不释卷，一一参明，融化机变，印之在心，慧之于目。凡临症时，自无差谬矣。

二要：选买药品，必尊雷公炮炙。药有依方修合者，又有因病随时加减者。汤散宜近备，丸丹须预制。膏药愈久愈灵，线药越陈越异。药不吝珍，终久必济。

三要：凡乡井同道之士，不可轻侮、傲慢。与人切要谦和、谨慎。年尊者恭敬之，有学者师事之，骄傲者逊让之，不及者荐拔之。如此自无谤怨，信和为贵也。

四要：治家与治病同。人之不惜元气斗丧太过，百病生焉。轻则支离身体，重则丧命。治家若不固根本，而奢华费用太过，流荡日生。轻则无积，重则贫窭。

五要：人之受命于天，不可负天之命。凡遇进取，当知彼心愿否，体认天道顺逆。凡顺取人缘相庆，逆取子孙不吉。为人何不轻利远害，以防还报之业也。

六要：凡里中亲友人情，除婚丧疾病庆贺外，其余家务至于馈送来往之礼，不可求奇好胜。凡餐只可一鱼一菜，一则省费，二则惜禄，谓广求不如俭用。

七要：贫窭之家及游食僧道、衙门差役人等，凡来看病，不可要他药钱，只当奉药。再遇贫难者，当量力微赠方为仁术。不然有药而无火食者，其命亦难。

八要：凡有所蓄，随其大小，便当置买产业，以为根本。不可收买玩器及不紧物件，浪费钱财。又不可做人银会酒会，有防生意，必当一例禁之，自绝谤怨。

九要：凡店中所用各样物具，俱要精备齐整，不得临时缺少。又古今前贤书籍，及近时名公新刊医理词说，必寻参阅，以进学问。此诚为医家之本务也。

十要：凡奉官衙所请，必当远去，毋得怠缓。要诚意恭敬告明病源，开具方药。病愈之后，不得图求匾礼，亦不得言说民情，致生罪戾。闲不近公，自当守法。

以上五戒十要，乃保身保家守成之法，当置于座右，朝夕一览。若有贤能子孙，倘尊而行之，则可以成家立业。若不听信，必有饥寒不足之忧。凡人何不预听，直待临时追悔，进退两难，将何及矣！(《外科正宗·卷四》)

● 痈疽发背怎生医，不论阴阳先灸之，不痛灸至痛，疼灸不疼时。

凡看痈疽脑项等发大疮，先要从容立定主意，以见标日期为始，到今几日，看疮形与日期可否相对，相应则多吉，不应则多险。次看受病之源，发于何脏腑，出于何部位，但身体有上下，部位有险否，形色辨顺逆，精神论有无。再看年纪老壮，气血盛衰，发阴发阳，毒深毒浅，以阳为易治者多生，以阴为难治者多死。方诊脉之虚实，可知顺险，以决其终。凡疮未溃前，脉要太过一二至，已溃后，又宜不及二三分，此为脉病相应，首尾自不变生；如其相反，恐防不测。但看法全在目力精巧，与心相应，一一参明，表里透彻，然后方定治法。凡疮七日以前，形势未成，元气未弱，不论阴阳、表里、虚实，俱当先灸，轻者使毒气随火而散，重者拔引郁毒，通彻内外。所得火引毒气混合为阳，方能发肿作痛，然后可汗可攻，或消或托，兼求标本参治，必以脉合药，以药合病，如此治之，自然无错矣。故药难执方，全在活法。大抵关节首尾，俱不可损伤元气、脾胃为要。(《外科正宗·卷一·痈疽治法总论》)

●用膏贴顶上，敷药四边围

凡疮最忌风寒所袭，初起之时，或已灸之后，俱当用太乙膏盖贴顶上，功效在于拔毒、提顶、提脓、防御风寒不入。如焮痛高肿，阳疮七日以后，疮头自有黄色稠脓相粘膏上，余肿红色，光亮鲜明，每日宜用葱汤洗净，换膏贴之，其正脓定在十一日前后出也，此为易治易安之症。如七日之后，疮不大肿高，四边又不焮痛，疮头亦无脓意相粘，此为阴阳相等之症，宜用化腐紫霞膏涂疮顶上，外以膏药盖之，换至十日外，疮顶渐腐，余肿渐高，似有脓意之象，其正脓只在十五日之后可出也，此为以险成顺之症。至于二十日以后无脓者，乃纯阴之症，纵治亦无效矣。又如疮之四边根脚余肿，其功又在敷药收束根本庶不开大。初起时，宜用金黄散敷于四边，乃拔毒、消肿、止痛；既溃后，当用铁桶膏箍之，庶疮根渐收渐紧。但诸疮原因气血凝滞而成，切不可纯用凉药，冰凝肌肉，多致难腐难敛，必当温暖散滞、行瘀、拔毒、活血药用之，方为妥当也。(《外科正宗·卷一》)

·参考文献·

1.陈实功.外科正宗［M］.北京：人民卫生出版社，2007.

2.王平，孙文淼.陈实功《外科正宗》针刺疗法探析［J］.中华中医药杂志，2017，32（12）：5645-5647.

3.林燕.陈实功［M］.北京：中国中医药出版社，2017.

4.赵红心，王平.陈实功《外科正宗》辨证方法探析［J］.山东中医药大学学报，2017，41（04）：324-326.

5.罗明碧，朱宝华，陈明岭.《外科正宗》"消补"之法探微［J］.中医药通报，2022，21（03）：30-32.

6.张硕，陈宇欢，等.基于气血理论探究明代著名医家陈实功治疗痈疽的学术思想［J］.世界中西医结合杂志，2024，19（10）：1972-1975+1981.

7.张晓霞，吕钢.《外科正宗》针法治疗痈疽经验［J］.中国中医基础医学杂志，2017，23（04）：523-52410.

8.何威华.《外科正宗》中乳痈乳岩医案分析［J］.中医药导报，2018，24（04）：99-100.

9.王平，孙文淼.陈实功《外科正宗》针刺疗法探析［J］.中华中医药杂志，2017，32（12）：5645-5647.

10.刘明欣.王荣.《外科正宗》对痔的诊疗特色探析［J］.时珍国医国药，2016，27（1）：155-156.

11.朱文妍，韦艳会.《外科正宗》关于中医美容的书作特点及思路探析［J］.中华中医药杂志，2019，34（4）：1650-1652.

12.张洁.王夏强.陈实功的医德思想对当代医者的启示［J］.中国医学伦理学2016，29（2）：190-192.

张介宾

❦ 学习要点 ❧

　　张介宾深入研究《易经》《内经》及诸家之论，重视中医基础理论探讨，结合临床实践，溯本求源，创立新说，提出阴阳同源一体观，阐发阳非有余、阴常不足论，力倡治形，于精气阴阳虚损之治尤有心得，创制左归丸（饮）、右归丸（饮）等名方，成为明清时期中医学发展的有力推动者。

目的要求：

　　掌握张介宾的阴阳同源一体观、阳非有余、阴常不足论；熟悉二纲六变辨证纲领，治疗精气阴阳虚损的特色；了解其生平、著作及学术成就对后世的影响。

一、概说

　　张介宾（1563~1640），字会卿，号景岳，别号通一子，明代会稽（今浙江绍兴）人。

　　张氏祖籍四川绵竹县，明初，其祖先因军功世袭"绍兴卫指挥使"而移居浙江。张介宾幼禀聪慧，读书不屑章句。其父张寿峰曾为定西侯幕僚，素晓医理，张介宾幼时即从父学医，诵读《内经》。十三岁时，随父至京师，从京畿名医金英学医，尽得其传。张氏喜饮酒善雄辩，并广交奇才异能之士，研讨学问，阅读经、史、子、集百家之说，对天文、地理、音律、数学、历法、兵法战策无所不通，尤精于医，"谒病者辐辏其门，沿边大帅皆遣金币致之。"壮岁从戎，参军幕府，投笔弃儒，谈兵论剑，壮士逊其颜色。游历北方，足迹及于榆关、凤城和鸭绿江之南；由于其宁直无媚，"于人未尝浼首求合"，数年戎马生涯无所成就，使其功名壮志"消磨殆尽"，加之亲老家贫终使张氏尽弃功利之心，解甲归隐，潜心医道，专心治病救人，著书立说，终老其志。临床善用补益方药，被后世称为温补派的宗师。

　　张氏治学主张师古而不泥，辨疑而不苟，善于继承，勇于创新，不仅注重中医理论研讨，对临床实践也极为重视，对中医学发展作出了巨大贡献。

　　张介宾代表著作是《景岳全书》《类经》；另有《质疑录》。现有《张景岳医学全书》合订本。

二、学术特色与临证经验

（一）阐发阴阳学说

阴阳学说是中医基础理论的重要组成部分，张氏利用自己的博学并结合临床经验对其进行了深入系统地阐发，使阴阳学说更加完善。其在《景岳全书·阳不足再辨》中指出："夫阴阳之道，以纲言之，则位育天地；以目言之，则缕析秋毫。至大至小，无往而非其化也。""凡诊病施治，必须先审阴阳，乃为医道之纲领。阴阳无谬，治焉有差？医道虽繁，而可以一言蔽之者，曰阴阳而已……设能明彻阴阳，则医理虽玄，思过半矣。"（《景岳全书·传忠录·阴阳篇》）

1.阴阳同源一体

（1）阴阳一分为二：张氏在《类经·阴阳类》阐释《素问·阴阳应象大论》"阴阳者，天地之道也"时，首先提出"阴阳者，一分为二也"的著名观点，认为这是一种普遍规律。其谓："道产阴阳，原同一气，火为水之主，水即火之源，水火原不相离也。何以见之？如水为阴，火为阳，象分冰炭。何谓同源？盖火性本热，使火中无水，其热必极，热极则亡阴，而万物焦枯矣。水性本寒，使水中无火，其寒必极，寒极则亡阳，而万物寂灭矣。此水火之气，果可呼吸相离乎？其在人身，是即元阴元阳，所谓先天之元气也。"（《景岳全书·传忠录·阴阳篇》）

（2）阴阳互根：张氏在《内经》及王冰之"阴平阳秘，精神乃治；阴阳离决，精气乃绝"；"阳化气，阴成形"及"阳气根于阴，阴气根于阳。无阴则阳无以生，无阳则阴无以化，全阴则阳气不极，全阳则阴气不穷"等论述阴阳理论的基础上，深入探究"阴阳互根"原理。认为气为阳，阳必生于阴；精为阴，阴必生于阳，所以无论先天或后天，"阴不可以无阳，非气无以生形"，"阳不可以无阴，非形无以载气"；精化为气，气化自精，"精之与气，本自互生"，"以精气分阴阳，则阴阳不可离"。故总结说："阴阳之理，原自互根，彼此相须，缺一不可。无阳则阴无以生，无阴则阳无以化"（《景岳全书·本草正·隰草部》）。

人体的生命活动，即是精气化生、互相为用的过程；因为"物之生也，生于阳，物之成也，成于阴"。人的生长发育，勇怯精血，病治之基，无不由于"阴阳互根"、"精气互生"的结果。如果阴阳互根、精气互生的生理机制遭到破坏，就会产生病变。然而，张氏还特别指出，人体阴阳精气常处于不足状态，如果摄生不慎，就可阳损及阴或阴损及阳，最终阴阳俱损；或气伤及精或精伤及气，导致气精两伤。

（3）阴阳互藏：是指阴阳双方中的任何一方都含有另一方，即阴中藏阳，阳中寓阴。有时也称"阴阳互寓"、"阴阳互涵"。《类经·运气类》说："天本阳也，然阳中有阴；地本阴也，然阴中有阳。此阴阳互藏之道。"阴中有阳的鼓动，阳中有阴的静谧，阴阳二者相互作用，维持阴阳的协调和稳定。

阴阳互藏是阴阳双方相互依存、相互为用关系的构筑基础和维系纽带。阳中有阴，因而阳依阴而存在，阳以阴为源而生；阴中寓阳，因而阴依阳而存在，阴以阳为根而化。若阳中无阴，阴中无阳，就变成“孤阴”或“独阳”，其相互依存关系也就被破坏；而“孤阴不生”，“独阳不长”，阴与阳之间也就失去了相互资生与相互促进的关系。

阴阳互藏是阴阳二气升降交感合和的动力根源。阴阳二气的升降运动而引起的交感相错、氤氲合和是宇宙万物生成与发展变化的根源。天气虽居上，但内涵地之阴气，即阳中有阴，有“亲下”之势，故天气在其所涵的地之阴气的作用下下降于地；地气虽在下，但内寓天之阳气，即阴中有阳，有“亲上”之势，故地气在其所寓天之阳气的鼓动下上升于天。如此则“动静相召，上下相临，阴阳相错，而变由生也”（《素问·天元纪大论》）。

2. 阴阳谐和相济

《素问·生气通天论》在论述阴阳关系时指出，“凡阴阳之要，阳密乃固，两者不和，若春无秋，若冬无夏。因而和之，是谓圣度……阴平阳秘，精神乃治；阴阳离决，精气乃绝。”充分说明阴阳二者的关系重在和谐、协调。然而后世理解阴阳关系时，却将“阴平阳秘”解释为“阴阳平衡”，实则与《内经》之义相去太远。张氏认为阴阳之间的关系是谐和相济，“天地阴阳之道，本贵和平，则气令调而万物生，此造化生成之理也”“然天地阴阳之道，本自和平，一有不平，则灾害至矣。”针对虚损的治疗，张氏指出：“善补阳者，必于阴中求阳，则阳得阴助而生化无穷；善补阴者，必于阳中求阴，则阴得阳升而泉源不竭”（《景岳全书·新方八阵·补略》），“善治精者，能使精中生气；善治气者，能使气中生精。”（《景岳全书·传忠录·阳不足再辨》）他把上述治疗方法称为“阴阳相济”，对后世论治虚损诸病有深远影响。

3. 五行互藏

张氏研究阴阳还与五行联系起来，认为二者有不可分割的关系：“五行即阴阳之质，阴阳即五行之气，气非质不立，质非气不行，行也者，所以行阴阳之气也。”（《类经图翼·运气·五行通论》）同时，张氏根据阴阳学说明确提出五行互藏概念，《类经图翼·五行统论》曰：“五行者，水火木金土也……第人皆知五之为五，而不知五者之中，五五二十五，而复有互藏之妙焉。”并进一步例证道：“土之互藏，木非土不长，火非土不荣，金非土不蓄，万物生成，无不赖土，而五行之中，一无土之不可也。木之互藏……由此而观，则五行之理，交互无穷。”《景岳全书·脉神章·〈内经〉脉义》补充说：“凡五藏之气，必互相灌濡，故五藏之中，必各兼五气。”强调五脏的每一脏中均含有他脏之气，与其他任何一脏都密切相关，也就是说五脏之中每一脏功能均可影响其他四脏（渗透于其他四脏之中），调控着其他四脏与己相关的功能。

可见，中医的藏象学说不是以解剖形态学为指归的，而是对人体生理功能、病理变化、病证现象的整体概括，每一脏均涉及多系统的部分结构和功能，每一脏所主的功能均不是某一系统所能独立完成的。这种认识在治疗疾病的遣方用药中尤其有意义，张氏论治精气阴阳虚损即体现了这一特色。

4. 阳非有余论

张氏认为，在阴阳二者之中，阳气居于主导地位，强调“阴以阳为主，阳以阴为根”。但“阴阳之要，阳密乃固"，"人是一小乾坤，得阳则生，失阳则死"，从三个方面论述阳气在人体生命活动中的重要作用，以阐发其"阳非有余"的观点。

（1）形气之辨：从人之形体与功能的密切关系论述阳气的重要性。形体是基础，但阳气是生命活动的关键；因为"一生之活者，阳气也"，"有阳则生，无阳则死"，"得阳则生，失阳则死"，人之"寿夭生育及勇怯精血，病治之基，无不由此元阳之足与不足。"（《景岳全书·传忠录·命门余义》）

（2）寒热之辨：从寒热之气在生命活动中的不同作用，以阐发阳气的重要性。阳气是自然界各种生机的主宰，"阳来则生，阳去则死"。

（3）水火之辨：从水火的性质和作用阐发阳气的重要性。一切生命物体来源于"天一之阳"，一切生活机能又是"少火生气"的作用。

由此，张氏得出"天之大宝，只此一丸红日，人之大宝，只此一息真阳"的结论，强调"难得而易失者，惟此阳气，既失而难复者，亦惟此阳气。"（《景岳全书·传忠录·阳不足再辩》）

5.真阴不足论

张氏既重视阳气，也未忽视阴精，认为阳既非有余，阴亦常不足。因此专著"真阴论"，从以下五方面阐发真阴的重要性。

（1）真阴之象：即人之形体。阴为精，阴成形，因此，观察真阴之法，是通过"观形质之坏与不坏"，以判断真阴是否损伤。

（2）真阴之脏：即命门。张氏认为，五脏各有阴精，又统归于肾，命门又是肾的藏精之所。"精藏于此，精即阴中之水，气化于此，气即阴中之火也，故欲治真阴而舍命门，非其治也。此真阴之脏，不可不察也"（《类经附翼·求正录·真阴论》）。

（3）真阴之用：真阴属水，是命门火的基础，命火养于阴水之中，所以真阴之用实指命门水火的功用。他说："凡水火之功，缺一不可。命门之火，谓之元气；命门之水，谓之元精。五液充，则形体赖而强壮；五气治，则营卫赖以和调。此命门之水火，即十二脏之化源。故心赖之，则君主以明；肺赖之，则治节以行；脾胃赖之，济仓廪之富；肝胆赖之，资谋虑之本；膀胱赖之，则三焦气化；大小肠赖之，则传导自分。此虽云肾脏之伎巧，而实皆真阴之用。"（《类经附翼·求正录·真阴论》）

（4）真阴之病：即命门火衰与水亏之候。张氏认为"凡阴气本无有余，阴病惟皆不足"。"火衰其本则阳虚之证迭生"，阳虚则可见阴胜于下之证；"水亏其源则阴虚之病迭出"，阴虚则可见阳旺于标之证。故指出："无水无火，皆在命门，总曰真阴之病。"（《类经附翼·求正录·真阴论》）

（5）真阴之治：由于水亏火衰皆在命门，因此，真阴不足，既可壮命门之水，也可补阳以生水。他说："人徒知滋阴可以降火，而不知补阳可以生水。"（《景岳全书·传忠录·辨丹溪》）根据"壮水之主，以制阳光；益火之源，以消阴翳"治疗法则，但嫌六味丸、八味丸补之不足，于是"用六味之意，而不用六味之方"（《类经附翼·真阴论》），自制左归丸、右归丸，用甘温益火之品补阳以配阴，用纯甘壮水之剂补阴以配阳，作为治疗真阴肾水不足和元阳虚衰的主方。

（二）二纲六变辨证

张氏临证重视辨证，并根据实践经验，首先提出"二纲六变"辨证纲领。即以阴阳为辨证之"纲"，统领表里、寒热、虚实六变，以纲赅目。其谓"凡诊病施治，必须先审阴阳，乃为医道之纲领。阴阳无谬，治焉有差？医道虽繁，而可以一言蔽之者，曰阴阳而已。"（《景岳全书·传忠录·阴阳篇》）"六变者，表里寒热虚实也。是即医中之关键。明此六者，万病皆指诸掌矣。"（《景岳全书·传忠录·六变辨》）

1.辨阴阳

张氏从证、脉、药论述阴阳为纲的重要性。以证而言，表为阳，里为阴；热为阳，寒为阴；上为阳，下为阴；气为阳，血为阴；动为阳，静为阴。以脉象而言，浮大滑数属阳，沉微细涩属阴。以中药而言，升散者为阳，敛降者为阴；辛热者为阳，苦寒者为阴；行气分者为阳，行血分者为阴；性动而走者为阳，性静而守者为阴。

2.辨表里

风、寒、暑、湿、火、燥感于外者属表；七情、劳倦、饮食、酒色伤于内者属里。

3.辨寒热

寒属阴，或为内寒，或为外寒，寒者多虚。热属阳，或为内热，或为外热，热者多实。"寒热者，阴阳之化也。阴不足则阳乘之，其变为热；阳不足则阴乘之，其变为寒。故阴胜则阳病，阴胜为寒也，阳胜则阴病，阳胜为热也。"（《景岳全书·传忠录·寒热篇》）

4.辨虚实

虚言正气，虚为正气不足，多是内出之病。实言邪气，实乃邪气有余，为外入之病多有余。《景岳全书·传忠录·虚实篇》指出："虚实者，有余不足也。有表里之虚实，有气血之虚实，有脏腑之虚实，有阴阳之虚实。凡外入之病多有余，内出之病多不足。实言邪气实则当泻，虚言正气虚则当补。凡欲察虚实者，为欲知根本之何如，攻补之宜否耳。夫疾病之实，固为可虑，而元气之虚，虑尤甚焉。故凡诊病者，必当先察元气为主，而后求疾病。若实而误补，随可解救，虚而误攻，不可生矣。"

（三）临证与用药特色

1.治疗虚损特色

（1）左归、右归燮理阴阳：张氏重视方剂研究，将方剂分为补剂、和剂、寒剂、热剂、固剂、因剂、攻剂、散剂八阵（即八种），所创方剂186个列入新方八阵，收采古代名方1516首，编为古方八阵，另有妇产、小儿、痘疹、外科等古方922首。其中左归、右归四方既体现了制方思想，又体现了治疗虚损阴阳相济的法则。

左归丸：熟地黄、山药、枸杞子、山茱萸、牛膝、菟丝子、鹿角胶、龟板胶。本方由六味地黄丸化裁而成。他认为，"补阴不利水，利水不补阴，而补阴之法不宜渗"，故去"三泻"（泽泻、茯苓、牡丹皮），加入枸杞子、龟板胶、牛膝，加强滋补肾阴之力；又加入鹿角胶、菟丝子温润之品，补阳益阴，阳中求阴。本方纯补无泻、阳中求阴是其配伍特点。主治真阴肾水不足，津液枯涸之证；

右归丸：熟地黄、山药、山茱萸、枸杞子、鹿角胶、菟丝子、杜仲、当归、肉桂、制附子。本方系从肾气丸加减衍化而来，除用桂、附外，还增入鹿角胶、菟丝子、杜仲，以加强温阳补肾之功；又加当归、枸杞子，配合熟地、山药、山茱萸以增强滋阴养血之效，体现"善补阳者，必于阴中求阳"之意。主治肾阳不足，命门火衰，或先天禀衰，或劳伤过度，火不生土，脾胃虚寒之证。

左归饮：熟地、山药、枸杞子、炙甘草、茯苓、山茱萸。本方为壮水之剂，用于真阴虚而火不旺者，故不用六味丸中泽泻与牡丹皮之清泻。左归丸与左归饮均为纯补之剂，同治肾阴不足之证。然左归饮以纯甘壮水之品滋阴填精，补力较缓，故用饮以取其急治，适宜于肾阴不足较轻之证；左归丸则在滋阴之中又配以血肉有情之味及助阳之品，补力较峻，常用于肾阴亏损较重者，意在以丸剂缓图。

右归饮：熟地、山药、山茱萸、枸杞子、甘草、杜仲、肉桂、制附子。本方为益火之剂，用于命门之阳衰阴胜，并与大补元煎出入互用。右归丸与右归饮均为温肾填精之剂，同治肾阳不足，命门火衰之证。但右归丸较右归饮多鹿角胶、菟丝子、当归，而不用甘草，故其温补肾阳，填精补血之力更强。

（2）填补精血：人体形质好坏是精血盛衰的重要体现，因此善养生者，先养此形，以为神明之宅；善治病者，先治此形，以为兴复之基。至于操作方法，他说："虽治形之法，非止一端，而形以阴言，实惟精血二字足以尽之。所以欲祛外邪，非从精血不能利而达；欲固中气，非从精血不能蓄而强。水中有真气，火中有真液，不从精血，何以使之降升？脾为五脏之根本，肾为五脏之化源，不从精血，何从使之灌溉？然则精血即形也，形即精血也，天一生水，水即形之祖也。故凡欲治病者，必以形体为主；欲治形者，必以精血为先，此实医家之大门路也。使能知此，则变化可以无方，神用自有莫测。"（《景岳全书·传忠录·治形论》）可见其十分重视填补精血，常用熟地、当归、枸杞子、山茱萸、山药等补益精血之品，也用鹿角胶、菟丝子、肉苁蓉、杜仲等甘温之品，养阴治形。

（3）长于温补：张氏临证立方用药，多施温补，以善用温补著称于世。强调甘温有益，寒无补，反对滥用苦寒戕伐阳气。应用温补，以二纲六变辨证纲领为指导，主要用于"无实证可据"、"无热证可据"的正虚之证，而不是不加辨证而一概用补。主张"补必兼温，泻必兼凉"；并根据病情需要，选用甘平、甘凉、甘温等，灵活运用，而不偏执。但又告诫说，常服或久服甘凉之剂，易损伤脾胃阳气。《景岳全书·新方八阵·补略》云："凡阳虚多寒者，宜补以甘温，而清润之品非所宜；阴虚多热者，宜补以甘凉，而辛燥之类不可用。"

2.重视药物四维

张氏制方用药，还特别重视人参、熟地、附子、大黄的运用。他说："夫人参、熟地、附子、大黄实乃药中之四维。"并从治国高度阐发其道理，把人参、熟地喻为治世的良相；附子、大黄喻为治乱的良将。非将帅之勇，不能平天下；无良相之才，难以安邦。治病与治国又有何异？当病势危急，非投走而不守之附子，不足以回阳救逆；热结硬痛，非用斩将夺关之大黄不可为功。但温通或寒泄之药，仅能用于祛邪，不能扶正归元，故平乱不可忘治，祛邪必须扶正。因此，人参、熟地犹治世之能臣，非常用不可。而应用附子当配合人参、熟地、炙甘草等甘润之品，才能"制其刚而制其勇"，发挥培补作用。他指出："人参、熟地则气血之必不可无，故诸经之阳气虚者，非人参不可；诸经之阴血虚者，非熟地不可。人参有健运之功，熟地禀静顺之德，此熟地与人参，一阴一阳。相为表里，一形一气，互主生成。"

医案举例

余尝治一壮年，素好火酒。适于夏月，醉则露卧，不畏风寒，此其食性、脏气皆有大过人者，因致热结三焦，二便俱闭。余先以大承气汤，用大黄五七钱，如石投水。又用神佑丸及导法，俱不能通，且前后俱闭，危剧益甚，遂仍以大承气汤加生大黄二两，芒硝三钱，加牙皂二钱煎服。黄昏进药，四鼓始通，大便通而后小便渐利。此所谓盘根错节，有非斧斤不可者，即此之类，若优柔不断，鲜不害矣。(《景岳全书·杂症谟》)

3.善用熟地

张氏临证用药，重视中药气味、动静、阴阳属性、炮制方法及其配伍规律，专著《本草正》进行阐发。尤其善用熟地，后人又称其为"张熟地"。

（1）熟地功效：《景岳全书·痘疹诠》阐发说"熟地以至静之性，以至甘至浓之味，实精血形质中第一品纯浓之药。""大补血衰，滋培肾水，填骨髓，益真阴。"

（2）应用范围：张氏应用熟地黄范围极其广泛，包括阴虚之证和许多杂症。《景岳全书·本草正·隰草部》指出，"阴虚而神散者，非熟地之守不足以聚之；阴虚而火升者，非熟地之重不足以降之；阴虚而躁动者，非熟地之静不足以镇之；阴虚而刚急者，非熟地之甘不足以缓之。阴虚而水邪泛滥者，舍熟地何以自制？阴虚而真气散失者，舍熟地何以归源？阴虚而精血俱损，脂膏残薄者，舍熟地何以浓肠胃？且犹有最玄最妙者，则熟地兼散剂方能发汗，何也？以汗化于血，而无阴不作汗也。"

（3）配伍规律：张氏善用且喜用熟地，注重配伍，如熟地黄得升麻、柴胡能发散，得肉桂、附子能回阳，得人参、则入气分，得当归、芍药入血分；如在论述气血阴阳的互主生成关系时说，"凡诸经之阳气虚者，非人参不可；诸经之阴血虚者，非熟地不可。人参有健运之功，熟地禀静顺之德。此熟地之与人参，一阴一阳，相为表里，一形一气，互主生成，性味中正，无逾于此，诚有不可假借而更代者矣。"新方八阵186方中，用熟地者多达50多方，就可窥见一斑。如常用的方剂有左右归、大补元煎、知柏地黄丸、玉女煎、两仪膏、金水六君煎、六味回阳饮、五福饮、七福饮、五阴煎、大营煎、小营煎、地黄醴、归肾丸、逍遥饮、毓麟珠、赞育丹等。

医案举例

◆来宅女人，年近三旬。因患虚损，更兼喉癣疼痛，多医罔效。余诊其脉则数而无力，察其证则大便溏泄，问其治则皆退热清火之剂。然愈清火而喉愈痛。察之既确，知其并非实火，而且多

用寒凉，以致肚腹不实，总亦格阳之类也。遂专用理阴煎及大补元煎之类出入间用，不半年而病痊愈。(《景岳全书·杂症谟》)

◆朱翰林太夫人，年近七旬。于五月时偶因一跌，即致寒热。群医为之滋阴清火，用生地、芍药、丹皮、黄芩、知母之属，其势日甚。及余诊之，见其六脉无力，虽头面、上身有热，而口则不渴，虽足冷至股。余曰：此阴虚受邪，非跌之为病，实阴证也。遂以理阴煎加人参、柴胡，二剂而热退。日进粥食二三碗，而大便以半月不通，腹且渐胀。咸以为虑，群议燥结为火，复欲用清凉等剂。余坚执不从，谓其如此之脉，如此之年，如此之足冷，若再一清火，其原必败，不可为矣。《经》曰："肾恶燥，急食辛以润之"，正此谓也，乃以前药更加姜、附，倍用人参、当归，数剂而便即通，胀渐退，日渐复原矣。病起之后，众始服其定见。(《景岳全书·杂证谟》)

> **原著选读**

●《系辞》曰：天地之大德曰生。此切重生生之本也。内经曰：凡阴阳之要，阳密乃固。此言阴之所恃者，惟阳为主也。又曰：阳气者若天与日，失其所则折寿而不彰，故天运当以日光明。此言天之运，人之命，元元根本，总在太阳无两也。凡此经训，盖自伏羲、黄帝、文王、岐伯、周公、孔子，六大圣人，千古相传，若出一口，岂果余之私虑哉？由此言之，可见天之大宝，只此一丸红日；人之大宝，只此一息真阳。孰谓阳常有余，而欲以苦寒之物，伐此阳气，欲保生者，可如是乎？客曰：至哉！余得闻所生之自矣。然既有其道，岂无其法，欲固此阳，计从安出？曰：但知根本，即其要也。曰：何为根本？曰：命门是也。曰：余闻土生万物，故脾胃为五脏六腑之本；子言命门，余未解也。曰：不观人之初生，生由脐带，脐接丹田，是为气海，即命门也。所谓命门者，先天之生我者，由此而受；后天之我生者，由此而栽也。夫生之门即死之户，所以人之盛衰安危，皆系于此者，以其为生气之源，而气强则强，气衰则病，此虽至阴之地，而实元阳之宅。若彼脾胃者，乃后天水谷之本，犹属元阳之子耳。子欲知医，其母忽此所生之母焉。(《类经附翼·大宝论》)

●凡物之死生，本由阳气；顾今人之病阴虚者十常八九，又何谓哉？不知此一阴字，正阳气之根也。盖阴不可以无阳，非气无以生形也；阳不可以无阴，非形无以载气也。故物之生也生于阳，物之成也成于阴，此所谓元阴元阳，亦曰真精真气也。前篇言阴阳之生杀者，以寒热言其性用也；此篇言阴阳之生成者，以气质言其形体也。性用操消长之权，形体系存亡之本。欲知所以死生者，须察乎阳，察阳者，察其衰与不衰；欲知所以存亡者，须察乎阴，察阴者，察其坏与不坏，此保生之要法也。稽之前辈，殊有误者，不识真阴面目，每多矫强立言。自河间主火之说行，而丹溪以寒苦为补阴，举世宗之，莫能禁止。揆厥所由，盖以热证明显，人多易见，寒证隐微，人多不知，而且于虚火实火之间，尤为难辨。亦孰知实热为病者，十中不过三四；虚火为病者，十中尝见六七。夫实热者，凡火也，凡火之盛，元气本无所伤，故可以苦寒折之，信手任心，何难之有？然当热去即止，不可过用，过则必伤元气，况可误认为火乎？虚火者，真阴之亏也，真阴不足，又岂苦劣难堪之物，所能填补？矧沉寒之性，绝无生意，非惟不能补阴，抑且善败真火，若屡用之，多令人精寒无子，且未有不暗损寿元者；第阴性柔缓，而因循玩用，弗之觉耳。尝见多寿之人，无不慎节生冷，所以得全阳气；即有老人，亦喜凉者，正以元阳本足，故能受寒，非寒凉之寿之也。由此观之，足征余言之非谬矣。(《类经附翼·真阴论》)

●一用散者，散表证也。观仲景太阳证用麻黄汤，阳明证用升麻葛根汤，少阳证用小柴胡汤，此散表之准绳也。后世宗之，而复不能用之，在不得其意耳。盖麻黄之气，峻利而勇，凡太阳经阴邪在表者，寒毒既深，非此不达，故制用此方，非谓太阳经药必须麻黄也。设以麻黄治阳明、少阳之证，亦寒无不散，第恐性力太过，必反伤其气，岂谓某经某药必不可移易，亦不过分其轻重耳。故如阳明之升麻、干葛，未有不走太阳、少阳者；少阳之柴胡，亦未有不入太阳、阳明者。但用散之法，当知性力缓急，及气味寒温之辩，用得其宜，诸经无不妙也。如麻黄、桂枝，峻散者也；防风、荆芥、紫苏，平散者也；细辛、白芷、生姜，温散者也；柴胡、干葛、薄荷，凉散者也；羌活、苍术，能走经去湿而散者也；升麻、川芎，能举陷上行而散者也。第邪浅者，忌峻利之属；气弱者，忌雄悍之属；热多者，忌温燥之属；寒多者，忌清凉之属。凡热渴烦躁者喜干葛，而呕恶者忌之；寒热往来者宜柴胡，而泄泻者忌之；寒邪在上者，宜升麻、川芎，而内热炎升者忌之，此性用之宜忌，所当辨也。至于相配之法，则尤当知要，凡以平兼清，自成凉散；以平兼暖，亦可温经；宜大温者，以热济热；宜大凉者，以寒济寒。此其运用之权，则毫厘进退，自有伸缩之妙，又何必胶柱刻舟，以限无穷之病变哉？此无他，在不知仲景之意耳。(《景岳全书·散略》)

●寒方之制，为清火也，为除热也。夫火有阴阳，热分上下。据古方书，咸谓黄连清心，黄芩清肺，石斛、芍药清脾，龙胆清肝，黄柏清肾，今之用者，多守此法，是亦胶柱法也。大凡寒凉之物，皆能泻火，岂有凉此而不凉彼者，但当分其轻清重浊，性力微甚，用得其宜则善矣。夫轻清者宜以清上，如黄芩、石斛、连翘、天花之属是也；重浊者宜于清下，如栀子、黄柏、龙胆、滑石之属也；性力之厚者能清大热，如石膏、黄连、芦荟、苦参、山豆根之属也；性力之缓者能清微热，如地骨皮、玄参、贝母、石斛、童便之属也。以攻而用者，去实郁之热，如大黄、芒硝之属也；以利而用者，去癃闭之热，如木通、茵陈、猪苓、泽泻之属也；以补而用者，去阴虚枯燥之热，如生地、二冬、芍药、梨浆、细甘草之属也。方书之分经用药者，意正在此，但不能明言其意耳。然火之甚者，在上亦宜重浊；火之微者，在下亦可轻清。夫宜凉之热，皆实热也。实热在下，自宜清利；实热在上，不可升提。盖火本属阳，宜从阴治，从阴者宜降，升则反从其阳矣。经曰：高者抑之，义可知也。外如东垣有升阳散火之法，此以表邪生热者设，不得与伏火内炎者并论。(《景岳全书·寒略》)

·参考文献·

1.李志庸.张景岳医学全书［M］.北京：中国中医药出版社，1999.

2.李成文.易水学派医案［M］.北京：中国中医药出版社，2015.

3.王振，刘桂荣.张景岳用熟地［M］.北京：中国医药科技出版社，2021.

4.尚力，姚洁敏，李明，等.理学"形而上"特征对张介宾学术理论的影响［J］.上海中医药大学学报，2011，25（5）：22-26.

5.崔轶凡，王庆国.论宋明理学"理一分殊"对张介宾辨证观的影响［J］.中国中医基础医学杂志，2019，25（09）：1189-1191.

6.薛公忱.张介宾的精气形神统一论［J］.江西中医学院学报，2005，（02）：12-15.

7.谢文英，李素香，樊岚岚.张介宾的阴阳论探析［J］.中国实验方剂学杂志，2006，（03）：73+53.

8.薛公忱.张介宾的太极命门论［J］.南京中医药大学学报（社会科学版），2006，（02）：63-67.

9.颜新，李明.张介宾《景岳全书》藏象辨证论治特色探析［J］.上海中医药杂志，2005，39，（6）：43.

10.麦舒桃.张介宾"阳非有余"论探要［J］.中华中医药学刊，2012，30（05）：1155-1156.

11.杨金萍.张介宾温补学说中的阳虚体质思想［J］.山东中医学院学报，1994，（02）：133-135.

12.陈素枝，陈文军，檀金川.真阴不足为虚损性疾病的根源［J］.中华中医药杂志，2017，32（12）：5427-5429.

13.汤巧玲，郝宇，费占洋，等.张介宾"重阳"思想对《内经》阴阳理论的继承与发展［J］.现代中医临床，2014，21（04）：50-51.

14.周敏，方晓阳.左归丸及右归丸创方思想的历史考察［J］.中医杂志，2015，56（11）：901-905.

15.钱会南.张介宾辨体质论治特色探析［J］.安徽中医药大学学报，2019，38（06）：3-5.

16.席崇程，田栋，刘金涛等.论朱震亨与张介宾补肾思想之异同［J］.北京中医药大学学报，2020，43（8）：636-640.

17.姚春鹏.张介宾医学自然观初探［J］.中国哲学史，2019，（04）：107-113.

18.贾芸，许红峰，吕光耀.新方八阵各阵之间用药规律统计学研究［J］.时珍国医国药，2007，（1）：214-216.

19.贾芸，许红峰，吕光耀.新方八阵各阵之间用药规律统计学研究［J］.时珍国医国药，2007，18（1）：2146.

20.张建斌，赵京生.张介宾对针灸理论的研究和阐释［J］.中国针灸，2011，26（2）：173-175.

吴有性

学习要点

吴有性深入研究温疫的病因，传变规律，创立温疫学说；发明达原饮疏利募原，用白虎汤辛凉发散，承气汤攻里通下，对温病学派产生了重大影响。

目的要求：

掌握温疫病因，侵入途径，邪伏部位，治疗特色；熟悉温疫表里分传规律，与伤寒的鉴别要点；了解其生平，著作及学术成就对后世的影响。

一、概说

吴有性（1582~1652），字又可，号淡斋，明代姑苏洞庭（今江苏吴县）人。

据《中国古代疫病流行年表》，明末为吴有性主要生活时期，其时河北、山东、江苏、浙江诸地温疫流行极为猖獗，"辛酉岁涝饥，至明年（嘉靖四十年）正月，京师饥且疫。""万历年，浙大疫。""神宗万历十年四月，京师疫。""万历壬午，久旱民疫，热疫流行，初起寒热拘挛，次变黄斑、狂躁，死者相继。""崇祯六年，疫甚。""崇祯己卯大疫。""崇祯十四年，温疫流行。"吴有性《温疫论》自叙中也记载："崇祯辛巳，疫气流行，山东、浙省、南北两直，感者尤多。至五六月益甚，或至阖门传染。"诸医以伤寒法治之罔效。吴氏深入疫区，探讨温疫病的致病因素、侵入途径、邪伏部位、传变方式、临床表现，以及与伤寒的区别，总结治疗方法，著成《温疫论》，创立达原饮与三消饮疏利募原，表里分消，大获奇效。《温疫论》的成书，标志着温疫学说的形成，对后世产生了重大影响，成为温病学派的先驱之一。受其影响，戴天章著《广瘟疫论》，从气色舌神脉五个方面识别温疫，提出用汗、下、清、和、补治疗温疫，强调下不厌早，清法贯穿始终，补法用于善后，表里寒热虚实并见或余热未尽可用和法；余霖创制清瘟败毒饮，倡用石膏重剂清泻诸经表里之热；杨璿著《伤寒温疫条辨》，详析伤寒与温病论治之不同，并为杂气寻找经论源流，临证善用升降散；刘奎著《松峰说疫》，将疫病分为瘟疫、寒疫、杂疫三种，总结治疗八法；熊立品著《治疫全书》，考订吴氏之书，参以己见，提出温疫流行时节"毋近病人床榻，染其秽污；毋凭死者尸棺，触其臭恶；毋食病家时菜；毋拾死人衣物的"四不要"原则，补充了吴氏之未备。这就是后世所谓的温疫学派。赵尔巽《清史稿》评论说："当崇祯辛巳岁，南北直隶、山东、浙江大疫，医以伤寒法治之不效，有性推究病源，就所历验，著《温疫论》……古无瘟疫专书，自有性书出，始有发明。"

吴氏治学主张重视实践，勇创新说。在临床实践的基础上提出新的病因学观点，创立温疫学说，发前人所未发，对后世叶桂、薛雪、吴瑭、王士雄等产生了重要影响。

吴有性的著作《温疫论》，清乾隆年间，洪天锡对其进行补注，名为《补注温疫论》；嗣后又有郑重光补注本，名为《温疫论补注》。

二、学术特色与临证经验

（一）阐发温疫病因

1.杂气致病思想

受伤寒病因观念影响，对温疫病因的阐述往往不能脱离外感"六淫"的束缚。虽然前贤已提出不同于六淫的"时行之气"或"疫疠之气"甚或"乖戾之气"，但并没有形成病因学的新理论。吴有性根据长期的临证观察和实践，提出了新的病因学认识-杂气论。吴氏认为"杂气"是温疫发病的原因，并且是"无象可见，况无声复无臭"的一种有形之"物"，并说："夫物者气之化也，气即是物，物即是气"。对杂气物质性的肯定，是吴有性对温疫病因学认识的重要突破，他断然否定了六淫致疫的可能性。他说："夫温疫之为病，非风非寒，非暑非湿，乃天地间别有一种异气所感。"由于这种不同于六淫的异气，"其气各异，故谓之杂气"。吴氏将杂气中毒性大、传染性强、所致疾病颇重的称做疫气、戾气。"戾气者，非寒非暑，非暖非凉，亦非四时交错之气。"

2."杂气"致病特点

（1）传染性、流行性："此气之来，无老少强弱，触之者即病。""或发于城市，或发于村落，他处安然无有。""大约病偏于一方，延门阖户，众人相同。""若其年疫气充斥，不论强弱，正气稍衰者，触之即病。"然而接触杂气也不一定都被传染，这与正气盛衰及杂气多少有关；"其感之深者，中而即发；感之浅者，邪不胜正，未能顿发。"但吴氏又指出"杂气"致病也有散发。

（2）"杂气"致病有偏中性，即病种特异性：某种杂气只能引起某种疾病，不同的杂气引起的疫病也不同；病位特异性：某气专入某脏腑经络，专发为某病；物种特异性：杂气不同，所致物种病变各异。

另外，吴氏还认为，杂气也可导致疔疮、发背、痈疽、流火、丹毒、痘疹、斑疹等多种外科感染性疾患。

3.杂气侵入的途径

吴有性认为杂气通过口鼻侵入体内。吴有性指出："邪自口鼻而入"，而且"邪之所着，有天受，有传染，所感虽殊，其病则一"。已经认识到温疫的传播的方式有两种：有天受，即通过自然环境而感染；有传染，即通过接触患者而感染。此二者只是传播方式的不同，只要感染的是同一种

戾气，那么"所感虽殊，其病则一"。(《温疫论·原病》)

4.杂气侵犯的部位

吴氏认为杂气从口鼻而入，伏于募原。其云"邪自口鼻而入，所客内不在脏腑，外不在经络，舍于伏膂之内，去表不远，附近于胃，乃表里之分界，是为半表半里，即《内经·疟论》所谓横连募原者也"。(《温疫论·原病》)

5.传变方式

由于"温疫之邪，伏于募原，如鸟栖巢，如兽藏穴，营卫所不关，药石所不及。至其发也，邪毒渐张，内侵于腑，外因于经，营卫所伤，诸证渐显……或出表，或入里"。因此温疫并不遵循先表后里的传变规律，而是多从半表半里的募原开始，分别向表里传变。根据感邪轻重，伏匿深浅，禀赋强弱，气血虚实，吴氏将温疫传变方式分为四大类共九种，称为"九传"。其谓，"夫疫之传有九，然亦不出乎表里之间而已矣。所谓九传者，病人各得其一，非谓一病而有九传也。"

（1）向表传变：但表不里，表而再表。

（2）向里传变：但里不表，里而再里。

（3）同时向表向里传变：表里分传；表里分传再分传；表胜于里，里胜于表。

（4）表里先后传变：先表后里，先里后表。

（二）临床表现

1.邪传于表

症见发热（或兼有凛凛恶寒，或有先恶寒后发热而以后寒少热多，或发热，或昼夜发热，或潮热），头痛身痛，烦渴，或有发斑，舌苔白，脉洪而数。或兼有头项痛、腰痛；或兼有胁痛、耳聋、寒热、呕而苦；或兼有目痛、眉棱骨痛、眼眶痛、鼻干不眠等。

2.邪传于里

心腹胀满，胸膈痞闷，欲吐不吐，胸胁腹痛，或大便不通，或热结旁流，或协热下利，或癃闭；或有呕吐，或咽喉干燥，或痰涎壅甚。舌质可见紫赤、燥烈、芒刺；舌苔可见黄苔或黑苔。

另外，在疫病发病过程中可出现谵语、鼻孔发黑、发黄、蓄血、吐衄、便血、嗽血等，甚至可见口噤、昏不识人、手足振战、足屈不能伸、直视、遗尿、项强发痉、循衣摸床、撮空理线等重症。

（三）温疫与伤寒鉴别

吴氏有感于时人伤寒与温疫不分，在《温疫论》中，列《辨明伤寒时疫》专篇从九个方面详论鉴别方法。

1.病因

温疫感受杂气，可因六淫及饥饱劳累、精神因素而诱发；伤寒外感六淫，或单衣风露，或冒雨入水，或临风脱衣，或当檐洗浴等。

2.感邪途径

温疫邪自口鼻而入，伤寒邪自毛窍而入。

3.发病

温疫感久而后发，淹缠几日后忽然加重；伤寒感而即发，感发甚暴。

4.病位

温疫邪多伏于募原；伤寒邪在六经。

5.传变

温疫传变从募原分传表里，经不自传；伤寒传变由表及里，以经传经。

6.初起症候

温疫初起，忽觉凛凛，后但热而不恶寒；伤寒初起，发热恶寒并见。

7.传染

温疫具有传染性，伤寒一般不传染。

8.治疗

温疫初起以疏利为主，下不嫌早；伤寒初起以发表为先，先表后里，下不厌迟。

9.预后

温疫虽汗不解，汗解在后，发斑为外解；伤寒一汗而解，汗解在前，发斑为病笃。

（四）治疗用药特色

吴氏根据温疫发病与传变规律，提出治疗温疫以逐邪为第一要义，即在温疫初起宜疏利募原，邪溃出表可辛凉发散，邪入胃府当攻里通下，疫病后期注意养阴。对于温疫一日而有三变的急危重证，应不循常法，打破传统用药框框，采取"数日之法，一日行之"的紧急措施，方能挽救生命。如"温疫发热一二日，舌上白如积粉，早服达原饮一剂，午前舌变黄色，随现胸膈满痛，大渴烦躁……前方加大黄下之，烦渴少减，热去六七，午后复加烦躁发热，通舌变黑生刺，鼻如烟煤……急投大承气汤，傍晚大下，至夜半热退，次早鼻黑苔刺如失。"

1.疏利募原

温疫初起，邪居募原，"此邪不在经，汗之徒伤表气，热亦不减，又不可下，此邪不在里，下之徒伤胃，其渴愈甚。"应"乘人气血未乱，肌肉未消，津液未耗，病人不至危殆，投剂不至掣肘"之机，用达原饮表里分消，使邪气溃散。

达原饮（槟榔、厚朴、草果、知母、芍药、黄芩、甘草）中槟榔能消能磨，除伏邪，为疏利之药；厚朴破戾气所结，草果辛烈气雄，除伏邪蟠踞。三味协力，直达其巢穴，使邪气溃散，速离募原。热伤津液，加知母以滋阴；热伤营血，加芍药以和血；黄芩清燥热之余；甘草调和诸药。若达原饮方中再加大黄、葛根、羌活、柴胡、生姜、大枣，名三消饮。邪从募原外溃，则见三阳经证；见太阳经之腰背颈痛加羌活；见阳明经之目痛、眉棱骨痛、眼眶痛、鼻干不眠，加葛根；见少阳经胁痛、耳聋、寒热、呕而口苦，加柴胡；若兼有里证加大黄，名三消饮，消内消外消不内不外，一使邪气溃散，二使表里分消，故吴氏称之为"治疫之全剂。"

2.辛凉发散

用于疫邪已溃，中结渐开，邪气方离募原，已有出表之势，通身发热，大渴，大汗，或汗出不彻，脉洪数等症，宜白虎汤辛凉解散，"服之或战汗，或自汗而解。"若斑出不透而不退者，宜举斑汤（赤芍、当归、升麻、白芷、柴胡、穿山甲）；若斑出不透，汗出不彻而热不除者，宜白虎合举斑汤。

3.攻里通下

用于疫邪传胃，里气结滞，表气因而不通的胸膈满痛，腹胀腹痛，按之愈痛，头胀痛，大渴烦躁，目赤，咽干，便秘或热结旁流，或发狂；或唇燥裂，唇焦色，唇口皮起，口臭，鼻孔如烟煤；气喷如火；舌苔黄，或有舌芒刺，或舌裂，或舌短、舌硬、舌卷，应及早应用承气汤下之，勿拘于下不嫌迟。

吴氏特别重视大黄在下法中的作用，常常大剂量应用，认为"三承气功效俱在大黄。""大黄本非破气药，以其润而最降，故能逐邪拔毒。"

值得注意的是，吴氏强调应用下法治疗温疫勿拘于结粪，下证"不必悉具，但见舌黄，心腹痞满，便可以在达原饮中加大黄下之……实为开门祛贼之法，即使未愈，邪亦不能久羁……殊不知承气本为逐邪而设，非专为结粪而设也。必俟其粪结，血液为热所搏，变证迭起，是犹养虎遗患……结粪一行，气通而邪热乃泄。"

4.注意养阴

疫病属于温病，容易耗伤阴液，故在疫病后期，尤其是攻下之后，宜养阴生津，清解余邪；下后疫邪已清，两目干涩，舌干，津不到咽，口唇燥烈之阴枯血燥用清燥养荣汤（知母、天花粉、当归、白芍、地黄汁、陈皮、甘草、灯芯草）。若阴血已伤而余热尚在，忌用参、芪、白术等温补之品。告诫"若调理之剂投之不当，莫如静养节饮食为第一。"

5.生姜护胃

吴氏临证善用生姜和胃调中，不但在三承气汤、白虎汤、清热解毒汤、承气养荣汤中加生姜煎服，防止大剂石膏及大黄等苦寒药败胃伤中，保护胃气；而且在三消饮、茵陈汤、芍药汤、柴胡汤、托里举斑汤、柴胡养荣汤、柴胡清燥汤、参附养荣汤、半夏藿香汤、双解散、三妙散等方剂中也用生姜。《温疫论·停药》说："服承气腹中不行，或次日方行，或半日仍吐原药，此因病久失下，中气大亏，不能运药，名为停药，乃天元几绝，大凶之兆也，宜生姜以和药性，或加人参以助胃气。"还指出大病或久病之后，客邪新去，胃气薄弱，胃口方开，"宜先与粥饮，次糊饮，次糜粥，次稀饭，尤当循序渐进"，方能恢复胃气。（《温疫论·调理法》）

另外，疫病传变过程中可因"客邪交固于血脉"，而致身热脉数、肢体疼痛、肋下刺痛、经久不解等，吴氏创制三甲散（鳖甲、龟板、穿山甲、牡蛎、蝉衣、僵蚕、地鳖虫、当归、白芍、甘草）活血通络，软坚散结，用药独特，立意新颖。

医案举例

朱海畴者，年四十五岁，患疫得下证，四肢不举，身卧如塑，目闭口张，舌上苔刺。问其所苦，不能答。因问其子两三日所服何药？云进承气汤三剂，每剂投大黄两许不效，更无他策，惟待日而已，但不忍坐视，更祈一诊。余诊得脉尚有神，下证悉具，药轻病重。先投大黄一两五钱，目有时而小动；再投，舌刺无芒，口渐开能言；三剂，舌苔少去，神思少爽。四日服柴胡清燥汤，五日复生芒刺，烦热有加；再下之，七日，又投承气养荣汤，热少退。八日，仍用大承气汤，肢体力能少动。计半月，共服大黄十二两而愈。数日后，始进糜粥，调理两月平复。（《温疫论·因证数攻》）

（五）温疫预后

温疫邪气溃散，向外向表传者为顺；邪轻者，预后较好，勿药亦能自愈；向里传者为逆，预后不良。

医案举例

一人感疫，发热烦渴，思饮冰水，医者以为凡病须忌生冷，禁止甚严，病者苦索勿与，遂致两目火逆，咽喉焦燥，不时烟焰上腾，昼夜不寐，目中见鬼无数，病剧苦甚，自谓但得冷饮一滴下咽，虽死无恨。于是乘隙匍匐窃取井水一盆，置之枕旁，饮一杯，目顿清亮；二杯，鬼物潜消；三杯，咽喉声出；四杯，筋骨舒畅；饮至六杯，不知盏落枕旁，竟尔熟睡，俄而大汗如雨，衣被湿透，脱然而愈。盖因其人瘦而多火，素禀阳脏，始则加之以热，经络枯燥，既而邪气传表，不能作正汗而解，误投升散，则病转剧，今得冷饮，表里和润，所谓除弊便是兴利，自然汗解宜矣。更有因食、因痰、因寒剂、因虚陷致疾不愈者，皆当舍病求弊，以此类推，可以应变于无穷矣。（《温疫论·下卷》）

原著选读

●自叙

夫温疫之为病，非风、非寒、非暑、非湿，乃天地间别有一种异气所感。其传有九，此治疫紧要关节。奈何自古迄今，从未有发明者。仲景虽有《伤寒论》，然其法始自太阳，或传阳明，或传少阳，或三阳竟自传胃。盖为外感风寒而设，故其传法与温疫自是迥别。……嗟乎！守古法不合今病，以今病简古书，原无明论，是以投剂不效，医者彷徨无措，病者日近危笃，病愈急，投药愈乱，不死于病，乃死于医，不死于医，乃死于圣经之遗亡也。吁！千载以来，何生民不幸如此。余虽固陋，静心穷理，格其所感之气，所入之门，所受之处，及其传变之体，平日所用历验方法，详述于下，以俟高明者正之。

●辨明伤寒时疫

或曰：子言伤寒与时疫有霄壤之隔，今用三承气及桃仁承气、抵挡、茵陈诸汤，皆伤寒方也。既用其方，必同其证，子何言之异也？曰：夫伤寒必有感冒之因，或单衣风露，或强力入水，或临风脱衣，或当檐出浴，当觉肌肉粟起，既而四肢拘急，恶风恶寒，然后头疼身痛，发热恶寒，脉浮而数，脉紧无汗为伤寒，脉缓有汗为伤风。时疫初起，原无感冒之因，忽觉凛凛，以后但热而不恶寒，然亦有所触因而发者。或饥饱劳碌，或焦思气郁，皆能触动其邪，是促其发也。不因所触无故自发者居多，促而发者，十中之一二耳。且伤寒投剂，一汗而解；时疫发散，虽汗不解。伤寒不传染于人，时疫能传染于人。伤寒之邪，自毫窍而入；时疫之邪，自口鼻入。伤寒感而即发，时疫感久而后发。伤寒汗解在前，时疫汗解在后。伤寒投剂可使立汗；时疫汗解，俟其内溃，汗出自然，不可以期。伤寒解以发汗，时疫解以战汗。伤寒发斑则病笃，时疫发斑则病衰。伤寒感邪在经，以经传经；时疫感邪在内，内溢于经，经不自传。伤寒感发甚暴，时疫多有淹缠二三日，或渐加重，或淹缠五六日，忽然加重。伤寒初起，以发表为先；时疫初起，以疏利为主，种种不同。其所同者，伤寒时疫皆能传胃，至是同归于一，故用承气汤辈，导邪而出。要之伤寒时疫，始异而终同也。夫伤寒之邪，自肌表一径传里，如浮云之过太虚，原无根蒂，惟其传法，始终有进而无退，故下后皆能脱然而愈；时疫之邪，始则匿于膜原，根深蒂固，发时与营卫交并，客邪经由之处，营卫未有不被其所伤者，因其伤，故名曰溃。然不溃则不能传，不传邪不能出，邪不出而疾不瘳。时疫下后，多有未能顿解者，何耶？盖疫邪每有表里分传者，因有一半向外传，则邪留于肌肉，一半向内传，则邪留于胃家。邪留于胃，故里气结滞，里气结，表气因而不通，于是肌肉之邪不能即达于肌表。下后里气一通，表气亦顺，向者郁于肌肉之邪方能尽发于肌表，或斑或汗，然后脱然而愈。伤寒下后无有此法，虽曰终同，及细较之，而终又有不同者矣。(《温疫论·上卷》)

● 杂气论

日月星辰，天之有象可睹；水火土石，地之有形可求；昆虫草木，动植之物可见；寒热温凉，四时之气往来可觉。至于山岚瘴气，岭南毒雾，咸得地之浊气，犹或可察，而惟天地之杂气，种种不一，亦犹天之有日月星辰，地之有水火土石，气交之中有昆虫草木之不一也。草木有野葛、巴豆，星辰有罗、计、荧惑，昆虫有毒蛇猛兽，土石有雄硫硇信，万物各有善恶不等，是知杂气之毒有优劣也。然气无所可求，无象可见，况无声复无臭，何能得睹得闻？人恶得而知气？又恶得而知其气之不一也？是气也，其来无时，其着无方，众人有触之者，各随其气而为诸病焉。其为病也，或时众人发颐，或时众人头面浮肿，俗名为大头瘟是也；或时众人咽痛，或时音哑，俗名为虾蟆瘟是也；或时众人疟痢，或为痹气，或为痘疮，或为斑疹，或为疮疥疔肿，或时众人目赤肿痛，或时众人呕血暴亡，俗名为瓜瓢瘟、探头瘟是也；或时众人瘰疬，俗名为疙瘩瘟是也。为病种种，难以枚举。大约病偏于一方，延门阖户，众人相同，皆时行之气，即杂气为病也。为病种种，是知气之不一。盖当时，适有某气专入某脏腑、某经络，专发为某病，故众人之病相同，是知气之不一，非关脏腑经络或为之证也。夫病不可以年岁四时为拘，盖非五运六气所即定者，是知气之所至无时也。或发于城市，或发于村落，他处安然无有，是知气之所着无方也。疫气者，亦杂气中之一，但有甚于他气，故为病颇重，因名之疠气。虽有多寡不同，然无岁不有。至于瓜瓢瘟、疙瘩瘟，缓者朝发夕死，急者顷刻而亡，此在诸疫之最重者，幸而几百年来罕有之证，不可以常疫并论也。至于发颐、咽痛、目赤、斑疹之类，其时村落中偶有一二人所患者虽不与众人等，然考其证，甚合某年某处众人所患之病，纤悉相同，治法无异。此即当年之杂气，但目今所钟不厚，所患者稀少耳，此又不可以众人无有，断为非杂气也。况杂气为病最多，然举世皆误认为六气。假如误认为风者，如大麻风、鹤膝风、痛风、历节风、老人中风、肠风、疬风、痫风之类，概用风药，未尝一效，实非风也，皆杂气为病耳。至又误认为火者，如疔疮、发背、痈疽、肿毒、流注、流火、丹毒，与夫发斑、痘疹之类，以为诸痛痒疮皆属心火，投芩连栀柏，未尝一效，实非火也，亦杂气之所为耳。至于误认为暑者，如霍乱吐泻、疟痢暴注、腹痛、绞肠痧之类，皆误认为暑，因作暑证治之，未尝一效，与暑何与焉？至于一切杂症，无因而生者，并皆杂气所成，从古未闻者何耶？盖因诸气来而不知，感而不觉，惟向风寒暑湿所见之气求之。是舍无声无臭，不睹不闻之气推察。既错认病原，未免误投他药。刘河间作《原病式》，盖祖五运六气，百病皆原于风寒暑湿燥火，是无出此六气为病。实不知杂气为病，更多于六气为病百倍，不知六气有限，现下可测，杂气无穷，茫然不可测也。专务六气，不言杂气，焉能包括天下之病软！（《温疫论·下卷》）

·参考文献·

1.吴有性.温疫论［M］.北京：人民卫生出版社，2007.

2.张志斌.中国古代疫病流行年表［M］.福州：福建科学技术出版社，2007.

3.余新忠.清代江南的瘟疫与社会［M］.北京：北京师范大学出版社，2014.

4.赖文，李永宸.岭南瘟疫史［M］.广州：广东人民出版社，2004.

5.张志斌.温病大成［M］.福州：福建科学技术出版社，2007.

6.彭锦.试论吴有性对疫病病因学的贡献［J］.中国中医基础医学杂志，2005，（12）：938+942.

7.李林.疫气学说发展滞后的原因及对传染病病因学说的影响［J］.内蒙古中医药，2006，25（5）：33.

8.茅晓.吴有性"主客交"学说及其后世影响［J］.中华中医药杂志，2005，（08）：455-457.

9.王宪正，汪受传，纪建建.《温疫论》诊治疫病思路分析［J］.中华中医药杂志，2022，37（06）：3365-3368.

10.林黄果，高宇浩，王犀子，等.吴又可治疫思想探析［J］.江苏中医药，2021，53（07）：12-14.

11.韩尽斌，孟志强，曲毅，等.试论吴有性杂气论乃现代病因思想之萌芽［J］.江苏中医药，2014，46（02）：3-5.

12.崔爱民.论《温疫论》祛邪大法及其应用原则［J］.辽宁中医药大学学报，2011，13（06）：115-117.

13.胡森.吴又可诊治温疫辨病特色探微［J］.中医杂志，2009，50（04）：293-295.

14.蔡春茜，徐阳.论吴又可治疗温疫的特点［J］.吉林中医药，2010，30（02）：95-96.

15.林慧光，芮立新.《温疫论》"截断扭转"学术思想探析［J］.中国医药学报，2003，18（3）：131.

16.王赛，白明，苗明三.基于数据挖掘的《瘟疫论》《广瘟疫论》用药规律分析［J］.中药药理与临床，2020，36（02）：28-32.DOI：10.13412/j.cnki.zyyl.20200303.001.

17.曹鹏，唐仁康，何成诗.新冠肺炎的燥疫本质初探［J］.辽宁中医杂志，2020，47（10）：64-66.

18.赵青春，庞建国，黄志华，等.六经为纲辨治新冠肺炎［J］.国医论坛，2020，35（6）：19-20.

19.易国祥，付玉，；李延萍，等.中医药诊治新冠肺炎的思考［J］.中国中医急症，2021，30（2）：194-195.

20.赵红军.中国政府应对非典疫情冲击的历史经验与现实启示［J］.杭州师范大学学报（社会科学版），2020，42（2）：29-36

李中梓

一、概说

李中梓（1588~1655），字士材，号念莪，又号尽凡居士，明末清初松江华亭（今上海市松江区）人。

李氏幼习举子业，早年身体多病，父母、妻兄及两子被庸医药误而亡，加之乡试不中而绝意仕途，究心医书，精研岐黄之术；手辑张刘李朱四大家所著，考证诸家学术思想，得其精要，提出"养阳在滋阴之上"。正如《诊家正眼·自序》所说："余用究心于今古脉书，详为徵考者四十余载，见地颇定，汇成是帙。"而《江南通志》也称其"少博学，习岐黄术，凡奇证遇无不立愈。"李氏还重视中医教育，培养了大批人才，其门人有沈朗仲、马元仪、董廙、秦卿胤等35人之多，马元仪又将其学再传于尤在泾。还有侄子李果瑛、李延昰，侄孙李廷芳等也从其学。

李氏治学主张兼通众家之长，不偏不倚，重视学术交流，善于著书立说；常与王肯堂、施笠泽、秦昌遇等切磋岐黄。

李中梓代表著作是《内经知要》《医宗必读》；另有《伤寒括要》《颐生微论》《诊家正眼》《病机沙篆》《本草通玄》《雷公炮炙药性解》《里中医案》等，后人将《诊家正眼》《病机沙篆》《本草通玄》合编为《士材三书》，流行较广。现有《李中梓医学全书》合订本。

二、学术特色与临证经验

（一）阐发先后天根本论

"肾为先天之本，脾为后天之本"之说，虽然早已孕育，但未明确论述，故有"补脾不如补肾"及"补肾不如补脾"之争。李氏根据《内经》治病求本之说，综合各家之长，系统地阐发了肾为先天之本、脾为后天之本的理论意义及其对临床的指导价值。

1.肾为先天之本

李氏认为肾藏精、主骨、生髓，肾气禀赋于父母先天之精气，是"人资之以为始者"，由于肾在生命形成及胚胎发育过程中具有重要作用，因此肾具有先天之本功能。并分析说："肾所以为先天之本，盖未有此身，先有两肾，故肾为脏腑之本，十二脉之根，呼吸之本，三焦之源，而人资之以为始者也，故曰先天之本在肾"。肾何以先于其他脏腑而存在，他形象地解说："盖婴儿未成，先结胞胎，其象中空，一茎透起，形如莲蕊，一茎即脐带，莲蕊即两肾也，而命寓焉。"不仅如此，肾形成后，奠定了其他脏腑形成的基础，"水生木而后肝成，木生火而后心成，火生土而后脾成，土生金而后肺成，五脏既成，六腑随之。"（《医宗必读·肾为先天本脾为后天本论》）

2.脾为后天之本

婴儿出生以后，有赖脾胃所运化的水谷精微与气血以濡养五脏六腑及全身，因而脾为万物之母。更为现实的情况是，"盖婴儿既生，一日不再食则饥，七日不食则肠胃涸绝而死。经云：安谷则昌，绝谷则亡。犹兵家之饷道也，饷道一绝，万众立散。胃气一败，百药难施。一有此身，必资谷气，谷入于胃，洒陈于六腑而气至，和调于五脏而血生，而人资以为生者也，故曰后天之本在脾。"（《医宗必读·肾为先天本脾为后天本论》）

3.脾肾相互为用

李氏认为脾肾之间的关系十分密切，并论述说"脾肾者，水为万物之元，土为万物之母，二脏安和，一身皆治，百疾不生。"脾生血，肾藏精，二者有"相赞之功能"，先天济后天，后天助先天，而"为生人之根本"。因此他指出："夫脾具土德，脾安则土为金母，金实水源，且土不凌水，水安其位，故脾安则肾愈安也。"即肾精必须靠脾阳化生水谷精微不断充养才能充盛。又说"肾兼水火，肾安则水不挟肝上泛而凌土湿，火能益土运行而化精微，故肾安则脾愈安也。"即脾阳要靠肾阳的温养才能发挥其运化作用。

4.先后天分治

先后天毕竟有不同之功，故对脾肾的治疗，李氏谓："治先天根本，则有水火之分，水不足者用六味丸，壮水之源以制阳光；火不足者用八味丸，益火之主以消阴翳。治后天根本，则有饮食劳倦之分，饮食伤者，枳术丸主之；劳倦伤者，补中益气主之。"

5.脾肾同治

脾为后天之本，肾为先天之本。李氏不偏不倚，力倡脾肾并重之论，脾肾同治，先天济后天，后天助先天。

（1）脾肾同补：用于脾肾俱虚之证。常用补中益气、四君、六君、归脾等方补脾，用六味、八味、大补阴、左归、右归等方补肾；或一日之中，朝服补中益气汤以培补元气，夕进六味丸、八味丸以滋肾中水火。体现了理脾不拘于辛燥升提，治肾不拘于滋腻呆滞，随证化裁，灵活变通，着重于治本的特点。

（2）补肾兼脾：用于肾虚为主兼有脾虚者。以六味丸补肾为主，再加补脾之药。因为"补肾之中，不脱扶脾……气药有生血之功，血药无益气之理也。"李氏指出"虚者必补以人参之甘温，阳生阴长之理也。"并告诫说，用甘寒补肾，恐其减食而不利于脾，应佐以砂仁、沉香等。

（3）补脾兼肾：用于脾虚为主兼有肾虚者。常用四君子汤、归脾汤、补中益气汤为主，配伍附、桂等温补肾阳助脾健运，"以复肾中之阳，以救脾家之母"，"益火以助其转运。"

医案举例

◆学宪黄贞父，下血甚多，面色萎黄，发热倦怠，盗汗遗精。余诊之曰：脾虚不能统血，肾虚不能闭藏，法当以补中益气，五贴并一而进之。十日汗止，二十日血止，再以六味地黄丸间服，一月而安。（《医宗必读·虚痨》）

◆崇明文学倪君俦，四年不能起床，延余航海治之，简其平日所服，寒凉者十六，补肝肾者十三，诊其脉大而无力，此营卫交虚。以十全大补加秦艽、熟附各一钱，朝服之；夕用八味丸加牛膝、杜仲、远志、萆薢、虎骨、龟板、黄柏，温酒送七钱，凡三月而机关利。（《医宗必读·痿》）

（二）重视补气补阳

1.补气重于补血

李氏认为，人身之阴阳、水火、气血三位一体，异称而同理，水火即阴阳，即气血也。气血之中，认为气最为重要；气虚影响生血而血少，气虚无以温煦而血凝，气虚无力行血而瘀阻，气虚不能统摄而血溢。故气血俱虚时应先补气后补血，或于补血药中配以益气之品，因为"气药有生血之功，血药无益气之理也"，即"气血俱要，而补气在补血之先。"

2.养阳重于滋阴

阴阳燮理是万物变化的根本，阴阳交合，万物化生，阴阳分离，则万物息也。故李氏说："万物之生杀，莫不以阴阳为本始也。"天有四时，春生夏长，秋收冬藏，长夏居中，为四时升降浮沉之枢纽。而人以脾胃为枢纽，升则上输于心肺，降则下归于肝肾。阴阳协调，则精足而神全。如阴阳一方偏盛或偏衰，将破坏正常的平衡而波及五脏六腑、表里内外、四肢九窍，影响机体整个气化功能而发生种种病理变化。在阴阳互为生化的过程中，李氏认为阳是起主要作用的，故在阴阳并补时应当以补阳为主，即"阴阳并需，而养阳在滋阴之上。是非昂火而抑水，不如是不得其平也。"

医案举例

邑宁夏彝仲太夫人，年届八十，因彝仲远仕闽中，忧思成疾，忽发热头疼，医以伤寒发散禁

李中梓

179

食，一剂而汗如洗，气喘促，神昏倦。业已治凶具矣。余谓其脉大无力，即令食而投参、芪，犹恐或失之，禁其食而攻之，未遽绝者幸耳。用人参、黄芪各五钱，白术三钱，橘、半各一钱五分，甘草六分，煨姜三钱。诸医鼎沸。用一剂而喘汗差减，倍用参、术至一两，症愈七八，惟食未强耳。此火衰不能生土耳，加熟附二钱，干姜一钱，服二月而始痊愈。(《里中医案·夏彝仲太夫人发热喘促》)

（三）治疗癃闭特色

癃闭是排尿困难，尿量减少，甚则小便点滴不出。李氏深入研究其病因病机，总结七种治法。

1.清金润肺

肺主气，为水之上源，若肺燥不能生水，气化不及州都，则小便排出不利。当用车前子、紫菀、麦门冬、茯苓、桑皮等清金润肺。

2.燥脾健胃

脾主运化水湿，脾失健运，精不归肺，肺失通调，小便排出不利。可用苍术、白术、茯苓、半夏等燥湿健脾。

3.滋肾涤热

下焦湿热壅滞，肾燥而膀胱不利。可用知母、黄柏、玄参、地黄、泽泻、茯苓、通草等清热利水，滋肾养阴。

4.淡渗分利

水渗大肠，甚者泄泻不止，小便少。可用茯苓、猪苓、通草、泽泻等淡渗分利，实后渗前。

5.疏理气机

气滞影响膀胱气化，不能通调水道，小便不利。可用枳壳、木通、橘红等调理气机，兼通水道。

6.苦寒清热

热邪内蕴上中下三焦，皆可影响膀胱气化，导致小便不利。热在上焦心肺可用栀子、黄芩，热在中焦脾胃可用黄连、芍药，热在下焦可用黄柏、知母。

7.温补脾肾

肾阳不足可用金匮肾气丸，中气不足可用补中益气汤，气虚可用利气散（黄芪、陈皮、甘草）。

除上述七法外，李氏还用通心散（木通、连翘）泻心经之热，治疗唇焦面赤，小便不通；用牛膝汤（牛膝、当归、黄芩）治血结之小便闭、茎中痛；用参芪汤（赤茯苓、生地黄、黄芪、桑螵蛸、地骨皮、人参、五味子、菟丝子、炙甘草）治疗心虚客热，小便涩数；用清肺散（茯苓、猪苓、泽泻、瞿麦、琥珀、灯心草、萹蓄、木通、通草、车前子）治疗口渴，小便闭涩；用滋肾化气汤（黄连、黄柏、甘草）治疗因服热药所致小便不利、脐下痛；滑石散（寒水石、葵子、滑石、乱发灰、车前子、木通）治疗男女转胞，小腹急痛，小便不利。同时还介绍了洗方（高良姜、葱、紫苏），葱熨（葱白炒熟熨脐下），盐熨，涂脐方（大蒜、栀子、盐），熏外肾（桃枝、柳枝、木通、花椒、白矾、灯心草、葱白）等外治法。

◆郡守王镜如，痰火喘嗽正甚时，忽然小便不通，自服车前、木通、茯苓、泽泻等药，小腹胀满，点滴不通。余曰：右寸数大，是金燥不能生水之故。惟用紫菀五钱、麦门冬三钱、北五味十粒、人参二钱，一剂而小便涌出如泉。若淡渗之药愈多，则反致燥急之苦，不可不察也。（《医宗必读·小便闭癃》）

◆孝廉俞彦直，修府志劳神，忽然如丧神守，小便不通。余诊之曰：寸微而尺鼓，是水涸而神伤也。用地黄、知母各二钱，人参、丹参各三钱，茯苓一钱五分，黄柏一钱，二剂稍减，十剂而安。（《医宗必读·小便闭癃》）

◆先兄念山，谪官浙江按察，郁怒之余，又当盛夏，小便不通，气高而喘。以自知医，服胃苓汤四帖，不效。余曰：六脉见结，此气滞也。但用枳壳八钱、生姜五片，急火煎服。一剂稍通，四剂霍然矣。（《医宗必读·小便闭癃》）

（四）治疗泄泻特色

李氏不仅精于中医理论研究，而且积累了丰富的临床经验，极富参考价值。兹以其治疗"泄泻"为例，或可窥其一斑。

李氏认为风、湿、寒、热四气皆能致泄，其中以湿邪为主，所谓"无湿则不泄"，且"脾土强者，自能胜湿。"更系统地总结出治泄九法。

1.淡渗

淡渗之法宜于湿滞泄泻，使湿从小便而去。李氏以"治湿不利小便，非其治也"为理论根据，常用六一散、五苓散、四苓汤、五皮饮等方治之。

2.升提

凡气虚下陷作泄者，当用升提之法。"气属于阳，性本上升，胃气注迫，辄尔下陷"，常用升麻、柴胡、羌活、葛根之类，"鼓舞胃气上腾，则注下自止"；且风药多燥，燥能胜湿，湿为土病，风为木药，木可胜土。

3.清凉

热淫所胜而致暴注下迫，当用苦寒之剂，以涤燔蒸，即所谓"热者清之"。李中梓常用戊己丸、葛根芩连汤及承气汤类治之。

4.疏利

痰凝气滞、食积水停皆可令人泄泻，当"随证祛逐，勿使稽留"，对此类实证可用祛痰、理气、消积、逐水等"通因通用"之法。

5.甘缓

泻利不止，急而下趋，愈趋愈下，宜用甘缓之品，"甘能缓中，善禁急速，且稼穑作甘，甘为土味，所谓急者缓之是也"。

6.酸收

泻下日久，而气散不收，不能统摄，注泄难已，则宜酸收之法，"酸之一味，能助收肃之权。经云：散者收之是也"，方用乌梅丸等。

7.燥脾

李氏指出"泻皆成于土湿，湿皆本于脾虚，仓廪得职，水谷善分，虚而不培，湿淫转甚"，当用燥湿培土之法，可据证选用四君子汤、六君子汤，参苓白术散及平胃散等。

8.温肾

李氏指出："肾主二便，封藏之本，况虽属水，真阳寓焉。少火生气，火为土母，此火一衰，何以运行三焦，腐熟水谷乎？故积虚者必挟寒。"此脾肾虚寒泄泻，当以四神丸、八味地黄丸等"寒者温之"，亦称"虚则补母"之法。

9.固涩

若"注泄日久，幽门道滑，虽投温补，未克奏功，须行涩剂"，方用赤石脂禹余粮丸等以"滑者涩之"。

李氏强调："此九者，治泻之大法，业无遗蕴。至如先后缓急之权，岂能预设？须临证之顷圆机灵变。"

医案举例

1.大司寇姚岱芝，吐痰泄泻，见食则恶，面色萎黄，神情困倦。自秋及春，无剂不授，经久不愈。比余诊之，口不能言。亟以补中益气去当归，加肉果二钱、熟附子一钱、炮姜一钱、半夏二钱、人参四钱，日进二剂，四日而泻止，但痰不减耳。余曰：肾虚水泛为痰，非八味丸不可，应与补中汤并进。凡四十日，服人参一斤，饮食大进，痰亦不吐。又半月而酬对如常矣。(《医宗必读·卷七·泄泻》)

2.大宗伯董玄宰，夏初水泄，完谷不化。曾服胃苓汤及四君子汤，不效。余曰：《经》云，春伤于风，夏生飧泄，谓完谷也。用升阳除湿汤加人参二钱，三剂顿止。(《医宗必读·卷七·泄泻》)

（五）应用膏方特色

李氏临证喜用膏方，在《删补颐生微论》中专门介绍应用膏方的目的与意义，"虚则重补其脂膏……既取其便于频，又取其润也。"用地黄膏、琼玉膏、人参固本膏、参术膏、龟鹿二仙胶等治疗肺脾肾肝虚损，常用地黄、枸杞子、麦门冬、人参、白术、蜂蜜、鹿角、龟板。并告诫中气不足及阴虚者，不宜用苦寒直泄之药，以免损伤肺脾。

1.补益脾胃

李氏用参术膏（人参、白术、薏苡仁、莲子、黄芪、茯苓、神曲、泽泻、炙甘草）壮仓廪之官，治疗脾胃亏损，或胀或泻。方中白术为君，味苦甘以缓脾；"人参甘温补气，是以为臣。气不足者，肉分不充，故佐以黄芪；土虚则不能生金，故佐以薏苡仁；虚则补其母，故佐以莲子；土恶湿，虚则水寡于畏，故佐以茯苓、泽泻；土虚则不善散精输肺，故佐以神曲；"甘草为使，和诸药之性而无忤。而白术膏（白术、蜜）补胃健脾，和中进食。因"太阴其性喜燥，其味喜甘，其气喜温，白术备此三者，故为中宫要药。配以白蜜和其燥也，且甘味重则归脾速。"（《删补颐生微论·医方论第二十二》）

2.补益肺肾

人参固本膏（人参、天门冬、麦门冬、生地黄、熟地黄）治肾虚肺热，喘嗽烦渴。方"取二地以补肾为君，精不足者，补之以味也。取二冬以保肺为臣，虚则补其母也。火刑金而肺气衰，非人参莫可救援，东垣所谓无阳则阴无以生也。倘泥肺热伤肺之说，则孤阴不长，不几于坐而待毙耶。"

3.补肾益气

龟鹿二仙胶（鹿角、龟板、枸杞子、人参、酒）大补精髓，益气养神，用于气血阴阳俱虚之人。故李氏阐发说："人有三奇，精、气、神，生生之本也。精伤无以生气，气伤无以生神……精不足者，补之以味，故鹿角为君，龟板为臣。鹿得天地之阳气最全，善通督脉，足于精者，故能多淫而寿。龟得天地之阴气最厚，善通任脉，足于气者，故能伏息而寿……人参为阳，补气中之怯；枸杞为阴，清神中之火，故以为佐。是方也，一阴一阳，无偏攻之忧，入气入血，有和平之美。繇是精生而气旺，气旺而神昌，庶几享龟鹿之年矣，故曰二仙。"

4.补益气血

琼玉膏（生地黄、茯苓、蜂蜜、人参）益气养阴，健脾润肺，治虚劳干咳。方以生地黄为君，养阴润肺，"令水盛则火自息也。损其肺者，益其气，故用人参以鼓生发之元。虚则补其母，故用茯苓以培万物之本。白蜜为百花之精，味甘归脾，性润悦肺，且缓燥急之火。四者皆温良和厚之品，诚堪宝重。"不宜用苦寒，否则"只伤脾土，金反无母。"

地黄膏（生地黄、酒当归、白芍药、枸杞子、牡丹皮、知母、地骨皮、人参、甘草）滋阴降火，养血清肝。"兹以地黄为君，知母为臣，壮天一之水，以制丙丁，不与之直争也。当归、芍药以沃厥阴，肾肝同治之法也。水衰则火旺，是以二皮为钤制；火盛则金衰，是以二冬为屏障。人参、莲子补金位之母，甘草生用，所以奉令承使，奔走赞成者也。"

5.收敛固精

五味子膏（五味子、蜂蜜）中"五味子味酸，酸者束而收敛，能固耗散之精，有金水相生之妙。况酸味正入厥阴，厥阴偏喜疏泄，乃围魏救赵之法也。"用于神气虚怯，不能收固，梦遗精滑。虽然功专力锐，为效神速，但不可多服，久服必有偏胜之患。

医案举例

太学邹中涵，久困痿喘，痰中时或带血，服清金保肺、降火滋阴无益。余曰：阳强而阴弱，本于中气不足，而虚炎干清肃之司也。若血家之药，投在上苦腻膈，在下苦滑润矣。中涵曰：胸中滞闷，已非朝夕，肠胃近滑泄矣。遂煎参术膏，日暮同二陈汤服，喘嗽咸宁。（《里中医案·邹中涵喘嗽》）

●肾为先天本，脾为后天本论

《经》曰：治病必求于本。本之为言，根也，源也。世未有无源之流，无根之木。澄其源而流自清，灌其根而枝乃茂，自然之经也。故善为医者，必责根本。而本有先天后天之辨。先天之本在肾，肾应北方之水，水为天一之源。后天之本在脾，脾为中宫之土，土为万物之母。

肾何以为先天之本？盖婴儿未成，先结胞胎，其象中空，一茎透起，形如莲蕊。一茎即脐带，莲蕊即两肾也，而命寓焉。水生木而后肝成，木生火而后心成，火生土而后脾成，土生金后而后肺成。五脏既成，六腑随之，四肢乃具，百骸乃全。《仙经》曰：借问如何是玄牝？婴儿初生先两肾。未有此身，先有两肾，故肾为藏府之本，十二脉之根，呼吸之本，三焦之源，而人资之以为始者也。故曰先天之本在肾。脾何以为后天之本？盖婴儿既生，一日不再食则饥，七日不食，则肠胃涸绝而死。《经》曰：安谷则昌，绝谷则亡。犹兵家之饷道也，饷道一绝，万众立散；胃气一败，百药难施。一有此身，必资谷气。谷入于胃，洒陈于六腑而气至，和调于五脏而血生，而人资之以为生者也。故曰后天之本在脾。

上古圣人见肾为先天之本，故著之脉曰：人之有尺，犹树之有根。枝叶虽枯槁，根本将自生。见脾胃为后天之本，故著之脉曰：有胃气则生，无胃气则死。所以伤寒必诊太溪，以察肾气之盛衰；必诊冲阳，以察胃气之有无。两脉既在，他脉立可弗问也。治先天根本，则有水火之分。水不足者，用六味丸壮水之源，以制阳光；火不足者，用八味丸益火之主，以消阴翳。治后天根本，则有饮食劳倦之分。饮食伤者，枳术丸主之；劳倦伤者，补中益气主之。每见立斋治症，多用前方，不知者妄议其偏，惟明于求本之说，而后可以窥立斋之微耳。王应震曰：见痰休治痰，见血休治血，无汗不发汗，有热莫攻热，喘生毋耗气，精遗勿涩泄，明得个中趣，方是医中杰。此真知本之言矣。（《医宗必读·肾为先天本脾为后天本论》）

●天地造化之机，水火而已矣。宜平不宜偏，宜交不宜分。火性炎上，故宜使之下；水性就下，故宜使之上。水上火下，名之曰交。交则为既济，不交则为未济。交者生之象，不交者死之象也。故太旱物不生，火偏盛也；太涝物亦不生，水偏盛也。煦之以阳光，濡之以雨露，水火和平，物将蕃滋，自然之理也。人身之水火，即阴阳也，即气血也。无阳则阴无以生，无阴则阳无以化。然物不生于阴而生于阳，譬如春夏生而秋冬杀也。又如向日之草木易荣，潜阴之花卉善萎也。故气血俱要，而补气在补血之先；阴阳并需，而养阳在滋阴之上。是非昂火而抑水，不如是不得其平也。此其义即天尊地卑，夫倡妇随之旨也。若同天于地，夷夫于妇，反不得其平矣。又如雨旸均以生物，晴阳之日常多，阴晦之时常少也。俗医未克见此，而汲汲于滋阴，战战于温补，亦知秋冬之气，非所以生万物者乎？何不以天地之阴阳通之。（《医宗必读·泄泻》）

●《内经》之论泄泻，或言风，或言湿，或言热，或言寒，此明四气皆能为泄也。又言：清气在下，则生飧泄。此明脾虚下陷之泄也。统而论之，脾土强者，自能胜湿，无湿则不泄，故曰湿多成五泄。若土虚不能制湿，则风寒与热，皆得干之而为病。治法有九：一曰淡渗，使湿从小便而去，如农人治涝，导其下流，虽处卑隘，不忧巨浸。经云：治湿不利小便，非其治也。又云：在下者，引而竭之是也。一曰升提，气属于阳，性本上升，胃气注迫，辄尔下陷，升柴羌葛之类，鼓舞胃气上腾，则注下自止。又如地上淖泽，风之即干，故风药多燥，且湿为土病，风为木药，木可胜土，风亦胜湿，所谓下者举之是也。一曰清凉，热淫所至，暴注下迫，苦寒诸剂，用涤燔蒸，犹当溽暑伊郁之时，而商飚飒然倏动，则炎熇如失矣，所谓热者清之是也；一曰疏利，痰凝气滞，食积水停，皆令人泻，随证祛逐，勿使稽留。经云：实者泻之。又云：通因通用是也。一曰甘缓，泻利不已，急而下趋，愈趋愈下，泄何由止？甘能缓中，善禁急速，且稼穑作甘，甘为土味，所谓急者缓之是也；一曰酸收。泻下有日，则气散而不收，无能统摄，注泄何时而已？酸之一味，能助收肃之权。经云：散者收之是也；一曰燥脾，土德无惭，水邪不滥，故泻皆成于土湿，湿皆本于脾虚，仓廪得职，水谷善分，虚而不培，湿淫转甚，经云：虚者补之是也；一曰温肾，肾主二便，封藏之本，况虽属水，真阳寓焉！少火生气，火为土母，此火一衰，何以运行三焦，熟腐五谷乎？故积虚者必夹寒，脾虚者必补母。经云：寒者温之是也；一曰固涩，注泄日久，幽门道滑，虽投温补，未克奏功，须行涩剂，则变化不愆，揆度合节，所谓滑者涩之是也。夫是九者，治泻之大法，业无遗蕴。至如先后缓急之权，岂能预设？须临证之顷，圆机灵变，可以胥天下于寿域矣！（《医宗必读·泄泻》）

·参考文献·

1.包来发.李中梓医学全书［M］.北京：中国中医药出版社，1999.

2.李成文.李中梓解中药［M］.北京：中国医药科技出版社，2021.

3.李成文.易水学派医案［M］.北京：中国中医药出版社，2015.

4.李成文，张挺，刘桂荣.李中梓用补法［M］.北京：中国医药科技出版社，2022.

5.李如辉."脾为后天本"理论的发生学探讨［J］.中医研究，2007，20（1）：1.

6.张艳，张国霞.李中梓"肾为先天本，脾为后天本论"探析［J］.湖南中医杂志，2015，31（04）：143-144.

7.王蓓蓓.李中梓重"先后二天"思想探讨［J］.云南中医中药杂志，2017，38（06）：14-17.

8.孙海霞.脾肾互赞的理论渊源及其对后世的影响［J］.山西中医学院学报，2007，（03）：14-15.

9.马晓峰.《医宗必读》与脏腑辨证［J］.天津中医药，2004，（04）：299-301.

10.张红梅，陈雪功.《医宗必读》辨证施治思想浅探［J］.中医杂志，2009，50（11）：1051-1052.

11.李成文，王刚.《医宗必读》法象药理探讨［J］.中华中医药杂志，2016，31（11）：4413-4415.

12.马天驰，王彩霞."治脾以安五脏"学术思想探析［J］.中华中医药杂志，2018，33（01）：39-41.

13. 王嘉伦, 王璞, 王培杰. 李中梓马元仪尤在泾医学传承用药规律研究 [J]. 中医杂志, 2016, 57 (01): 25-27.

14. 冯玉荣. 医学的正典化与大众化: 明清之际的儒医与 "医宗" [J]. 学术月刊, 2015, 47 (04): 141-153.

15. 姜玥, 段永强, 王韶康. 李中梓对易水学派 "脾肾相关" 学术思想继承及临床应用 [J]. 亚太传统医药, 2017, 13 (24): 85-87.

16. 孙蓓.《医宗必读》治泻九法应用体会 [J]. 国医论坛, 2017, 32 (05): 62-63.

17. 高红霞, 郭君, 陈晓杨, 田振国.《医宗必读》治泄九法临床应用经验总结 [J]. 辽宁中医杂志, 2006, (04): 395.

18. 叶知锋, 黄挺. "治泻九法" 治疗大肠癌腹泻的理论探讨 [J]. 中华中医药杂志, 2010, 25 (10): 1558-1560.

19. 任晓颖, 周天羽. 李中梓治泄9法在溃疡性结肠炎中运用 [J]. 长春中医药大学学报, 2018, 34 (03): 466-469.

20. 李永亮, 邓鑫, 张亚萍. 从李中梓 "先后天之本论" 谈艾滋病的分期防治 [J]. 辽宁中医杂志, 2011, 38 (09): 1773-1775.

绮 石

❧ 学习要点 ❧

　　绮石详细论述了虚劳的病因病机，治疗方法，防护措施，尤其是提出三本二统理论以及清肺保金、补脾益气治疗大法，对后世产生了巨大影响。

目的要求：

　　掌握虚劳病因、三本二统，清肺保金与补脾益气治疗大法；熟悉用药特点与注意事项，虚劳防护措施；了解其生平，著作及学术成就对后世的影响。

一、概说

　　绮石，一说汪绮石，籍贯身世无可考证，明末医家。

　　虚劳是古代内科疑难病症之一，《理虚元鉴·原序》描述了绮石研究虚劳的原委："先生悯世人之病虚劳者，委命于庸医，而轻者重，重者危，深可痛伤。特校昔贤之书几千百家，如四时各司一气之偏，未逢元会。乃伏读《素》《灵》而启悟门，得其要领，参订补注，集成一书。辨症因，详施治，审脉法，正药讹，精纯邃密。""长君伯儒，能读其书；次君东庵，能继其志。"门人赵宗田更是赞扬说："绮石先生医道高玄，虚劳一门，尤为独阐之宗。"浙江柯怀祖在刻《理虚元鉴》时评价说是书"实发前人所未发。其治阴虚，主清金，肺为五脏之天也；治阳虚，主健中，脾为百骸之母也。其方甚简，药味无多……则绮石之论虚劳，犹仲景之论伤寒，非举一而废百也。"

　　绮石治学主张博览群书，学而不偏，宗而不泥。推崇李杲、朱震亨与薛己，谓："斯三先生者，皆振古之高人……然皆主于一偏，而不获全体之用。"故其治虚劳既宗三家之说，又不偏主三家之法，扬长避短，养阴不过用苦寒，补火不过用温热，培土不过用辛燥。因为"脾胃之论，出于东垣则无弊。若执东垣以治者，未免以燥剂补土，有拂于清肃之肺金。滋阴之说，出于丹溪已有弊，若执丹溪以治者，全以苦寒降火，有碍于中州之土化。"结合临床实际，勇于创新，重点探讨痨瘵病因病机，提出三本二统论及清金保肺、培土调中的治劳原则，对后世治疗虚劳产生了重大影响。

　　绮石著作是《理虚元鉴》，有多种版本。最早版本有慈溪柯德修刻本，为绮石学生赵宗田所传；

还有清光绪丙子年葛氏本、清光绪丙甲年陈氏本。

二、学术特色与临证经验

（一）虚劳病因

1.先天之因

在受气之初，或由父母年已衰老，或乘劳入房，或病后受胎，或妊娠失调，或色欲过度等，此皆先天禀赋不足，精血不旺，致其子先天虚弱，肝虚多见惊风、肾虚骨软行迟、脾虚动作手颤、肺虚喉中痰多，气血俱虚则头摇目眩、读书不能出声等，年龄稍长，则易成劳。

2.后天之因

多因酒色、劳倦、七情、饮食等所伤，发病年龄多在十五六岁，或三十岁上下。或色欲过度伤肾耗精，或劳神伤心，或郁怒伤肝而失调和，或忧愁伤肺而失肃清，或思虑伤脾而失健运，致使先伤气然后耗精，或先耗精而后伤气，终则精气皆亏。

3.痘疹及病后失调

多由痘疹施治失当，正虚邪恋；或病后元气尚亏，失于调养；或劳动伤其气；或纵欲竭其精；每致阳气衰弱、阴血枯耗。伤阳则见神疲乏力，不耐劳动，面色白，不禁风寒等症；伤阴则见肺风哮喘，音哑声嘶，易于伤风咳嗽等症。

4.外感之因

平时酒色无度，或心血过耗，或肝火易动，或阴血素亏，或肺有伏火，复感风邪，易成劳嗽。

5.境遇之因

或孽子坠心，或异乡之悲，或闺妇征人之怨，或富贵而骄佚滋甚，或贫贱窘迫难堪等，致使情志不达，五志郁而化火，耗伤气血，积渐成劳。即所谓"七情不损则五劳不成。"

另外，还有妄用攻伐、杂药乱投、耗伤正气的医药之因及痨虫传染之因。

（二）虚劳病机

绮石认为虚劳病机可分为阴虚、阳虚两大类，"或为阳虚，或为阴虚。阳虚之久者，阴亦虚，终是阳虚为本；阴虚之久者，阳亦虚，终是阴虚为本。"而且提出"阴虚之证统于肺"、"阳虚三夺统于脾"的二统新观点。

1.阴虚阳亢，伏火刑金

由于精血不足，水不济火，阴虚火亢，灼伤肺金，肺失宣肃，胶痰固膈。症见咳嗽，吐血，或痰中带血，呼吸气短，脉细数。其灼金之火即是"伏逆之火"。绮石强调说，"此在少年为痨嗽之根，四十以外，为血虚痰火之兆。"

2.阳虚三夺，中气不守

三夺即夺精、夺火、夺气。色欲过度夺精，致使火与气相次俱竭；辛劳太过耗气，致使火与精连类而失；夺火多从夺精或过服寒凉而来，致使命火衰微，阳痿不起；凡此三夺，终则耗伤中气，致中气不守。

（三）治疗虚劳特色

虚劳临床常见症状主要有咳嗽，骨蒸潮热，遗精梦泄，咳血或痰中带血，汗出畏寒，语言轻微等；但应注意与腰膝四肢无力，目眩，耳鸣，形体憔悴，溏泄无度，饮食少的脾胃阳虚相鉴别。绮石从肺、脾、肾入手进行治疗，倡导三本二统论。

1.理虚三本

绮石基于肺痨所致的虚劳，主张治疗虚劳应重视肺、脾、肾，而且强调治肺更为重要。《理虚元鉴·治虚有三本》谓："治虚有三本，肺、脾、肾是也。肺为五脏之天，脾为百骸之母，肾为性命之根，治肺、治脾、治肾，治虚之道毕矣。"

（1）肺为五脏之天：肺居于脏腑之上，司治节之令，兼清肃之化，外与天气相通，以主五脏之气；肺虚则营卫不行，津液不布。故治肺要清金保肺，不可过用苦寒，免伤胃气，应保土生金。

（2）脾为百骸之母：脾居于中央，主运化水谷，为气血生化之源，濡养五脏六腑，四肢百骸；脾虚则运化无权，营卫衰弱，气血亏虚。故治脾要培土调中，滋其化源，以生金保肺，虽宗李杲而不过用辛燥，以免损至高之气。

（3）肾为性命之根：肾兼真水真火，真火生脾土，脾土生肺金；真水生肝木，肝木生心火；肾虚则精气俱衰，进而五脏皆急而致虚劳。治肾要滋阴降火，使金行清化，金水归于一致。即救水宗朱震亨，但不过用苦寒如知母、黄柏类，一则有碍脾胃运化。再则肾水未必能补，而真火有熄灭之虑；救真火宗薛己，但不过用桂附，以免助郁热，耗阴津，损肺气。

2.治虚二统

绮石既以肺、脾、肾为治虚三本，但为何又将"阴虚之证统于肺"，"阳虚三夺统于脾"呢？他解释说，因为前人治阳虚者统之于命火，概以八味丸、十全汤之类，不离桂附，辛热助火则煽其虚焰；治阴虚统之于肾水，六味丸、百补丸之类，不离知柏，而滥用苦寒降火易燥金败胃。因而采用清金保肺，健脾益气之法，将传统补肾之法寓于治肺治脾之中，不但避免执用辛热、苦寒的弊端，而且可以"执两端以用中，合三部以平调。一曰清金保肺，无犯中州之土；一曰培土调中，不损至高之气；一曰金行清化，不觉水自流长。乃合金水于一致也。三脏既治，何虑水火乘时，乃统五脏以同归也。"其中"金行清化"、"水自流长"就是治肺益肾之法。故绮石评价说："补肾水不如补肺，以资水之上源，使金水归于一致；补命火不如补脾，以健其中，滋生化之源。"

（1）清金保肺：绮石对于潮热、骨蒸、劳嗽、吐血等阴虚之症从肺论治，采用清金保肺法，即通过治肺益肾，使"金行清化""水自流长"，从而达到治疗阴虚虚劳的目的，此即"阴虚之证统于肺"。临证多选用牡丹皮、地骨皮、桑白皮、白前、桔梗、泽泻、生地、茯苓等，清热养阴，以制阴虚阳亢之伏火。还提出麦门冬、人参、五味子是治疗"肺怯之病"的必用之品。如治疗干咳，"宜补阴降火，症从色欲来者，琼玉胶最捷。"

（2）补脾健中：对于由夺精、夺火、夺气所致，或汗出无度，或肾虚生寒，或盛夏裹绵，或腰酸足软，或语言轻微，或木实生风，或脾弱滞湿，或面色㿠白，或纳差食少的虚劳阳虚之证，绮石不是首先填精、补火，而是从脾论治，以急救中气为先。明确提出"阳虚之证，虽有夺精、夺火、夺气之不一，而以中气不守为最险，故阳虚之治，虽有填精、益气、补火之各别，而以急救中气为最先。"因为"有形之精血不能速生，无形之真气所宜急固"；"回衰甚之火者，有相激之危；续清纯之气者，有冲和之美，此益气之所以妙于益火也。"故采用补脾健中之法，健中气，资化源，此即"阳虚三夺统于脾"。如治疗心肾不交的归养心脾汤（人参、黄芪、白术、芡实、五味子、甘草、熟地、酸枣仁、茯神、山药、当归），归养心肾丸（生地、熟地、黄芪、白术、山药、芡实、茯神、酸枣仁、当归、山茱萸、五味子、甘草），养心固肾丸（生地、当归、茯神、山药、芡实、山茱萸、陈皮、甘草、五味子、莲子），或归脾丸，其梦遗精泄、神疲体倦、腰酸腿软、咳嗽、骨蒸潮热等症，既有夺精所致的阴虚于下，火炎于上的阴虚火旺，也有夺精所致夺火的命门火衰，因而以甘温之剂，调补气血，安养心神，不轻用温燥与滋阴降火之品。

值得注意的是，绮石治虚劳虽重视甘温补脾益气，避免辛热，但他并不忽视填精，因为"精、气、神，养生家谓之三宝，治之原不相离。故于滑精梦泄种种精病者，必本于神治；于怔忡、惊悸种种神病者，必本于气治。盖安神必益其气，益气必补其精。"临证常选用生熟地、山茱萸、枸杞子、龟板胶等填精补髓。

医案举例

◆徐。今年长夏久热，伤损真阴。深秋天气收肃，奈身中泄越已甚，吸短精油，消渴眩晕。见症却是肝肾脉由阴渐损及阳明胃络，纳谷减，肢无力。越人所云阴伤及阳，最难充复。诚治病易，治损难耳。

人参、天冬、生地、茯神、女贞、远志。（《临证指南医案·虚劳》）

◆奚某。黄昏咳嗽，肺热也。黎明气升，肾虚也。纳食倒饱，脾虚也。补肾纳气治其下，清金化痰治其上，运脾培土治其中，三焦并治。

大生地、沙苑子、麦冬、川贝、茯苓、怀山药、六神曲、沙参、牛膝、枇杷叶。《王旭高临证医案·虚劳》

◆天津二区宁氏妇，年近四旬，素病虚劳，偶因劳碌过甚益增剧。

病因：处境不顺，家务劳心，饮食减少，寝成虚劳，已病倒卧懒起床矣。又因讼事，强令公堂对质，劳苦半日，归家病大加剧。

证候：卧床闭目，昏昏似睡，呼之眼微开不发言语，有若能言而甚懒于言者。其面色似有浮热，身间温度三十八度八分，问其心中发热乎？觉怔忡乎？皆颔之。其左脉浮而弦硬，右脉浮而芤，皆不任重按，一息六至。两日之间，惟少饮米汤，大便数日未行，小便亦甚短少。

诊断：即其脉之左弦右芤，且又浮数无根，知系气血亏极有阴阳不相维系之象。是以阳气上浮而面热，阳气外越而身热，此乃虚劳中极危险之证也。所幸气息似稍促而不至于喘，虽有咳嗽亦不甚剧，知尤可治。斯当培养其气血，更以收敛气血之药佐之，俾其阴阳互相维系，即可安然无虞矣。

处方：野台参四钱、生怀山药八钱、净萸肉八钱、生龙骨捣碎八钱、大甘枸杞六钱、甘草二钱、生怀地黄六钱、玄参五钱、沙参五钱、生赭石轧细五钱、生杭芍四钱，共煎汤一大盅，分两次温饮下。

复诊：将药连服三剂，已能言语，可进饮食，浮越之热已敛，体温下降至三十七度六分，心中已不发热，有时微觉怔忡，大便通下一次，小便亦利，遂即原方略为加减俾再服之。

处方：野台参四钱、生怀山药一两、大甘枸杞八钱、净萸肉六钱、生怀地黄五钱、甘草二钱、玄参五钱、沙参五钱、生赭石轧细四钱、生杭芍三钱、生鸡内金黄的捣碎钱半，共煎汤一大盅，温服。

方解：方中加鸡内金者，因虚劳之证，脉络多瘀，《金匮》所谓血痹虚劳也。用鸡内金以化其血痹，虚劳可以除根，且与台参并用，又能运化参之补力不使作胀满也。

效果：将药连服四剂，新得之病痊愈，其素日虚劳未能尽愈。俾停服汤药，日用生怀山药细末煮粥，少加白糖当点心服之。每服时送服生鸡内金细末少许，以善其后。（《医学衷中参西录·虚劳喘嗽门》）

3.注意事项

绮石治疗虚劳用药分为宜用、酌用、慎用、偶用、不必用、禁用等，《理虚元鉴》专列"治虚药讹一十八辨"，以指导用药。

（1）宜用药：如生地、茯苓、黄芪、白术、桑白皮、桔梗、牡丹皮、地骨皮等。

（2）酌用药：枸杞子、柴胡、麦门冬、五味子，初病也要酌用。

（3）慎用药：生地、白术、桂圆、当归，初病时应谨慎。

（4）偶用或不必用药：偶尔可用陈皮，但紫苏子、枳壳不必用。

（5）禁用药：禁燥烈、禁伐气、禁苦寒之品。"盖虚劳之痰，由火逆而水泛，非二陈、平胃、缩砂等所开之痰。虚劳之火，因阴虚而火动，非知、柏、芩、连、栀子等所清之火。虚劳之气，由肺薄而气窒，非青、枳、香、蔻、苏子等所豁之气。乃至饮食所禁，亦同药饵。有因胃弱而用椒、胡、茴、桂之类者，其害等于二陈；有因烦渴而啖生冷鲜果之物者，其害同于知、柏；有因气滞而好辛辣快利之品者，其害甚于青、枳。"（《理虚元鉴·三禁》）

另外，虚劳初起兼有外感者，不能骤用补敛法，可于补中兼柴胡、前胡疏散之品，表疏后，再用补敛之法。"劳嗽初起之时，多兼表邪而发……庸医但知劳嗽为内脏本病，而骤以芪术益其气，归地补其血，甚以白芍、五味、枣仁敛其邪，则邪气深滞膜里，胶固而难拔矣。余凡遇此症，先以柴胡，前胡清理表邪……但柴胡可多用几剂，前胡止可用一二剂，若表邪一清，柴胡亦须急去之。"（《理虚元鉴·劳嗽初起治法》）

（四）虚劳防护

绮石不仅重视虚劳的治疗，而且更重视防护，包括治疗过程中及痊愈后的防护。尤其是虚劳病虽然治愈，但终为不禁风浪、不耐辛苦之人，故应预防复发。

1.知节

虚劳之人宜节嗜欲养精，节烦恼养神，节忿怒养肝，节辛勤养力，节思虑养心，节悲哀养肺。

2.知防

虚劳或虚弱之人，外邪容易乘机侵袭，因此冬春季节应防风寒；夏季应防暑热，同时又应防因暑取凉而感寒；长夏防湿；秋季防燥。

3.二守

坚持长期服药，合理摄养，以免复发。

4.护肺

虚劳曾经骨蒸、劳嗽、吐血而治愈者，应注意终身保肺。

此外，虚劳咳嗽、吐血、痰血诸证应在未至春初木盛火升、仲夏湿热令行、夏秋之交伏火烁金之时，及早进行预防。

（五）虚劳预后

1.虚劳初发，病尚轻浅，安乐静养不用药也可痊愈。虚劳症状稍重，能够坚持治疗百日或一年，煎百济丸二料膏一服，便可断除病根。

2.虚劳愈后三年内可再发，"起于色者节欲，起于气者慎怒，起于文艺者抛书，起于劳倦者安逸，起于忧思者遣怀，起于悲哀者达观，如是方得除根。至于三发，则不可救矣。"（《理虚元鉴·二守》）

3.少年虚劳难治，但由于精血易生而易愈，预后较好；老年虚劳易治，但因气血易亏而难愈，预后较差。

原著选读

●治虚二统

治虚二统，统之于肺、脾而已。人之病，或为阳虚，或为阴虚。阳虚之久者，阴亦虚，终是阳虚为本；阴虚之久者，阳亦虚，终是阴虚为本。凡阳虚为本者，其治之有统，统于脾也；阴虚为本者，其治之有统，统于肺也。此二统者，与前人之治法异。前人治阳虚者，统之以命火，八味丸、十全汤之类，不离桂附者是；前人治阴虚者，统之以肾水，六味丸、百补丸之类，不离知柏者是。余何为而独主金土哉？盖阴阳者，天地之二气，二气交感，乾得坤之中画而为离，离为火；坤得乾之中画而为坎，坎为水。水火者，阴阳二气之所从生，故乾坤可以兼坎离之功，而坎离不能尽乾坤之量。是以专补肾水者，不如补肺以滋其源，肺为五脏之天，孰有大于天者哉？专补命火者，不如补脾以建其中，脾为百骸之母，孰有大于地者哉？（《理虚元鉴·卷上》）

●阳虚三夺统呼脾

就阳虚成劳之统于脾者言之，约有三种：日夺精，日夺气，日夺火。气为阳，火者阳气之属。精者，水火之兼。色欲过度，一时夺精，渐至精竭。精者，火之源，气之所主，精夺则火与气相次俱竭，此夺精之兼火与气也。劳役辛勤太过，渐耗真气，气者火之属，精之用。气夺则火与精连类而相失，此夺气之兼火与精也。其夺火者，多从夺精而来，然亦有多服寒药，以致命火衰弱，阳痿不起者。此三种之治，夺精、夺火主于肾，夺气主于脾。余何为而悉统于脾哉？盖阳虚之症，虽有夺精、夺火、夺气之不一，而以中气不守为最险，故阳虚之治，虽有填精、益气、补火之各别，而以急救中气为最先。有形之精血，不能速生，无形之真气，所宜急固，此益气之所以切于填精也。回衰甚之火者，有相激之危；续清纯之气者，有冲和之美；此益气之所以妙于益火也。夫气之重于精与火也如此，而脾气又为诸火之原，安得不以脾为统哉。余尝见阳虚者，汗出无度，或盛夏裹绵，或腰酸足软而成痿症，或肾虚生寒，木实生风，脾弱滞湿，腰背难于俯仰，胻股不可屈伸，而成痹症，或面色皎白，语音轻微，种种不一，然皆以胃口不进饮食，及脾气不化为最危。若脾胃稍调，形肉不脱，则神气精血，可以次第而相生，又何有亡阳之虞哉？此阳虚之治，所当悉统于脾也。(《理虚元鉴·卷上》)

●阴虚之症统于肺

就阴虚成劳之统于肺者言之，约有数种。曰劳嗽，曰吐血，曰骨蒸，极则成尸疰。其症有兼有不兼，有从骨蒸而渐至劳嗽者，有从劳嗽而渐至吐血者，有竟以骨蒸枯竭而死，不待成劳嗽者，有竟从劳嗽起，而兼吐血者，有竟从吐血起，而兼劳嗽者，有久而成尸疰者，有始终只一症，而或痊或毙者。凡此种种，悉宰于肺治，所以然者，阴虚劳症，虽有五劳七伤之异名，而要之以肺为极则。故未见骨蒸、劳嗽、吐血者，预宜清金保肺；已见骨蒸、劳嗽、吐血者，急宜清金保肺；曾经骨蒸、劳嗽、吐血而愈者，终身不可忘护肺。此阴虚之治，所当悉统于肺也。(《理虚元鉴·卷上》)

●诸火可补火，诸热不可补火。又他脏有虚火可补火，肺脏有伏火不可补火。斯言实发前人未发之旨。何谓诸火可补火？火者，虚火也。谓动于气而未着于形。其见于症，易升易降，倏有倏无。其发也，尽有燎原之势，或面红颊赤，或眩晕厥冒，种种不同，而皆可以温润补肾之剂，以收其浮越，而引归于性根命蒂之中，补之可也。何谓诸热不可补火？热者，实热也。谓其先动于气，久而渐着于形，如烧热之物相似。其见于症，有定时，无定处，无升降，无变迁。其夜间准热、日间不热者，为夜热；其里面恒热而皮肤未热者，为内热；其热如在骨髓间蒸出而彻于皮肤者，为骨蒸劳热。此种种蒸热，有清法，无温理，补之不可也。何谓他脏有虚火可补火，肺脏有伏火不可补火？盖肺与四脏有别，如肝肾龙雷之火可补而伏，脾胃寒格之火可补而越，心家虚动之火可补而定，惟肺之一脏属金，金畏火克，火喜铄金，故清肃之脏最畏火，此言其脏质也。肺居膈上，其气清，其位高，火若上冲则治节失令，而痰滞气塞，喘嗽交加，故至高之部极畏火，此以部位言之也。然或偶然浮越之火，犹不犯此禁，独至伏逆之火，出于阴虚阳亢，火乘金位，谓之贼邪。以其火在肺叶之下，故名伏；以其火只星星，便能使金令捍格，故名逆。凡若此者，症必胶痰固膈，吸短呼长，脉必细而数。细为血脉，数为火胜。此在少年为劳嗽之根，四十以外为血虚痰火之兆。宜用清法，无用温理，其断不可补者也。(《理虚元鉴·虚火伏火论》)

·参考文献·

1.绮石.理虚元鉴［M］.江苏科学技术出版社，1981.

2.李成文，刘桂荣.治虚六书［M］.人民卫生出版社，2016.

3.蔡林，廖伯年，雷长国.《理虚元鉴》学术价值探析［J］.中国中医基础医学杂志，2016，22（8）：1016-1017.

4.谷建军.绮石先生三本二统的内涵与外延探要［J］.辽宁中医学院学报，2003，5（3）：260.

5.蔡林，刘浩，张蜀.浅析绮石治虚"三本二统"及贡献［J］.中国中医基础医学杂志，2011，17（08）：834+840.

6.陈坚雄，刘小斌，夏静娴.《理虚元鉴》五脏联系思想初探［J］.辽宁中医杂志，2009，36（10）：1703-1704.

7.邓素玲.论《理虚元鉴》"平调阴阳"的学术思想［J］.中国中医基础医学杂志，2006，（10）：768

8.纪立金.汪绮石脾胃学术思想探析［J］.中华医史杂志，2002，（01）：40-42.

9.孙云浩，滕磊.《理虚元鉴》治疗干咳的学术思想探微［J］.中医药学报，2014，42（5）：152-153.

10.王建.论《理虚元鉴》"治未病"学术思想［J］.中华中医药学刊，2008，（09）：2038-2039.

11.陈义娇，陈思达，林丽霞，等.浅析《理虚元鉴》对虚劳病的独特贡献［J］.成都中医药大学学报，2017，40（04）：86-88.

12.侯江淇，夏洁楠，张琰琨，等.浅析《理虚元鉴》对虚劳病因的认识［J］.中国中医基础医学杂志，2014，20（04）：428+451.

13.韩睿，林洪生.从虚劳角度探讨肺癌中医因机证治［J］.天津中医药，2014，31（09）：537-539.

14.刘国萍.《理虚元鉴》辨证论治特色［J］.上海中医药杂志，2007，（02）：57-58.

15.王新波，徐瑞荣.汪绮石"三本二统"思想对当代慢性再生障碍性贫血中医临床的启示［J］.中医杂志，2012，53（16）：1374-1376.

16.李霄.《理虚元鉴》遗精梦泄诊疗特色的探讨与体会［J］.新中医，2022，54（03）：220-222.

17.唐荥，刘渊.从"三本二统"论治围绝经期综合征［J］.成都中医药大学学报，2021，44（04）：70-73.

18.范铁兵，李春，杨志旭.《理虚元鉴》治疗虚劳角药的配伍分析与临床应用［J］.山东中医杂志.2020，39（3）229-231.

19.赵志恒，穆超超.基于数据挖掘的《理虚元鉴》用药规律研究［J］.中国中医药信息杂志，2018，25（07）：92-94.

20.侯江淇，王国为，徐世杰，等.《理虚元鉴》虚劳护理思想浅析［J］.新中医，2020，52（23）：181-183.

喻 昌

❧ 学习要点 ❧

喻昌辨正《内经》"秋伤于湿"为"秋伤于燥"之误，阐发燥邪致病机理，创制清燥救肺汤。总结治疗臌胀三法，用人参败毒散"逆流挽舟"治疗痢疾，为后世所效法。

目的要求：

掌握秋燥理论及治疗秋燥、臌胀的特色；熟悉"逆流挽舟"治痢方法；了解其生平，代表著作及其学术成就对后世的影响。

一、概说

喻昌（1585~1664），字嘉言，晚号西昌老人，明末清初江西新建（今江西南昌）人。

喻氏幼治举子业，明崇祯年间，曾以副榜贡生入京，无所就；曾隐于禅，后还俗，而专于医。清初应苏南名医钱谦益之邀，移居江苏常熟悬壶应诊，医名冠绝一时。喻昌受方有执错简重订思想的影响，提出"三纲鼎立"学说，采用以纲统法、类证汇聚原则，重新编次《伤寒论》条文；提出温病三纲说，即冬伤于寒、冬不藏精、冬伤于寒又冬不藏精，至春均可病温。其邪由口鼻而入，直行中道，流布三焦，"急以逐秽为第一要义"，对后世吴瑭三焦辨证不无启示。阐发燥邪理论与大气说，创制清燥救肺汤，对后世产生了巨大影响。故《清史稿·列传》谓其"幼能文，不羁，与陈际泰游。明崇祯中，以副榜贡生入都上书言事，寻诏徵，不就，往来靖安间。披剃为僧，复蓄发游江南。顺治中，侨居常熟，以医名，治疗多奇中。"因而与张璐、吴谦并称为清初三大家。承其学者有徐彬、罗子尚、舒驰远等。

喻昌治学主张先辨病后用药，以便有的放矢，其谓"治病必先识病，识病然后议药。"识病是议药的前提和依据，并提出识病的具体要求。重视临证医案的记录与整理，与门人订议病式，制定医案书写规范，成为中医医案书写格式研究的先行者。

喻昌代表著作有《医门法律》《尚论张仲景伤寒论重编三百九十七法》（简称《尚论篇》）《寓意草》，另有《尚论后篇》《（痘疹）生民切要》。现有《喻嘉言医学全书》合订本。

二、学术特色与临证经验

（一）秋燥论

1. 辨正《内经》之误

燥为秋季之主令，然《内经》将秋季主病归纳为"秋伤于湿，冬生咳嗽"（《素问·阴阳应象大论》），"秋伤于湿，上逆而咳，发为痿厥"（《素问·生气通天论》），以至于后世医家以讹传讹，而未予纠正。虽然刘完素阐发并补充燥症病机，但并未对《内经》之说提出异议。喻昌通过深入研究，指出"燥之与湿，有霄壤之殊。燥者天之气也。湿者地之气也。水流湿，火就燥，各从其类，此胜彼负，两不相谋。春月地气动而湿胜，斯草木畅茂，秋月天气肃而燥胜，斯草木黄落。故春分以后之湿，秋分以后之燥，各司其政。今指秋月之燥为湿，是必指夏月之热为寒然后可。"（《医门法律·秋燥论》）。因此，喻昌认为秋伤于湿应为秋伤于燥之误，必须予以纠正，这样春伤于风，夏伤于暑，长夏伤于湿，秋伤于燥，冬伤于寒，才能与六气四时相配，与五运不相背戾。

2. 燥气致病机理与症状

燥邪致病，《内经》虽有"燥胜则干"之论，但是却未阐发病机。直到刘完素才对表现为皮肤皲揭，精血枯涸，肌肉消烁等症状的燥病病机进行了论述，提出"诸涩枯涸，干劲皲揭，皆属于燥"，补病机十九条之未备。喻昌在其基础上，首先纠正了秋伤于湿之误，并进一步阐发说："燥金虽为秋令，虽属阴经，然异于寒湿，同于火热。火热胜则金衰，火热胜则风炽，风能胜湿，热能耗液，转令阳实阴虚，故风火热之气，胜于水土而为燥也。""夫诸气膹郁之属于肺者，属于肺之燥，非属于肺之湿也。苟肺气不燥，则诸气禀清肃之令，而周身四达，亦胡致膹郁耶？诸痿喘呕之属于上者，上亦指肺，不指心也。若统上焦心肺并言，则心病不主痿喘及呕也。惟肺燥甚，则肺叶痿而不用，肺气逆而喘鸣，食难过膈而呕出，三者皆燥证之极者也。"（《医门法律·秋燥论》）。因此，喻氏明确论述了燥之为病，病位在肺，病机为肺失治节；临床症状可有痿，喘，呕，烦满，筋脉拘急，筋惕而搐，甚则筋缓不收，痿痹不仁，消渴，男子精液衰少，女子津血枯闭等。其谓："风热燥甚，拂郁在表而里气平者，善伸数欠，筋脉拘急，或时恶寒，或筋惕而搐，脉浮数而弦。若风热燥并郁甚于里，则必为烦满，必为闷结，故燥有表里气血之分也。""肝主于筋，风气自甚，燥热加之，则液聚于胸膈，不荣于筋脉而筋燥，故劲强紧急而口噤，或瘛疭昏冒僵仆也。"

后世石寿棠撰《医原》进一步阐发燥证理论，认为致燥之由，皆缘血液不足所致。治疗燥邪宜辛润以开之。张千里在临证中认识到"上燥在气，下燥在血，气竭则肝伤，血竭则胃涸"。并提出"治燥者，顾正但须养胃存津，化邪但宜宣肺化燥。"沈目南专立燥病论篇，认为燥之病因病机为"燥气起于秋分以后，小雪以前，阳明燥金凉气司令，燥令必有凉气感人，肝木受邪而为燥也。"同时指出"燥淫所胜，平以苦温，乃外用苦温辛温解表，与冬月寒令而用麻桂姜附，其法不同，其和中攻里则一，故不立方。"

3.治疗原则与方药

（1）治疗原则：喻昌根据燥邪致病的病因病机与临床症状，提出"治燥病者，补肾水阴寒之虚，而泻心火阳热之实，除肠中燥热之甚，济胃中津液之衰，使道路散而不结，津液生而不枯，气血利而不涩，则病日已矣"的治疗思路。并根据不同表现分别治之。

（2）清燥救肺汤：用于燥邪伤肺所致的膹郁、痿、喘、呕等。方中桑叶清润肺金为君，石膏肃肺清热；生甘草和胃生津；人参生胃津而养肺气；配胡麻仁、阿胶、麦门冬滋阴润燥；杏仁、枇杷叶润肺下气。如燥郁痰多加贝母、瓜蒌；燥伤血枯加生地黄。喻昌在阐发创制本方特点时说，"总之，《内经》六气，脱误秋伤于燥一气。指长夏之湿，为秋之燥。后人不敢更端其说，置此一气于不理。即或明知理燥，而用药夹杂，如弋获飞虫，茫无定法示人也。今拟此方，命名清燥救肺汤，大约以胃气为主，胃土为肺金之母也。其天门冬，虽能保肺，然味苦而气滞，恐反伤胃阻痰，故不用也。其知母能滋肾水清肺金，亦以苦而不用。至如苦寒降火，正治之药，尤在所忌。盖肺金自至于燥，所存阴气，不过一线耳，倘更以苦寒下其气，伤其胃，其人尚有生理乎？诚仿此增损以救肺燥变生诸症，如沃焦救焚，不厌其频，庶克有济耳！"（《医门法律·自制清燥救肺汤》）这体现了喻昌治疗燥病的同时也重视胃气，肺胃兼顾，寓培土生金于甘柔滋润之中，忌用或慎用辛香行气及纯用甘润或苦寒之剂，实开治秋燥之先河。

（3）其他治法：若皮肤皴揭，筋燥，爪干，用滋燥养荣丸（当归、生地黄、熟地黄、白芍药、秦艽、黄芩、防风、甘草）；精血枯涸燥热用大补地黄丸（黄柏、熟地黄、当归、山药、枸杞子、知母、山茱萸、白芍药、生地黄、肉苁蓉、玄参）；脾胃中伏火，大便秘涩或干燥闭塞不通，全不思食，用东垣润肠丸（麻子仁、桃仁、羌活、当归、大黄、皂角仁、秦艽）润燥和血疏风；大便难，噎塞不便，用东垣导滞通幽汤（当归、升麻、桃仁、生地、大黄、熟地黄、红花、甘草、槟榔）；下焦燥热用六味地黄丸。

> **医案例举**
>
> 吉长乃室，新秋病洒淅恶寒，寒已发热，渐生咳嗽，然病未甚也。服表散药不愈，体日尪羸。延至初冬，饮以参、术补剂，转觉厌厌欲绝，食饮不思，有咳无声，泻利不止，危在旦暮……吉长彷徨无措，延仆诊毕……仆因谓曰：是病总由误药所致。始先皮毛间洒淅恶寒发热，肺金为时令之燥所伤也，用表散已为非法，至用参术补之，则肺气闭锢，而咳嗽之声不扬，胸腹饱胀，不思饮食，肺中之热无处可宣，急奔大肠，食入则不待运化而直出。食不入，则肠中之垢污亦随气奔而出，是以泻利无休也。今以润肺之药兼润其肠，则源流俱清，寒热、咳嗽、泄泻一齐俱止矣。但取药四剂，服之必安，不足虑也。方用黄芩、地骨皮、甘草、杏仁、阿胶。初进一剂，泻即少止。四剂毕，而寒热俱除。再数剂而咳嗽俱痊愈矣。（《寓意草·论吴吉长乃室及王氏妇肺病误药之治验》）

4.注意事项

针对燥病致病特点，喻氏在《医门法律·伤燥门》提出了治疗燥病应当注意的律法。

凡秋月燥病，不得误以为湿而治之，否则伤人必多。

治疗燥病，不可燥在气而治血，燥在血而治气，燥在表而治里，燥在里而治表，而致药不适病。

杂病兼带燥证者，不能误用燥药，免致危困。

凡治燥病，须分肝肺。肝脏见证，可治其肺燥；若肺脏见证，反治其肝，则误矣。肝脏见燥证，清其肺金，除其燥本，尤为先务。若肺金自病，不及于肝，即专力救肺。

凡治燥病，须深达治燥之旨，若但用润剂润燥，虽不重伤，亦误时日，当在所诫。

（二）治疗臌胀经验

臌胀，又称为单腹胀、鼓胀、蛊胀、蜘蛛蛊、蜘蛛病等，是古代四大顽症之一，历代均有论述。喻昌深入探讨臌胀病机，总结治疗方法。

1.病因病机

喻昌认为癥瘕、积块、痞块是胀病之根，日积月累，脾气衰微，水裹、气结、血凝而致腹大如箕，腹大如瓮。正如《寓意草·面议何茂倩令媛病单腹胀脾虚将绝之候》云："单腹胀，则中州之地，久窒其四运之轴，而清者不升，浊者不降，互相结聚，牢不可破，实因脾气之衰微所致。"

2.治疗方法

臌胀以脾气衰微为本，水裹、气结、血凝为标，总属本虚标实。喻氏提出培养、招纳、解散治疗膨胀三法，熔攻、补、消于一炉，顾护脾胃。"明乎此，则有培养一法，补益元气是也；则有招纳一法，升举阳气是也；则有解散一法，开鬼门、洁净府是也。三法俱不言泻，而泻在其中矣，无余蕴矣。"（《寓意草·面议何茂倩令媛病单腹胀脾虚将绝之候》）

常用人参芎归汤（人参、辣桂、五灵脂、乌药、莪术、木香、砂仁、炙甘草、川芎、当归、半夏、生姜、红枣、紫苏），加减《金匮》肾气丸（肾气丸加车前子、牛膝），人参丸（人参、当归、大黄、桂心、瞿麦、赤芍药、茯苓、葶苈子），小温中丸（陈皮、半夏、神曲、茯苓、白术、香附、针砂、苦参、黄连、甘草），见睍丸（炮附子、鬼箭羽、紫石英、泽泻、肉桂、延胡索、木香、槟榔、血竭、水蛭、三棱、桃仁、大黄、酒），导气丸（青皮、莪术、胡椒、三棱、槟榔、赤芍、干姜、附子、吴茱萸、菖蒲），禹余粮丸（蛇含石、禹余粮石、真针砂），强中汤（人参、青皮、陈皮、丁香、白术、附子、草果仁、干姜、厚朴、甘草），化滞调中汤（白术、人参、白茯苓、陈皮、厚朴、山楂肉、半夏、神曲、麦芽、砂仁）等。

3.注意事项

（1）不宜应用猛药攻劫：倘若以治水诸法施之，虽取效于一时，但易耗损元气，损伤脾胃，"百中无一愈者，失于师承无人，方药乱投耳。"《寓意草》曾告诫说"所以凡用劫夺之药者，其始非不速遽消，其后攻之不消矣，其后再攻之如铁石矣。不知者见之，方谓问物邪气若此之盛，自明者观之，不过为猛药所攻，即以此身之元气，转与此身为难首，实有如驱良民为寇之比，所谓赤子盗兵，弄于潢池，宣其然哉！"

（2）不宜用耗气散气之药：因臌胀气散而不收，用之泻肺泻膀胱，则为"杀人之事也……更散其气，岂欲直裂其腹乎？收之不能遽收，亦渐积使然，缓缓图成可也。若求快意一朝，如草头诸方，明明立见杀人，若辈全不悔祸，展转以售奸，吾不知其何等肺肠，千劫不能出地狱矣"。

（3）多用丸剂，因臌胀病久正虚，非汤剂所急图，需用丸剂缓慢收功。如喻氏治疗臌胀常用的加减《金匮》肾气丸、人参丸、小温中丸、见睍丸、导气丸等均为丸剂。

（三）"逆流挽舟"治痢特色

1.痢疾病因病机

痢疾乃夏秋热、暑、湿三气交蒸互结所致。邪气由里出表为顺，如果失于表散，邪气不能及时外出，可以深入阴分则为逆。

2.治疗原则与方法

喻氏根据痢疾病机，提出用人参败毒散，使邪从汗解。其谓："以故下痢必从汗，先解其外，后调其内，首用辛凉以解其表，次用苦寒以清其里，一二剂愈矣。失于表者，外邪但从里出，不死不休。故虽百日之远，仍用逆流挽舟之法，引其邪而出之于外，则死证可治，危证可安。"

人参败毒散中人参扶助正气，使邪由里出表，正气由下而上，从而达到汗出而热退，邪从表解的目的。故《寓意草》云："人受外感之邪，必先汗以驱之。惟元气大旺者，外邪始乘药势而出。若元气素弱之人，药虽外行，气从中馁，轻者半出不出，流连为困，重者随元气缩入，发热无休……所以虚弱之体，必用人参三、五、七分。入表药中少助元气，以为驱邪之为主，使邪恶气得药，一涌而出，全非补养虚弱之意也。"

3.注意事项

治痢需要分清标本先后、详审病情虚实、所受湿热多寡，辨证用药，灵活变通，而不能概用苦寒，或一概用汗法，或当用汤而却予丸。否则，皆医之罪也！

医案例举

◆周信川年七十三岁，平素体坚，不觉其老，秋月病痢，久而不愈。至冬月成休息痢，一昼夜十余行，面目浮肿，肌肤晦黑，求治于余。诊其脉沉数有力，谓曰："此阳邪陷入于阴之症也。吾以法治之，尚可痊愈，明日吾自袖药，来面治。于是以人参败毒散本方煎好，用厚被围椅上坐定，置火其下，更以布条卷成鹅蛋状，置椅褥上，垫定肛门，使内气不得下走，然后以前药滚热与服。良久又进前药，遂觉皮间有津津微润，再溉以滚汤，教令努力忍便，不得移身。如此约二时之久，皮间津润总未干，病者心躁畏热，忍不可忍，始令连被卧于床上。是晚止下痢二次，以后改用补中益气汤，一昼夜止下三次，不旬日而痊愈。盖内陷之邪，欲提之转从表出，不以急流挽舟之法施之，其趋下之势，何所底哉！（《寓意草·辨痢疾种种受症不同随证治验》）

◆龚云林又治通府何竹峰，赤白痢，昼夜无度，遍身瘙痒，心中烦躁。龚诊六脉大数，人迎偏盛，此风邪热毒也。以人参败毒散，去人参，加荆、防、黄连，三服即愈。而六脉仍前大数，龚曰：数则烦心，大为病进，将来必有痰喘之患不起。后逾月，果如其言。（《古今医案按·卷第三》）

●凡秋月燥病，误以为湿治者，操刃之事也。从前未明，咎犹可诿。今明知故犯，伤人必多，孽镜当前，悔之无及。

凡治燥病，燥在气而治血，燥在血而治气，燥在表而治里，燥在里而治表，药不适病，医之过也。

凡治杂病，有兼带燥证者，误用燥药，转成其燥，因致危困者医之罪也。

凡治燥病，须分肝肺二脏见证。肝脏见证，治其肺燥可也。若肺脏见证，反治其肝，则坐误矣！医之罪也。肝脏见燥证，固当急救肝叶，勿令焦损。然清其肺金，除其燥本，尤为先务。若肺金自病，不及于肝，即专力救肺。焦枯且恐立至，尚可分功缓图乎？

凡治燥病，不深达治燥之旨，但用润剂润燥，虽不重伤，亦误时日，只名粗工，所当戒也。（《医门法律·伤燥门》）

●凡治痢不分标本先后，概用苦寒者，医之罪也。

以肠胃论，大肠为标，胃为本；以经脉论，手足阳明为标，少阳相火为本。故胃受湿热，水谷从少阳之火化，变为恶浊，而传入于大肠。不治少阳，但治阳明，无益也。以少阳生发之气，传入土中，因而下陷，不先以辛凉举之，径以苦寒夺之，痢无止期矣。

凡治痢不审病情虚实，徒执常法，自恃专门者，医之罪也。

实者邪气之实也，虚者正气之虚也。七实三虚，攻邪为先。七虚三实，扶正为本。十分实邪，即为壮火食气，无正可扶，急去其邪，以留其正。十分虚邪，即为淹淹一息，无实可攻，急补其正，听邪自去。故医而不知变通，徒守家传，最为误事。

凡治痢不分所受湿热多寡，辄投合成丸药误人者，医之罪也。

痢由湿热内蕴，不得已用苦寒荡涤，宜煎不宜丸。丸药不能荡涤，且多夹带巴豆、轻粉、定粉、硫黄、瑙砂、甘遂、芫花、大戟、牵牛、乌梅、粟壳之类，即使病去药存，为害且大。况病不能去，毒烈转深，难以复救，可不慎耶！（《医门法律·痢疾门》）

●凡治水肿病，不分风水、皮水、正水、石水、黄汗五证，及脾肺肾三脏所主，恣用驱水恶劣之药，及禹功、舟车、导水等定方者，杀人之事也。

凡治水肿病，有当发汗散邪者，不知兼实其卫，致水随汗越，浸淫皮腠，不复顺趋水道，医之罪也。

凡治水肿病，遇渴而下利之证，误利其水，致津液随竭，中土坐困。甚者脉代气促，濒于死亡，医之罪也。

凡治水肿病，遇少腹素有积块疝瘕，误行发表攻里，致其人浊气上冲胸胃，大呕大逆，痛引阴筋，卒死无救者，医杀之也。

凡治水肿黄汗证，乃胃热酿成潭水，误用热药，转增其热，贻患痈脓，医之罪也。

凡治水肿病，不察寸口脉之浮沉迟数，弦紧微涩，以及跌阳脉之浮数微迟紧伏，则无从辨证用药，动罹凶祸，医之罪也。

凡治胀病，而用耗气散气，泻肺泻膀胱诸药者，杀人之事也。

治病之药，贵得其宜，病有气结而不散者，当散其结；甚有除下荡涤，而其气之结仍未遽散者，渐积使然也。今胀病乃气散而不收，更散其气，岂欲直裂其腹乎？收之不能遽收，亦渐积使然，缓缓图成可也。若求快意一朝，如草头诸方，明明立见杀人，若辈全不悔祸，辗转以售奸，吾不知其何等肺肠，千劫不能出地狱矣。（《医门法律·水肿门》）

●凡风初中经络，不行外散，反从内夺，引邪深入者，医之过也。

治中风壹如治伤寒，不但邪在三阳引入三阴为犯大禁，即邪在太阳引入阳明、少阳，亦为犯禁也。故风初中络，即不可引之入经，中经即不可引之入腑，中腑即不可引之入脏。引邪深入，酿患无穷，乃至多死少生，可无戒欤？

凡治中风自汗证，反利其小便者，此医之过也。

毋论风中浅深，但见自汗，则津液外出，小便自少。若更利之，使津液下竭，则荣卫之气转衰，无以制风火之势，必增其烦热，而真阴日亡也。况阳明经利其小便，尤为犯禁。少阴经利其小便，必失溲而杀人，可无戒欤？

凡治中风病，不明经络腑脏，徒执方书，妄用下法者，必至伤人，医之罪也。

风中经络，只宜宣之使散，误下则风邪乘虚，入腑入脏，酿患无穷。若夫中脏之候，多有平素积虚，脏真不守者，下之立亡，不可不慎。惟在胃腑一证，内实便秘者，间有可下。然不过解其烦热，非大下也。所谓一气之微汗，一旬之微利，亦因可用始用之。至于子和以下立法，《机要》以中脏者宜下为言，则指下为定法，胡可训耶？然中脏有缓急二候，中腑日久，热势深极，传入脏者，此属可下。而下必使风与热俱去，填其空窍，则风不再生。若开其瘀壅，必反增风势，何以下为哉？其卒虚身中急证，下药入口，其人即不苏矣，可无辨欤！后世以中腑之便秘，指为中脏，见其误下，不致损人，益信子和《机要》之法为可用，设遇真中脏证，下不中病，难可复追矣。

凡治中风，四肢不举证，不辨虚实，妄行补泻者，医之过也。

四肢不举，皆属脾土，膏粱太过，积热内壅者，为脾土瘀实，宜泻以开其壅。食少体羸，怠惰嗜卧者，为脾土虚衰，宜补以健其运。若不辨而实者补之，虚者泻之，宁不伤人乎？

凡治外中于风，不辨内挟何邪，误执一家方书，冀图弋获，其失必多，医之过也。

风邪从外入者，必驱之使从外出。然挟虚者，非补虚则风不出；挟火者，非清热则风不出；挟气者，非开郁则风不出；挟湿者，非导湿则风不出；挟痰者，非豁痰则风不出。河间、东垣、丹溪，各举一端，以互明其治。后学不知变通，但宗一家为主治，倘一病兼此五者，成方果安在？况不治其所有，反治其所无，宁不伤人乎？（《医门法律·中风门》）

·参考文献·

1.陈熠.喻昌医学全书［M］.北京：中国中医药出版社，2005.

2.李成文.伤寒学派医案［M］.北京：中国中医药出版社，2015.

3.李成文.仲景学术历代医家研究与传承［M］.北京：中国中医药出版社，2022.

4.闫敏敏，杨必安，黄作阵.基于诠释学视角的"秋燥论"研究［J］.中医杂志，2020，61（15）：1307-1310.

5.陈彩凤，邹浩波，李云英.浅探"大气论"源流与临床应用［J］.中医杂志，2011，52（8）：715-717.

6.彭天忠，胡贵荣，邱慈桂.喻嘉言佛医思想探微［J］.中医文献杂志，2019，37（05）：19-21+33.

7.郝贤，马艳春.谈喻昌"秋燥论"之学术特色［J］.长春中医药大学学报，2009，25（04）：477-478.

8.许云祥，陈贵珍.从《尚论》浅探喻昌的学术特色［J］.中国中医基础医学杂志，2005，（08）：620-621.

9.刘琴，廖丽，彭询，等.喻昌"三纲鼎立"学说理论浅探［J］.湖南中医杂志，2018，34（04）：119-120.

10.刘新亚.论喻昌"三纲鼎立"学说的意义及启示［J］.江西中医学院学报，2006，（01）：10-11.

11.吴振华，姚鹏宇，郭少武，等.喻昌络病学术思想探析［J］.江西中医药大学学报，2018，30（06）：14-15+21.

12.张莉苗，胡建鹏，李佩佩，等.浅探喻昌《尚论篇》对《伤寒论》的发挥［J］.长春中医药大学学报，2021，37（06）：1199-1203.

13.李冀，高彦宇，方芳.喻昌"一法三则"组方探析［J］.中华中医药杂志，2015，30（08）：2720-2722.

14.曹碧茵，童瑶.喻昌《医门法律》对外感诸病辨证论治之特色［J］.上海中医药杂志，2005，（01）：38-39.

15.茆春阳，杜燕，牛阳.喻昌《秋燥论》治燥五律探析［J］.中国中医基础医学杂志，2023，29（11）：1794-1796.

16.吴迪，杨勤军，李泽庚，等.论喻昌《医门法律》辨治咳嗽思想［J］.陕西中医药大学学报，2019，42（06）：48-51.

17.李瑶，潘桂娟.喻昌痰病治则治法初探［J］.中国中医基础医学杂志，2014，20（05）：563-564+575.

18.陈曦.喻昌对痰饮证的辨治［J］.安徽中医学院学报，2012，31（04）：4-6.

19.韩利刚，顾勤.喻昌"鼓胀"治法探讨［J］.山东中医杂志，2009，28（03）：206-207.

20.何祖旺.逆流挽舟法治疗小儿秋季腹泻100例［J］.江西中医药，2002，33（1）：46.

傅 山

❧ 学习要点 ❧

　　傅山重视气血，深入探讨带下病与产后病的病因病机，善治带下及产后病，对后世产生了巨大影响。辨治不孕症、血崩症亦有丰富经验，给后世以很大启示。

目的要求：

　　掌握傅氏重视气血的理论，治疗带下病、产后病的经验，应用生化汤的特色；熟悉治疗不孕症、血崩症的方法；了解其生平，代表著作及学术成就对后世的影响。

一、概说

　　傅山（1607~1684），初名鼎臣，字青主，别号石道人，明末清初山西太原人。

　　傅氏家族以学行师表晋中，其生而颖异，读书十行并下，过目成诵，博学多才，对经、史、诸子、道教、佛教、书画、音韵、训诂、金石、考据、杂剧以及医学，靡不深究，均有较深造诣，著述甚多。明清交替之际，绝意功名，弃青衿，为黄冠，着朱衣，自名朱衣道人，择披草履，身负药笼，遨游四方，名重于世。

　　傅氏治学主张理论结合实践，勿拘泥于古人之说，创制许多新方；还向铃医和道士等收集医方，通过临床验证而从中吸取经验，并在方后注明服用效果。如《产后篇·血块》"此症勿拘古方，妄用苏木、蓬、棱，以轻人命。"定经汤治疗月经先后无定期，"服二剂而经水净，四剂而经期定矣。"

　　傅氏代表著作是《傅青主女科》；还有《傅青主男科》等。现有《傅山临证医书合编》及《傅山医学全集》《傅山全书》合订本。

二、学术特色与临证经验

（一）重视气血

　　妇人以血为本，肝为女子之先天而主藏血，脾为生血之源而主统血，血赖肝藏，血赖脾统，血赖气行，气血调和，冲任充盛，经脉通畅。傅氏认为，气血不足，冲任损伤，肝不藏血，脾虚失统，肝不藏则郁而反乘脾，带脉失约，湿邪下注，导致带下，月经不调，崩漏，妊娠伴随病变，生产及产后病等。故临证注重益气养血，调补肝脾，顾护胃气，用药偏于温补。固本止崩强调补气摄血而少用止血药，善用生化汤加减治疗产后病，调经少用疏肝理气药，活血化瘀药应用也较少。益气健脾多用人参、黄芪、白术、茯苓、山药、莲子、薏苡仁、甘草，尤其是人参、黄芪、白术最为常用，最大剂量用至60g，但最小剂量仅为1.2~2.4g。补血善用当归、生熟地、白芍、山茱萸、阿胶，尤其是当归、生熟地最为常用，当归最大剂量用至60g，生熟地最大剂量用至30g。如治疗产后血崩的救败求生汤用人参、当归、白术各60g，熟地30g，配合山茱萸、山药、酸枣仁各15g，附子3g，大补气血，健脾补肾，回阳固脱；补气解晕汤用人参、黄芪、当归各30g，气血双补治疗正产气虚血晕；黄芪补气汤用黄芪60g、当归30g，大补气血，治疗畏寒腹疼小产；安老汤用人参、黄芪、白术、甘草健脾补气摄血，熟地、当归、阿胶、山茱萸等滋阴养血，治疗年老经水复行等，均体现了傅氏注重补气养血的思想。

另外，为了配合养血止血，傅氏在24个方剂中兼用荆芥穗或炒炭，以加强止血作用，如治疗郁结血崩的平肝开郁止血汤、治疗经水先后无定期的定经汤、治疗经水过多的加减四物汤、治疗产后少腹疼的散结定疼汤，还有治疗带下的完带汤等。

（二）辨治带下病特色

傅氏极其重视带下病，故《傅青主女科》将带下病列为首篇，概述带下病机，强调"湿"为关键。

傅氏认为带下病因是行房放纵，或饮酒过度，加之脾气虚，肝郁，湿侵，热逼等，损伤任脉与督脉，使带脉不能约束所致，"惟尼师、寡妇、出嫁之女多有之，而在室女则少也。"并根据带下颜色分为白带、青带、黄带、黑带、赤带五种，但俱是湿证。白带属于脾虚湿盛，方用完带汤；青带属肝经湿热，方用加减逍遥散；黄带乃任脉湿热，方用易黄汤；赤带为火热，方用清肝止淋汤；黑带为火热之极，方用利火汤。其完带汤、易黄汤对后世影响很大。

1.完带汤

用于治疗带色白如涕如唾，绵绵不断，难以禁止，甚则秽臭的虚寒带下证。此"乃湿盛而火衰，肝郁而气弱，则脾土受伤，湿土之气下陷，是以脾精不守，不能化荣血以为经水，反变成白滑之物，由阴门直下"。治疗应抓住脾虚、湿盛、肝郁病机关键，治"宜大补脾胃之气，稍佐以舒肝之品，使风木不闭塞于地中，则地气自升腾于天上。脾气健而湿气消，自无白带之患矣"（《傅青主女科·白带下》）。故完带汤中重用白术、山药为君健脾渗湿束带；人参、甘草补气健脾；苍术、车前子燥湿利水，邪有出路；稍佐柴胡、陈皮、白芍，一则疏肝解郁，防治克伐脾土，二则升阳举陷助脾除湿，三则防止健脾补气影响气机升降；配伍少量黑荆芥穗助山药收涩止带；"此方脾、胃、肝三经同治之法，寓补于散之中，寄消于升之内；"通过健脾、醒脾、运脾，疏肝解郁，达到化湿止带目的。傅氏并在方后注之说，服"二剂轻，四剂止，六剂白带痊愈。"由于本方标本兼顾，重在治本，可以杜绝生带之源，因而成为后世治疗脾虚带下的首选方剂。

2.易黄汤

用于带下色黄，宛如黄茶浓汁，其气腥秽，此乃任脉湿热，不独责之于脾。"法宜补任脉之虚，而清肾火之炎，则庶几矣。"（《傅青主女科·黄带下》）易黄汤中重用炒山药、炒芡实各30g为君，健脾益气，"专补任脉之虚，又能利水"；"黄柏清肾中之火也，肾与任脉相通以相济，解肾中之火，即解任脉之热矣。"稍佐车前子既能利水，又可助黄柏清热燥湿；银杏引药入任脉，助芡实收涩止带。本方补中有清，涩中有利，标本兼顾，成为后世治疗湿热带下的代表方。故傅氏指出："连服四剂，无不痊愈……此不特治黄带方也，凡有带病者，均可治之，而治带之黄者，功更奇也"。

傅衍魁《医方发挥》解释易黄汤时说："本方具有健脾除湿，清热止带功效。主治脾虚湿热带下，症见带下粘稠量多，色白兼黄，其气腥臭，头晕且重，乏力，舌淡苔白，脉濡微者。方中五味药，山药为健脾的主要药物，黄柏、车前子为清热祛湿之品，而芡实、银杏为敛涩之性。本方滑涩并用，互相制约，使滑而不泄，涩而不滞，为清热除湿止带之有效方剂。"

（三）应用生化汤经验

1.功效

生化汤是原为产后恶露中夹有血块而设，由当归、川芎、桃仁、黑姜、炙甘草组成，酒，童便各半煎服；具有温经活血，养血通络，祛瘀生新之功；《傅青主女科·血块》谓"生化汤系血块圣药也。"方中"当归以养血和血；川芎、桃仁活血行气祛瘀，协助当归化瘀，使瘀血祛则新血生；黑姜、甘草则行中有补，化中有生，此方五味药配合，寓补血于行血之中，生新于化瘀之内，使生新不致于留瘀，化瘀不至于损害阴血，不愧为产后主剂，血块圣药。"

2.加减

傅氏根据产后多虚多瘀的特点，结合其临床实践经验，在此生化汤基础上，又衍生出许多加味生化汤、加减生化汤等方剂，以用于治疗临床常见的产后病。

如加参生化汤（川芎、当归、桃仁、炙甘草、人参）用于产后血晕，血崩气脱，发厥等；安神生化汤（川芎、当归、桃仁、炙甘草、黑姜、人参、柏子仁、茯神、益智仁、陈皮）主治产后块痛未止妄言妄见；木香生化汤（川芎、当归、陈皮、黑姜、木香）主治产后忿怒块痛又作；加参安肺生化汤（川芎、人参、知母、桑白皮、当归、杏仁、甘草、桔梗、半夏、橘红）治产后虚弱，外感风寒，咳嗽声重有痰，或身热头痛及汗多者；参归生化汤（川芎、当归、炙甘草、人参、黄芪、肉桂、马蹄香）治疗腰臂足关节之处，或漫肿、或结块，久则肿起作痛，肢体倦怠；健脾消食生化汤（川芎、人参、当归、白术、炙甘草）：治血块已除，服此消食。参苓生化汤（川芎、当归、黑姜、炙甘草、人参、茯苓、白芍、益智仁、白术、肉果）治产后三日内块已消，谷不化，胎前素弱患此症者；生化六和汤（川芎、当归、黑姜、炙甘草、陈皮、藿香、砂仁、茯苓、生姜）治产后血块痛未除，阴阳升降失常，清浊乱于脾胃之呕吐泄泻。

还有五个加味生化汤，如治产后外感风寒咳嗽及鼻塞声重的加味生化汤（川芎、当归、杏仁、桔梗、知母）；治疗产后气血两虚，阴阳不和的发热头痛的加味生化汤（川芎、防风、当归、炙甘草、桃仁、羌活）；治产后半月血块日久不消的加味生化汤（川芎、当归、黑姜、桃仁、三棱、延胡索、肉桂、炙甘草）；治疗胃脘疼痛的加味生化汤（川芎、当归、黑姜、肉桂、吴茱萸、砂仁、炙甘草）。

又有五个加减生化汤，如治产后痢疾的加减生化汤（川芎、当归、炙草、桃仁、茯苓、陈皮、木香）；治疗产妇呕逆不食的加减生化汤（川芎、当归、黑姜、砂仁、藿香、淡竹叶、姜汁）；治疗产后汗多发痉的加减生化汤（当归、川芎、桃仁、炙甘草、麻黄根、桂枝、人参、羌活、天麻、附子、羚羊角）；治疗产后泄泻的加减生化汤（川芎、茯苓、当归、黑姜、炙甘草、桃仁、莲子）；治疗产后或遇风冷腹痛的加减生化汤（川芎、当归、黑姜、炙甘草、防风、吴茱萸、白蔻、桂枝）。

由此可以看出，生化汤在治疗产后病中的重要价值。后世受其影响，将其广泛应用于产后病；如产后子宫复旧不良、产后子宫收缩痛、胎盘残留、人工流产后等。但本方终是化瘀为主，且药性偏温，应以产后受寒而致瘀滞者为宜，若产后血热而有瘀血者，则非本方所宜，否则贻害无穷。王士雄极力反对滥用生化汤，指出"凡产后，世俗多尚生化汤，是以一定之死方，疗万人之活病，体寒者固为妙法，若血热之人，或兼感温热之气者，而一概投之，骤则变证蜂起，缓则蓐损渐成。"

医案举例

李右，年二十三。产后二十四天，营血已虚，恶露未楚，腹痛隐隐，纳谷减少，畏风怯冷，有汗不解，旬日未更衣，舌无苔，脉象濡细。卫虚失于外护，营虚失于内守，肠中津液枯槁，腑垢不得下达也。仿傅青主加参生化汤意，养营祛瘀，和胃润肠。参须一钱，丹参三钱，砂壳八分，生、熟谷芽各三钱，当归三钱，红花四分，全瓜蒌四钱，益母草一钱五分，川芎四分，炮姜三分，火麻仁四钱。如是，则气血充，瘀血化，胃气和，腑气通，诸症悉平。（《丁甘仁医案·卷七》）

（四）其他经验

1.不孕症

妇女不孕原因极其复杂，《傅青主女科》对其进行了较为深入的研究，傅氏将不孕为主要表现分为十种，现选有代表性的五种，对当今治疗不孕症或有启示。

（1）嫉妒不孕：傅氏分析其原因说，"妇人有怀抱素恶，不能生育者。人以为天心厌之也，谁知是肝气郁结乎！夫妇人之有子也，必然心脉流利而滑，脾脉舒徐而和，肾脉旺大而鼓指，始称喜脉。未有三部脉郁而能生子者也。若三部脉郁，肝气必因之而更郁，肝气郁则心肾之脉必致郁之急而莫解。盖子母相依，郁必不喜，喜必不郁也。其郁而不能成胎者，以肝木不舒，必下克脾土而致塞。脾土之气塞，则腰脐之气必不利。腰脐之气不利，必不能通任脉而达带脉，则带脉之气亦塞矣。带脉之气既塞，则胞胎之门必闭，精即到门，亦不得其门而入矣。"（《傅青主女科·嫉妒不孕》）。故用开郁种玉汤（白芍、香附、当归、白术、牡丹皮、茯苓、天花粉）疏肝解郁，调经种子。

（2）肥胖不孕：身体肥胖，痰多，不能受孕，乃脾虚湿盛之故。《傅青主女科·肥胖不孕》云，

"不知湿盛者，多肥胖；肥胖者，多气虚；气虚者，多痰涎，外似健壮而内实虚损也。内虚则气必衰，气衰则不能行水，而湿停于肠胃之间，不能化精而化涎矣……且肥胖之妇，内肉必满，遮隔子宫，不能受精，此必然之势也。"故用加味补中益气汤（人参、黄芪、柴胡、当归、白术、升麻、陈皮、茯苓、半夏、杜仲、续断）健脾益气，升阳除湿，理气化痰，补肾助孕，而"不必用消化之品以损其肥，而肥自无碍；不必用浚决之味以开其窍，而窍自能通。阳气充足，自能摄精，湿邪散除，自可受种。何肥胖不孕之足虑乎！"

（3）身瘦不孕：妇人形体偏瘦，"久不孕育，一交男子，即卧病终朝。"此乃血虚肝木失濡波及肾水，阴虚火旺，不能受孕。故用养精种玉汤（熟地、当归、白芍、山茱萸）填精而补血，大补肾水而平肝木，水旺则血旺，血旺则火消。坚持服用三个月，并同时节欲，方可身健种子。

（4）胞寒不孕：下体冰冷，胞寒不孕。方用温胞饮（白术、巴戟天、人参、杜仲、菟丝子、山药、芡实、肉桂、附子、补骨脂）温补肾阳，益气散寒，先后并补。

（5）阴虚不孕：骨蒸夜热，口干舌燥，咳嗽吐沫，难于生子。方用清骨滋肾汤（地骨皮、牡丹皮、沙参、麦门冬、玄参、五味子、白术、石斛）补肾中之精，凉骨中之热，壮水之主，以制阳光。

傅山认为不孕以虚为主，其中尤以肾虚较为多见，与脏腑、阴阳、寒热、气血、任督密切相关。因此，在治疗不孕时灵活运用五行生克制化关系，结合气血寒热虚实，在补肾的基础上辨证地结合平肝火、补脾胃、温心火、疏肝郁、健脾气、补任督等法为治，为后人诊断和辨证论治不孕症提供了宝贵经验，是不可多得的临床法宝。

2.崩漏

《傅青主女科》专列血崩篇，对其病因病机及治疗方药进行了较为详细的阐发。

（1）气血两虚：突然血崩，两目黑暗，昏晕倒地，不省人事。急用固本止崩汤（熟地、白术、黄芪、当归、黑姜、人参）益气健脾，滋阴养血，兼以止血。若以收敛止血为主，独用止崩之药，虽能取效于一时，但可随时复发出血，而且有经年累月不愈之虞。因此傅氏论述说，"方妙在全不去止血而惟补血，又不止补血而更补气，非惟补气而更补火……然单补气则血又不易生；单补血而不补火，则血又必凝滞，而不能随气而速生。"还告诫，倘畏药味之重而减半，则力薄而不能止。

（2）瘀血阻络：因坠落，或闪挫受伤，瘀血阻络，新血不能归经，出血量多如崩，腹痛不休；久之面色萎黄，形容枯槁。当用逐瘀止血汤（生地、大黄、赤芍、牡丹皮、当归、枳壳、龟板、桃仁）重用生地，配以活血行滞之品，养血活血，去瘀生新，为不止血而止血之法。还可以用于跌打损伤致唾血、呕血等。

（3）肝气郁结：血崩，口干舌渴，呕吐吞酸；多因怀抱甚郁，肝郁气结，血不能藏所致。方用平肝开郁止血汤（白芍、白术、当归、牡丹皮、三七、生地、甘草、黑荆芥穗、柴胡）滋阴养血，活血祛瘀，疏肝解郁。

（4）房事不当：因不慎房帏，或交合出血所致的血崩，傅氏则根据不同年龄与病因分别治之。少妇妊娠3个月以内因"行房不慎"所致的血崩，应用固气汤（人参、白术、熟地、当归、茯苓、

傅山

207

甘草、杜仲、山茱萸、远志、五味子）补气养血，兼以安胎，寓止血于补气之中；"妊妇因行房致小产血崩不止"，此乃气脱为本，故用固气填精汤（人参、黄芪、白术、熟地、当归、三七、黑荆芥穗）益气健脾，补血止血。产后不慎房帏之血崩用救败求生汤（人参、当归、白术、熟地、山茱萸、山药、酸枣仁、附子）大补气血，健脾补肾，回阳固脱。老年不慎房帏之血崩用加减当归补血汤（当归、黄芪、三七、桑叶），待血止后再增入白术、熟地、山药、麦门冬、五味子，需服用百剂以防复发；若是老年孀妇血崩，乃气冲血室，可加白芍炭、贯众炭。妇人因交合所致的出血，则用清海丸（熟地、山茱萸、山药、牡丹皮、五味子、麦门冬、白术、白芍、龙骨、地骨皮、桑叶、玄参、沙参、石斛）滋阴降火，以清血海之热，但需服用半年，绝欲三月。

另外，傅氏指出，妇人天癸竭后忽然经水复行，或下紫血块，乃血崩先兆，病机为肝不藏血，脾失统摄，应用安老汤（人参、黄芪、熟地、白术、当归、山茱萸、阿胶、黑荆芥穗、甘草、香附、木耳炭）益气健脾，滋补肝肾，养血止漏。

3.产后用药禁忌

《傅青主女科》专列"产后用药十误"，包括因肝气不舒误用枳实、厚朴耗气顺气等药，反增饱闷；因伤气误用枳壳、大黄、莪术、三棱、神曲、厚朴消导，而反损胃气，甚至绝谷；因身热而误用黄芩、黄连、黄柏、栀子、升麻、柴胡寒凉，损胃增热；产后未服生化汤而误用人参、黄芪、白术影响恶露血块下行消散；误用枳壳、牛膝、枳实、苏木、三棱、莪术消散恶露中血块；误用大黄、芒硝治疗产后便秘；误用山楂汤以攻块定痛而反损新血；误用芍药伐气；误用地黄而滞恶露。还主张产后应禁膏粱，远厚味。

但是，《傅青主女科·产后总论》中记有麦芽治产后病的经验，如"因食而嗳酸恶食，六君子加神曲、麦芽为良。""加参生化汤治产后形色脱晕，或汗多脱晕。加减法……伤饭食面食，加炒神曲一钱，麦芽五分炒"；滋荣益气复神汤治疗产后发厥用麦芽等，因麦芽有回乳作用，建议临证时慎用。

原著选读 📖

●经水先期十五

妇人有先期经来者，其经甚多，人以为血热之极也，谁知是肾中水火太旺乎？夫火太旺则血热，水太旺则血多，此有余之病，非不足之症也。似宜不药，有喜。但过于有余则子宫太热，亦难受孕，更恐有烁干男精之虑。过者损之，谓非既济之道乎！然而火不可任其有余，而水断不可使之不足。治之法但少清其热，不必泄其水也。方用清经散。

丹皮三钱、地骨皮五钱、白芍三钱酒炒、大熟地三钱九蒸、青蒿二钱、白茯苓一钱、黄柏五分盐水浸炒。

水煎服。二剂而火自平。此方虽是清火之品，然仍是滋水之味，火泄而水不与俱泄，损而益也。

又有先期经来只一二点者，人以为血热之极也，谁知肾中火旺而阴水亏乎。夫同是先期之来，何以分虚实之异？盖妇人之经最难调，苟不分别细微，用药鲜克有效。先期者火气之冲，多寡者水气之验。故先期而来多者，火热而水有余也；先期而来少者，火热而水不足也。倘一见先期之来，俱以为有余之热，但泄火而不补水，或水火两泄之，有不更增其病者乎！治之法不必泄火，只专补水，水既足而火自消矣，亦既济之道也。方用两地汤。

大生地一两酒炒、元参一两、白芍药五钱酒炒、麦冬肉五钱、地骨皮三钱、阿胶三钱。

水煎服。四剂而经调矣。此方之用地骨、生地，能清骨中之热。骨中之热，由于肾经之热，清其骨髓，则肾气自清，而又不损伤胃气，此治之巧也。况所用诸药，又纯是补水之味，水盛而火自平理也。此条与上条参观，断无误治先期之病矣。(《傅青主女科·女科上卷·调经》)

●产后总论

凡病起于血气之衰，脾胃之虚，而产后尤甚。是以丹溪先生论产后，必大补气血为先，虽有他症，以末治之，斯言尽治产之大旨。若能扩充立方，则治产可无过矣。夫产后忧惊、劳倦，气血暴虚，诸症乘虚易入。如有气毋专耗散，有食毋专消导；热不可用芩、连；寒不可用桂、附。寒则血块停滞，热则新血崩流。至若中虚外感，见三阳表症之多似可汗也，在产后而用麻黄则重竭其阳；见三阴里症之多似可下也，在产后而用承气，则重亡阴血。耳聋、胁痛，乃肾虚恶露之停，休用柴胡；谵语、出汗乃元弱似邪之症，非同胃实。厥由阳气之衰，无分寒热，非大补不能回阳而起弱。痉因阴血之亏，不论刚柔，非滋荣不能舒筋而活络。乍寒乍热，发作无期，症似疟也，若以疟治，迁延难愈。言论无伦，神不守舍，病似邪也，若以邪治，危亡可待。去血过多而大便燥结，肉苁蓉加于生化，非润肠承气之能通。去汗过多而小便短涩，六君子倍加参、芪，必生津助液之可利。加参生化汤频服，救产后之危。长生活命丹屡用，苏绝谷之人。癫疝脱肛多是气虚下陷，补中益气之方。口噤拳挛乃因血燥类风，加参生化之剂。产户入风而痛甚，宜服羌活养荣汤。玉门伤凉而不闭，宜洗麻儿黄硫散。怔忡惊悸，生化汤加以定志。似邪恍惚，安神丸以助归脾。因气而闷满，虚烦，生化汤加木香为佐。因食而嗳酸、恶食，六君子加神曲、麦芽为良。苏木、莪术大能破血，青皮、枳壳最消满胀。一应耗气破血之剂，汗、吐、宣、下之法，止可施诸壮实，岂宜用于胎产？大抵新产后先问恶露如何？块痛未除，不可遽加参、术；腹中痛止，补中益气无疑。至若亡阳脱汗，气虚喘促，频服加参生化汤是从权也。又如亡阴火热，血崩厥晕，速煎生化原方是救急也。王太仆云：治下补下治以急缓。缓则道路达而力微，急则气味厚而力重。故治产当遵丹溪而固本，服法宜效太仆以频加。凡付生死之重寄，须着意于极危；欲救俯仰之无亏，用存心于爱物。此虽未尽产症之详，然所闻一症，皆援近乡治验为据，亦未必无小补云。(《傅青主女科·产后编上卷》)

●身瘦不孕

妇人有瘦怯身躯，久不孕育，一交男子，即卧病终朝。人以为气虚之故，谁知是血虚之故乎！或谓血藏于肝，精涵于肾，交感乃泄肾之精，与血虚何与？殊不知肝气不开，则精不能泄，肾精既泄，则肝气亦不能舒。以肾为肝之母，母既泄精，不能分润以养其子，则木燥乏水，而火且暗动以铄精，则肾愈虚矣。况瘦人多火而又泄其精，则水益少而火益炽。水虽制火，而肾精空乏，无力以济，成火在水上之卦，所以倦怠而卧也。此等之妇，偏易动火，然此火因贪欲而出于肝木之中，又是虚燥之火，绝非真火也。且不交合则已，交合又偏易走泄，此阴虚火旺，不能受孕。即偶尔受孕，必致逼干男子之精，随种而随消者有之。治法必须大补肾水而平肝木，水旺则血旺，血旺则火消，便成水在火之卦矣。方用养精种玉汤：

大熟地一两九蒸、当归五钱酒洗、白芍五钱酒洗、山萸肉五钱蒸熟。

水煎服。三月便可身健受孕，断可种子。此方之用，不特补血，而纯于填精，精满则子宫易于摄精，血足则子宫易于容物，皆有子之道也。惟是贪欲者多，节欲者少，往往不验。服此者果能节欲三月，心静神清，自无不孕之理。否则不过身体壮健而已，勿咎方之不灵也。(《傅青主女科·上卷·身瘦不孕》)

·参考文献·

1.傅山.傅青主女科［M］.北京：人民军医出版社，2007.

2.李成文，刘晓芳.傅青主女科白话解［M］.郑州：河南科学技术出版社，2024.

3.张俐敏.傅青主治不孕十法［J］.山西中医药大学学报，2020，21（5）：313.

4.李娜，于燕，刘芳媛，等.《傅青主女科》之血崩探析［J］.中国中医基础医学杂志，2020，26（8）：1058-1059+752.

5.强若男，刘雁峰，史亚婷，等.基于《傅青主女科》"胞胎系于带脉"探析从带脉论治复发性流产［J］.中华中医药杂志，2024，39（07）：3327-3330.

6.郭霖霖，刘雁峰，任巧生，等.《傅青主女科》白芍、甘草药对配伍应用探析［J］.北京中医药大学学报，1-14.

7.徐子涵，刘雁峰，杨绿，等.《傅青主女科》中五味子的应用分析［J］.中华中医药杂志，2023，38（12）：6079-6082.

8.王东华，邓杨春，高慧.从《傅青主女科》探傅青主用柴胡的规律［J］.世界中西医结合杂志，2019，14（10）：1356-1359.

9.邵婧怡，史云，蔡凯璇，等.姜类药在《傅青主女科》中的应用［J］.中华中医药杂志，2023，38（06）：2950-2952.

10.丰子仪，王兰，刘家骏，等.《傅青主女科·种子》填精药应用探析［J］.中国中医基础医学杂志，2024，30（04）：575-578.

11.孙川，柳亚平.《傅青主男科》对肉桂的应用［J］.河南中医，2019，39（3）：343-345.

12.高仙维，归雯佳，李盛楠，等.浅探《傅青主女科》调经论治特点及应用［J］.中华中医药杂志，2022，37（06）：3076-3079.

13.毕成，袁一帆，白玲玲.《傅青主女科》血崩治疗思想探讨［J］.浙江中医杂志，2021，56（1）：69-70.

14.皮阿琼，朱晨晨，吴李征.傅青主"有故无殒"理论治疗妊娠病探析［J］.中国中医急症，2021，30（4）：726-728.

15.范伟森，袁峥，刘姣，等.基于《傅青主女科》特色调经法论治子宫内膜异位症［J］.中国中医基础医学杂志，2024，30（04）：713-716

16.强若男，刘雁峰，夏晴，等.基于《傅青主女科》"以甘为主，四味皆合"探析不孕症的组方思路［J］.北京中医药大学学报，2024，47（07）：977-982.

17.伏瑛瑛，窦真，王宝娟，等.《傅青主女科》利腰脐治不孕理论探析［J］.中国中医基础医学杂志，2023，29（06）：895-897.

18.石玉姣，谢京红，李晓俊.《傅青主女科》种子学术思想探析［J］.西部中医药，2022，35（12）：100-104.

张 璐

一、概说

张璐（1617~1700），字路玉，晚号石顽老人，清代江南长洲（今江苏吴县）人。

张氏少而颖悟，文思敏捷，攻举子业，因明清交替，乃专心于"性命之学"，隐于洞庭山中十余年，著书自娱。迨至顺治十六年（1659年），赋归故园，专事医业；提出医门十诫，作为行医规范。张氏极其重视伤寒研究，其学宗方有执、喻嘉言，崇尚三纲鼎立之说，以"阴阳传中"为纲，分辨六经经腑及表里寒热，辨治伤寒病，正如《张氏医通·伤寒》云："夫治伤寒之法，全在得其纲领，邪在三阳，则当辨其经府，病入三阴，则当分其传中，盖经属表，宜从外解，府属里，必须攻下而除。传属热……中属寒。"辨治杂病，崇尚温补，虽出入于李杲、朱震亨、薛己、张介宾、王肯堂、李中梓之间，但又不为诸家之说所拘束，善于在散漫纷繁之中寻出条理，临证投药，必参酌古今，断以己意，反复推论，积累了丰富的临床经验，因而声名卓著，被誉为"国手"。

张氏治学主张博采众长，理论联系实际，如撰写《张氏医通》，采集历代60余家著述，参考131种著作。重视培养中医人才，开门授徒，诲人不倦，甚至在年逾古稀，行走不便之时，仍"跌坐绳床"，为弟子解疑答难。其长子张登，字诞先，著《伤寒舌鉴》，门人有丁振公、丁绣原、王寓九；次子张倬，字飞畴，"著《伤寒兼证析义》，并著录四库。"（《清史稿·列传》）三子张以柔给康熙进表，使《张氏医通》得以刊行。从张璐之学者还有郭友三、施元倩、邹恒友、邹鹤坡、黄采芝、汪舜年、黄二乾、汪楚文、袁觐宸、朱丹臣等10人，私淑张璐之学者有周学海等。参阅《张氏医通》者有马元仪、汪琥等48人，可见张氏影响之大。

张璐代表著作是《张氏医通》，另有《伤寒缵论》《伤寒绪论》《本经逢源》《诊宗三昧》《千金方衍义》等。现有《张璐医学全书》合订本。

二、学术特色与临证经验

（一）血证的认识与辨治

血证是临床常见多发病，张璐详细阐发了衄血（鼻衄、舌衄、齿衄、耳衄、眼衄、肌衄）、吐血（呕血、唾血、咳血、咯血）、溲血、下血、蓄血的病因病机、辨证要点、治疗方药，及其善后注意事项等，给后世以借鉴。

1. 血的生理

张氏认为"血主濡之"，但血不能与气截然两分，二者各司其守，阴平阳秘，则血无上溢下脱之虞。《张氏医通·诸见血症》有云："经言血之与气，异名同类，虽有阴阳清浊之分，总由水谷精微所化……气主煦之，血主濡之，虽气禀阳和，血禀阴质，而阴中有阳，阳中有阴，不能截然两分。"

2. 出血病因

人体阴阳偏胜偏衰，脏腑之气乖逆，大量饮酒伤胃均可导致出血。其阐发说，"缘人之禀赋不无偏胜，劳役不无偏伤，其血则从偏衰偏伤之处而渗漏焉。夫人之禀赋既偏，则水谷多从偏胜之气化，而胜者愈胜，弱者愈弱。阳胜则阴衰，阴衰则火旺，火旺则血随之上溢；阴胜则阳微，阳微则火衰，火衰则血失之统而下脱。"（《张氏医通·诸血门》）

3. 诊断要点

根据脏腑特点、出血部位与出血颜色，分辨其病变脏腑及虚实寒热。如血色鲜紫浓厚为火盛，血色晦淡无光属阳衰。而血出于肺，咳逆，血呈粉红色并多带痰沫；血出于脾，色鲜紫浓厚；血出于胃，吐血量大，且多兼水液痰涎等。

4. 辨治特色

以温健脾阳为主，辨证用方，灵活化裁，用药偏于温补；治疗前后应用归脾汤调理。如脾胃虚寒，不能统血失血者，用黄土汤或大剂理中汤温之；积劳伤脾，中气受损，出血不止，用补中益气汤倍黄芪、当归，或归脾汤加童便、藕节；失血导致气脱，急者用独参汤加橘皮益气固脱，缓者用玉屑膏。而"归脾汤一方，三经之药也。远志、枣仁补肝以生心火，茯神补心以生脾土，参、芪、甘草补脾以固肺气。木香者，香先入脾，总欲使血归于脾，故曰归脾。凡有郁怒伤肝，思虑伤脾者尤宜。火旺者加山栀、丹皮，火衰者加肉桂、丹皮，又有八味丸以培先天之根。治无余法矣。"（《张氏医通·诸血门》）

张氏治疗血证还反对偏执一端，滥用寒凉或专用人参，以及不鉴其偏，辄投不寒不热之方。黄芩、黄连、栀子、知母、黄柏等虽可取效于一时，但终致虚阳愈衰变生他证；专用人参，易伤肺助热，加剧咳嗽；而平和之方难以达到补偏救弊之目的。故张氏指出："但证有虚中挟实，治有补中寓泻、从少从多之活法，贵乎临病处裁。大抵血气喜温而恶寒，寒则泣不能流，温则消而去之，此轩岐密旨。但世之名于医者，一见血海，每以寒凉济阴为务，其始非不应手，而取效于一时，屡发屡折，而既病之虚阳愈衰，必致呕逆喘乏，夺食泄泻。尚以为药力未逮，猛进苦寒，在阴不济阳而上溢者尚为戈戟，况阳不统阴而亡脱者，尤为砒鸩。盖因阳药性暴，稍有不顺，下咽立见其害，不若阴柔之性，至死不知其误，而免旁人讥谤也。"(《张氏医通·诸见血症》)

如治疗衄血，根据脉浮大数、脉大而虚、脉小而数、脉弦涩等不同情况，分别选用发汗、补气、摄火、行滞等治疗大法。证属实热，便秘，脉实大，用犀角地黄汤加木香、大黄；心火亢盛，心动面赤，善惊上热，六脉俱大，按之空虚，用三黄补血汤；因瘀积停留，衄血不尽，大便黑色，宜犀角地黄汤；证属内虚寒外假热，宜千金当归汤标本兼治；大衄不止，面浮肿，用苏子降气汤（肉桂为关键）；证属大寒，色白不泽，六脉弦细而涩，按之空虚，用理中汤加黄芪；误用凉血药，瘀热内结，胸中作痛，木香酒磨顿服；因于七情喜怒，劳役过度者，宜茅花煎汤调止衄散，或四物汤加牡丹皮、沉香等；因内伤劳役，喘咳面赤、发热头痛，以当归补血汤加薄荷、荆芥，不应，用补中益气汤倍黄芪，慎不可用辛热之药；证属卫气大虚，不能固其营血，至夜发衄，多汗，用当归补血汤，或加木香，或用大剂保元汤；热在下焦血分，久衄不止用六味地黄丸加五味子。

5.血证预后

失血，脉微弱细小而和缓者易治；衄血脉数实或坚劲，或急疾不调，难治；洪数实大弦急不治；呕血胸满引背，脉小而疾；衄血身热，久衄脉虚大，头额痛甚，鼻流淡黄水；溲血日久，形枯色痿，癃闭如淋，二便引痛，喘急虚眩，行步不能，均预后不良。

医案举例

◆石顽治朱圣卿，鼻衄如崩，三日不止，较之向来所发之势最剧，服犀角、地黄、芩、连、知、柏、石膏、栀子之属转盛，第四日邀余诊之。脉弦急如循刀刃，此阴火上乘，载血于上，得寒凉之药，转伤胃中清阳之气，所以脉变弦紧。与生料六味加五味子作汤，另用肉桂末三钱，飞罗面糊，分三丸，用煎药调下。甫入喉，其血顿止，少顷，口鼻去血块数枚而愈，自此数年之患，绝不再发。(《张氏医通·诸血门》)

◆石顽治刑部汤元洲，年八十二，而痰中见血，服诸宁嗽止血药不应，脉得气口尤大，两尺微紧，面色槁白，屡咳痰不得出，咳甚方有黄色结痰。此精气神三者并亏，兼伤于热，耗其津液，而咳动肺胃之血也。因其平时多火，不受温补，遂以六味丸合生脉散加葳蕤，煎膏服之，取金水相生，源流俱泽，而咳血自除，不必用痰血药也。(《张氏医通·诸血门》)

（二）治疗腹胀经验

腹胀是临床常见病，张氏认为其偏寒者多，属热者少，治疗也应从辨证入手，指导选方用药。

1.火盛伤阴

症见腹胀而不甚，按之益坚，小便黄赤，大便秘涩，夜则微热，脉数实而细小。因火盛阴虚，热乘血分，气机失于畅达，可用当归龙荟丸苦寒清热，滋阴养血；或用四物汤加黄连、胡黄连、芦荟。而"不可误作食积湿热治。盖消导则阴愈伤，去湿则津愈涸矣"。

2.气虚血散

腹胀，大便不坚，或时结时溏，溏则稍减，结则渐加，小便清利，甚则浑如泔，脉缓大而滞。此为气虚不能统血，宜四君子去白术，加木香、泽泻、当归、芍药，以固气中之血。而"慎不可用辛温耗气之药。"

3.血虚气散

腹胀，烦热便燥，小便黄数，脉浮数而弦。此为血虚不能敛气，宜用四物汤去地黄，加黄芪、肉桂、甘草、煨姜，以和血中之气。而"慎不可用苦寒伤胃之药"。

4.湿热伤脾阴

腹胀如斗，尿血，便血，用利药腹胀加重，脉数而涩。此为湿热蕴积，伤耗脾阴，不能统血；或胃虽受谷，脾不输运，多见于嗜酒之人；宜选用枳实、黄连、炮姜、半夏、茯苓、当归、芍药、阿胶、乌梅、砂仁祛湿热，理脾气，补营血，泻胀满；白芍、乌梅收脾阴；黄连、枳实泻胀满；归、胶补营血；半夏、茯苓去涎饮，砂仁醒脾气。

5.寒热错杂

腹胀中满，坚硬如盘，不能坐卧，大小便涩滞，上气喘促，面色萎黄，通身虚肿。此为寒热错杂，胶固于中，营卫血气凝滞，治用分消汤，或分消丸，并根据寒热多少，或加减用之。

另外，张氏还指出，因六淫引起的腹胀用藿香正气散；因七情引起的腹胀用沉香降气散；因忧思过度损伤脾胃引起的腹胀、喘促、烦闷、肠鸣漉漉有声、大小便不利、脉虚而涩，用《局方》七气汤；因脾胃虚寒，不能腐熟水谷引起的腹胀，用附子理中汤；肾阳不足，不能生化脾土引起的腹胀，用济生肾气丸；食积引起的腹胀，恶心饱闷，口干，脉紧滑，用枳实导滞丸；怒甚气逆引起的腹胀，脉弦，用青皮、陈皮、木香、栀子、柴胡、枳壳、当归、桃仁、芍药等。

医案举例

飞畴治谢元海，因夏月常饮火酒，致善食易饥，半月后腹渐胀满，大便艰涩，而食亦日减，医用削克清火俱不效。左脉细数，右脉涩滞，此始为火助胃强而善食，继为火灼胃液而艰运，艰运则食滞而胀满，胀满则食减。今宜断食辛烈，乘元气未漓，祛其滞而回其液，日久则费调理也。因用枳实导滞汤去黄连、白术，加葛根，一服大便通利而滞行。又用健脾理气，三日后以小剂生脉加葳蕤、煨葛根，不半月而愈。(《张氏医通·诸气门》)

（三）产后急症辨治经验

产后亡血伤津，正气亏损，百节空虚，恶血或败血妄行，外感六淫，内伤饮食，兼之房事过早，极易导致多种疾病。张氏在《张氏医通·妇人门》中详细论述了产后诸禁、血晕、三冲、三急、三审、呕吐、呃逆、饱闷、谵语、如见鬼神、不语、发痉、发热、寒热、中风、咳嗽、发喘、瘛疭、颤振、伤风、伤寒、疟、痢、蓐劳、虚烦、惊悸、多汗、麻木、大小便诸证、诸痛、泄泻、浮肿、诸血、月水不通、诸淋、乳汁等。尤其是产后三冲、三急、三审，对后世影响较大。

1.三冲

张氏认为产后气血亏虚，若恶血排出不畅或败血不去，瘀血留阻胞宫，气机升降障碍，可影响心肺胃，出现败血冲心、败血冲胃、败血冲肺。张氏还指出，"大抵冲心者，十难救一；冲胃者，五死五生；冲肺者十全一二。"

（1）败血冲心：症见神志狂乱，或歌舞谈笑，或怒骂坐卧，甚者越墙上屋，口咬拳打，山腔野调，号佛名神等。用花蕊石散化瘀止血；或用琥珀黑龙丹养血活血，化瘀通络；若症状较轻，仅见闷乱而无癫狂，可用失笑散加郁金。

（2）败血冲胃：症见饱闷呕恶、腹满胀痛。可用平胃散加姜、桂，温中健脾，理气行滞；不效可送来复丹；若呕逆腹胀，用《金匮要略》下瘀血汤（大黄、桃仁、地鳖虫）活血化瘀通络。

（3）败血冲肺：症见面赤呕逆。用二味参苏饮益气活血；甚者加芒硝荡涤。

2.三急

张氏认为产后诸病，惟以呕吐、盗汗、泄泻为急，若三者并见则更为危急，因产后气血大伤，再加上吐、下泻、汗出，益亡其津液，必致虚脱，危及生命。

（1）产后呕吐：用抵圣散去芍药加炮姜、茯苓；伴有恶露不行，可用二陈汤加当归、莪术、肉桂、干姜；或因伤食胸腹胀满，可用二陈汤加丁香，或加人参、炮姜、泽兰、藿香，或用理中汤加藿香。

（2）产后多汗：产后气阴两虚，卫外不固，津液外泄，宜用抵圣散加乌梅，慎用浮小麦、芍药、五味子，防止酸收敛汗阻滞恶露下行；产后身热自汗，用逍遥散加熟枣仁、乌梅，不可用补气药；因外感而汗者，用黄芪建中汤；气血俱虚，用十全大补汤，或加附子。

（3）产后泄泻：或因胎前泄利未止，或因临产过伤饮食，或因新产骤食肥腥，或因新产烦渴恣饮，或因新产失护，脘腹受冷，致使中气虚寒，传化失职。宜用理中汤为主，根据发病原因酌加枳实、山楂，或肉桂、茯苓，或肉桂、附子倍干姜；久泻肾虚，可加肉桂、附子；瘀结不行，可加山楂、当归；若小便混浊如泔，或大便中有白沫如肠垢，乃元气下陷，宜用补中益气加桂、苓、炮姜升举之；若完谷不化，色白如糜，属于脾胃大虚，元气虚脱之候，十有九死，当用桂、附、参、甘、姜、苓、术，或可收功。但应慎用酸枣仁。

3.三审

诊新产妇之患，应先审少腹痛与不痛，以征恶露之有无；次审大便通与不通，以征津液之盛衰；再审乳汁行与不行以及饮食之多少，以征胃气之充馁。故张氏临证，"必先审此三者，以脉参证，以证合脉，脉证相符，虽异寻常，治之必愈；脉证相反，纵无危候，必多变端。"（《张氏医通·三审》）

（1）少腹疼痛：张璐认为"产后恶露，常以弥月为期，然间有六七朝即净者，又未可一概论也。"但若产后败血不去或恶血排出不畅，瘀血留阻胞宫，则可导致少腹疼痛，故而张氏将其作为辨别产后瘀血排出是否正常的重要体征。

（2）大便通畅：产后血虚津伤，肠失濡润，大便排除艰涩，但随着正气恢复，几日后即可畅通。若血虚火燥，腹满觉胀，大便欲自去而不能，宜用蜜煎导通便；甚者用四物汤加鲜何首乌润下通便；若气血俱虚，大便数日不通，但饮食如常，腹中如故，用八珍汤加桃仁、苏子、熟蜜益气养血，润肠通便；若大便不通，或伴发热谵语，脉滑实，当急用承气汤、大柴胡汤急下救津。张氏还告诫说，血虚津亏便秘，禁用苦寒药攻通，否则损伤中焦，或愈结难通，或通泻不止，必成败证。

（3）乳汁与饮食：产后饮食正常，3日之内乳汁自行，说明胃气充盛，气血生化有源。若乳汁不下者，可用通草炖猪蹄汤饮之；乳汁不行，或无乳汁，不伴有寒热，宜用内补当归建中汤；气血亏虚乳汁少或乳汁不下，可用八珍汤加黄芪、麦门冬；肺胃虚寒，乳不通者，用千金钟乳汤。若产后乳汁自出不止，乃胃气虚，宜服五味异功散加黄芪、五味子收摄。若产后乳汁多，乳房胀满急痛，用温帛熨之；新产儿未能吮乳，乳汁蓄结，与血气相搏，壮热大渴，通乳胀硬掣痛，当以手搏去宿乳，或吮去尤妙，并以贝母、栝蒌实、甘草、木通煎服。产后因子不育，乳房疼痛，身发寒热，以四物汤加炒麦芽断乳，以防蕴成乳痈溃脓而成危候；对于吹乳肿痛，则速用栝蒌、甘草、乳香，温酒服，外敷醋调天南星末，以手揉之可自散。

原著选读

● 论血证

夫营卫者，精气也，血者，神气也，气主煦之，血主濡之，虽气察阳和，血禀阴质，而阴中有阳，阳中有阴，不能截然两分。其至清至纯者，得君主之令，以和调五脏，藏而不失，乃养脏之血也。其清中之浊者，秉输运之权，以洒陈六腑，实而不满，则灌注之血也。其清中之清者，会营周之度，流行百脉，满而不泄，此营经之血也。其源则一，析而为三，各有司属，若各守其乡，则阴平阳秘，安有上溢下脱之患乎？盖缘人之禀赋，不无偏胜，劳役不无偏伤，其血则从偏衰偏伤之处而渗漏焉。

夫人禀赋既偏，则水谷多从偏胜之气化，而胜者愈胜，弱者愈弱，阳盛则阴衰，阴衰则火旺，火旺则血随之而上溢。阴胜则阳微，阳微则火衰，火衰则血失其统而下脱。其上溢之血，非一于火盛也，下脱之血，非一于阳衰也，但以色之鲜紫浓厚，则为火盛，色之晦淡无光，即为阳衰。究其所脱之源，或缘脏气之逆，或缘腑气之乖，皆能致病。从上溢者，势必假道肺胃；从下脱者，势必由于二肠及从膀胱下达耳。盖出于肺者，或缘龙雷亢逆，或缘咳逆上奔，血必从之上溢，多待痰沫，及粉红色者。出于心包，亦必上溢，色必正赤，如朱漆光泽。若吐出便凝，摸之不粘指者，为守藏之血，见之必死。出于脾者，或从胃脘上溢，或从小肠下脱，亦必鲜紫浓厚，但不若心包血之光泽也。出于肝者，或从上呕，或从下脱，血必青紫稠浓，或带血缕，或有结块。出于肾者，或从咳逆，或从咯吐，或稀痰中杂出如珠，血虽无几，色虽不鲜，其患最剧。间有从精窍而出者，若气化受伤，则从膀胱溺孔而出，总皆关于脏气也。其出于胃者，多兼水液痰涎，吐则成盘成盏，汪洋满地，以其多气多血，虽药力易到，不若脏血之笃，然为五脏之本，亦不可忽。

其衄血种种，各有所从，不独出鼻者为衄也。鼻衄皆火乘肺金，亦有阴盛迫其虚阳而脱者，虽经有脏腑诸衄不同，然不离于太阴之经，所以治有从阴从阳，顺治逆治之辨别，证有久衄暴衄，宜补宜泻之悬殊。其齿衄，有阳明少阴及风热之辨，但从板齿出者为牙宣，属阳明；齿动摇者为骨病，属少阴；龈肿上壅者，少阳风热也。耳衄则有肝肾二经之殊，但以常有不多不肿不疼者，为少阴之虚；暴出疼肿者，则厥阴经火也。眼衄亦属厥阴，但以卒视无所见者，为实火；常流血泪者，素患之风热也。其有诸窍一齐涌出，多缘颠仆骤伤，或药毒所致。若因肝肾疲极，五脏内崩，多不可活。舌衄皆手厥阴心包之火旺，但以舌尖碎破者为虚火，脉大满口者，挟龙雷之势，而上侮君主也。涎中见血为唾衄，足太阴经气不约也。汗孔有血为肌衄，足阳明经气不固也。如上诸衄，皆缘营气之逆满，卫气之疏豁，不能固护而行清道，总无关乎脏气也。

其下行之血，见于魄门者，则以便前便后分远近，近则大肠，远则小肠也；以溅洒点滴分风湿，溅则风淫，滴则湿著也；以鲜紫清晦分阴阳，鲜则阳盛，晦则阳衰也。与肠澼之血、痔漏之血、妇人经癸胎产之血无异，虽由二肠，颇关经络，是以随经下趋，各有不同。至于崩淋下脱，倒经上溢，虽下上之歧路攸分，然皆冲脉为病。而崩淋皆脾气下陷，倒经则肝血上逆，以脾为身之津梁，冲为肝之血海，是皆关乎脏气。更有肝脾受伤，血虽不下而气色萎黄，大便稠黑，乃蓄血之征验。为患种种，难以悉陈。如内伤发黄，鼓胀喘满，腹大青筋，及产后败血流于经络，皆蓄血致病。(《张氏医通·卷之五·诸血门》)

●三冲

败血上冲有三：或歌舞谈笑，或怒骂坐卧，甚者逾墙上屋，口咬拳打，山腔野调，号佛名神，此败血冲心，多死。方书用龙齿清魂散，然用之多不应，不若花蕊石散最捷，琥珀黑龙丹亦效；如虽闷乱，不致癫狂者，失笑散加郁金。若饱闷呕恶，腹满胀痛者，曰冲胃，古法用五积散，余尝用平胃加姜、桂，往往获效。不应，送来复丹；呕逆腹胀血化为水者，《金匮》下瘀血汤。若面赤、呕逆欲死曰冲肺，二味参苏饮，甚则加芒硝荡涤之。大抵冲心者，十难救一；冲胃者，五死五生；冲肺者，十全一二。

产后，口鼻起黑色而鼻衄者，是胃气虚败而血滞也，急用二味参苏饮，稍迟不救。

●三急

产后诸病，惟呕吐、盗汗、泄泻为急，三者并见必危。痰闭心窍，抵圣散去芍药，加炮姜、茯苓；多汗，加乌梅。慎不可用浮麦伤胃耗气，枣仁腻滑作泻，芍药、五味酸收，皆能阻滞恶露也。

●三审

凡诊新产妇，先审少腹痛与不痛，以征恶露之有无；次审大便通与不通，以征津液之盛衰；再审乳汁行与不行及乎饮食多少，以征胃气之充馁。必先审此三者，以脉参证，以证合脉，脉证相符，虽异寻常，治之必愈；脉证相反，纵无危候，必多变端。即如产后恶露，常以弥月为期，然间有六七朝即净者，又未可以概论也。此虽产母禀质不同，而胎之所禀亦异。如胎息壮盛，则气血尽归其子，瘀血自少；胎息孱弱，则气血涵养有余，瘀血必多。亦有产时去多，产后必少，产时去少，产后必多，势使然也。曾见一妇，艰产异常，三朝下一血块，大小形色，与茄无异。此后绝无瘀血，惟小便如皂荚汁，其少腹略无痛楚，良由艰产过伤子宫，关闸废弛，不能收敛，故其块得下，世俗名儿枕者是也。大抵常产之妇，开阖有权，既产之后，子宫即闭，儿枕随气攻注，碎作小块，续续而下，所以绵延日期。此则全块顿出，自无淋沥之患，即有余血，尽归溲便矣。此后屡见数妇，证虽大异寻常，以意逆之，其理自若也。产后血脱津伤，大便自应艰涩，每至五七日始通，无足怪也。其有发热谵语，脉滑实者，又当急攻以救津液。若兼少腹硬痛，又当破瘀为先。产后三朝，每有寒热蒸乳，寒热后，乳汁大行，此胃气孚化，虽有余病，必无他虑；如无寒热而乳汁充然者，血气本旺也；若不寒热，无乳汁，此营卫不调，总无所苦，急宜当归内补建中汤，频与调之，否则弥月后渐见寒热骨蒸，而为蓐劳之患矣。(《张氏医通·卷十一·妇人门下》)

·参考文献·

1.张民庆，王兴华，刘华东.张璐医学全书［M］.北京：中国中医药出版社，1999

2.李成文.伤寒学派医案［M］.北京：中国中医药出版社，2015.

3.胡方林，李花.张璐痰饮水湿证治心法［M］.北京：中国医药科技出版社，2021.

4.胡方林，郜文辉.张璐经方用药心法［M］.北京：中国医药科技出版社，2021.

5.黄亚俊，陈仁寿.试论吴门医派学术传承和创新［J］.辽宁中医药大学学报，2010，12（12）：68-69.

6.刘婷，程磐基.张璐《伤寒绪论》外感热病学术特点浅析［J］.四川中医，2013，31（05）：18-20.

7.朱茂君，陈涤平，李文林，等.探析吴中名医张璐从五脏论治泄泻［J］.中华中医药杂志，2019，34（2）：530-532.

8.庄爱文，李晓寅，李荣群，等.《张氏医通》郁证探析［J］.浙江中医药大学学报，2017，41（1）：55-56.

9.沈达.张璐《张氏医通》痰火证治疗思路探析［J］.甘肃中医药大学学报，2020，37（3）：26-28.

10.马骏，罗强，李应存，等.清代名医张璐治痰经验探析［J］.中国中医基础医学杂志，2023，29（07）：1073-1075.

11.李定祥，蒋文明.张璐论治血证特色探析［J］.湖南中医学院学报，2000，（03）：45-46.

12.周正明.张璐治疗血证的温通思想.青海医药杂志［J］.2005，35（9）：61.

13.于军.《张氏医通》肢体痹证治述要［J］.甘肃中医药大学学报，2022，39（02）：20-24.

14.刘怡筠，秦玉龙.张璐使用细辛的经验［J］.西部中医药，2018，31（4）：62-63.

15.刘凯，黄艳君.《张氏医通》中白芥子涂法方之探讨［J］.内蒙古中医药，2014，（17）：157.

16.张蕾.《张氏医通》附录医案考.山东中医药大学学报［J］.2003，27（3）；211.

17.孙化萍，李丽，袁惠芳等.清代名医张璐生平探析［J］.河南中医，2007，27（5）：24.

18.易法银.张璐的脾胃观探析［J］.湖南中医学院学报，1989，（01）：10-12.

叶 桂

> ### 学习要点
>
> 　　叶桂博览群书，虚心求教，汲取诸家之长，融贯古今，重视临床实践，勇于创新，创立温病卫气营血辨证纲领，为温病学的发展壮大奠定坚实的基础；并提出脾胃分论、阳化内风、久病入络说，总结奇经及虚损辨治经验。
>
> **目的要求：**
>
> 　　掌握脾胃分论、阳化内风及虚损辨治经验；熟悉卫气营血辨证纲领，久病入络说及奇经辨治；了解其生平，代表著作及学术成就对后世的影响。

一、概说

　　叶桂（1667~1746），字天士，号香岩，别号上津老人，清代江苏吴县人，出身中医世家，祖、父皆医，幼承庭训，白天习儒，夜晚博览医书。14岁因父丧，乃从学于父之门人朱某。叶桂不拘于门户之见，凡有擅长医术者，无不虚心讨教；10年间先后拜周扬俊和马元仪等名师17人，汲取诸家之长，融贯古今，立方遣药，灵活变通前人成法，自出机杼，勇创新说。其治学主张博采众长，重视学术创新，成为一代名医。

　　叶桂一生忙于诊务，无暇著书立说，门人顾景文根据其对温病的论述，辑成《温热论治》，并经唐大烈润色，首刊于《吴医汇讲》。后《临证指南医案》将其改为《温热论》置于篇首，《医门棒喝》则更名为《叶天士温热论》收录，《温热经纬》收载时又更名为《叶香岩外感温热病篇》，对后世治疗温热病产生了重大影响。门人华岫云、李翰圃、邵新甫等将叶氏临证治验医案与用药心得收集整理编注成《临证指南医案》十卷。另有《叶氏医案存真》《幼科要略》《未刻本叶氏医案》等。现有新编《叶天士医学全书》。

二、学术特色与临证经验

（一）创立卫气营血辨证纲领

叶桂在继承前贤论治温病的理论与经验基础上，深入系统研究温病的病因病机、传变途径、病邪侵犯部位与深浅、发病规律、临床特征，将温热病分为卫气营血四个阶段辨证施治，从此治疗温病有了系统的理论与治疗方法，并对吴瑭、章楠、王士雄等产生了重要影响。

叶桂认为，温热之邪从口鼻而入，侵犯肺卫，症见发热，微恶风寒，无汗或汗出不畅，头痛，咳嗽，咽红或痛，口微渴，舌边尖红，舌苔薄白，脉浮数，宜用辛凉轻剂，透解表邪。若热传气分，正邪俱盛，症见大热，不恶寒而反恶热，汗出，口渴饮冷，舌苔黄燥，脉数有力，治当寒凉之品清泄里热。若热邪深入营分，或卫分热邪逆传心包，症见身热夜甚，口反不甚渴，心烦躁扰，甚或有谵语，或见斑点隐疹，舌红绛无苔，脉细数；或神昏谵语，或昏愦不语，四肢厥逆，身热灼手，舌苔黄燥，脉细滑数等，宜用玄参、羚羊角等清营凉血，养阴生津。热邪深入血分，身热，心烦，躁扰昏狂，出血，舌质紫绛，脉数，宜用生地黄、牡丹皮、赤芍药、阿胶等凉血活血，清热解毒。正如叶氏总结说，"温邪上受，首先犯肺，逆传心包"；"卫之后方言气，营之后方言血。在卫汗之可也，到气才可清气。入营犹可透热转气，入血就恐耗血动血，直须凉血散血。"

（二）脾胃分论重视胃阴

《内经》强调人以胃气为本，李杲认为脾胃是元气之本，详论脾阳，治疗偏于升补。缪希雍阐发脾胃，重视脾阴，主张调理脾胃，需要区分阴阳，用药甘润清灵。叶桂在此基础上，并结合温病容易损耗胃阴的特点，系统探讨胃阴虚的病因病机、临床表现及其治疗方药，丰富了脾胃学说。

1.病因病机

一是素体阳盛，五志化火伤及胃阴；二是五味偏胜，过食辛辣温燥之品使胃阴损伤；三是素体阴虚，或年老液衰，复加外感温热燥邪，劫耗胃阴；四是热病后期肺胃阴伤。胃阴虚常见于温病、咳嗽、肺痿、血证、泄泻、呕吐、虚损、不食、便秘、失音等多种病证。

2.脾胃分治

叶桂临证不囿东垣之说，不概用升阳益气法，而是主张脾胃分治。《临证指南医案·脾胃》谓"阳土喜柔偏恶刚燥，若四君、异功等，竟是治脾之药，腑宜通即是补，甘濡润，胃气下行。"首先从脾胃的脏腑属性上区分："脏宜藏，腑宜通，脏腑之体用各殊"、"纳食主胃，运化主脾"、"脾宜升则健，胃宜降则和"；进而从脾胃生理特性上区分："脾喜刚燥，胃喜柔润"、"太阴湿土得阳始运；阳明阳土得阴自安"。总之，叶氏是从三方面分论脾胃：一是认为胃属戊土，脾属己土，戊阳己阴，脾与胃的属性不同；二是认为脾属脏宜藏，胃属腑宜通，脾主运化，胃主纳食，脾宜升则健，胃宜降则和，脾与胃的功用不同；三是认为李杲升补阳气，重在治脾，仲景急下存阴，重在治胃。

3.用药经验

叶桂治疗胃阴不足，主张以甘平或甘凉濡润为主濡养胃阴，以恢复胃之通降功能。因为"胃宜降则和者，非用辛开苦降，亦非苦寒下夺，以损胃气，不过甘平，或甘凉甘寒濡润，以养胃阴，则津液来复，使之通降而已矣"。在具体用药上，常用麦门冬汤化裁，喜用沙参、麦门冬、石斛、天花粉、玉竹、山药、生扁豆、生甘草等。

医案举例

◆王。数年病伤不复，不饥不纳，九窍不和，都属胃病。阳土喜柔，偏恶刚燥，若四君、异功等，竟是治脾之药。腑宜通即是补，甘濡润，胃气下行，则有效验。

麦冬一钱、火麻仁（炒）钱半、水炙黑小甘草五分、生白芍二钱，临服，入青甘蔗浆一杯。（《临证指南医案·脾胃》）

◆苏。向来翻胃，原可撑持。秋季骤加惊扰，厥阳陡升莫制，遂废食不便，消渴不已。如心热，呕吐涎沫，五味中喜食酸甘，肝阴胃汁，枯槁殆尽，难任燥药通关。胃属阳土，宜凉宜润；肝为刚脏，宜柔宜和。酸甘两济其阴。

乌梅肉、人参、鲜生地、阿胶、麦冬汁、生白芍。（《临证指南医案·噎膈反胃》）

（三）倡阳化内风

叶氏认为肝风的主要病机在于"阳化内风"，而非外邪袭扰。所谓"阳化内风"，即指"身中阳气之动变"，以致"内风震动"。这里所说的"身中阳气之动变"，实为肝阳偏亢。因此，"阳化内风"是其阐述肝风病机的主要观点。

1.病因病机

叶氏认为或由于肾液少，水不涵木，虚风内动；或由于平昔怒劳忧思，五志气火交并于上，肝胆内风鼓动盘旋，上盛而下虚；或由于肝血肾液两枯，阳扰风旋，主要表现为眩晕、肢麻、耳鸣等；或由于中阳不足，阳明络脉空虚，而内风暗动等，多表现为肢体麻木或痿废、口眼㖞斜、不饥不纳等。总之，与厥阴肝木有关。盖肝为风木之脏，有相火内寄，体阴用阳，其性刚，主动主升，全赖肾水以涵之，血液以濡之，肺金清肃下降之令以平之，中宫敦阜之土气以培之，则使其刚劲之质，得为柔和之体，而遂其条达畅茂之性。否则，肾水不涵，心血失濡，脾土失培，肺金失平，则导致肾精愈亏，肝阴不足，血燥生热，热则风阳上升，窍络阻塞，因此，肝风内动总以头目不清，眩晕跌仆，甚则瘛疭痉厥诸症为主要表现。

2.治疗经验

常用滋肾、养血、益气、养阴之法培补正气，再用镇阳、和阳、潜阳之品以调和阳气之变动，从而达到熄风的目的；至于全蝎、蜈蚣、地龙、钩藤等熄风之品，反而少用，这正体现了叶桂治病求本的思想。若真阴虚用生地、熟地、何首乌、玄参等滋肾平肝；真阳虚用肉苁蓉、枸杞子、巴戟天等温润之品；心气心血亏耗，营液内损，虚阳内动，常用酸枣仁、远志、山茱萸、柏子仁、丹参、茯神等"益心气以通肝"；心阴心血亏损，少阴君火与厥阴相火充炎于上，常用玄参、生地黄、天门冬、竹叶、连翘、菖蒲等，"先拟清血分之热，继当养血熄其内风"；肺失肃降而致痰火风诸证者，选用沙参、人参、黄芪养肺平肝，燥痰多加浙贝母、柿霜、鲜竹沥、知母等；"阳明脉虚，加以愁烦，则厥阴风动，木横土衰，"应黄芪、人参、白术、茯苓等培中健脾，佐以平肝熄风之药；湿痰挟风者，选用半夏、橘红、茯苓、姜汁、胆南星、竹沥之类；肝火盛而胃阴亏虚者，选用白扁豆、沙参、玉竹、麦门冬、天花粉、桑叶、石斛等，佐清肝之品。叶桂在方药的运用上，不仅辨证用药，灵活变通，对于前人的名方，亦加减化裁，如其运用复脉汤、地黄饮子、虎潜丸、镇阴煎诸方，大多去其温燥之品，而保留其滋阴、潜阳、和阳诸药，受到了后世医家的推崇。

医案举例

◆席。脉来弦动而虚，望六年岁，阳明脉衰，厥阴内风暗旋不熄，遂致胃脉不主束筋骨以利机关，肝阳直上巅顶，汗从阳气泄越。春月病发，劳力病甚，此气愈伤，阳愈动矣。法当甘温益气，攻病驱风，皆劫气伤阳，是为戒律。

人参，黄芪，当归，炙甘草，桑叶，麦门冬，地骨皮，天花粉。（《临证指南医案·肝风》）

◆卢。嗔怒动阳，恰值春木司升，厥阴内风乘阳明脉络之虚，上凌咽喉，环绕耳后清空之地，升腾太过，脂液无以营养四末，而指节为之麻木。是皆痹中根萌，所谓下虚上实，多致巅顶之疾。夫情志变蒸之热，阅方书无芩连苦降、羌防辛散之理。肝为刚脏，非柔润不能调和也。

鲜生地，玄参，桑叶，牡丹皮，羚羊角，连翘。又生地黄，阿胶，牡蛎，石斛，知母。（《临证指南医案·中风》）

（四）久病入络说

《难经·二十二难》指出，"气留而不行者，为气先病也；血壅而不濡者，为血后病也，故先为是动，后为所生。"叶桂指出"初病在经，久病入络，以经主气，络主血"，"初为气结在经，久则血伤入络"，"病久痛久则入血络"，"经年宿疾，痛必在络……痰因气滞，气阻血瘀作痛。"此即"久病入络"及"久痛入络"理论。

1.病因病机

叶桂所言之"络病"，多指一些气血沉困、隐伏幽深的沉疴痼疾，多因阳气受损、嗔怒动肝、七情郁结等导致气血阻滞损伤经络。叶桂在此理论指导下，治疗二十多种疾病，如淋浊、肿胀、噎膈、反胃、呕吐、中风、郁证、头痛、心痛、胁痛、腹痛、肩臂背痛、腰腿足痛、癥瘕等。

2.治疗经验

叶桂治疗络病以"通"为主，《临证指南医案·胁痛》王案云："久病在络，气血皆窒，当辛香缓通。"因为"辛散横行入络"，辛通之药能使血络瘀滞得行，气机调畅，邪去正安。因此叶氏在使用活血化瘀药通络的同时，常配伍辛散、温通、香窜之理气之品，从而达到行气、散结、止痛的目的。对使用辛咸通络的虫蚁类药，如地鳖虫、全蝎、地龙、蜂房等，更是叶氏治疗络病的独到之处，他认为虫蚁类药"灵动迅速……以搜剔络中混处之邪"，使"血无凝著，气可宣通"。叶氏认为"飞者升，走者降，灵运迅速"，功效专注而迅猛。

◆张。久痛在络，营中之气，结聚成瘕，始而夜发，继而昼夜俱痛，阴阳两伤。遍阅医药，未尝说及络痛，便难液涸，香燥须忌。

青葱管，新绛，当归须，桃仁，生鹿角，柏子仁（《临证指南医案·癥瘕》）

◆沈。初起形寒寒热，渐及胁肋脘痛，进食痛加，大便燥结，久病已入血络，兼之神怯瘦损，辛香刚燥，决不可用。

白旋覆花，新绛，青葱管，桃仁，归须，柏子仁（《临证指南医案·胁痛》）

（五）奇经辨治法

有关奇经八脉的临床应用以往记述较少。叶桂在长期的临床实践中，善于应用奇经八脉的理论辨治杂病，形成独特的辨治体系，创建了奇经辨治法则。在生理上，他认为奇经有收摄精气，调节正经气血以及维续、护卫、包举形体等作用；在病理上，认为肝肾脾胃久虚不复，则延及奇经；在奇经病的诊治上，强调须分辨其脉证之虚实，行补虚、泄实之法。如奇经之虚羸者，"必辛甘温补，佐以流行脉络，务在气血调和"；其结实者，"必用苦辛和芳香，以通脉络"，即所谓"奇经为病，通因一法，为古圣之定例"者。

1.通补固摄

叶桂针对奇经八脉病证，归纳其治法与用药规律。如冲脉为病，常见月经不调、癥瘕、疝气等病证，治以调畅气血为主，常用川楝子、香附、乌药、青皮、葱白、归尾、郁金、泽兰、桃仁、茺蔚诸药；冲脉隶属阳明，遂立通补阳明之法，如四君、六君等方中酌加半夏、茯苓、厚朴、陈皮、姜汁诸品，寒甚则加茴香、炮姜、桂枝等。任脉为病，一身之阴易损，叶桂首选龟板以静摄，缘于"龟体阴，走任脉"的认识。任脉虚热，则可加黄柏、知母、生地之属。带脉为病，下焦不固，常见带下淋浊、梦遗滑泄诸病，又宜鹿角霜、五味子、覆盆子、金樱子、芡实、山药、樗根皮、海螵蛸等以固摄，配以当归宣通润补。督脉主一身之阳，督脉为病则一身之阳尽虚。叶氏擅用柔剂阳药以填补奇经，用药首选鹿茸、鹿角、鹿角胶、鹿角霜等。以"鹿性阳，入督脉"、"鹿茸壮督脉之阳，鹿霜通督脉之气"故，所谓补阳而不伤阴者。叶氏一般不用桂、附等气味雄烈药，恐其愈劫阴精。

至于气血失和而阴精难济者，或冲任为病，或督带失约，或阴阳失其维系者，又以调冲任、补督带诸法并用：凡结实者，治之以通，药如鹿角、茴香、桂枝、川楝、郁金、元胡之属；凡虚羸者，调之以补，如用通补阳明之法，或从血肉有情之补；病若逆气里急或上冲，则配伍牡蛎、紫石英等镇摄其逆气。在临床实际运用中，通补固摄相互配合、灵活化裁。

2.重在填补

叶氏认为八脉之病，与肝肾最为密切："肝肾下病，必留连及奇经八脉，不知此旨，宜乎无功。"诸病虚损，每因肝肾久损而致奇经失司或不固，叶氏调补肝肾亏损而及奇经者，用药自有特点，强调："夫精血皆有形，以草木无情之物为补益，声气必不相应。桂附刚愎，气质雄烈，精血主藏，脏体属阴，刚则愈劫脂矣。至于丹溪虎潜法，潜阳坚阴，用知柏苦寒沉着，未通奇经。余以柔剂阳药，通奇经不滞，且血肉有情，栽培身内之精血，但王道无近功，多用自有益。"所以，叶桂每以鹿茸、鹿角胶、紫河车、龟板、鳖甲、淡菜等血肉有情之品填补奇经，为其独到之经验。

医案举例

◆范。父母弱症早丧，禀质不克充旺，年二十岁未娶，见病已是损法，此寒热遇劳而发，即《内经》阳维脉衰，不司维续、护卫、包举。下部无力，有形精血不得充涵筋骨矣，且下元之损，必累八脉，此医药徒补无用。

鹿茸，杞子，归身，巴戟，沙苑，茯苓，舶茴香，羊肉胶丸。（《临证指南医案·虚劳》）

◆陈。脉左虚涩，右缓大，尾闾痛连脊骨，便后有血，自觉惶惶欲晕，兼之纳谷最少，明是中下交损，八脉全亏，早进青囊斑龙丸，峻补玉堂、关元，暮服归脾膏，涵养营阴，守之经年，形体自固。鹿茸_{生初薄另研}，鹿角霜_{另研}，鹿角胶_{盐汤化}，柏子仁_{去油烘干}，熟地_{九蒸}，韭子_{盐水浸炒}，菟丝子_{另磨}，赤白茯苓_蒸，补骨脂_{胡桃肉捣烂蒸一日，揸净炒香}。

溶膏炼蜜为丸，每服五钱，淡盐汤送。（《临证指南医案·便血》）

（六）虚损辨治经验

虚损又称虚劳，是以脏腑功能衰退，气血阴阳不足为主要病机的多种慢性虚弱症候的总称。《金匮要略·血痹虚劳病脉证并治》首先提出虚劳病名，《诸病源候论·虚劳病诸候》比较详细地论述了虚劳的原因及各类症状，对五劳、六极、七伤的具体内容作了说明。金元医家对虚损的理论认识及临床治疗又有较大的发展，如李杲重视脾胃内伤虚损，长于甘温补中；朱震亨重视肝肾精血亏虚，善用滋阴降火。叶桂博采众长，融会贯通，重视扶正，总结出甘药培中、血肉填下、中下兼顾以治疗虚损病的用药经验，提出静养节欲、饮食调养的虚损病康复措施。

1.甘药培中

因为甘药益气健脾，化生精血能"培生初阳，是劳损主治法则。"培中则主张脾胃分治，脾阳虚以温补为宜，升阳为先；胃阴虚以养阴为宜，降胃为要。配用陈皮、半夏、茯苓、厚朴、麻仁等，务使补中有通。温补药中"少济以柔药"，如粳米、木瓜之类，以防劫阴。

2.血肉填下

常用猪骨髓、牛骨髓、羊骨髓、紫河车、龟板、鳖甲、鹿茸、鹿角胶、阿胶、牛乳、人乳、羊肉、鸡子黄等血肉有情之品，填补精气。若偏于肾阴虚佐以生地黄、熟地、麦门冬、天门冬、枸杞子、何首乌、女贞子、旱莲草、牡丹皮、知母、黄柏等凉润之品；偏于肾阳虚佐以肉苁蓉、菟丝子、沙苑子、巴戟天、补骨脂、杜仲等柔剂阳药，而少用肉桂、附子等辛热之品以防劫伤阴精。另外，还配用敛补药物，如芡实、五味子、莲子、覆盆子、桑螵蛸等，以防肾精外泄。

3.中下兼顾

叶桂认为肾阳自下涵蒸，而脾阳始能运筹；后天脾胃健旺，而先天精气得充。肾阳下损，久必延及中宫；反之，脾气中乏，久则亦会殃及下元。由此，叶氏提出治疗虚损要中下兼顾、脾肾双补，如在补脾药中常加菟丝子、沙苑子、肉苁蓉、熟地、女贞子等；在补肾药中常加用人参、茯苓、山药、陈皮等，或早服八味、六味，晚服异功散等。

4.静养节欲

叶氏认为虚损的形成皆是"因病致偏，偏久致损"，或"因烦劳伤气，纵欲伤精，他症失调，蔓延而致"，而"诵读身静心动，最易耗气损营"，"损怯之症，不加静养，损不肯复"。故主张"劳损之症，急宜静养"，"远房帏，独居静室"，"山林静养，""务宜怡悦开怀，"调节机体阴阳平衡，协助药物更好地发挥疗效，从而达到恢复精气神的目的。

5.饮食调养

叶氏对"药难奏功"的虚损患者，主张以饮食调养促其康复为主，并提出"食物自适，即胃喜为补"的观点，通过饮食调养使虚损患者的胃气得以恢复，以辅药力直达病所。并最终实现"饮食增而津血旺，以致充血生精而复其真元之不足"的目的。

> **医案举例**

◆华。春深地气升，阳气动，有奔驰饥饱，即是劳伤。《内经》劳者温之，夫劳则形体震动，阳气先伤。此温字，乃温养之义，非温热竟进之谓。劳伤久不复元为损，《内经》有损者益之之文。益者，补益也。凡补药气皆温，味皆甘，培生生之初阳，是劳损主治法则。春病入秋不愈，议从中治。据述晨起未纳水谷，其咳必甚，胃药坐镇中宫为宜。金匮麦门冬汤去半夏。（《临证指南医案·虚劳》）

◆赵。虚不肯复谓之损。纳食不充肌肤，卧眠不能着左，遇节令痰必带血，脉左细，右劲数。是从肝肾精血之伤，延及气分。倘能节劳安逸，仅堪带病永年。损症五六年，无攻病之理。脏属阴，议平补足三阴法。

人参、山药、熟地、天冬、五味、女贞。（《临证指南医案·吐血》）

> **原著选读**

●脾胃之论，莫详于东垣。……盖东垣之法，不过详于治脾，而略于治胃耳。乃后人宗其意者，凡著书立说，竟将脾胃总论，即以治脾之药笼统治胃，举世皆然。今观叶氏之书，始知脾胃当分析而论。盖胃属戊土，脾属己土，戊阳己阴，阴阳之性有别也。脏宜藏，腑宜通，脏腑之体用各殊也。若脾阳不足，胃有寒湿，一脏一腑，皆宜于温燥升运者，自当恪遵东垣之法。若脾阳不亏，胃有燥火，则当遵叶氏养胃阴之法。观其立论云：纳食主胃，运化主脾；脾宜升则健，胃宜降则和。又云：太阴湿土，得阳始运；阳明阳土，得阴自安。以脾喜刚燥，胃喜柔润也。仲景急下存津，其治在胃；东垣大升阳气，其治在脾。此种议论，实超出千古。故凡遇禀质木火之体，患燥热之症，或病后热伤肺胃津液，以致虚痞不食，舌绛咽干，烦渴不寐，肌燥熇热，便不通爽，此九窍不和，都属胃病也，岂可以芪术升柴治之乎？故先生必用降胃之法。所谓胃宜降则和者，非用辛开苦降，亦非苦寒下夺以损胃气，不过甘平，或甘凉濡润，以养胃阴，则津液来复，使之通降而已矣。此义，即宗《内经》所谓六腑者，传化物而不藏，以通为用之理也。（《临证指南医案·脾胃》）

●风为百病之长，故医书咸以中风列于首门。其论症，则有真中、类中、中经络血脉、脏腑之分；其论治，则有攻风劫痰、养血润燥、补气培元之治。……今叶氏发明内风，乃身中阳气之变动，肝为风脏，因精血衰耗，水不涵木，木少滋荣，故肝阳偏亢，内风时起，治以滋液熄风，濡养营络，补阴潜阳，如虎潜、固本、复脉之类是也。若阴阳并损，无阳则阴无以化，故以温柔濡润之通补，如地黄饮子、还少丹之类是也。更有风木过动，中土受戕，不能御其所胜，如不寐不食，卫疏汗泄，饮食变痰，治以六君、玉屏风、茯苓饮、酸枣仁汤之属，或风阳上僭，痰火阻窍，神识不清，则有至宝丹芳香宣窍，或辛凉清上痰火，法虽未备，实足以补前人之未及。(《临证指南医案·中风》)

●经云：东方生风，风生木，木生酸，酸生肝。故肝为风木之脏，因有相火内寄，体阴用阳，其性刚，主动主升，全赖肾水以内涵之，血液以濡之，肺金清肃下降之令以平之，中宫敦阜之土气以培之，则刚劲之质得为柔和之体，遂其条达畅茂之性，何病之有？倘精液有亏，肝阴不足，血燥生热，热则风阳上升，窍络阻塞，头目不清，眩晕跌仆，甚则痿痪痉厥矣。先生治法，所谓缓肝之急以熄风，滋肾之液以驱热，如虎潜、侯氏黑散、地黄饮子、滋肾丸、复脉等方加减，是介以潜之，酸以收之，厚味以填之，或用清上实下之法。(《临证指南医案·肝风》)

●虚损之症，经义最详，其名不一。考《内经》论五脏之损，治各不同。越人有上损从阳、下损从阴之议，其于针砭所莫治者，调以甘药。《金匮》遵之而立建中汤，急建其中气，俾饮食增而津血旺，以致充血生精而复其真元之不足，但用稼穑作甘之本味，而酸辛咸苦在所不用，盖舍此别无良法可医。然但能治上焦阳分之损，不足以培下焦真阴之本也。(《临证指南医案·虚劳》)

●再妇人病温与男子同，但多胎前产后，以及经水适来适断。大凡胎前病，古人皆以四物加减用之，谓护胎为要，恐来害妊。如热极用井底泥、蓝布浸冷覆盖腹上等，皆是保护之意，但亦要看其邪之可解处用。用血腻之药不灵，又当审察，不可认板法。然须步步保护胎元，恐损正邪陷也。至于产后之法，按方书谓慎用苦寒药，恐伤其已亡之阴也。然亦要辨其邪能从上中解者，稍从症用之亦无妨也。不过勿犯下焦，且属虚体，当如虚怯人病邪而治。总之，勿犯实实虚虚之禁。况产后当血气沸腾之候，最多空窦，邪势必乘虚内陷，虚处受邪为难治也。如经水适来适断，邪将陷血室，少阳伤寒言之详悉，不必多赘。但数动与正伤寒不同，仲景立小柴胡汤，提出所陷热邪，参枣扶胃气，冲脉隶属阳明也，此与虚者为合治。若热邪陷入与血相结者，当宗陶氏小柴胡汤，去参枣，加生地、桃仁、楂肉、丹皮，或犀角等。若本经血结自甚，必少腹满痛。轻者刺期门，重者小柴胡汤去甘药，加延胡、归尾、桃仁，挟寒加肉桂，心气滞者加香附、陈皮、枳壳等。然热陷血室之症，多有谵语如狂之象，防是阳明胃热，当辨之。血结者身体必重，非若阳明之轻旋便捷者。何以故耶？阴主重浊，络脉被阻，侧旁气痹，连胸背皆拘束不遂，故去邪通络，正合其病。往往延久，上逆心包，胸中痛，即陶氏所谓血结胸也。王海藏出一桂枝红花汤加海蛤、桃仁，原为表里上下一齐尽解之理，看此方大有巧手，故录出以备学者之用。(《温热论·论妇女温热病》)

叶
桂

227

1.黄志英.叶天士医学全书［M］.北京：中国中医药出版社，2004.

2.李成文.叶天士医案三家注［M］.北京：人民卫生出版社，2018.

3.李成文.叶天士用小方心法［M］.北京：中国医药科技出版社，2021.

4.李成文.叶天士用经方小方［M］.郑州：河南科学技术出版社，2021.

5.李成文.温病学派医案［M］.北京：中国中医药出版社，2015.

6.潘华信，朱伟常.叶天士医案大全［M］.上海：上海中医药大学出版社，1994.

7.莫小英，陈颂，刘鹏，等.叶天士"湿胜阳微"理论解译［J］.中华中医药杂志，2022，37（09）：5202-5205.

8.崔佳旗，夏天，高文蕴，等.叶天士"养胃阴以制肝阳"理论探究［J］.中国中医基础医学杂志，2024，30（08）：1277-1280.

9.夏新意，杨勇，容蓉，等.叶天士辨治伏气温病规律探析［J］.北京中医药大学学报，2024，47（05）：639-644.

10.林敏，鲁玉辉.《临证指南医案》辛润通络法探骊［J］.中华中医药杂志，2018，33（6）：2267-2269.

11.易法银.叶桂论治络病特色［J］.中医杂志，1996，37（12）：713.

12.马可迅，杨进.浅论叶天士应用炙甘草汤的规律［J］.中医杂志，2012，53（5）：440--441.

13.王茜，王俊涛，尹怡，等.叶天士《临证指南医案》轻以治肺经验探微［J］.中国中医基础医学杂志，2023，29（10）：1610-1613.

14.张仕杰，高雅婷，黄建波，等.《临证指南医案·不寐》辨治经验与应用［J］.中华中医药杂志，2020，35（1）：232-234.

15.张仕杰，高雅婷，仇凤梅，等.《临证指南医案·郁》辨治心得探析［J］.中华中医药杂志，2020，35（7）：3320-3322.

16.陆如春.叶天士治痰学术思想探讨［J］.中医杂志，1995，36（12）：713.

17.赵鑫，吕翠霞.叶天士虚劳辨治特色［J］.中国中医基础医学杂志，2021，27（1）：38-41.

18.魏鹏辉，邓陈英，刘英锋.叶天士辨治目病特色探析［J］.中华中医药杂志，2020，35（7）：3572-3574.

19.阮月芳，彭草云.《临证指南医案》白术应用探析［J］.中国中医基础医学杂志，2018，24（12）：1769-1770.

20.张涵灵，徐婧，闫海琳，等.基于《临证指南医案》探讨角药在脾胃病中的运用［J］.中华中医药杂志，2024，39（07）：3285-3288.

21.王继明，倪世秋，叶天士奇经病证用药特色探析［J］.中国中医基础医学杂志，2005，11（10）：776

徐大椿

学习要点

徐大椿尊经崇古，博学多才，重视中医理论研究，阐发元气学说，悉心研究中药药性，强调用药如用兵；善于审证求因，辨病论治，喜用古方，提倡主方主药，轻药愈病，用药勿拘泥于归经。

目的要求：

掌握元气学说；熟悉辨病论治及用药特色；了解其生平、代表著作及学术成就对后世的影响。

一、概说

徐大椿（1693~1772），又名大业，字灵胎，因隐居洄溪，自号洄溪老人，清代江苏吴江（今江苏苏州）人。

徐氏聪敏过人，好古博学，喜欢道家书籍，通晓天文、地理、音律、武术等。弱冠时，"家多疾病，先世所藏医书颇多，因随时翻阅，不过欲稍识方药而已。"二十岁县庠入泮，更名为大业，后因多位亲人连年患病而死，遂弃科举之志，专习岐黄之术，"上迫《灵》《素》根源，下沿汉唐支派"，迨至金、元、明各家之书，广求博采，旁搜远绍，阐发元气学说，深入探讨《伤寒论》辨证论治规律和制方用药法度，辨治奇症痼疾，皆获效验，远近求治者络绎不绝，声誉传遍大江南北，患者莫不感颂其德，同道皆能心折诚服。诊余著书立说，从医50年间，"批阅之书约千余卷，泛览之书约万余卷"（《慎疾刍言·序》），如《评定外科正宗》《评定叶氏临证指南医案》，见识独到，别具一格，颇有特色，为后世留下了大量医学著作。袁枚在《小仓山房文集·徐灵胎先生传》中称其"聪明过人，凡星经、地志、九宫音律，以至舞刀夺槊、勾卒嬴越之法，靡不宣究，而尤长于医。"徐氏学验俱丰，由于尊经崇古太甚，如对温补派的指责，对《医贯》的批判并著《医贯砭》，措词未免失之过激；但在尊经文、重考据之风盛行的清代，其学术思想活跃了争鸣气氛，而且对纠正滥用温补的流弊也起到了一定作用。

徐氏治学主张寻本溯源,从源及流,熟读《内经》《伤寒论》等经典著作,博览《备急千金要方》《外台秘要》以下群书,打好了理论基础。重视纠正温补时弊,强调审证求因,按因施治,用药不可拘泥于某药独入某经之说。

徐大椿代表著作是《医学源流论》。另有《难经经释》《神农本草经百种录》《伤寒类方》《慎疾刍言》《兰台轨范》《洄溪医案》《医贯砭》《徐批叶氏临证指南医案》《徐评外科正宗》等。现有《徐灵胎医学全书》合订本。

二、学术特色与临证经验

（一）阐发元气学说

《难经》首先提出"元气"一词,认为元气即是肾中精气,关系到人的生死存亡。李杲认为元气是胃气之异名,脾胃为元气之本,元气是健康之本,脾胃健则元气盛,元气盛则病无从生。明代汪机临证皆以元气为本,重视参芪的运用,常以甘温之味扶养脾胃而蠲除病邪。龚廷贤认为元气对人体至关重要,元气主运化、司呼吸,是元神的外在表现,其谓"夫人之一身,有元神,有元气,神官乎内,气充于体,少有不保,而百病生矣。余谬为保元云者,正欲保其元神,常为一身之主,保其元气常为一身之辅,而后神固气完,百邪不能奸,百病无由作矣"(《寿世保元·自序》)。汪机再传弟子孙一奎,十分重视三焦元气的保护与治疗,对于三焦元气不足的下元虚寒,制"壮元汤",脾肾同治温补下元,对于后世影响很大。张介宾认为元气功能可通过命门之火表现出来,命门为元气之根,"命门之火,谓之元气","元阳者即无形之火,以生以化神机是也,性命系之,故亦曰元气"。徐大椿继承和发展张介宾之说,提出命门元气论,认为元气源于先天,根于命门,附于气血,布于五脏,是人体生命活动的动力。后世王清任阐发说:"若元气足则有力,元气衰则无力,元气绝则死矣。"并指出元气亏损可导致半身不遂。

1.元气作用

徐氏认为,元气源于先天,根于命门,附于气血,布于脏腑,是人体生命活动的动力,脏腑的功能活动必赖元气的充养才能发挥其正常生理功能。人自出生以后,元气渐盛,至四十岁达到顶峰后,渐渐减少而至于死。元气可通过神气反映出来,故神气是元气的外观,因此元气的盛衰是人体生命存亡的关键,元气充则神气旺,元气衰则病,甚则死。《医学源流论·元气存亡论》阐发说:"所谓定分者,元气也,视之不见,求之不得,附于气血之内,宰乎气血之先。"

2.保护元气

由于元气盛衰关系到人体生死存亡,所以徐氏指出"医家第一活人要义"就是保护元气。临证立方用药应时时虑及不伤元气,避免因寒热攻补不当造成"实其实而虚其虚"之误。未病之时应小心谨护元气;患病之后应根据病情或攻邪保护元气,或培补元气。故《医学源流论·元气存亡论》云:"若夫预防之道,惟上工能虑在病前,不使其势已横而莫救,使元气克全,则自能托邪于外。

若邪盛为害，则乘元气未动，与之背城而一决，勿使事后生悔，此神而明之之术也。"

3.判断预后

徐氏认为元气是判断疾病生死存亡的重要依据，若元气自尽，则无病而终，"此所谓终其天年者也"；患病后元气未伤，虽病甚不死；"有因病而伤元气者，此不可不预防者也。亦有因误治而伤及元气者，亦有元气虽伤未甚，尚可保全之者，其等不一。"（《医学源流论·元气存亡论》）元气或伤，虽病轻亦预后欠佳，"故诊病决死生者，不视病之轻重，而视元气之存亡，则百不失一矣。"

4.注意事项

临证保护元气，徐氏强调邪气未尽之时不可轻投补剂，因为"邪未尽而轻用补者，使邪气内入而亡。"反对滥用峻补，尤其是病后滥用温补，"邪盛而投以大剂参附，一时阳气大旺，病气必潜藏，自然神气略定。越一二日，元气与邪气相并，反助邪而肆其毒，为祸尤烈。"（《医学源流论·劫剂论》）"大病之后，邪未全退，又不察病气所伤何处，即用附子、肉桂、熟地、麦冬、人参、五味、萸肉之类，将邪火尽行补涩。始若相安，久之，气逆痰升，胀满昏沉，如中风之状，邪气与元气相并，诸药无效而死。"（《医学源流论·病情传变论》）

（二）辨病论治及用药特色

1.注重辨病

徐氏认为临床诊治首先要明确病症概念。"欲治病者，必先识病之名，而后求其病之所由生，知其所由生，又当辨其生之因各不同，而病状所由异，然后考其治之之法。"（《兰台轨范·序》）"凡人之所苦谓之病"，而一病之中，必有数症，所谓"症者，病之发观者也。"（《医学源流论·病同因别论》）数症合之则为病，分之则为症。

其次是审症求因，对于病同证异、证同病异、病证相应、病证不应等，需要详审病因。如同一身热，有风有寒，有痰有食，有阴虚火升，有郁怒忧思，有劳怯虫疰等不同病因，则不能专主寒凉清热。

再者，由于病又非一症，必有其他兼症，故还要结合年龄、体质、情志变化、饮食等详加辨析，才能准确诊断，恰当用药。如"身热而腹痛，则腹痛又为一症。而腹痛之因，又复不同，有与身热相合者，有与身热各别者。如感寒而身热，其腹亦因寒而痛，此相合者也。如身热为寒，其腹痛又为伤食，则各别者也。又必审其食为何食，则以何药消之。其立方之法，必切中二者之病源而后定方，则一药而两病俱安。若不问其本病之何因，及兼病之何因，而徒曰某病以某方治之，其偶中者，则投之或愈，再以治他人，则不但不愈，而反增病。"（《医学源流论·病同因别论》）还有"七情六淫之感不殊，而受感之人各殊。或气体有强弱，质性有阴阳，生长有南北，性情有刚柔，筋骨有坚脆，肢体有劳逸，年力有老少，奉养有高粱藜藿之殊，心境有忧劳和乐之别。更加天时有寒暖之不同，受病有深浅之各异。""故医者必细审其人之种种不同，而后轻重缓急大小先后之法，因之而定。"（《医学源流论·病同人异论》）

嘉兴朱亭立，曾任广信太守。向病呕吐，时发时愈，是时吐不止，粒米不下者三日，医以膈证回绝，其友人来邀诊。余曰：此翻胃证，非膈证也。膈乃胃腑干枯，翻胃乃痰火上逆，轻重悬殊，以半夏泻心汤加减治之，渐能进食，寻复旧，从此遂成知己。每因饮食无节，时时小发，且不善饭，如是数年，非余方不服，甚相安也。后余便道过其家，谓余曰：我遇武林名医，谓我体虚，非参附不可。今服其方，觉强旺加餐。余谓此乃助火以腐食，元气必耗，将有热毒之害。亭立笑而腹非之，似有恨不早遇此医之意。不两月遣人连夜来迎，即登舟，抵暮入其寝室。见床前血汗满地，骇问故，亭立已不能言，惟垂泪引过，作泣别之态而已。盖血涌斗余，无药可施矣，天明而逝。十年幸活，殒于一朝，天下之服热剂而隐受其害者，何可胜数也。（《洄溪医案·翻胃》）

2.遣药制方

徐氏重视药性，强调配伍。因为方和药虽有密切关系，但不能混为一谈，方中每一味药并非按原有性能发挥作用。其《神农本草经百种录·凡例》"原以辨明药性，阐发义蕴，使读者深识其所以然，因此悟彼，方药不致误用。"而古人制方，有兼治，有相辅，有相反，有相制等，其目的是切合病情，更好地发挥功效，这就是配伍的精髓所在。正如《医学源流论·药石性同用异论》云："盖古人用药之法，并不专取其寒热温凉补泻之性也。或取其气，或取其味，或取其色，或取其形，或取其所生之方，或取嗜好之偏，其药似与病情之寒热温凉补泻若不相关，而投之反有神效。古方中如此者，不可枚举。"如"按病用药，药虽切中，而立方无法，谓之有药无方；或守一方以治病，方虽良善，而其药有一二味与病不相关者，谓之有方无药。""全不知病之各有定名，方之各有法度，药之各有专能。"因此，徐氏强调在临床制方遣药时，务必切合病情，谨守法度，使所制之方，"分观之而无药弗切于病情，合观之则无方不本于古法。"（《医学源流论·方药离合论》）

（1）一病一方：徐氏认为临证首先确定病名，继之确定治疗主方，有利于选主药，这样才具有针对性，有的放矢。《兰台轨范·单方论凡例》阐发说："一病必有一方，专治者名曰主方。而一病又有几种，每种亦各有主方，此先圣相传之法，莫之能易也。""古人治法，无一方不对病，无一药不对症，如是而病犹不愈，此乃病本不可愈，非医之咎也。"（《医学源流论·药误不即死论》）

（2）一症一方：诸病之中，又各有数症，各有定名，各有主方。如中风病，舌暗不能言，足废不能行的风痱用地黄饮子；大风，四肢烦重，心中恶寒不足者用侯氏黑散；口眼㖞斜，失音不语，时时吐涎者用豨莶草丸。

（3）喜用单方：使用单方应详辨药物之性，明其功用，内外之感，传变之道，虚实之殊，久暂之别，深浅之分，体质各殊，天时之异等。因为"单方者，药不过一二味，治不过一二症，而其效则甚捷。""凡人所患之症，止一二端，则以一药治之，药专则力厚，自有奇效"（《医学源流论·单方论》）。如用单味大黄治愈杨秀伦外感停食，用西瓜治疗暑邪热呃等。但若病兼数症，则必合数药而成方。若皆以单方治之，则药性专而无制，偏而不醇，用而不中，亦能害人。

◆新郭沈又高，续娶少艾，未免不节，忽患气喘厥逆，语涩神昏，手足不举。医者以中风法治之，病益甚。余诊之曰：此《内经》所谓痱证也。少阴虚而精气不续，与大概偏中风、中风、痰厥、风厥等病绝不相类。刘河间所立地黄饮子正为此而设，何医者反忌之耶？一剂而喘逆定，神气清，声音出，四肢展动。三剂而病除八九，调以养精益气之品而愈。余所见类中而宜温补者，止此一人。识之以见余并非禁用补药，但必对证，乃可施治耳。(《洄溪医案·痱》)

◆东山席士后者，暑月感冒，邪留上焦，神昏呃逆，医者以为坏证不治，进以参附等药，呃益甚。余曰：此热呃也。呃在上焦，令食西瓜，群医大哗。病者闻余言即欲食，食之呃渐止，进以清降之药，二剂而诸病渐愈。(《洄溪医案·暑邪热呃》)

3. 轻药愈病

徐灵胎治疗"偶有小疾"主张用"轻淡"之药，"随症饮之，则服药而无服药之误，不服药而有服药之功"，不至于出现大害，因药误所杀，此即所谓的小药能治大病，这对后世颇有启发。如偶感风寒，用葱白苏叶汤，取微汗；偶伤饮食，则用山楂、麦芽等汤消食；偶感暑气，用六一散、广藿汤清暑；偶伤风热，用灯心竹叶汤清火；偶患腹泻，用陈茶佛手汤和肠胃。但应用轻药治病也要辨证，"又有其药似平常，而竟有大误者"，不可不知。"如腹痛呕逆之症，寒亦有之，热亦有之，暑气触秽亦有之。或见此症，而饮以生姜汤，如果属寒，不散寒而用生姜热性之药，至寒气相斗，已非正治，然犹有得效之理。其余三症，饮之必危。"徐氏曾见有人中暑，而服浓姜汤一碗，覆杯即死，故总结说，轻药"虽极浅之药，而亦有深义存焉。"

余尝于某年夏治一同乡杨兆彭病。先，其人畏热，启窗而卧，周身热汗淋漓，风来适体，乃即睡去。夜半觉冷，覆被再睡，其冷不减，反加甚。次日诊之，病者头有汗，手足心有汗，背汗不多，周身汗亦不多，当予桂枝汤原方：桂枝三钱，白芍三钱，甘草一钱，生姜三片，大枣三枚。又次日，未请复诊。后以他病来乞治，曰：前次服药后，汗出不少，病遂告瘥，药力何其峻也。然安知此方乃吾之轻剂乎。(《经方实验录·桂枝汤证其二》)

4. 善用古方

徐氏尊经崇古，十分推崇古方，尤其是经方。其《医学源流论·古方加减论》云："古人制方之义，微妙精详，不可思议。盖其审察病情，辨别经络，参考药性，斟酌轻重，其于所治之病，不爽毫发，故不必有奇品异术，而沉痼艰险之疾，投之辄有神效。"但由于临床症状不尽相同，因而需进行加减，不必更立一方。如《伤寒论》中治太阳病用桂枝汤，若见项背强几几，则用桂枝加葛根汤；若喘者，则用桂枝加厚朴杏子汤；下后脉促胸满，桂枝去芍药汤等。并强调说，"欲用古方，必先审病者所患之症，悉与古方前所陈列之证皆合，更检方中所用之药，无一不与所现之症相合，然后施用。否则须加减。无可加减，则另择一方，断不可道听途说，闻某方可以治某病，不论其因之异同，症之出入，而冒昧施治，虽所用悉本于古方，而害益大矣。"(《医学源流论·执方治病论》）因而其临床常用大承气汤、真武汤、泻心汤、小续命汤、地黄饮子、苇茎汤、竹叶石膏汤、二陈汤、六君子汤等。

苏州柴行倪姓，伤寒失下，昏不知人，气喘舌焦，已办后事矣。余时欲往扬州，泊舟桐泾桥河内，适当其门，晚欲登舟，其子哀泣求治。余曰：此乃大承气汤证也，不必加减，书方与之。诫之曰：一剂不下则更服，下即止。遂至扬，月余而返，其人已强健如故矣，古方之神效如此。凡古方与病及证俱对者不必加减；若病同而证稍有异则随证加减，其理甚明，而人不能用。若不当下者反下之，遂成结胸，以致闻者遂以下为戒。颠倒若此，总由不肯以仲景《伤寒论》潜心体认耳。（《洄溪医案·伤寒》）

5.勿泥归经

掌握中药归经有利于对病用药，但徐氏却提出不可完全拘泥于某药独入某经之说，临证才能够知常达变。若"以某药为能治某经之病则可，以某药为独治某经则不可；谓某经之病当用某药则可，谓某药为独治某经则不可；谓某经之病当用某药则可，谓某药不复入他经则不可。""故不知经络而用药，其失也泛，必无捷效；执经络而用药，其失也泥，反能致害。总之，变化不一，神而明之，存乎其人也。"（《医学源流论·治病不必分经络脏腑论》）这是对张元素归经学说的发挥，也体现了辨证用药的观点。

另外，徐氏治病主张博采众法，凡行之有效的各种治法，不管针灸、按摩、薄贴等无不悉心研究，广泛应用。特别对内科疾病不限于汤剂，常采取内病外治以充分发挥疗效。他在《医学源流论·汤药不足尽病论》中指出汤剂的局限性："汤者，荡也，其行速，其质轻，其力易过而不留。惟病在营卫、肠胃者其效更速。其余诸病，有宜丸、宜散、宜膏者……视其病之所在而委曲施治……"在《洄溪医案》中载其用气厚力重之药敷、熏、蒸、摩，深入病所，提邪外出以治筋骨、肌肉之病；用针灸、熨、楬、煎，施治瘀留经络之病，不泥一格，曲尽其妙。如治湖州副总戎穆廷弼，体极壮，牙紧不开，不能食，绝粒五日，视其齿上下止开一缝，抚两颊粗如革。徐用蜈蚣头、蝎子尾及朴硝、硼砂、冰、麝等药擦其内，又用川乌、牙皂、大黄之热、之通以行痹通脉涂其外，顿奏显效，翌晨即能食粥数碗，后以驱风养血之剂善其后。此例顽痹，徐氏用药匠心独具。

● 病同因别论

凡人之所苦谓之病，所以致此病者谓之因。如同一身热也，有风，有寒，有痰，有食，有阴虚火升，有郁怒忧思，劳怯，虫疰，此谓之因。知其因，则不得专以寒凉治热病矣。盖热同而所以致热者不同，则药亦异。凡病之因不同，而治各别者尽然，则一病而治法多端矣。而病又非止一症，必有兼症焉。如身热而腹痛，则腹痛又为一症，而腹痛之因，又复不同。有与身热相合者，有与身热各别者，如感寒而身热，其腹亦因寒而痛，此相合者也。如身热为寒，其腹痛又为伤食，则各别者也。又必审其食为何食，则以何药消之。其立方之法，必切中二者之病源而后定方，则一药而两病俱安矣。若不问其本病之何因，及兼病之何因，而徒曰某病以某方治之，其偶中者，则投之或愈，再以治他人，则不但不愈而反增病，必自疑曰：何以治彼效，而治此不效，并前此之何以愈，亦不知之，则幸中者甚少，而误治者甚多，终身治病，而终身不悟，历症愈多而愈惑矣。(《医学源流论·卷上》)

●病症不同论

凡病之总者谓之病，而一病必有数症。如太阳伤风，是病也。其恶风、身热、自汗、头痛，是症也。合之而成其为太阳病，此乃太阳病之本证也。若太阳病而又兼泄泻不寐，心烦痞闷，则又为太阳病之兼症矣。如疟，病也。往来寒热、呕吐、畏风、口苦，是症也。合之而成为疟，此乃疟之本证也。若疟而兼头痛胀满，嗽逆便闭，则为有疟疾之兼症矣。若疟而又下痢数十行，则又不得谓之兼症，谓之兼病。盖疟为一病，痢又为一病，而二病又各有本证，各有兼症，不可胜举。以此类推，则病之与症，其分并何啻千万，不可不求其端而分其绪也。而治之法，或当合治，或当分治，或当先治，或当后治，或当专治，或当不治，尤在视其轻重缓急，而次第奏功。一或倒行逆施，杂乱无纪，则病变百出，虽良工不能挽回矣。(《医学源流论·卷上》)

●知病必先知证论

凡一病必有数证，有病同证异，有证同病异者，有证与病相因者，有证与病不相因者，盖合之则曰病，分之则曰证。古方以一药治一证，合数证而成病，即合数药而成方。其中亦有以一药治几证者，有合几药而治一证者，又有同此一证，因不同，用药亦异，变化无穷。其浅近易知者，如吐逆用黄连、半夏，不寐用枣仁、茯神之类，人皆知之。至于零杂之证，如内经所载：喘喙噫语，吞欠嚏呕，笑泣目瞑，嗌干，心悬善恐，涎下涕出，啮唇啮舌，善忘善怒，喜握多梦，呕酸汗魄等证，不可胜计，或由司天运气，或由脏腑生克，或由邪气传变，《内经》言之最详，后之医者，病之总名，亦不能知，安能于一病之中，辨明众证之渊源？即使病者身受其苦，备细言之，而彼实茫然不知古人以何药为治，仍以泛常不切之品应命，并有用相反之药以益其疾者，此病者之所以无门可告也。学医者，当熟读《内经》，每证究其缘由，详其情状，辨其异同，审其真伪，然后遍考方书本草，详求古人治法，一遇其证，应手辄愈，不知者以为神奇，其实古圣皆有成法也。(《医学源流论·卷下》)

●病同人异论

天下有同此一病，而治此则效，治彼则不效，且不惟无效，而反有大害者，何也？则以病同而人异也。夫七情六淫之感不殊，而受感之人各殊，或气体有强弱，质性有阴阳，生长有南北，性情有刚柔，筋骨有坚脆，肢体有劳逸，年力有老少，奉养有膏粱藜藿之殊，心境有忧劳和乐之别，更加天时有寒暖之不同，受病有深浅之各异一概施治，则病情虽中，而于人之气体迥乎相反，则利害亦相反矣。故医者必细审其人之种种不同，而后轻重缓急，大小先后之法，因之而定。《内经》言之极详，即针灸及外科之治法尽然。故凡治病者，皆当如是审察也。(《医学源流论·卷上》)

●用药如用兵论

圣人之所以全民生也，五谷为养，五果为助，五畜为益，五菜为充，而毒药则以之攻邪，故虽甘草、人参，误用致害，皆毒药之类也。古人好服食者，必生奇疾，犹之好战胜者，必有奇殃；是故兵之设也以除暴，不得已而后兴。药之设也以攻疾，亦不得已而后用，其道同也。故病之为患也，小则耗精，大则伤命，隐然一敌国也。以草木偏性，攻脏腑之偏胜，必能知彼知己，多方以制之，而后无丧身殒命之忧。是故传经之邪，而先夺其未至，则所以断敌之要道也。横暴之疾，而急保其未病，则所以守我之岩疆也。挟宿食而病者，先除其食，则敌之资粮已焚。合旧疾而发者，必防其并，则敌之内应既绝。辨经络而无泛用之药，此之谓向导之师。因寒热而有反用之方，此之谓行间之术。一病而分治之，则用寡可以胜众，使前后不相救，而势自衰。数病而合治之，则并方捣其中坚，使离散无所统，而众悉溃。病方进，则不治其太甚，固守元气，所以老其师；病方衰，则必穷其所之，更益精锐，所以捣其穴。夫虚邪之体，攻不可过，本和平之药而以峻药补之，衰敝之日不可穷民力也。实邪之伤，攻不可缓，用峻厉之药而以常药和之，富强之国可以振威武也。然而选材必当，器械必良，克期不愆，布阵有方，此又不可更仆数也，《孙武子》十三篇，治病之法尽之矣。（《医学源流论·卷上》）

·参考文献·

1.刘洋.徐灵胎医学全书［M］.北京：中国中医药出版社，1999.

2.徐大椿.徐灵胎医书全集［M］.太原：陕西科学技术出版社，1999.

3.李成文.伤寒学派医案［M］.北京：中国中医药出版社，2015.

4.杨杰，李菲，付玉娟.徐灵胎［M］.北京：中国中医药出版社，2021.12.

5.周路红，宋志萍.徐灵胎治学特点研究［J］.医学与哲学（A），2014，35（04）：88-89.

6.陈昱良，王永炎.徐大椿的大医之路［J］.中华中医药杂志，2016，31（5）：1752-1755.

7.王子川，徐世杰.徐灵胎《洄溪医案》特色验案方剂浅析［J］.中国中医基础医学杂志，2013，19（02）：188-196.

8.尹基龙，崔现超，徐征.徐灵胎有药无方与有方无药辨析［J］.中国中医基础医学杂志，2017，23（05）：607-608.

9.叶险峰，李成文，张会芳.徐灵胎针灸思想探讨［J］.中国中医基础医学杂志，2007，13（7）：545.

10.李冬霞，王浩浩，刘文礼.从《洄溪医案》试析徐大椿诊治特色［J］.江苏中医药，2015，47（4）：64-66.

王清任

一、概说

　　王清任（1768~1831），又名全任，字勋臣，清代直隶玉田（今河北玉田县）人。

　　王氏少年时喜好拳勇，曾为武庠生。20多岁时开始行医，曾游历滦州（今河北滦县）、奉天（今辽宁省沈阳）。后久居北京行医，开办"知一堂"药铺，医技名噪京师。

　　王氏治学主张一是解剖尸体，明白脏腑，认为"著书不明脏腑，岂不是痴人说梦；治病不明脏腑，何异于盲子夜行。"因而著《医林改错》纠正古人解剖之错；二是注重实践，勇于创新，提出灵机记性在脑不在心的脑髓说观点，并创立许多活血化瘀方剂，对后世脑学说及瘀血理论产生了重大影响。尤其是阐发气虚中风病因病机、治疗原则，所发明的补阳还五汤成为后世中风病治疗上的里程碑。

　　王清任著作是《医林改错》。自1832~1950年再版近40次。后世评价说其书"言简意赅，朴实无华。一反大量引证，侈谈奥理，繁琐考证的不良风气。"

二、学术特色与临证经验

（一）瘀血学说

　　瘀血一词，始见于《伤寒杂病论》,《内经》对瘀血病机、临床表现、治则进行了论述，奠定了瘀血学说理论基础。《五十二病方》有胸痛、心痛等血瘀证及化瘀治疗的记载。武威汉简《治百病方》记载有当归、牡丹皮、大黄、牛膝、川芎、地鳖虫等活血化瘀中药。《神农本草经》记载有丹参、桃仁、牡丹皮、赤芍、牛膝、红花、水蛭等30余种常用活血化瘀药，为瘀血学说奠定了药物学基础。张机创制桂枝茯苓丸、下瘀血汤、桃核承气汤、抵当汤、鳖甲煎丸等用来治疗瘀血证。宋金元时期瘀血学说有了新发展，《太平圣惠方》《圣济总录》《局方》收集不少活血化瘀方剂；《仁斋直指方》提出血瘀气必滞的因果关系，治疗必须兼理气分的原则；陈无择提出大怒伤肝而致瘀产生胁痛的病因病机；张从正善用汗吐下三法疏通气血；李杲强调"恶血必归于肝"，并创复元活血汤治疗坠损恶血蓄积于胁下之两胁疼痛；《丹溪心法》尤重气血之郁，创六郁汤。滑寿每用补剂加桃仁等破血疏络之品获效最捷。《本草纲目》立血瘀药专篇。清代叶桂提出"初为气结在经，久则血伤入络"，"百日久恙，血络必伤"、"久病入络"、"久痛入络"、"痛久入血络，胸痹引痛"，常以辛润通络、辛香通络、辛温通络、虫蚁通络法治疗络病。王氏创制活血化瘀方剂对后世产生了巨大影响。唐宗海著《血证论》详细论述各种血证，探讨瘀血与出血的关系、祛瘀与生新的关系，并评价说："王清任极言瘀血之症最详。"

1.病因病机

王氏从气血立论，将瘀血的病因分为虚实两类。

（1）人之元气虚衰，无力推动血行，致使血停留于血管内而为瘀。他说："元气既虚，必不能达于血管；血管无气，必停留而瘀。"

（2）邪气与血所结而为瘀，包括寒邪、热邪和瘟毒之邪。"血受寒则凝结成块，血受热则煎熬成块。""受瘟疫至重，瘟毒在内烧炼其血，血受煎熬，其血必凝。"这也为辨治特殊瘀血病证提供了理论依据。

2.临床表现

王氏通过长期临床观察发现，血瘀病症甚多，大约有50种。除了白眼红赤、牙床变紫、癥瘕痞块、臌胀、痛处不移等瘀血证外，还有病情特殊的瘀血证，如通窍活血汤所治之头发脱落、糟鼻子、耳聋年久、白癜风、紫癜风、紫黑印脸、牙疳、出气臭、小儿疳疾、交节病作等；血府逐瘀汤所治之胸痛、头痛、胸不任物、胸任重物、天亮出汗、心里热、瞀闷、急躁、夜寐梦多、呃逆、饮水即呛、小儿夜啼、不眠、心慌心跳、夜卧不安、心烦喜呕、夜间有阵热等；膈下逐瘀汤所治之卧则腹坠、肾泻久泻；身痛逐瘀汤所治久痹；癫狂梦醒汤所治哭笑不休、骂詈不避亲疏等证；少腹逐瘀汤所治妇女月经紊乱、经色改变、痛经、崩漏、小产等通常不被当作血瘀的病证，扩展了活血化瘀法的临床应用范围。

3.治疗方法

王氏根据瘀血部位不同而采用不同方药治之，可称之为分部位治疗法。他将人身分为内外两部分，在外为头面、四肢和周身血管；在内以膈膜分为上下两段，膈膜以上为胸中，又称为血府；膈膜以下为肚腹。立通窍活血汤主治头面四肢和周身血管血瘀之症，立血府逐瘀汤主治胸中血府血瘀之症，立膈下逐瘀汤主治肚腹血瘀之症。此外又立少腹逐瘀汤主治妇人少腹积块、痛经崩漏及调经种嗣，立补阳还五汤治疗气虚中风等，这是王氏临床治疗瘀血证最为常用的方剂。

医案举例

杨氏妇，年三十许，得一疾，医莫之识，人皆传为笑柄，在病者亦莫能言其所以。一日，其夫来云：拙荆现无他症，但云胸中窒塞无聊，短气，难于语言，有时呼吸亦殊艰阻，予偶以手按摩之稍舒，后因卧以足抵其胸，觉甚快，后遂日夜不可刻离，甚以为苦，至今三月，医药罔效。临诊，舌无苔而色暗，脉涩。沉吟久之，偶忆《金匮》有肝著症，与之相合，即以旋覆花汤与之，方中新绛易以茜草，进三服，症不甚减。因念原方新绛不知究系何物，药店茜草是否真假，猝难辨别。乃用《医林改错》中通窍活血汤，三服，症减大半，又三服而瘳。(《邃园医案·卷下》)

4.用药特色

王氏创制了大量活血化瘀方剂，为后世推广应用活血化瘀大法奠定了良好的基础。《医林改错》载方33首，除抽葫芦酒、刺猬皮散、小茴香散、木耳散4方为单味药组成，玉龙膏为外治方，不予计算外，在其余28方中，具有活血化瘀作用的方剂有22方之多，占78.6%，各方因功效不同，配伍亦各有特色。血瘀证常兼有气滞、气虚、热毒、亡阳等，因此活血化瘀法与其他治法配伍，可以更好地发挥活血化瘀治法的功效。

(1) 与行气通络药物配伍：血府逐瘀汤（桃仁、红花、当归、生地、川芎、赤芍、枳壳、柴胡、桔梗、牛膝、甘草）治在膈上胸中，以活血化瘀的桃红四物汤配以疏通胸中气机的柴胡、枳壳、桔梗、牛膝；膈下逐瘀汤（当归、川芎、桃仁、牡丹皮、赤芍、乌药、延胡索、甘草、香附、红花、五灵脂、枳壳）治肚腹之血瘀证，用桃红四物汤配以善调肝脾之气的香附、乌药、延胡索、枳壳；通窍活血汤（赤芍、川芎、桃仁、红花、老葱、麝香、红枣、鲜姜、黄酒）治在周身血管、头面之络窍，以桃红四物汤配以辛香走窜力强，善能透窍通络的麝香、葱、姜、黄酒；少腹逐瘀汤（小茴香、干姜、延胡索、没药、当归、川芎、肉桂、赤芍、蒲黄、五灵脂）主治妇人经血之瘀，以四物汤去地黄合失笑散，再加温经调气的小茴香、肉桂、延胡索、没药、干姜。上述四方的配伍规律充分体现了王氏辨治血瘀证的基本思路，即"治病之要诀在明白气血。只要能使周身之气通而不滞，血活而不瘀，气通血活，何患疾病不除。"

(2) 与补气药配伍：如补阳还五汤重用黄芪大补元气，与当归、赤芍、川芎、地龙、桃仁、红花等相配伍，组成补气活血之方，主治半身不遂，口眼㖞斜，属元气虚而挟瘀者。类似的方剂还有止泻调中汤（黄芪、党参、白术、甘草、当归、白芍、川芎、红花、附子、高良姜、官桂），主治痘后泄泻不止；助阳止痒汤（黄芪、桃仁、红花、赤芍、皂刺、穿山甲），主治痘后瘙痒不止兼音哑失音；定卫和荣汤（黄芪、党参、白术、甘草、当归、白芍、桃仁、红花、枣仁），主治痘后抽风及周身溃烂；黄芪赤风汤（黄芪、赤芍、防风），主治瘫腿；黄芪桃红汤（黄芪、桃仁、红花）主治妇人产后抽风，均为气虚挟瘀而设。

(3) 与清热解毒药配伍：如治疗霍乱初起上吐下泻的解毒活血汤（连翘、柴胡、葛根、当归、生地、赤芍、桃仁、红花、枳壳、甘草），治疗痘疮作痒的通经逐瘀汤（桃仁、红花、赤芍、穿山甲、皂刺、连翘、地龙、柴胡、麝香），治疗痘后饮水发呛的会厌逐瘀汤（桃仁、红花、生地、当归、赤芍、玄参、柴胡、枳壳、甘草、桔梗）等，皆以活血化瘀药与清热解毒药相配伍，对辨治温病危重症不无启示。

（4）与回阳救脱药配伍：如主治霍乱吐泻抽筋，身凉，汗多，已成亡阳的急救回阳汤（四逆汤加党参、白术，与桃仁、红花相配伍），为临床救治阳脱危证提供了新的辨治思路。

医案举例

◆江西巡抚阿霖公，年七十四。夜卧露胸可睡，盖一层布压则不能睡，已经七年。召余诊之，此方（血府逐瘀汤）五付痊愈。（《医林改错·卷上》）

◆一妇人十七岁，自二七出嫁，未见行经。先因腹胁作疼求为延医，投以活络效灵丹立愈。继欲调其月事，投以理冲汤三剂，月经亦通，三日未止。尤恐瘀血未化，改用王清任少腹逐瘀汤，亦三剂，其人从此月事调顺，身体强壮矣。（《医学衷中参西录·医方》）

（二）灵机记性在脑说

脑为奇恒之府，深藏于头部，又名髓海，与肾密切相关。《黄帝内经》并未论述脑与神明的关系，但后世从未间断或舍弃对脑及其主神明的探讨，不少医家从临床需要出发，不断反思传统的"心主神明"说。如西汉《春秋元命苞》有"人精在脑""头者神之所居"的记载。《杂病源流犀烛·身形》载："盖六腑清阳之气，五脏精华之血，皆朝会于头。"孙思邈说："头者，身之元首，人神之所法，气口精明，三百六十五络皆上归于头。"《普济方·方脉总论》云："髓者，精之根，命之元也。"明代《本草纲目》指出"脑为元神之府"；《医学入门》认为人有"血肉之心"和"神明之心"，并指出"脑者髓之海，诸髓皆属于脑，故上至脑，下至尾骶，皆精髓升降之道路也。"清代汪昂《本草备要》引金正希语曰："人之记性，皆在脑中。小儿善忘者，脑未满也；老人健忘者，脑渐空也。凡人外见一物，必有一形影留于脑中。""今人每记忆往事必闭目上瞪而思索之。"《彻剩八编内镜》明确指出脑与脊髓的连续性。程杏轩《医述》论述说："盖脑为神脏，谓之泥丸宫，而精髓藏焉……脑脏伤，则神志失守。"

王氏通过解剖，结合临床实践，在《医林改错》中立"脑髓说"专篇，提出灵机记性不在心而在于脑的观点，质疑心主神明理论，对后世产生了重大影响。王氏明确指出："灵机记性在脑者，因饮食生气血，长肌肉，精汁之清者化而为髓，由脊骨上行入脑，名曰脑髓。盛脑髓者，名曰髓海。"因为"两耳通脑，所听之声归于脑"；"两目系如线，长于脑，所见之物归于脑，""鼻通于脑，所闻香臭归于脑。"对脑的功能、脑与五官的联系作出了明确结论。说明脑为髓海，可以主管人的精神、意识、思维活动，这是对《内经》脑髓、髓海理论的发展。由于《内经》没有明确提出"脑髓"主管人的感觉、语言、思维等，只着重论述了肾与脑髓有密切关系，肾精是产生脑髓的先天之源，肾精充盛与否影响着听觉、记忆等，以至于后世有"补肾就是补脑"观点。王清任则直接论证了脑的听觉、记忆作用，从解剖学的角度佐证了"脑为髓之海"的理论，为后世医家运用"填精补髓"法治疗脑病奠定了理论基础。

（三）治疗气虚中风

1.中风先兆

王氏认为中风皆有先兆，有发生在头面五官者，有发生在心胸四肢者，既有感觉异常者，也有运动异常者，主要表现在三个方面。

（1）神智异常：记忆力、语言表达能力降低；平素聪明，忽然无记性；说话少头无尾，语无伦次。

（2）感觉异常：如偶尔一阵头晕，头无故一阵发沉，头项无故一阵发直，耳内无故一阵响或蝉鸣，眼睛一阵发直，眼前常见旋风，常觉冷气攒鼻，指缝透出冷气，两膝透冷气，睡卧身沉，心口一阵堵或一阵发空，气不接续，无故一阵气喘。

（3）肌肉肢体活动异常：如下眼皮常跳动，一只眼渐小，上嘴唇一阵跳动，上下嘴唇相凑发紧，睡卧口角流涎，一只手或两只手常颤抖，大指无故自动，无名指每日有一时屈而不伸，上肢或下肢无故发麻，肌肉无故跳动，踝骨发软，走路两腿不稳如拌蒜，腿无故抽筋等。

2.临床表现

半身不遂，口眼㖞斜，语言謇涩，口角流涎，大便干燥，小便频数。

3.病因病机

王氏认为元气亏损是导致半身不遂的本源，倡导"无风"论。因为元气一亏则经络空虚，气向一处归并，当全身原本"十成"的元气亏损过半，出现"半身无气"充养时，就会发生半身不遂。因为"元气藏于气管之内，分布周身，左右各得其半，人行坐动转，全仗元气，若元气足则有力，元气衰则无力，元气绝则死矣。""元气既虚，必不能达于血管，血管无气，必停留而瘀。"另外，王氏在《医林改错》中不用"中风"病名，而以"半身不遂"四字代之。

4.治疗用药特色

王氏主张诊治中风应"审气血之荣枯，辨经络之通滞。"根据元气不足，无力推动血行的病机，在创制补阳还五汤（黄芪、当归、赤芍、川芎、桃仁、红花、地龙）时以补气为主，活血居次，标本同治。重用生黄芪，大补元气，畅通经络，促进血行，但"有专用补气者，气愈补而血愈瘀"；因而辅以少量当归、赤芍、川芎、桃仁、红花、地龙活血化瘀通经之品，共奏补气活血，逐瘀通络功效。

5.注意事项

王氏还提出应用补阳还五汤的具体注意事项。

（1）初得半身不遂，本方加防风一钱，服四五剂后去之。

（2）如患者畏惧黄芪量大可开始用一二两，渐加至四两，至微效时，日服两剂，五六日后日服一剂。

（3）前医如用寒凉药过多，加附子四五钱；如用散风药过多，加党参四五钱。

（4）如果病久元气大亏，肩膀脱落二三指缝，胳膊曲而搬不直，脚孤拐骨向外倒，哑不能言一字，虽不能愈，常服可保病不加重。

（5）服此方愈后，不能间断，隔三五日或七八日服一剂，不服恐得气厥之症。

医案举例

一徽州客，年五十许。忽一日右半身如瘫痪，卧床不能转动，筋脉不拘急，亦无痛苦。召余诊之。右脉沉细如丝，虚软无力，左脉和缓无病。细审毫无风象，体肥肌丰，又非痰火，乃气血两虚，归并一偏之病也。仿王清任补阴还阳五汤（应为"补阳还五汤"之误–作者注）法。用黄芪四两、当归五钱、赤芍二钱、干地龙、川芎各一钱、续断、忍冬藤各三钱、红花一钱、丹参三钱，服三剂而右脉渐大，手足略能展动，八剂而起居如常矣。方信归并之说为不谬。后以归、芍、参、芪、苓、草、丹参、桂枝、木瓜、红花、川芎、牛膝、续断、狗脊等养血补气，舒经活络，嘱其浸酒常服。（《一得集·卷中医案》）

原著选读

●半身不遂论

半身不遂，病本一体，诸家立论，竟不相同。始而《灵枢经》曰：虚邪偏客于身半，其入深者，内居荣卫，荣卫衰则真气去，邪气独留，发为偏枯。偏枯者，半身不遂也。《素问》曰：风中五脏六腑之俞，所中则为偏风。张仲景曰：夫风之为病，当令人半身不遂。三书立论，本源皆专主于风。至刘河间出世，见古人方论无功，另出手眼，云中风者，非肝火之风内动，亦非外中于风，良由将息失宜，内火暴甚，水枯莫制，心神昏昧，卒倒无所知，其论专主于火。李东垣见河间方论矛盾，又另立论曰：中风者，气虚而风邪中之，病在四旬以后，壮盛稀有，肥白气虚者间亦有之。论中有中腑、中脏、中血脉、中经络之分，立法以本气虚，外受风邪，是其本也。朱丹溪见东垣方症不符，又分途立论。言西北气寒有中风，东南气湿非真中风，皆因气血先虚，湿生痰，痰生热，热生风也。其论专主于痰，湿痰是其本也。王安道见丹溪论中有东南气湿，非真中风一句，便云：《灵枢》《素问》，仲景所言是真中风，河间东垣丹溪所言是类中风。虞天民言王安道分真中风、类中风之说，亦未全是，四方病此者，尽因气湿痰火挟风而作，何尝见有真中类中之分。独张景岳有高人之见，论半身不遂，大体属气虚，易中风之名，著非风之论。惟引《内经》厥逆，并辨论寒热血虚及十二经之见症，与症不符，其方不效者。可惜先生于此症阅历无多。其余名家所论病因，皆是因风、因火、因气、因痰之论。所立之方俱系散风、清火、顺气、化痰之方。有云气血虚弱而中风邪者，于散风清火方中，加以补气养血之药；有云阴虚亏损，而中风邪者，于滋阴补肾药内，佐以顺气化痰之品；或补多而攻少，或补少而攻多，自谓攻补兼施，于心有得，今人遵用，仍然无效。又不敢议论古人之非，不曰古方不合今病，便云古今元气不同。既云方不合病，元气不同，何得伤寒病麻黄、承气、陷胸、柴胡应手取效？何得中风门愈风导痰、秦艽、三化、屡用无功？总不思古人立方之本，效与不效，原有两途。其方效者，必是亲治其症，屡验之方。其不效者，多半病由议论，方从揣度，以议论揣度，定论立方，如何能明病之本源。因何半身不遂，口眼歪斜，因何语言謇涩，口角流涎，因何大便干燥，小便频数，毫无定见，古今混猜，以一亏损五成元气之病，反用攻发克消之方，安得不错？溯本穷源，非错于医，乃错自著书者之乎。嗟乎！此何等事，而竟以意度，想当然乎哉。(《医林改错·下卷》)

●半身不遂辨

或曰：半身不遂，古人风火湿痰之论，诸家层次议驳，有证据可凭乎？余曰：即以仲景《伤寒论》中风篇云中风则令人头疼身痛，发热恶寒，干呕自汗。《金匮要略》论风则令人鼻塞喷嚏、咳嗽声重、鼻流清涕。中风本门又云夫风之为病，当令人半身不遂，今请问何等风，何等中法，令人头疼身痛，发热恶寒，干呕自汗？何等风，何等中法，则令人鼻塞喷嚏、咳嗽声重，鼻流清涕？何等风，何等中法，则令人半身不遂？半身不遂若果是风，风之中人，必由皮肤入经络，亦必有由表入里之症可查。尝治此症，初得时并无发热恶寒，头疼身痛，目痛鼻干，寒热往来之表证。既无表证，则知半身不遂，非风邪所中。再者，众人风火湿痰之论，立说更为含混。如果是风火湿痰，无论由外中，由内发，必归经络；经络所藏者，无非气血。气血若为风火湿痰阻滞，必有疼痛之症。有疼痛之证，乃是身痛之痹症，非是半身不遂。半身不遂，无疼痛之症。余平生治之最多，从未见因身痛痹症而得半身不遂者，由此思之，又非风火湿痰所中。(《医林改错·下卷》)

●半身不遂本源

或曰：君言半身不遂，亏损元气，是其本源，何以亏至五成方病，愿闻其说。余曰：夫元气藏于气管之内，分布周身，左右各得其半。人行坐动转，全仗元气。若元气足则有力，元气衰则无力，元气绝则死矣。若十分元气，亏二成，剩八成，每半身仍有四成，则无病。若亏五成，剩五成，每半身只剩二成半，此时虽未病半身不遂，已有气亏之症，因不疼不痒，人自不觉。若元气一亏，经络自然空虚，有空虚之隙，难免其气向一边归并。如右半身二成半归并于左，则右半身无气，左半身二成半归并于右，则左半身无气，无气则不能动，不能动名曰半身不遂。不遂者，不遂人用也。如睡时气之归并，人不能知觉，不过是醒则不能翻身。惟睡醒时气之归并，自觉受病之半身向不病之半身流动，比水流波浪之声尤甚。坐时归并，身必歪倒；行走时归并，半身无气，所以跌仆。人便云跌仆得半身不遂，殊不知非因跌仆得半身不遂，实因气亏得半身不遂，以致跌仆。(《医林改错·下卷》)

王清任

243

·参考文献·

1.王清任.医林改错[M].北京：人民卫生出版社，1991.

2.陈士奎.对中医学"心主神明"和"脑主神明"的再认识[J].上海中医药杂志，2003，37（01）：3-5.

3.邓铁涛.心主神明论的科学性[J].新中医，2003，35（3）：15-16.

4.林谦，于友华.王清任的脑髓说及其哲学贡献[J].医学与哲学，1999，20（02）：39-40.

5.欧志斌，叶瑜.王清任气血辨证中治未病学术思想探讨［J］.中国中医基础医学杂志，2013，19（4）：371-372.

6.张再康，冯瑞雪，张紫微.对王清任"补阳助阳"与"回阳"学术思想的认识［J］.北京中医药大学学报，2016，39（2）：93-96.

7.孟锋，王笑红，卢红蓉.血瘀证源流考［J］.中国中医基础医学杂志，2020，26（05）：569-570+574.

8.李春晖，陈少丽，都广礼.论"血府"的脏腑归属［J］.上海中医药杂志，2022，56（06）：38-41.

9.朱捷.王清任的"血府"究竟位于何处［J］.中医文献杂志，2016，34（3）：40-43.

10.张雯，江丽杰，赵海河.《医林改错》中活血化瘀类方剂治疗中风的研究进展［J］.中国中医基础医学杂志，2023，29（06）：1036-1039.

11.易腾达，李玉丽，梁宇，等，经典名方身痛逐瘀汤的古今文献分析［J］.中国实验方剂学杂志，2021，27（02）：28-36.

12.朱志飞，刘有志，樊启猛，等，经典名方身痛逐瘀汤小考［J］.时珍国医国药，2023，34（04）：958-963.

13.仝小林，刘文科.从人体四焦八系看王清任五活血汤［J］.北京中医药，2017，36（6）：483-486.

14.姚子昂，侯炜，张解玉，等.探析《医林改错》中活血化瘀的组方规律［J］.中医药导报，2019，25（20）：99-101+105.

吴师机

学习要点

吴师机阐发内病外治理论，系统总结外治经验与用药方法，倡导"三焦分治法"；详述膏药含义、膏方来源、膏药功效、组方与配伍规律、制膏方法与注意事项、贴敷部位，应用三焦通治膏与专主膏的要点。

目的要求：

掌握内病外治的理论依据、应用膏药的特色；熟悉外治法的具体应用方法；了解其生平，著作及学术成就对后世的影响。

一、概说

吴师机（1806~1886），原名樽，又名安业，字尚先（或杜仙），晚年自号潜玉老人；清代浙江钱塘人，寓居江苏扬州。

吴氏幼年随父吴笏庵居住扬州，咸丰三年（1853年）为避战乱，举家迁至江苏泰州。吴氏自幼习儒，曾中举人，后淡于功名，以诗文自娱，并致力于医学。同治四年（1865年）重返扬州，建立存济堂药局。吴氏有感于中医外治法疗疾，方便易行，疗效满意，加之有不肯服药之人与不能服药之症，并受叶桂用外治法治疗内科病的影响，因而深入系统研究外治理论基础、外用给药方法与剂型，并以膏药为主，兼用其他外治法，分上焦、中焦、下焦论治，成为中医外治学家。由于其外治法具有简、廉、验的优点，又可避免某些内服药引起的不良反应，所以受到病人普遍欢迎，"凡远近来者，日或一二百人，或三四百人，皆各以时聚，拥塞于庭，待膏之救，迫甚水火"。但吴氏以外治疗病，并非是为了取代口服药，其"意在补前贤内治之所不及，非以内治为不然也"。并强调说"以外治佐内治，能两精者，乃万无一失尔"。

吴氏治学主张精益求精，历时二十载，易稿十余次，撰写外治法专书《理瀹骈文》，为发展中医外治法作出了巨大贡献。医德高尚，对患者一视同仁，不分贵贱，不乘人之急而挟货居奇，穷苦之人或以赠药。并谦虚地告诫说："学者欲制膏行道，勿以余为法，当于古汤中求之，一则取法乎上者，斯得其中；二则自得者，有逢源之妙。"

吴氏著作为《理瀹骈文》，初名《外治医说》，后根据《子华子》"医者，理也，理者，意也；药者，瀹也，瀹者，养也"之义，加之书以骈文体裁写成，故更名《理瀹骈文》。

二、学术特色与临证经验

（一）外治理论

1.外治法理论基础

（1）理同法异：吴氏认为，外治与内治都是以中医基本理论为指导，依照辨证论治原则，根据疾病的临床表现分析其病因、病机，做出诊断，确立治则，遣方用药；所不同的是给药方法由口服改为外用，而且以膏药为主，或配合其他外治方法，通过皮肤孔窍给药，以达到口服中药治愈疾病的效果或目的，二者是殊途同归。正如《理瀹骈文》所云："外治之理即内治之理，外治之药亦即内治之药，所异者法耳。医理药性无二，而法则神奇变幻。""膏方取法，不外于汤药。""大凡外治用药，皆本内治之理，而其中有巧妙之处，则法为之也。"

（2）辨证用药：吴氏认为，外治同内治一样，抓住疾病阴阳变化的本质，根据"热者寒之"，"寒者热之"，"虚者补之"，"实者泻之"的原则，按照君臣佐使配伍规律，辨证用药，阳证用清凉之品，阴证用温经散寒之品，并添加"拔病外出之品为引"，制成膏药或其他剂型外用。

（3）作用途径：吴氏认为外治中药由皮肤毛窍或五官九窍吸收，通过经络布达全身与病所，从而发挥其治疗作用。由于"膏药不经脾胃，故不致伤脾胃"，受到不肯服药之人或不能服药之症患者的青睐。

（4）用药部位：外治方法与外用药剂，根据病邪与病位的不同，分别用于局部皮肤、黏膜、腧穴部位。并"视病所在，上贴心口，中贴脐眼，下贴丹田，或兼贴心俞与心口对，命门与脐眼对，足心与丹田应"，"贴穴不过前后身上中下三部，大约心口脐眼为多"，多选择鼻、眼、耳，下部多选择肠道及阴道。

2.外治法种类

膏药外贴，嚏鼻、灌耳、点眼、滴舌、吹、塞、含、吸、坐、导等（用于五官孔窍），敷、填、罨、权、缚、洗、熏、浴、熨、喋、照、围、兜、裹、枕、烘、夹、佩、发泡等（用于体表皮肤）；还有拍、揭、擦、抹、刷、扫、掐等手法及握掌、扎指（趾）、脚踏、敷足心等。

3.外治方法

根据疾病的表里寒热虚实性质，以上焦（头至胸，心肺居之）、中焦（胸至脐，脾胃居之）、下焦（脐至足，肝肾大小肠居之）为纲，分别采用嚏鼻取嚏、缚脐、坐于身下三法治疗，又称为三焦分治法。并可根据实际情况，灵活应用。上焦之症可以下治，下焦之症亦可以上治，中焦之症可以上下分治，或者治中焦而上下相应，更可以上中下三焦并治。

（1）上焦病变：主要应用嗜鼻取嚏、涂顶、覆额、罨眉心、点眼、塞耳、擦项及肩和扎指、握掌、敷腕、涂臂等法；膻中、背心是用药要穴。其中嗜鼻取嚏发散为第一捷法，"取嚏用药多以皂角、细辛为主，藜芦、踯躅花为引，随症加药"，并将其研细末纳入鼻中，连嚏数十次，则腠理自松，即汗法也；涕泪痰涎并出，胸中闷恶亦宽，即吐法也。盖一嚏法实兼汗、吐二法，嚏法兼有汗吐二法的机理，达到"病上者从上出"的目的。

（2）中焦病变：主要应用布包缚脐、熏脐、蒸脐、填脐等；脐部为用药部位。其中将辨证所用中药切为粗末后炒香，布包缚脐上为第一捷法；用于治疗痞积、吐泻、腹痛、风寒、泄痢、黄疸等多种疾病。葱、姜、麦麸、食盐、酒、醋等也是治疗中焦病变的常用之品。

（3）下焦病变：主要应用坐法，摩腹，暖腰，兜肚，针刺命门、脐下、膝盖、腿弯、腿肚、脚跟、脚趾、足心等。但以药或研或炒布包坐于身下为第一捷法，使药物通过前后阴吸收发挥功效。用于治疗"内服药不能达到""恐伤脾胃""治下无须犯上中者""上病宜釜底抽薪者"的水肿、水泻不止、小便不通、疝气等。

医案举例

徐某，女性，27岁，2003年2月16日初诊。产后2周，以发现右侧乳房红、肿、热、痛3日来诊。检查见患者右乳房红肿，乳头右下方可触及鸡蛋大肿块，触之灼热、疼痛，伴口渴、心烦、恶寒发热，舌质红，苔薄黄。诊为急性乳腺炎。即予三黄膏外敷，2贴后症状减轻，肿块缩小，再2贴而愈。

按语：三黄贴膏外敷，能通过皮肤渗透，清热解毒、软坚散结、消肿通乳，快速消除炎症以防化脓。本方疗程短，见效快，值得临床推广应用。

三黄贴膏，适应病证：急性乳腺炎。药物组成：黄连9g，大黄9g，雄黄9g，仙人掌30g。配制方法：上药共研细末，将仙人掌取刺皮捣烂，与药末混合成膏备用。使用方法：将三黄膏敷在乳腺包块处，外用纱布覆盖，胶布固定，每日换药1次。(《中国民间疗法》2003年第10期）

（二）应用膏药特色

吴师机总结前人经验，结合自己临床实践，对膏药的含义、膏方来源、膏药功效、组方与配伍规律、制膏方法与注意事项、应用膏药要点、贴敷部位等进行了系统地阐发。

1.膏方来源

受前人外治法的影响，尤其是叶桂的影响，吴氏认为临床所用内治有效之方，只要应用得当，外治也必然有效，并根据"热者寒之""寒者热之""虚者补之""实者泻之"的原则，将内服之药改汤为膏，便于应用。《理瀹骈文》云："膏方取法，不外于汤丸，凡汤丸之有效者皆可熬成膏。不仅香苏、神术、黄连解毒、木香导滞、竹沥化痰，以及理中、建中、调中、平胃、六君、六味、养心、归脾、补中益气等，为常用之方也。"但并不是所有的内服方药都能熬膏，必须结合外治用法的特点随症而变，将内服有效之汤丸制成膏药或其他剂型外用。但"膏中用药味，必得通经走络，开窍透骨，拔病外出之品为引。"

2.膏药功效

吴氏总结膏药功用有两点："一是拔，一是截。凡病所结聚之处，拔之则邪自去，无深入内陷之患；病所经由之处，截之则邪自断，无妄行传变之虞。"

3.膏药组方特点

（1）多法合用：病有寒热错杂，虚实兼挟，内外并见，故治疗应针对病情，或寒热并用，或消补兼施，多法合用，辨证用药。

（2）气味俱厚：包括药性峻猛的毒药生药（乌头、草乌、生附子、生半夏、生南星、斑蝥、砒），辛辣温热药（生姜、干姜、花椒、吴茱萸），活血化瘀药（红花、桃仁、大黄、川芎），以及大葱、槐、柳、木鳖、蓖麻、菖蒲、穿山甲、轻粉、酒、蒜、桃、芥、艾、延胡索、木通、细辛、威灵仙、木香等，有利于刺激体表与穴位，增加渗透能力，畅通经络，发挥膏药的功效。而药性平和之品，非膏药之首选。

（3）喜用大方：吴氏常用的五大膏（清阳膏、散阴膏、金仙膏、行水膏、云台膏）中，平均每膏用药110味之多，药量则动辄以两计，草药则以斤论计。膏方用药虽庞杂，然并非杂乱拼凑，而是有理有据，故能取"物以杂而得全，功以协而成和"的效果。

（4）重视引药：吴氏制膏在辨证论治基础上，尤其是药性较为平和的外治方中，常加入苏合香、冰片、麝香、乳香、没药、穿山甲、姜、葱、韭、白芥子、花椒、槐、柳、桑、蓖麻子、凤仙草等芳香辛透，通经走络，拔病外出之品为引，"率领群药，开结行滞，直达病所。"

（5）膏面掺药：膏与药本分为二，古人于熬者为膏，撮者为药，吴氏则"合而两全"，配合使用。他认为"膏，纲也；药，目也。膏判上中下三焦，五脏六腑，表里寒热虚实，以提其纲；药随膏而条分缕析，以为之目。"膏是针对病之共性，而膏面掺药一则可假猛药、生药、香药，率群药开结行滞，直达病所，二则可针对病的特殊性灵活加用生药，以对症祛邪。

另外，膏药热者易效，凉者次之。攻者易效，补者次之。此乃热性急而凉性缓、攻药力猛而补药力宽之故。同时膏药多用于祛邪，外用补虚则难以发挥补益功效。

4.通用膏与专主膏相结合

（1）三焦通治膏：吴氏在三焦分治理论指导下，对于上焦内外热证多用清阳膏，如外感风热初起头痛者贴太阳和风门，内热兼贴膻中，夹食并贴金仙膏；中焦郁结多用金仙膏（又名开郁消积膏），贴胸口或脐上用于治疗气痛、腹痛、痢疾、疟疾等；下焦寒湿及风寒湿痹多用散阴膏。这三种膏临床用量最大。

（2）专病专膏：如行水膏通利水道，治三焦肠胃湿热为病，与金仙膏相辅而行。健脾膏补脾温肾，治脾阳不运，饮食不化，或噎塞饱闷，或泄痢腹痛，或为湿痰、水肿、黄疸、鼓胀。还有养心安神膏、清肺膏、健脾膏、滋阴壮水膏、扶阳益火膏等。

> **医案举例**

姚某，37岁，1960年3月2日诊。患者外阴瘙痒，日夜不休，热则更甚，反复已有2年余。冬季严重，夜寐盖被得暖，则外阴部痛痒难忍，弃被而坐略能忍痛痒。检查：外阴湿疹，皮肤变色，呈苔藓化。形体消瘦，面色萎黄，困倦少神，尿频赤。脉象弦涩，苔薄黄，质艳红。西医诊断：外阴瘙痒症。涂以青马一四膏，并用清热解毒汤外洗。7天后外阴瘙痒疼痛明显减轻，夜寐安睡，精神振作，胃纳增强。继用该法治疗，又加八正散5贴，遂愈。按语：青马一四膏为裘笑梅大夫之师传方。方中马齿苋辛寒，能凉血散热；青黛凉血解毒，为疮疡要药。二药合用，清热解毒，祛湿止痒，对妇人热症之外阴瘙痒、湿疹，疗效满意。

青马一四膏，适应病证：外阴瘙痒、湿疹。药物组成：青黛30g，鲜马齿苋120g。配制方法：先将马齿苋捣烂，入青黛加麻油和匀。

使用方法：外涂患处。注意事项：无热象者忌用。（《裘笑梅妇科临床经验选》）

5.膏药贴法

根据病情选择贴膏部位，不专主一穴，如治太阳经外感，初起以膏贴两太阳、风池、风门、膻中穴；更用药敷天庭，熏头面腿弯，擦前胸后背，两手足心，分杀其势。其余诸经，可做此推广。若脏腑病，则视病所在，上贴心口，中贴脐眼，下贴丹田；或兼贴心俞与心口对，命门与脐眼对，足心与丹田应。如属重症，酌用掺末，专治尤应。如属外科病，除贴患处外，用一膏贴心口以护其心；或用开胃膏使进饮食，以助其力，可以代内托法治外症，亦不必另服药。

另外，吴氏详述其熬制黑膏药的经验与过程。"每干药一斤，约用油三斤或二斤半；鲜药一斤，约用油斤半或一斤。先浸后熬，熬枯后去渣，将油再炼至滴水成珠，秤之视前油约七折上下。每净油一斤，下炒黄丹六两收。盖膏蒸一回则老一回，嫩则尚可加丹，老则枯而无力，且不能黏也。""膏成后将锅取起，俟稍温，以皮胶一二两，醋酒炖化，乘热和入，则膏黏，勿炒珠，炒珠无力也。先以一滴试之，不爆方下。须搅千余遍，令匀，愈多愈好，浸水中出火毒"。强调制膏的关键在于防止膏的"嫩"及"老"，嫩则膏药太软，黏性过强；老则膏药黏性小，易于脱落。适当的稠度是油熬炼至滴一点于冷水中时，油滴不在水面扩散，即所谓"滴水成珠"。

原著选读

● 外治必如内治者，先求其本。本者何？明阴阳，识脏腑也。《灵》《素》而下，如《伤寒论》《金匮》以及诸大家所著，均不可不读。即喻嘉言、柯韵伯、王晋三诸君所阐发，俱有精思，亦不可不细绎。今无名师，是即师也。通彻之后，诸书皆无形而有用，操纵变化自我。虽治在外，无殊治在内也。外治之学，所以颠扑不破者此也；所以与内治并行，而能补内治之不及者此也。若不考其源流，徒恃一二祖传有效之方，自矜捷径秘诀，而中无所见，设遇疑难之证，古无传方，其不坐窘者几何？或知其一，未知其二，此虽无失，而彼已阴受其损者有矣！谚云："医得头疼眼又瞎"，良工要不如是也。（《理瀹骈文·略言》）

● 膏方取法，不外于汤丸。凡汤丸之有效者，皆可熬膏。不仅香苏、神术、黄连解毒、木香导滞、竹沥化痰，以及理中、建中、调胃、平胃、六君、六味、养心、归脾、补中益气等，为常用之方也。或谓用汤丸熬膏，何不内服？不知吾惟不敢为内服，故用膏耳。自来相戒，误人非必毒药也。所见不真，桂枝下咽，承气入胃，并可以毙。即一味麻黄，一味黄连，一味白术，一味熟地，用不得当，贻害无穷。愚者自是而不知是非，旁观皆窃笑之。明者心知之而不肯自言，未尝不愧且悔也。然焉能吐而出之乎？或又云："良工可不患此"。亦思良工，古今有几？且良工亦不废外治。昔叶天士用平胃散炒熨治痢，用常山饮炒嗅治疟，变汤剂为外治，实开后人无限法门。吾之用膏，即本于此。使必内服而后可，无论妄为下药，药适加病，倘遇不肯服药之人，不能服药之证，而其情其理，万万不忍坐视者，又将何法以处之！（《理瀹骈文·略言》）

●凡病多从外入，故医有外治法。经文内取、外取并列，未尝教人专用内治也。若云外治不可恃，是圣言不足信矣。鸻上用嚏，嚏即吐也。在上宜嚏，感邪从口鼻入宜嚏。中用填，如填脐散之类。又罨脐、敷脐亦是。下用坐，坐药也即下法。如水肿，捣葱坐取气，水自下是也。三句具吐、汗、下三法，已括外治之全矣。尤捷于内服。（《理瀹骈文·略言》）

●古有百草膏，杂取山上鲜草，不问芳草、毒草，并而熬膏。能治百病，乃知膏别有道，不必以汤头拘。膏包百病，如大营主将，坐镇中军，统领万队，虽有大敌，其气足以函盖，任变幻百出，终不能越其范围。糁药乃其参谋，敷药乃其环卫；点眼、塞耳以及嚏法、缚法、坐法与罨膝、扎脚之法，乃其分兵；煎抹、炒熨二法，乃其奇兵，制胜者也。二法最妙，内外治贯通在此，膏之得力亦在此，不对则改换，可必期其效。然此中要有将将者在。（《理瀹骈文·存济堂药局修合施送方并加药法》）

●凡远近来者，日或一二百人，或三四百人，皆各以时聚。有舁有负，有扶掖有提携，或倚或蹲，或立或跪，或瞻或望，或呼或叫，或呻或吟，或泣或啼，拥塞于庭，待膏之救，迫甚水火。斯时在旁观者，莫不慨息。以为绘流民之图，开赈饥之局，不过如是。深虑一人诊视之难，而力之有所不暇给也。而吾兄则自晨起，以次呼立于几案前，令自述病因，侧耳听之，若宜补，若宜泻，若宜凉，而宜温，略一视颜色，指其部位，分别散给。有重症、急症，膏外加以药，不半日而毕。自来医未有如此之捷简者，月治数千人。但有所忌于人，无所怨于人，则膏之能活人可知也。吾兄尝语余曰："医于外症易，内症难，实症易，虚症难，吾之此膏，焉能必应？然治得其通而所包者广，术取其显而所失者轻。可以藏拙，可以观变，可以补过，可以待贤。有谓吾取巧者，吾岂敢取巧哉？吾亦求其心之安而已。"噫！是即吾兄用膏施治之本意也。夫亦即此书之所以为活人也。（《理瀹骈文·吴序》）

·参考文献·

1.吴师机.理瀹骈文［M］.北京：人民军医出版社，2006.

2.程鹏程.急救广生集［M］.北京：人民军医出版社，2009.

3.颜新，胡冬斐.中国膏方学［M］.上海：上海中医药大学出版社，2004.

4.邹存淦.外治寿世方［M］.北京：中国中医药出版社，1992.

5.魏蓉，吴鸿洲.古代中医外治方药源流纪略［J］.南京中医药大学学报，1999，15（1）：43.

6.孙占学，李曰庆，张丰川，等.中医外治法源流［J］.中华中医药杂志，2016，31（11）：4416-4419.

7.邵素菊，刘瑞芳，许琬茹.外治大师吴师机学术思想探析［J］.中国针灸，2012，（5）：468-470.

8.郑慧玲，张永臣.《理瀹骈文》外治思想探析［J］.针灸临床杂志，2017，33（05）：78-80.

9.林良才.《理瀹骈文》对中医外治法发展的贡献之分析与研究［J］.中医外治杂志，2005，（04）：6-7.

10.刘光明.兼收并蓄独树一帜——吴师机内病外治法的特点及其渊源［J］.上海中医药杂志，2001，（11）：42-43.

11.彭方雄.浅谈吴师机"外治之理""外治之药"论［J］.时珍国医国药，2001，（03）：239.

12.刘派，任洁，陈燕清，等.《理瀹骈文》中吴师机外治法与内治法之间的关系探究［J］.四川中医，2021，39（03）：28-31.

13.谢青云，徐世杰.吴师机外治法中的三焦分部思想［J］.中国中医基础医学杂志，2011，17（1）：20-23.

14.王文陶，李艳梅.吴师机《理瀹骈文》内病外治法之三焦分治详释［J］.四川中医，2020，38（01）：17-20.

15.姜楠，潘赐明，韩利震，等.基于数据挖掘分析《理瀹骈文》治疗五官疾病用药规律［J］.中国中医基础医学杂志，2022，28（02）：239-242.

16.高婷，田硕，白明，等.《理瀹骈文》妇科用药规律分析［J］.世界中医药，2020，15（9）：1360-1363.

17.狄忠，姜硕，马玉侠，等.《理瀹骈文》脐疗法浅析［J］.河南中医，2009，29（03）：244-245.

18.黄嗣航，陈小易，刘盼.从存济堂药局修合施送方用药频次发掘中药促渗剂［J］.中医杂志，2012，53（05）：442-444.

19.马艾菲.从《理瀹骈文》探讨穴位敷贴的理论与方法［D］.中国中医科学院，2009.

20.夏时荣，夏时金.《理瀹骈文》外治法思想及在儿科中的临床运用［J］.成都中医药大学学报，2016，39（4）：92-95.

王士雄

❧学习要点❧

　　王士雄纵论温病，集温病学之大成。治疗温病重视暑邪性质、暑病特征与治疗，创制清暑益气汤新方，对后世产生了重要影响。同时，阐发伏气致病理论，不仅开创了伏气温病说，更将其拓展至常见病证的诊疗。在杂病治疗中，重视饮食疗法，详论食物功效、收载食疗验方；认为"痰之为病，最顽且幻"，善从痰论治杂病；用药秉承温病之学，顾护胃中津液，善于甘寒养阴。

目的要求：

　　掌握暑邪性质、暑病临床特征以及治疗暑病方法；熟悉伏气温病和从痰论治特色，饮食疗法；了解其生平，著作及学术成就对后世的影响。

一、概说

　　王士雄（1808~1868），字孟英，号潜斋，又号梦隐、半痴山人、睡乡散人、随息居隐士、海昌野云氏，清代浙江海宁人，咸丰年间徙居上海。

　　王士雄祖先为海宁望族，出身中医世家，学有渊源。曾祖王学权倡导中西医汇通，著《重庆堂随笔》；祖父王国祥、父亲王升均为良医。王士雄14岁丧父，家境贫寒，后蒙父亲挚友金履思帮助，到金华充任盐行会计，因酷嗜医学，稍有余暇辄披阅方书。"舅父俞公桂庭，谊笃亲亲，力肩家事，赠余斋名曰'潜'，属潜心学问，勿以内顾为忧。"（《随息居饮食谱·后序》）苦读未及十载，声名鹊起。王士雄重视温热病研究，并"以轩岐仲景之文为经，叶薛诸家之辨为纬"，收辑各家医论，集温病学之大成，编纂《温热经纬》，成为清代著名的温病学家。其一生经历多次霍乱流行，不避秽恶，尽力救治，并深入探讨霍乱病因、病机与辨证治疗方法，将霍乱病分为寒性霍乱和热性霍乱，著成《随息居重订霍乱论》，曹炳章评价此书"实为治霍乱最完备之书"。据《王氏医案三编·卷一》记载，其门人有汪兆兰、姜人镜等。

　　王士雄治学主张博采众长，刻苦攻读，手不释卷，勤于著书立说，《海宁州志》称赞为："究心

《灵》《素》，昼夜考察，直造精微。"重视临床，不但善治温病，还精于治疗内科与妇科疾病，注意从实践中总结经验，与沿袭旧说、空发议论者迥然有别。

王士雄著有《温热经纬》《随息居饮食谱》《王氏医案》。另有《随息居重订霍乱论》《四科简要方》《潜斋简效方》《归砚录》《王氏医案续编》《王氏医案三编》《乘桴医影》。并评注沈尧封《女科辑要》、裴一中《言医选评》、史缙臣《愿体医话》、徐大椿《洄溪医案》，将魏玉璜《续名医类案》中按语评注后易名为《柳洲医话》、徐大椿《慎疾刍言》评注后易名为《医砭》、俞震《古今医案按》评注并加以增补发明辑为《古今医案选》。现有《王孟英医学全书》合订本。

二、学术特色与临证经验

（一）阐发暑气

王士雄在《温热经纬》中详细辨析六气属性，尤其对暑的性质、特点以及暑病的治疗有其独到的见解，自成一家。

1.暑邪性质

暑为夏令，有明显的季节性，暑为天之热气，流金烁石，纯阳无阴，虽与火热同类，但火热可由他邪郁遏化生，这是暑邪所不具备的。王氏认为，暑为日气，暑字从日，日为天气，曰炎暑，曰酷暑，皆指烈日之气而言。"暑统风火，阳也；寒统燥湿，阴也……至暑乃天之热气，流金烁石，纯阳无阴……《经》云：热气大来，火之胜也。阳之动，始于温，盛于暑。盖在天为热，在地为火，其性为暑，是暑即热也，并非二气。""况夏秋酷热，始名为暑，冬春之热，仅名为温，而风、寒、燥、湿皆能化火……惟暑独盛于夏令，火则四时皆有。"（《温热经纬·叶香岩外感温热篇》）

2.暑病特征

暑为阳邪，暑能伤气，暑多挟湿；王氏反对暑必挟湿、湿热相合为暑及暑分阴阳之说。因暑为天气，其性纯阳，湿为地气，其性属阴，本为二气，绝非暑中本有湿。强调暑与湿虽易兼感，实非暑中必定有湿。对于湿热相合为暑之说，王氏客观分析说："长夏湿旺之令，暑以蒸之，所谓土润溽暑，故暑湿易于兼病，犹之冬月风寒每相兼感。暑令湿盛，必多兼感，故曰挟，犹之寒邪挟食，湿证兼风，俱是二病相兼，非谓暑中必有湿也。故论暑者，须知为天上烈日之炎威，不可误以湿热二气并作一气，始为暑也。"（《温热经纬·叶香岩三时伏气外感篇》）王氏认为暑病不分阴阳，质疑明代张介宾将暑分为阴暑与阳暑，并纠正说："若知暑为热气，则不可冠以阴字，其实彼所谓阴者，即夏月之伤于寒湿者耳。设云暑有阴阳，则寒亦有阴阳矣。"

3.暑病治疗

孙思邈用生脉散（人参、麦门冬、五味子）治疗暑月热伤元气，气短倦怠，口渴多汗，肺虚而咳者。刘完素用白虎汤治疗中暑之身热头痛，背寒面垢、自汗烦躁、大渴口干、倦怠而身不痛，或时恶寒，或畏日气，脉虚而弱者（《伤寒标本心法类萃·中暑》）。李杲用清暑益气汤（黄芪、苍术、升麻、人参、泽泻、神曲、橘皮、白术、麦门冬、当归、甘草、青皮、黄柏、葛根、五味子）清暑化湿，益气生津，治疗暑湿伤气的身热而烦，四肢困倦，精神短少，胸满气促，肢体沉痛，口渴自汗，大便溏薄，小便短赤，舌苔腻，脉虚等。王士雄根据暑邪的性质、临床特征，提出治疗原则，在李杲的基础上创制新的清暑益气汤。

（1）治疗原则：首用辛凉，继用甘寒，再用酸泄酸敛。其谓："暑病首用辛凉，继用甘寒，再用酸泄酸敛，不必用下。"并强调："暑是火邪，心为火脏，邪易入之。故治中暑者，必以清心之药为君。此证初起，大忌风药。"（《温热经纬·叶香岩三时伏气外感篇》）

（2）清暑益气汤：由于暑邪耗气伤津，可导致身热汗出，神疲乏力，头胀如蒙，口渴，四肢困倦等，因而再用李杲之方已不合辙，"虽有清暑之名，而无清暑之实。"但因方名一目了然，故王氏借其名，将人参易为西洋参，保留麦门冬、甘草，加石斛、黄连、竹叶、荷梗、知母、粳米、西瓜翠衣，适应治疗暑热症的需要，"以清暑热而益元气，无不应手取效也。"

另外，王氏对于暑热深入则用白虎汤，暑热伤气用竹叶石膏汤。湿温又感（或兼）暑，邪在气分，主张用叶桂甘露消毒丹（滑石、茵陈、黄芩、菖蒲、贝母、木通、藿香、射干、连翘、薄荷、白豆蔻）清热解毒，利湿化浊。若邪热耗液伤营，逆传内陷，痉厥昏狂，谵语发斑，舌色干光，或紫绛，或黑苔者，用神犀丹（菖蒲、黄芩、生地、金银花、连翘、板蓝根、豆豉、玄参、天花粉、紫草等）凉血化斑，解毒开窍。

（二）辨析伏气温病

温病可分为新感温病和伏气温病两种，伏气温病源于《内经》，历代多有阐发，清代叶桂《温热论治》重视新感，而王士雄详细辨析伏气温病的传变方式、临床表现及治疗方法。

1.传变方式

王氏认为：伏气温病传变方式不同于新感，自里内发，由深而浅，正如《温热经纬·叶香岩外感温热篇》所云："伏气温病，自里出表，乃先从血分，而后达于气分……不比外感温邪，由卫及气，自营而血也。"

2.临床表现

起病之初，口不渴，心烦，恶热，舌润而无苔垢，脉软或弦，或微数。若伏邪重，初起即见咽干，舌绛，甚有肢冷脉伏之假象。邪伏深沉，不能一齐外出者，即使治之得法，但苔退舌淡之后，逾一二日，舌复干绛，苔复黄燥。

3.治疗

王氏根据伏气温病的特点，主张治疗当先治血分后治气分；初起宜投清解营阴之药，迫邪从气分而化，舌苔开始渐布，再清气分热邪；伏邪较重，亟宜大清阴分伏邪，待厚腻黄浊之苔渐生后，再解气分。还告诫说："余之医案中，凡先治血分后治气分者，皆伏气病也，虽未点明，读者当自得之。"

医案举例

壬辰八月，范蔚然患感旬余，诸医束手，乃弟丽门恳请孟英治之。见其气促音微，呃忒自汗，饮水下咽，随即倾吐无余。曰：伏暑在肺，必由温散以致剧也。盖肺气受病，治节不行，一身之气，皆失其顺降之机，即水精四布，亦赖清肃之权以主之，气既逆而上奔，水亦泛而上溢矣，但清其肺则诸恙自安。乃阅前服诸方，始则柴、葛、羌、防以升提之，火藉风威，吐逆不已，犹谓其胃中有寒也。改用桂枝、干姜以温燥之，火上添油，肺津欲绝，自然气促音微，疑其虚阳将脱也。径与参、归、蛤蚧、柿蒂、丁香以补而纳之。愈补愈逆，邪愈不出，欲其愈也难矣。亟摒前药，以泻白散合清燥救肺汤，数服而平。(《王氏医案·卷一》)

（三）倡发伏气理论

伏气理论源于《黄帝内经》，盛于明清之际，尤以阐述温病理论最为精当，后世多囿于以"伏气"释温病之窠臼，略于其对临床各科病证的辨治应用。直至清·刘吉人于《伏邪新书》中明确指出："伏气之为病，六淫皆可，岂仅一端。"将六淫列为伏气之源，且"内有伏邪为病者，十居六七，其本脏自生之病，不兼内伏之淫，十仅三四"。提出临证慢性疾病的病机多因于"六淫邪气内伏者，十居六七"，因于"本脏自生伏邪者，十仅三四"，拓展了伏气理论。此论与王士雄从伏邪致病辨治常见病证一脉相承。

医案举例

罗氏妇先患痰嗽，气逆碍眠，后兼疟痢并作。医者佥云无法，浼人乞诊于孟英。脉见滑数，口渴苔黄，不饥脘闷，溺似沸汤。曰：无恐也，虽见三证，其实一病，盖肺胃大肠，一气流通，暑伏肺经，始为痰嗽，失于清解，气逆上奔，温纳妄投，胃枢塞滞，郁遏成疟，渴饮汗多，热甚寒微，病情毕露，温化再误，转入大肠，赤白稠粘，无非热迫，不必见证治证，但治其暑，则源清流自洁矣。以苇茎汤加滑石、黄芩、竹茹、石膏、厚朴授之。不旬日而三证悉瘳。(《王氏医案三编·卷三》)

（四）重视饮食疗法

民以食为天，食可治病疗疾，养生保健。以食代药，来源广泛，处处皆有，人人可服，物异功优，久服无弊；食疗"药极简易，性最平和，味不恶劣，易办易服"。而且可以"食借药威，药助食性"。王士雄受其曾祖王学权《重庆堂随笔》影响，结合个人治病经验，广泛收集整理具有防病治病作用的食物332种，分为水饮、谷食、调和、蔬食、果食、毛羽、鳞介等七大类，编纂成《随息居饮食谱》，并对各种食物性味、功用以及相关方剂进行了阐发，还记录了许多应用食疗方法治疗疾病的医案。

1.详论食物药效

王氏论述食物功效、食用价值、应用方法与禁忌时，能在前人基础上有所发明，有所创造。如其曾祖父王学权论述莱菔说："生用，能解风火温燥湿热之邪，故烟毒、煤毒、酒毒、火毒、失音、痰闭中风、咽喉诸病，无不立安神效。熟用，补脾肺，和肠胃，耐风寒，肥健人，可以代粮救荒，诚蔬圃中之一路福星也。本草既没其丰功，更诬以耗渗，岂不冤哉。然薄海蕃滋，乡人广种以充粮食，终身啖之，而康强寿考，且有垂老而发白者。"(《重庆堂随笔·论药性》)而王士雄则更加全面地进行了阐发："俗名萝卜，生者辛甘凉。有去皮即不辛者，有皮味亦不辛，生啖胜于梨者，特少耳。润肺化痰，祛风涤热。治肺痿吐衄，咳嗽失音，涂打扑、汤火伤，救烟熏欲死，噤口毒痢，二便不通，痰中类风，咽喉诸病。解酒毒、煤毒，并捣汁饮……熟者甘温，下气和中，补脾运食。生津液，御风寒，肥健人，已带浊，泽胎养血，百病皆宜。四季有之，可充粮食……荤肴素馔，无不宜之。亦可腌晒作腊，酱制为脯。"(《随息居饮食谱·蔬食类》)

2. 采摭食疗验方

王氏论述每味食物时，还后附验方，方便实用。如龙眼肉，"甘温。补心气，定志安神，益脾阴，滋营充液。果中神品，老弱宜之。以核小、肉厚、味纯甘者良。然不易化，宜煎汁饮。外感未清，内有郁火，饮停气滞，胀满不饥诸候均忌。"龙眼核研末，名骊珠散，外用治疗刀刃、跌打诸伤，止血定痛，愈后无瘢。龙眼壳研细，治汤火伤。所附玉灵膏(一名代参膏)制作方法是：将剥好的龙眼肉一两，盛竹筒式瓷碗内，加入白糖一钱，素体多火者再加入西洋参一钱。碗口幂以丝绵一层，于饭锅上蒸百次。用于衰羸老弱，别无痰火、便滑之病，每以开水瀹服一匙，大补气血，力胜参、芪。产妇临盆服之尤妙。(《随息居饮食谱·果食类》)

藕类食品后附的单验方有：补心脾用砂锅缓火煨藕至极烂，入炼白蜜收干食之；阴虚肝旺，内热血少及诸失血证熬浓藕汤饮；劳心吐血，用莲子心七枚，糯米二十一粒为末，酒下；心动精遗，莲子心研末，入朱砂，淡盐汤下；莲花研末酒服，治跌打呕血；阴肿痛痒，荷叶、浮萍、蛇床子，煎汤日洗。(《随息居饮食谱·果食类》)

医案举例

一妇患证年余，药治罔效。初夏延孟英视之，发热甚于未申，足冷须以火烘，痰嗽苔黄，间有谵语，渴饮无汗。亟令撤去火盆，以生附子捣贴涌泉穴，且嘱恣啖梨、蔗，方用人参白虎汤投之。七帖而年余之热尽退，继与养阴药而瘳。(《王氏医案续编·卷三》)

(四)临证用药特色

1. 喜用甘寒养阴

热为阳邪，最易伤津耗液，阴液的存亡，决定疾病的转归。王氏继承喻昌、叶桂、吴瑭诸家治疗温病经验，临床善用凉润清解，甘寒养阴之剂。其谓"喻氏云：人生天真之气，即胃中津液是也。"故治温热诸病，首宜瞻顾及此。董废翁云："胃中津液不竭，其人必不即死。皆见到之言也。"他认为胃中津液不竭，人必不死；若耗尽而阴竭，如旱苗之根，叶虽未枯，亦必死无疑。因此，"凡治感证，须先审其胃汁之盛衰，如邪渐化热，即当濡润胃腑，俾得流通，则热有出路，液自不伤，斯为善治"。用药主张"专宜甘寒以充津液，不当参用苦燥。"临证多选石斛、沙参、西洋参、天花粉、麦门冬、玄参、生地、熟地等甘寒养阴；尤喜用梨汁、甘蔗浆、西瓜汁、藕汁等果汁，甘凉生津。

栖流所司药陈芝田，于仲夏患感，诸医投以温散，延至旬日，神昏谵妄，肢搐耳聋，舌黑唇焦，囊缩溺滴，胸口隐隐微斑，一望而知其危矣。转邀孟英诊之，脉细数而促。曰：阴亏热炽，液将涸矣。遂用西洋参、玄参、生地、二冬、知、柏、川楝子、石斛、白芍、甘草、金银花、木通、菖蒲，大剂投之。次日复诊，其家人云：七八日来小溲不过涓滴，昨药服六七个时辰后，解得小溲半杯。孟英曰：此即转机也。然阴气枯竭，甘凉濡润，不厌其多。于前方再加龟板、鳖甲、百合、天花粉，大锅煎之，频灌勿歇。如是者八日，神气始清，诸恙悉退，纯用滋阴之药，调治匝月而瘳。(《王氏医案·卷二》)

2.善于从痰论治

王氏认为："痰之为病，最顽且幻"，"凡脉证多怪，皆属于痰。"故临床治疗疾病，或以治痰为主，或兼用祛痰之药，取得了显著效果，在王氏医案中记载的300多个从痰论治医案中，涉及温病、咳嗽、哮喘、痰饮、肺痈、呕吐、泄泻、胃脘痛、惊悸、不寐、中风、眩晕、肿胀、痹证、淋浊、疟疾、吐血、发颐、瘰疬、月经延期、带下等多种病证。多选用瓜蒌薤白汤、橘皮竹茹汤、苇茎汤、小陷胸汤、温胆汤、当归龙荟丸、雪羹汤等方，常用瓜蒌、薤白、旋覆花、枳壳、橘红、贝母、雪羹、莱菔子、丝瓜络、菖蒲、杏仁、紫菀、枇杷叶、冬瓜子等祛痰药。

◆张养之令侄女，息汛愆而饮食渐减，于某与通经药，服之尤恶谷，请孟英诊之。脉缓滑，曰：此痰气凝滞，经隧不宣，病由安坐不劳，法以豁痰流气，勿投血药，经自流通。于某闻而笑曰：其人从不吐痰，血有病而妄治其气，胀病可立待也。及服孟英药，果渐吐痰而病遂愈，养之大为折服。(《王氏医案·卷一》)

◆王雪山令媳患心悸眩晕，广服补剂，初若甚效，继乃日剧，时时出汗，肢冷息微，气逆欲脱，灌以参汤，稍有把握，延逾半载，大费不赀。庄芝阶舍人令延孟英诊视。脉沉弦且滑，舌绛而有黄腻之苔，口苦溲热，汛事仍行。病属痰热鳌辖，误补则气机壅塞。与大剂清热涤痰药，吞当归龙荟丸，服之渐以向安。仲夏即受孕，次年二月诞一子。惜其娠后停药，去疾未尽，娩后复患悸晕不眠，气短不饥，或作产后血虚治不效，仍请孟英视之。脉极滑数，曰：病根未刈也。与蠲痰清气法果应。(《王氏医案续编·卷四》)

●仲景论伤寒，又可论疫证，麻桂、达原不嫌峻猛，此论温病，仅宜轻解，况本条所列，乃上焦之治，药重则过病所。吴茭山云：凡气中有热者，行清凉薄剂。吴鞠通亦云：治上焦如羽，非轻不举也。观后章论中下焦之治，何尝不用白虎、承气等法乎？章氏未深探讨，曲为盖护，毋乃视河海为不足，而欲以泪益之耶？华岫云尝云：或疑此法仅可治南方柔弱之躯，不能治北方刚劲之质，余渭不然。其用药有极轻清、极平淡者，取效更捷，苟能悟其理，则药味分量或可权衡轻重。至于治法，则不可移易。盖先生立法之所在，即理之所在，不遵其法，则治不循理矣。南北之人，强弱虽殊，感病之由则一也。其补泻温凉，岂可废绳墨而出范围之外乎？况姑苏商旅云集，所治岂皆吴地之人哉！不必因其轻淡而疑之也。又叶氏《景岳发挥》云：西北人亦有弱者，东南人亦有强者，不可执一而论。故医者必先议病而后议药，上焦温证，治必轻清，此一定不易之理法。天士独得之心传，不必章氏曲为遮饰也。

外感温病，如此看法，风寒诸感无不皆然，此古人未达之旨，近惟王清任知之。若伏气温病，自里出表，乃先从血分而后达于气分芷卿云：论伏气之治，精识直过前人，然金针虽度，其如粗工之聋瞶何？故起病之初，往往舌润而无苔垢，但察其脉软而或弦，或微数，口未渴而心烦恶热，即宜投以清解营阴之药，迫邪从气分而化，苔始渐布，然后再清其气分可也。伏邪重者，初起即舌绛咽干，甚有肢冷脉伏之假象，亟宜大清阴分伏邪，继必厚腻黄浊之苔渐生，此伏邪与新邪先后不同处。更有邪伏深沉，不能一齐外出者，虽治之得法，而苔退舌淡之后，逾一二日舌复干绛，苔复黄燥，正如抽蕉剥茧，层出不穷，不比外感温邪，由卫及气，自营而血也。秋月伏暑证，轻浅者邪伏膜原，深沉者亦多如此，苟阅历不多，未必知其曲折乃尔也。附识以告留心医学者余医案中，凡先治血分后治气分者，皆伏气病也，虽未点明，读者当自得之。(《温热经纬·卷三》)

●五种伤寒，惟感寒即病者为正伤寒，乃寒邪由表而受，治以温散，尤必佐以甘草、姜、枣之类，俾助中气以托邪外出，亦杜外邪而不使内入。倘邪在半表半里之界者，治宜和解，可使转而为疟，其所感之风寒较轻，而入于少阳之经者，不为伤寒，则为正疟，脉象必弦，皆以小柴胡汤为主方。设冬伤于寒而不即病，则为春温夏热之证，其较轻者，则为温疟、瘴疟，轩岐、仲景皆有明训，何尝概以小柴胡汤治之耶？若感受风温、湿温、暑热之邪者，重则为时感，轻则为时疟，而温热、暑湿诸感证之邪气流连者，治之得法，亦可使之转疟而出。统而论之，则伤寒有五，疟亦有五，盖有一气之感证，即有一气之疟疾，不过重轻之别耳。今世温热多而伤寒少，故疟亦时疟多而正疟少。温热暑湿既不可以正伤寒法治之，时疟岂可以正疟法治之哉？其间二日而作者，正疟有之，时疟亦有之，名曰三阴疟，以邪入三阴之经也，不可误解为必属阴寒之病。医者不知五气皆能为疟，颟顸施治，罕切病情，故世人患疟，多有变证，或至缠绵岁月，以致俗人有疟无正治，疑为鬼祟等说。然以徐洄溪、魏玉横之学识，尚不知此，况其他乎？惟叶氏精于温热、暑湿诸感，故其治疟也，一以贯之。余师其意，治疟鲜难愈之证。曩陈仲山封翁询余曰：君何治疟之神哉？殆别有秘授也？余谓何秘之有，第不惑于昔人之谬论，而辨其为风温，为湿温，为暑热，为伏邪，仍以时感法清其源耳。近杨素园大令重刻余案评云：案中所载多温疟、暑疟，故治多凉解，但温疟、暑疟虽宜凉解，尤当辨其邪之在气在营也。缪仲淳善治暑疟，而用当归、牛膝、鳖甲、首乌等血分药，于阳明证中亦属非法。若湿温为疟，与暑邪夹湿之疟，其湿邪尚未全从热化者，极要留意，况时疟之外，更有瘀血、顽痰、阳维为病等证，皆有寒热如疟之象，最宜谛审。案中诸治略备，阅者还须于凉解诸法中，缕析其同异焉。(《温热经纬·卷三》)

●腹满者，当泄之，既泄而满甚，是邪尚踞而阴下脱，犹之乎热不为汗衰也，故死。又陈远公云：喘满、直视、谵语、下利一齐同见者，不治。若有一证未见者，或可望生。宜用人参、麦

冬、白芍各一两，石膏五钱，竹茹三钱，名挽脱汤，欲脱未脱时亟服之，庶几可挽。(《温热经纬·卷一》)

·参考文献·

1.盛增秀.王孟英医学全书［M］.北京：中国中医药出版社，1999.

2.李成文.石念祖评点王孟英医案［M］.郑州：河南科学技术出版社，2017.

3.李成文.王孟英评点古今医案［M］.郑州：河南科学技术出版社，2017.

4.李成文.张山雷评点王孟英医案［M］.郑州：河南科学技术出版社，2018.

5.李成文.温病学派医案［M］.北京：中国中医药出版社，2015.

6.李永辰.王士雄字号别称室名解读［J］.中医药文化，2013，(2)：46-49.

7.张志斌.王士雄《温热经纬》的学术理论研究［J］.浙江中医杂志，2009，44(01)：4-5.

8.宋镇星.王孟英治疗注重调理气机思维浅析［J］.中华中医药杂志，2013，28(2)：323-327.

9.张蕾.王孟英治学方法探析［J］.江苏中医药，2019，51(01)：76-78.

10.张蕾.从医案分析王孟英临证特点［J］.上海中医药杂志，2012，46(8)：39-40.

11.苏颖，鞠玉洁，李霞.清代四部温病著作防治温疫方药规律研究［J］.辽宁中医杂志，2009，36(07)：1111-1112.

12.柳志成，周燕萍.试述王孟英医案中《孙子兵法》思想的运用［J］.中华中医药杂志，2019，34(11)：5184-5186.

13.庞森森，尚力.诠释学视域下的中医经典研究-以王士雄"暑湿"思想为例［J］.中医学报，2024，39(09)：1847-1851.

14.杨涛，沈劼.王孟英论治痉厥证特色探析［J］.中国中医基础医学杂志，2020，26(12)：1757-1759.

15.孟凡滕，宋素花.王孟英与张仲景论治霍乱比较探析［J］.山东中医药大学学报，2021，45(3)：322-325.

16.夏庭伟，李炜弘，杨越，等.王孟英"调恣"思想探讨［J］.中华中医药杂志，2018，33(9)3805-3808.

17.蔡铁如.王孟英辨治老年病特色［J］.中国中医基础医学杂志，2013，19(4)：375--376.

18.孙晓生.王士雄《随息居饮食谱》的五个养生特色［J］.新中医，2011，43(10)：109-110.

19.黄伟东，廖佳，罗洪生，等.温病四大家辨治腰痛思路与特色探析［J］.中国中医骨伤科杂志，2022，30(10)：76-79.

20.石垣生.王孟英治疗吸食鸦片致疾的经验［J］.辽宁中医杂志，2005，32(6)：540.

唐宗海

> ❧ 学习要点 ❧
>
> 　　唐宗海深入阐发水火气血的关系，辨析血证病因病机，提出止血、消瘀、宁血、补血统治血证四法。倡导中西医汇通，成为近代中西医汇通学派的代表人物。
>
> 目的要求：
>
> 　　掌握血证病因病机和统治血证的四法；熟悉气血水火相互关系，临证用药特色和血证治疗注意事项；了解其生平，著作及学术成就对后世的影响。

一、概说

　　唐宗海（1846~1897），字容川，清代四川彭州人。

　　唐氏自幼聪敏好学，为诸生时已名闻三蜀。光绪十五年（1889年）考中三甲第35名进士，授礼部主事，后任广西来宾知县。唐氏早年因其父体羸善病，即习方书，有恙辄调治之。后其父"骤得吐血，继复转为下血，查照各书，施治罔效。延请名宿，仍无确见，大约用调停之药，以俟病衰而已。因此，遍览方书，每于血证。尝三致意……寝馈于《内经》、仲景之书，触类旁通，豁然心有所得，而悟其言外之旨，用治血证，十愈七八。今先君既逝，而荆妻冯氏又得血疾，视制方剂，竟获安全"。乃著《血证论》，阐发血证精微奥义，或伸古人所欲言，或补前贤所未备，虽"书成自顾，而转憾悟道不早，不能延吾父之寿也，然犹幸此书之或可以救天下后世也。"（《血证论·自叙》）唐氏也由此成为晚清一代名医。

　　唐氏治学主张博采众长，不但通读古今典籍，而且还研究传入中国不久的西医学。首先提出"中西汇通"概念，寻找中西医学术之间汇通的途径，并著《中西汇通医经精义》，"因摘《灵》《素》诸经，录其要义，兼中西之说解之，不存疆域异同之见，但求折衷归于一是"，以乞发扬光大中医学。

　　唐宗海代表著作《血证论》。另有《中西汇通医经精义》《伤寒论浅注补正》《金匮要略浅注补正》《本草问答》《医易通说》《医学见能》《痢症三字诀》。现有《唐容川医学全书》合订本。

二、学术特色与临证经验

（一）血之生理

1.血的化生

唐氏在《灵枢·决气篇》"中焦受气取汁，变化而赤是为血"、《素问·阴阳应象大论》"心生血"的基础上，进一步阐发说，"血生于心火"，藏于肝，而脾胃化生的水谷精微又是生血之源。其谓："食气入胃，脾经化汁，上奉心火，心火得之，变化而赤，是之谓血。""何以言火即化血哉？血色，火赤之色也；火者，心之所主，化生血液，以濡周身。"此乃"火即化血"之意。但火旺与火衰均能影响血的生化，火化太过，反失其化；火化不及，而血不能生。

2.血的功能

血液生成后，藏于肝，注于脉，运行周身，滋润濡养五脏六腑、四肢百骸、五官九窍、皮肉筋骨等。"故而血液下注，内藏于肝，寄居血海，由冲、任、带三脉行达周身，以温养肢体……血下注于血海之中，心火随之下济。故血盛而火不亢烈。""血生于心火，而下藏于肝，肝木内寄相火，血足则能济火，火平则能生血。如火太旺，则逼血妄行。"

3.血与气的关系

唐氏研究血证不仅只着眼于血，而且注重探讨与气的关系，认为血与气相互依存，相互为用，血的运行依赖于气的统帅，气的宁谧温煦又依靠血的濡润，共同维持人体正常的生理活动，二者之间关系极为密切。因此，在描述气血关系时说："一阴一阳，互相维系。而况运血者，即是气；守气者即是血。"

另外，唐氏还同时论述了气血与水火阴阳的相互联系，指出人的生命及其一切生理活动，都是阴阳二气不断运动的结果，而阴阳就是水火，水火又是化生气血之源，故谓："人之一身不外阴阳，而阴阳二字即是水火，水火二字即是气血。水即化气，火即化血。"又曰："血生于心火，而下藏于肝，气生于肾水，而上主于肺，其间运上下者，脾也。"高度概括了气血生化的整个过程，并为治疗血证打下了坚实的理论基础。因此，明晰水火气血之间的生理关系，"治血理气，调阴和阳，可以左右逢源。"

（二）血证病因病机

唐氏所论血证包括上部出血14种，下部出血6种，血外渗7种，血中有瘀5种，失血兼证39种，并对其病因病机进行了深入探讨。

1.气机阻逆

气为血帅，气机不畅，血行受阻，气逆上冲，则血离常道，上溢为吐血、呕血、咳血等证。

（1）吐血：病因在于"气实"，病机为冲脉之气上逆，血随之溢出脉外，病位在胃，治宜调胃降气。

（2）呕血：病机为肝失疏泄，气逆上冲，病位在肝，治宜凉肝血，调胃气。

咳血：病机为肺失清肃，气机阻逆，病位在肺。实证多因外邪郁遏肺气，郁久化火，灼伤脉络；虚证多由肺中津液不足，阴虚火动，肺金失其清肃之令而为咳血。

2.火热炽盛

火热亢盛，或气机阻逆化火，灼伤血络，迫血妄行。由于火热所伤病位不同，从而产生不同病证，如热伤阳络为衄血；热伤阴络则便血；"阳明燥热所攻"则目衄；肝胆三焦及小肠相火内动，"挟血妄行"，则为耳衄；胃火上炎，血随火动则为齿衄；心火亢盛则舌衄。因而，唐氏指出"气盛即为火盛"，"血证，气盛火旺者十居八九。"治疗以泻火降气为大法。

3.瘀血阻络

唐氏认为，大凡吐、衄、便、漏等离经之血，皆可瘀阻脉络，血行受阻，流通不畅，导致再次出血，并变生他病。"盖血初离经，清血也，鲜血也。然既是离经之血，虽清血，鲜血，亦是瘀血。""且经隧之中，既有瘀血踞住，则新血不能安行无恙，终必妄走而吐溢矣。"

4.脾失统摄

脾为统血之官，血之运行上下全身，全赖于脾，脾失统摄，血无归附，发为唾血、血崩等证。故唐氏说脾"以其能统主五脏，而为阴之守也。其气上输心肺，下达肝肾，外灌溉四旁，充溢肌肉，所谓居中央，畅四方者如是……脾能统血，则血自循经而不妄动，今其血走泄胃中，为唾而出，是脾之阴分受病，而失其统血之常也。"

（1）唾血：病因病机为忧思抑郁，损伤脾阴，脾失统摄，病位在脾。

（2）血崩：病因多由"思虑饥饱"、"劳倦伤脾"或"肝经怒火妄动，木郁克土"所致脾虚。病位在脾。

另外，唐氏在分析血证病机时，还指出血证与脏腑也有密切关系。如吐血主病在胃，呕血主病在肝，咯血主病在肾，唾血主病在脾，咳血主病在肺。而同一血证，也可以与多个脏腑有关，如咳血主病在肺，但是胃热炽盛，火邪上冲刑金，可导致咳血；而肝火上逆侮金也可导致咳血；肾阴亏虚，阳无所附，虚阳上浮犯肺也可导致咳血。因此，血证论治应结合脏腑辨证，灵活变通，勿拘泥于一方一法。

（三）通治血证四法

唐氏根据吐血的病因病机，总结有止血、消瘀、宁血、补血四法，虽是针对吐血而设，但作为通治血证大纲则具有普遍意义。出血病急，"不暇究治，惟以止血为第一要法。血止之后，其离经而未吐出者，是为瘀血，既与好血不相合，反与好血不相能，或壅而成热，或变而为痨，或结瘕，或刺痛，日久变证，未可预料，必亟为消除，以免后来诸患，故以消瘀为第二法。止吐消瘀之后，又恐血再潮动，则须用药安之，故以宁血为第三法。邪之所凑，其正必虚，去血既多，阴无有不虚者矣，阴者阳之守，阴虚则阳无所附，久且阳随而亡，故又以补虚为收功之法。四者乃通治血证之大纲。"临证可根据各种血证的不同临床表现灵活运用，或止血兼顾消瘀，或宁血补血同用，或补血消瘀共施。

1. 止血

首选泻心汤或十灰散。气火太甚者，宜用当归芦荟丸。

唐氏认为吐血属于实证者十居六七，虚寒者十之一二。而实证多因胃热炽盛，气火上逆所致，故用泻心汤或十灰散，妙用大黄，釜底抽薪，"除暴安良，去其邪以存其正"，泻火降逆以止血。虽然出血病急，"不暇究治"，但唐氏还是根据治病求本，急则治标的原则，并详"审病之因而分别以止其血"。若出血因于寒盛阳不摄阴，宜用甘草干姜汤；因瘀血留而不去所致者，宜用血府逐瘀汤；嗜酒及煎炒厚味之物者，宜用白虎汤加茵陈、栀子、大黄、藕节；因于外感，宜用麻黄人参芍药汤；因于瘟疫，宜用升降散加桃仁、牡丹皮、天花粉、生地、瓜蒌仁、石膏、杏仁、甘草或犀角地黄汤；因于暑，宜用升降清化汤加防己、木通、瓜蒌仁；因于怒气逆上，宜用丹栀逍遥散加青皮、牡蛎、蒲黄、龙胆草；因于劳倦困苦，饥饱不匀以及忧思抑郁，宜用归脾汤；因于色欲过度，阴虚火旺者，宜用地黄汤加蒲黄、藕节、阿胶、五味子；因于跌打损伤以及用力努挣者，宜用四物汤加黄芪、人参、续断、桃仁、红花、陈酒、童便；因于刀伤出血，气随血脱危证，宜用独参汤。

2. 消瘀

用花蕊石散，或用圣愈汤加味。

止血易于留瘀，唐氏指出"其经脉中已动之血，有不能复还故道者"即为瘀血，可以攻心乘肺，流注四肢，滞于肌腠，留于经隧，阻滞气机，导致心痛头晕、不省人事、咳逆喘促、胸膈顽硬刺痛、周身作痛、腹痛胁痛、寒热如疟、翕翕发热、自汗盗汗、肿痛、寒热、骨蒸、肌肤甲错、皮起面屑、痨瘵，或发脱不生，或口渴等，甚而影响新血正常运行，可再次出血。故用花蕊石散，或以三七、郁金、桃仁、牛膝、醋炒大黄等代花蕊石祛除瘀血。然而但去瘀血，难以生新血，只有用圣愈汤加桃仁、牡丹皮、红花、枳壳、香附、茯苓、甘草补血去瘀，才能去瘀血而不伤正气。对于热伏阴分，凉药不效，寒凝血滞者，宜用仲景柏叶汤引阳出阴，此为从治之法，方中三药纯温，故临床遇火热较重者，或略加柔药如四物汤调之，或加泻心汤以反佐之。

具体治疗则按部位分治，上焦瘀血选用血府逐瘀汤或人参泻肺汤加三七、郁金、荆芥，中焦瘀血选用甲己化土汤加桃仁、当归、姜黄，下焦瘀血选用归芎失笑散。另外，偏温可选抵当汤、桃仁承气汤，偏寒可选生化汤及牛膝散。

3. 宁血

在血止瘀消之后，还要根据血证病因对症治疗，采用祛邪、调气、凉血、泻火、润燥、清肝等法，以防止出血再发。

若出血因外感风寒，荣卫未和者，宜用香苏饮加柴胡、黄芩、当归、白芍、牡丹皮、阿胶；因胃经遗热，宜用犀角地黄汤，或合白虎汤，或合甘露饮；因肺经燥气，宜用清燥救肺汤，或加犀角，或加生地，或加贝母，或用葛可久《十药神书》中保和汤；因肝经风火，宜用逍遥散，风甚加桑寄生、僵蚕、玉竹、酸枣仁、牡蛎、青蒿，火盛加阿胶、栀子、龙胆草、胡黄连、瓜蒌仁、牛膝、青皮、牡蛎，清泻肝火重剂当归芦荟丸也可应用；因冲气上逆，宜用麦门冬汤加知母、枳壳、白芍、石膏、栀子、黄芩、木通、瓜蒌仁、牛膝；因冲脉挟肾中虚阳，上逆喘急者，宜用四磨汤，若肾中阴气大虚，冲阳不能安宅，则加熟地、山茱萸、山药、五味子、枸杞子滋阴配阳；因素有水饮，宜用桂苓甘草五味汤加当归、白芍、牡丹皮、阿胶，或用苏子降气汤，或用小柴胡汤加龙骨牡蛎；因肾阴虚，阳无所附，宜用二加龙骨汤加阿胶、麦门冬、五味子。

4.补血

首选炙甘草汤。

出血易致血虚，因此止血、消瘀、祛邪宁血之后，首选炙甘草汤补血，因其"大补中焦，受气取汁，并借桂枝入心，化赤为血，使归于肝，以充百脉，为补血第一方。"但同时应结合病变脏腑及其阴阳虚损情况配伍，如吐血损伤肺气，用辛字润肺膏（平时可用生脉散代茶饮）；又如以归脾汤为"以阳生阴，以气统血之总方"，因脾主统血，"五脏皆受气于脾，故凡补剂，无不以脾为主。"伴脾虚发热，加牡丹皮、炒栀子；兼肺气燥者，加麦门冬、五味子；胀满而水谷不健运者，加陈皮、煨姜；或加阿胶以滋血；或加柴胡、贝母以解郁。又用《慎柔五书》养真汤、人参固本汤，或杨西山甲己化土汤滋阴补脾阴；用甘露饮、清燥养荣汤、叶氏养胃汤滋养胃津；用地黄汤、肾气丸补益肾之阴阳。

唐氏通治吐血四法与缪希雍治疗阴虚火旺吐血所采用的降气、行血、补肝三法相比，不但标本兼顾，而且适应范围更广，可用于各种血证，对后世治疗血证产生了深远影响。

🍃 医案举例 🍃

戚左。吐血四天，盈盏成盆，色不鲜红，脉象芤数无力，舌苔淡白。阅前服之方，均是凉血清营，未能应效。今脉舌参看，阴分本亏，阳气亦虚，不能导血归经，而反上溢妄行也。势非轻浅。姑仿《金匮》侧柏叶汤加味。蛤粉炒阿胶三钱，侧柏叶三钱，炮姜炭六分，丹参二钱，茜草根二钱，怀牛膝二钱，茯神三钱，川贝二钱，竹茹二钱，藕节炭三枚，清童便（冲服）一酒杯。

二诊：前方服二剂，吐血已止。原方加茺蔚子三钱。《丁甘仁医案·吐血案》

（四）注意事项

1.禁吐

唐氏针对吐血多由气火上逆所致，强调治疗吐血禁用吐法，宜"降其肺气，顺其胃气，纳其肾气。气下则血下，血止而气亦平复"。

2.忌汗

吐血之人，气最难敛，发汗则气泄，血随气溢，则"不可遏抑"，故"血家忌汗"。即使遇到血症兼有表证，非用汗法不可者，只宜敛散之法，不宜用麻黄、桂枝、羌活、独活等药，以免过汗亡阴。

3.补虚不宜过急

唐氏强调补虚不能操之过急，过早补虚，或邪气未清，骤用补法，则易留邪为患。并概括所用补法，当补脾者十之三四，当补肾者十之五六；补阳者十之二三，补阴者十之八九。还进一步指出，补气摄血法用于气脱者，而非气逆者；引火归元法适用于水冷火泛者，而非阴虚阳越者。

（五）血证预后

《血证论》中立"脉证死生论"专篇，从气、脉象、血证伴随症状论述血证的生死和预后。血证脉不数，或浮大革缓，或沉细涩缓，不伴随发热、咳嗽，大便不溏者，说明气平，预后较好。反之，脉数，或浮大革数，或沉细涩数，伴随发热、咳嗽，大便溏者，说明气不平，则为难治之证，"有死无生"。故唐氏根据气、血、水、火的相互关系，阐发说："夫载气者，血也，而运血者，气也。人之生也，全赖乎气。血脱而气不脱，虽危犹生，一线之气不绝，则血可徐生，复还其故。血未伤而气先脱，虽安必死。"而"气之平否"更是判断血证预后的根本之所在。

（六）临证用药特色

1.重视和法用药

导致血证原因较多，止血实属治标之举，血止后还应审证求因；或调气血，或燮阴阳，或攻补兼施，或寒热并用，这些均属于和法范畴，唐氏认为此乃治疗"血证之第一良法"。其云："表则和其肺气，里者和其肝气，而尤照顾脾肾之气，或补阴以和阳，或损阳以和阴，或逐瘀以和血，或泻水以和气，或补泻兼施，或寒热互用。"尤其是强调调气和血法对于治疗吐血的重要意义，"其气冲和则气为血之帅，血随之而营运，血为气之守，气得之而静谧，气结则血凝，气虚则血脱，气迫则血走，气不止而血欲止，不可得矣。""血之所以不安者，皆由气不安故也，宁气即是宁血。"故而告诫说："凡治血者必调气，使气不为血之病，而为血之用"，"而治一切血证皆宜治气"，"止血之法虽多，而总莫先于降气"，如"降其肺气，顺其胃气，纳其肾气，气下则血下，血止而气亦平复。"常选用沉香、降香、苏子、杏仁、旋覆花、枳壳、半夏、贝母、厚朴、香附等。

2.喜用大黄

唐氏认为吐血多因胃热炽盛，气火上逆所致，治疗多用泻心汤或十灰散泻火降逆，尤其是善用大黄。大黄苦寒，既是气药，又是血药，可以直折火势，推陈致新，急下存阴，止血而不留瘀，因而受到唐氏的青睐。其谓："血证火气太盛者，最恐亡阴，下之正是救阴，攻之不啻补之矣。"然而遗憾的是，"此味今人多不敢用，不知气逆血升，得此猛降之药，以损阳和阴，真圣药也，且非徒下胃中之气而已，即外而经脉肌肤，凡属气逆于血分之中者，大黄之性，亦无不达，盖其气最盛，凡人身气血凝聚，彼皆能以其药气克而治之，使气之逆者，不敢不顺。今人不敢用，往往留邪为患，惜哉！"（《血证论·仲景泻心汤》）

需要注意的是，气火正盛之时应用下法最为恰当，如果实邪留存时间已久，正气已衰，或大便溏薄，则慎用大黄。此时只能缓缓调停，"清润降利，以不违下之意，斯得法矣。"

医案举例

李某某，女，50岁，农民。1951年4月15日初诊。

患者平素性格偏激，不善言辞，常觉胸胁不舒，胃脘痞塞，每予疏肝理气之剂而得减。近因家事不遂，忽盈口吐血不止，前医曾拟平肝疏气剂加棕皮炭、焦侧柏等，连服2剂未效。刻下症见：面赤气粗，逆气频作，时有太息，胃脘刺疼，心烦灼热，意欲凉饮，吐血呈黑红色，大便干燥，已有2日未解。舌质红绛，苔黄腻，脉弦数，尤以两尺洪盛。此乃心肝火盛，阳明积热，损伤胃络，迫血妄行所致。治宜清胃泻火，降逆止血。方拟《金匮》泻心汤加味：大黄12g，黄连6g，黄芩9g，竹茹30g。服药1剂，逆气不作，血未再吐，脉转平和，神情安定。以原方减量：大黄9g，黄连4.5g，黄芩6g，竹茹15g。服药2剂，诸症皆平，嘱其停药，畅怀悦性，以饮食调养善后。（《当代名医临证精华·血证专辑》）

3.滋养脾阴用药

历代治脾，多重视脾阳，忽视脾阴，自明代缪希雍《神农本草经疏》立"脾阴不足之候"，才引起后世的关注。唐氏在缪氏之论的基础上，认为脾分阴阳，二者共同行使统血功能，"脾阳虚则不能统血，脾阴虚又不能滋生血脉。"并比喻说："脾阳不足，水谷固不化，脾阴不足，水谷仍不化也。譬如釜中煮饭，釜底无火固不熟，釜中无水亦不熟也。"脾阴虚致血虚津少，肺不得润养，可见唾血，脉数身热，咽痛声哑，睡卧不宁，怔忡劳倦，饮食不健等。治疗应根据不同表现与兼证分别选用《慎柔五书》养真汤，杨西山甲己化土汤加生地、天花粉、人参、麦门冬、藕节、侧柏叶、莱菔汁、枳壳，麦冬养荣汤加蒲黄、阿胶，归脾汤加阿胶、柴胡、炒栀子、棕榈炭、血余炭，人参固本汤，人参清肺汤，炙甘草汤去桂枝加白芍滋养脾阴，而人参、天花粉、生地、麦门冬、藕节、莱菔汁等"皆滋利脾阴之要药"。

原著选读 📖

● 阴阳水火气血论

人之一身，不外阴阳，而阴阳二字即是水火，水火二字即是气血。水即化气，火即化血。何以言水即化气哉？气着于物，复还为水，是明验也。

盖人身之气，生于脐下丹田气海之中，脐下者肾与膀胱，水所归宿之地也。此水不自化为气，又赖鼻间吸入天阳，从肺管引心火，下入于脐之下，蒸其水使化为气。如《易》之坎卦，一阳生于水中，而为生气之根。气既生，则随太阳经脉布护于外，是为卫气。上交于肺，是为呼吸，五脏六腑息以相吹，止此一气而已。然气生于水，即能化水，水化于气，亦能病气。气之所至，水亦无不至焉。故太阳之气达于皮毛则为汗，气挟水阴而行于外者也。太阳之气上输于肺，膀胱、肾中之水阴即随气升腾而为津液，是气载水阴而行于上者也。气化于下，则水道通而为溺，是气行水亦行也。设水停不化，外则太阳之气不达，而汗不得出，内则津液不生，痰饮交动，此病水而即病气矣。

又有肺之制节不行，气不得降，因而癃闭滑数，以及肾中阳气不能镇水，为饮为泻，不一而足，此病气即病水矣。

总之，气与水本属一家，治气即是治水，治水即是治气。是以人参补气，以其生于北方，水中之阳，甘寒滋润，大生水津，津液充足而肺金腴润。肺主气，其叶下垂以纳气，得人参甘寒之阴，

内具阳性，为生气化水之良品，故气得所补益焉。(《血证论·第一卷》)

●近人不知三焦实有其物。焦，古作膲，即人身之油膜，西医名为连网，乃行水之路道。《内经》所谓"三焦者，决渎之官，水道出焉"，盖水之路道，全在三焦油膜之中。凡人饮水入胃，胃之通体，有微丝管将水散出，走入油膜，其能散者，肺气布之也。故肺为水之上源，水散入油膜，走入膀胱。其水未散尽者，至小肠中，又有微丝管将水尽散出，走下焦，以入膀胱。膀胱上口即在下焦连网之中，此皆下行之水未化为气者也，必待心火下交，乃化为气。心有管通肺，凡人鼻中吸入天阳之气，从肺历心，引心火循脊入肾系，由肾系入连网，以布达小肠。凡水之在连网中，及由小肠而入连网者，皆被火蒸之而化为气，其化之不尽者，则渗入膀胱。膀胱之底，是为气海，又名血室，乃油膜中一大夹室。凡人吸入之气，从肺历心，引心火下入肾系，直走连网，抵气海血室之中，熏蒸膀胱之水，皆化为气，透出于气海，循油膜上胸膈，以达于喉，是为呼出之气。其从油膜四达者，则走肌肉，出皮毛，是为卫外之气，此小肠与膀胱所以化气卫外，而统称为太阳经也。其经行身之背，有如天之赤道，阳气循行之路也，其气由内之油膜，透出肌肉，由肌肉透出皮毛，其上行者，由油网透胸膈达喉鼻。喉鼻皮毛皆肺所司，故太阳之气上合于肺。皮毛内之肥肉，名为肌肉，肥肉里瘦肉外夹缝中之油网，名腠理，以其有纹理也。腠理即三焦之所司，以其从内油网透出而生此膜，腠外与内油网同是一物，故皆属三焦。由腠理入瘦肉即与筋连，筋亦连内之油网，而内油膜膈即三焦之府也，油网不利则水道不通，膜膈滞塞则胸前痞结，循油网入胃、小肠为入府，循油网入血室、入膀胱均为入府，循油网入心肝包络则为入脏。人必知小肠膀胱交通之故，又必知心肾水火相蒸之理，尤必知两腑两脏其连络全在三焦。三焦，即是油膜，其根发于肾系，其上归结为心包。悉知乎此，乃可以读太阳篇。此说参之西法，证以《内经》，与仲景书字字符合，幸勿疑有杜撰也。(《伤寒论浅注补正·辨太阳病脉证篇》)

●仲景治血以治冲为要，冲脉丽于阳明，治阳明即治冲也。阳明之气，下行为顺，今乃逆吐，失其下行之令，急调其胃，使气顺吐止，则血不致奔脱矣。此时血之原委，不暇究治，惟以止血为第一要法。血止之后，其离经而未吐出者，是为瘀血。既与好血不相合，反与好血不相能，或壅而成热，或变而为痨，或结癥，或刺痛，日久变证，未可预料，必亟为消除，以免后来诸患，故以消瘀为第二法。止吐消瘀之后，又恐血再潮动，则须用药安之，故以宁血为第三法。邪之所凑，其正必虚，去血既多，阴无有不虚者矣。阴者阳之守，阴虚则阳无所附，久且阳随而亡，故又以补虚为收功之法。四者乃通治血证之大纲。(《血证论·吐血》)

·参考文献·

1.王咪咪，李林.唐容川医学全书［M］.北京：中国中医药出版社，1999.

2.谷建军.缪希雍养阴用药心法［M］.北京：中国医药科技出版社，2021.

3.谷建军.唐容川血证用药心法［M］.北京：中国医药科技出版社，2021.

4.李艳彦，梁琦.《血证论》水血相因思想初探［J］.中医杂志，2015，56（09）：731-733.

5.刘渊，黄秀深，周训伦.中医"心生血"理论初探［J］.中医杂志，2005，46（3）：163.

6.李艳彦，梁琦.《血证论》"失血家"证治初探［J］.中国中医基础医学杂志，2014，20（12）：1622-1623+1627.

7.叶瑜，莫志红，莫智旭，等.浅论"脾体阴而用阳"［J］.中国中医基础医学杂志，2014，20（03）：289+315.

8.吕军.《血证论》平衡观初探［J］.南京中医药大学学报，2014，30（01）：13-14.

9.王华楠.对《血证论》"阴阳水火气血论"的气化阐释［J］.中国中医药信息杂志，2012，19（07）：90-92.

10.李铖，朱翠玲，闫奎坡，等.唐容川《血证论》辨治心系疾病思想探讨［J］.中华中医药杂志，2021，36（1）：364-366.

11.张翔.唐容川论治消渴学术思想探析［J］.中国中医基础医学杂志，2019，25（12）：1648-1649.

12.陈宇谨，潘桂娟.唐容川血证治疗与病后防复首重气机观点探讨［J］.中国中医基础医学杂志，2011，17（03）：235-236.

13.张广丽，许华.《血证论》时复病浅析［J］.中医杂志，2011，52（06）：533-534.

14.叶瑜，李成文.唐宗海治疗血症特色［J］.中医药学报，2008，（05）：1-3.

15.班圆圆，赵惠淳，秦林，彭欣.《血证论》组方用药规律数据挖掘［J］.中医杂志，2016，57（19）：1693-1696.

16.张擎，张舒，姚文强，等.运用唐容川"治血四法"辨治糖皮质激素相关性消化道出血［J］.江苏中医药，2020，52（11）：51-54.

17.彭波，杨越，夏庭伟.探讨唐容川血证中麻黄的应用［J］.中国中医基础医学杂志，2019，25（4）：548-549.

18.杨勤军，张星星，李泽庚，等.论唐宗海《血证论》辨治内伤咳嗽思想［J］.中华中医药杂志，2018，33（9）：3799-3801.

19.刘艳，李毅.浅论血虚证从"心生血"论治［J］.辽宁中医杂志，2010，37（02）：262.

20.蔡松，张立山，孙放，等.基于气血水火理论从三焦论治肺纤维化［J］.世界中医药，2024，19（06）：822-825.

张锡纯

学习要点

张锡纯主张沟通中西，取长补短，勇于创新，阐发大气理论与中风病因病机，深入研究中药功效，创制镇肝熄风汤、升陷汤、活络效灵丹、寿胎丸等许多新方，临证擅用小方，喜用生药，中西药并用。

目的要求：

掌握大气理论、治疗中风经验和临证用药特色；熟悉镇肝熄风汤配伍特点，治疗大气下陷经验；了解其生平，著作及学术成就对后世的影响。

一、概说

张锡纯（1860~1933），字寿甫，河北省盐山县人。

张氏幼敏好学，攻读经史之余，兼习岐黄之书；长而私塾乡里，悬壶乡梓，医术精湛，常能力排众议，独任其责，疗效卓著，屡起群医束手之沉疴危症，名震遐迩。曾在武汉革命军担任军医；1917年在沈阳创建"立达中医院"，后因直奉战争回故乡河北沧州行医；1926年移居天津，创办"天津国医函授学校"，培养了大批中医人才，《医学衷中参西录》中经常提到的门人有杨鸿恩、朱良佐、刘子蕴、高某、张某、刘某、李某等。其医德高尚，常舍药济贫，并亲自携药到病家督煎，守护达旦。与江苏陆晋笙、杨如侯，广东刘蔚楚同负盛名，又与慈溪张生甫、嘉定张山雷并称"名医三张"。

张氏治学，一是主张沟通中西，取长补短，与唐宗海、恽铁樵等成为近代中西医汇通派的中坚；二是重视实践，深入研究中药药性，强调为医要熟知药性，于是亲尝中药，以体验药物毒性反应、用量和功效。

张锡纯著作是《医学衷中参西录》，其特点为衷中参西，临证实录，治研相长，论案相证，理法方药多有发明创新，问世后风靡全国。

二、学术特色与临证经验

（一）阐发大气理论

《素问·五运行大论》曰："地为人之下，太虚之中，大气举之。"《金匮要略》曰："营卫相得，其气乃行，大气一转，其气乃散。"清代喻昌认为自然界中有磅礴之大气，人身也有大气，就是胸中阳气，以维持人体生理活动的基本动力，虚则用桂枝去芍药加麻黄、附子治之。张锡纯在前贤基础上，对大气生理、大气下陷的病因病机、临床表现、证候鉴别诊断和治疗进行了深入系统的阐发。

1.大气功能

张氏认为，大气即《内经》所言之宗气，源于元气，依靠水谷精微滋养，藏于胸中，为诸气之纲领，主司呼吸，撑持全身，振作精神，"以及心思脑力、官骸动作，莫不赖乎此气。"

2.大气下陷病因

劳力过度、久病和误用药物可以导致大气虚而下陷。"其证多得之力小任重，或枵腹力作，或病后气力未复而勤于动作，或泄泻已久，或服破气药太过或气分虚极自下陷。"

3.临床表现

大气虚陷，发病急、病情重者可突然死亡。张氏阐述说，"大气既陷，无气包举肺外以鼓动其阖辟之机，则呼吸停顿，所以不病而猝死"。而发病速度缓、病情轻者，临床常见呼吸不利，时时酸懒，精神昏愦，脑力、心思为之顿减，"有呼吸短气者，有心中怔忡者，有淋漓大汗者，有神昏健忘者，有声颤身动者，有胸中满闷者，有努力呼吸似喘者，有咽干作渴者，有常常呵欠者，有肢体痿废者，有食后易饥者，有二便不禁者，有癃闭身肿者，有张口呼吸而气不上达，肛门突出者，有女子下血不止，或经血逆行者"等。

张氏在论述大气下陷的同时，还与中气下陷进行了鉴别。大气下陷临床表现以心肺证候为主，兼见脾胃证候。中气下陷以脾胃证候为主，而无心肺证候；但中气下陷重者，可发展至大气下陷，"夫中气诚有下陷之时，然不如大气下陷之尤属危险也。间有因中气下陷，泄泻已久，或转致大气下陷者……"

4.治疗特色

张氏根据大气下陷的病因病机，临床表现与兼证，创制升陷汤（生黄芪、知母、柴胡、桔梗、升麻）、回阳升陷汤（生黄芪、干姜、当归、桂枝、甘草）、理郁升陷汤（生黄芪、知母、当归、桂枝、柴胡、乳香、没药）、醒脾升陷汤（生黄芪、白术、桑寄生、续断、山茱萸、龙骨、牡蛎、萆薢、甘草），以升举恢复大气。并强调慎用破气降气药物，以免戕伤大气，这对当今防治心肺疾病颇有启示。

（1）升陷汤：用于胸中大气下陷，气短不足以息；或努力呼吸，有似乎喘；或气息将停，危在顷刻；或兼寒热往来，或兼咽干作渴，或兼满闷怔忡，或兼神昏健忘；脉沉迟微弱，或六脉不全，或参伍不调。方中重用黄芪为君补气升陷，佐知母凉润以济其之偏，柴胡、升麻升举大气，桔梗为药中之舟楫，载诸药上达胸中。若气虚甚加人参以培气之本，或更加山茱萸以防气之涣散；若大气下陷过甚，少腹下坠或疼痛者，酌增升麻用量。

（2）回阳升陷汤：用于心肺阳虚，大气下陷，心冷、背紧、恶寒、常觉短气。重用黄芪补气并升提下陷之大气，干姜、桂枝温补心肺之阳，当归、甘草补益气血，并监制干姜、桂枝之辛燥。

（3）理郁升陷汤：用于胸中大气下陷，又兼气分郁结，经络瘀滞，常见胸中满痛，或胁下撑胀，腹痛等。故用生黄芪、知母、当归、桂枝、柴胡、乳香、没药补气升陷，理气止痛，少腹下坠者，可加升麻。

（4）醒脾升陷汤：用于脾气虚极下陷，小便不禁。方中用黄芪、白术、甘草升补脾气，黄芪同桑寄生、续断升补肝气，龙骨、牡蛎、山茱萸、萆薢固涩收敛止小便不禁。

医案举例

李某某，年三十二岁，拉洋车为业，得大气下陷证。症见呼吸短气，心中发热，懒食，肢体酸懒无力，略有动作即觉气短不足以息。其脉左部弦而兼硬，右部则寸关皆沉而无力。病因：乃腹中觉饥，未暇吃饭，枵腹奔走七八里，遂得此病。诊断：此胸中大气下陷，其肝胆又蕴有郁热也。盖胸中大气，原为后天宗气，能代先天元气主持全身，然必赖水谷之气以养之。此证因忍饥劳力过度，是以大气下陷。右寸关之沉而无力，其明征也。其举家数口生活皆赖一人劳力，因气陷不能劳力，继将断炊。肝胆之中遂多起急火，其左脉之弦而兼硬是明征也。治之者当用拙拟之升陷汤，升补其胸中大气，而辅以凉润之品，以清肝胆之热。

处方：生黄芪、知母、桔梗、柴胡、升麻、生白芍、龙胆草。

效果：将药连服两剂，诸病脱然痊愈。(《医学衷中参西录·气病门》)

（二）治疗中风经验

唐宋以前，治疗中风多从"内虚邪中"立论。金元以后刘完素从火论治，李杲从元气不足论治，朱震亨从痰热论治，缪希雍从阴亏痰阻论治，叶桂从阳化内风立论，王清任从气虚血瘀论治。张锡纯兼收并蓄，用中西医结合观点阐发中风病机，将中风分为脑充血与脑贫血两大类。他认为刘完素所论中风乃热极所致，为脑充血之中风；李杲所谓中风乃气虚邪凑，实为脑贫血之中风；王清任补阳还五汤重用黄芪四两，以峻补气分，也是李杲主气之说。张氏创制镇肝熄风汤、加味补血汤、搜风汤、建瓴汤等防治中风方剂，对后世产生了巨大影响。

1.病因病机

张氏根据《内经》"血菀于上，使人薄厥"之说，认为脑充血即煎厥、薄厥、大厥，其病位在"肝"；病机是肝木失和，风自肝起，加之肺气不降，肾气不摄，胃气上逆，血随气升上注于脑，伤其脑髓神经，神经失其所司。脑贫血所致中风是因胸中大气下陷不能助血上升，脑中之血过少，无以充养脑髓神经，神经失其所司。

2.临床表现

头目眩晕，目胀耳鸣，脑部热痛，心中烦热，或时常噫气，或肢体渐觉不利，或面色如醉，口角渐歪斜，言语謇涩，甚或昏仆而不知人，移时始醒致成偏枯，或肢体痿废，或神昏健忘，精神短少，脉弦长有力或脉象迟弱。

3.辨治特色

张氏治疗中风，脑充血所致者用镇肝熄风汤，脑贫血所致者用加味补血汤。

（1）镇肝熄风汤：张氏提出治疗脑充血中风原则，应"清其脏腑之热，滋其脏腑之阴，更降其脏腑之气，引脑部所充之血下行"，"镇肝熄风、引血下行"。创制镇肝熄风汤（怀牛膝、生代赭石、生白芍、天冬、生龙骨、生牡蛎、生龟板、玄参、川楝子、生麦芽、茵陈、甘草），重用牛膝为君引血下行治标，用龙骨、牡蛎、代赭石、龟板、白芍药降胃镇肝熄风潜阳，玄参、天门冬清肺益阴以制肝木，麦芽、茵陈、川楝子清泻肝热，疏肝解郁，助其条达，并引肝气下行，甘草调和诸药，合生麦芽和胃安中，以防金石、介类药物碍胃。全方标本兼治，攻补兼施，重用镇潜，滋阴、疏肝并举，成为后世治疗中风的代表方。

另外，张氏还创制起痿汤（生黄芪、生代赭石、怀牛膝、天花粉、玄参、柏子仁、生白芍、生没药、生乳香、地鳖虫、制马钱子）徐服，用于脑充血治愈，脉象和平，而肢体仍痿废者。养脑利肢汤（人参、生代赭石、怀牛膝、天花粉、玄参、生白芍、生乳香、生没药、威灵仙、地鳖虫、制马钱子）用于服前方若干剂后肢体已能运动而仍觉无力者。

（2）加味补血汤：用于治疗气血两亏之脑贫血中风。加味补血汤（黄芪、当归、龙眼肉、鹿角、丹参、乳香、没药、麝香、冰片、甘松）方中重用黄芪为君峻补胸中大气，当归、龙眼肉补血养血，鹿角胶填精补髓充脑，丹参、乳香、没药合当归活血通络，麝香、冰片芳香通窍开闭，"用甘松者，为其能助心房运动有力，以多输血于脑。"并告诫说，服之觉热者，酌加天花粉、天门冬；觉发闷者，加生鸡内金。若肢体痿废，或偏枯，脉象极微细无力者，又创制干颓汤（黄芪、当归、枸杞子、山茱萸、乳香、没药、鹿角胶）；服药久不愈者，则用补脑振痿汤（黄芪、当归、龙眼肉、胡桃肉、山茱萸、乳香、没药、鹿角胶、地龙、地鳖虫、制马钱子）。

（3）搜风汤：用于五内大虚，或秉赋素虚，或劳力劳神过度，风自经络袭入，直透膜原而达脏腑，令脏腑各失其职。或猝然昏倒，或言语謇涩，或溲便不利，或溲便不觉，或兼肢体痿废偏枯的中风。搜风汤（防风、麝香、人参、石膏、僵蚕、半夏、柿霜）方中重用防风引麝香，搜脏腑之风；人参大补元气，扶正胜邪；石膏清脏腑之热，监制人参之热；僵蚕引祛风之药至病所；用半夏、柿霜祛痰。

4.中风预防

如果时常头目眩晕，或觉脑中昏愦，或多健忘，或耳聋目胀，时觉烦躁不宁，舌强言语不利，或口眼歪斜，或半身似有麻木不遂，或行动脚踏不稳，或时欲眩仆，或自觉头重足轻，脚底如棉絮，脉弦长而硬，则为中风先兆。张氏创制建瓴汤（生山药、怀牛膝、生代赭石、生龙骨、生牡蛎、生地黄、生白芍、柏子仁）进行预防。若大便不实者去代赭石，加莲子；若畏凉者，以熟地易生地；初服建瓴汤一两剂时，可酌加大黄；若身形脉象不甚壮实者，可加桃仁、丹参诸药。

医案举例

刘某。丁卯来津后，其脑中常觉发热，时或眩晕，心中烦躁不宁，脉象弦长有力，左右皆然，知系脑充血证。盖其愤激填胸，焦思积虑者已久，是以有斯证也。为其脑中常觉热，俾用绿豆实于囊中作枕，为外治法，又治以镇肝熄风汤，于方中加地黄一两，连服数剂，脑中已不觉热。遂去川楝子，又将生地黄改用六钱，服过旬日，脉象和平，心中亦不烦躁，遂将药停服。(《医学衷中参西录·镇肝熄风汤》)

（三）临证用药特色

1.精研药性

张氏认为掌握中药性能极为重要，强调学医要熟悉药性，因此亲尝中药，体验药物毒性反应、用量和功效；在《医学衷中参西录》中专列《药物》篇，对79种常用药物详加解释并附医案佐证，其中对黄芪、山茱萸、代赭石、山药、三七、党参、乳香、没药、三棱、水蛭、牛膝、龙骨、牡蛎、麦芽等阐发得较为详尽。"尝思用药如用兵，善用兵者必深知将士之能力，而后用之所制敌；善用药者亦必深知药性之能力，而后用之以治病。"如张氏认为大麦芽不但能够消食健脾，回乳，而且通过研究还发现生用善舒肝气，兼能通利二便。其谓："夫肝主疏泄为肾行气，为其力能舒肝，善助肝木疏泄以行肾气，故又善于催生。至妇人之乳汁为血所化，因其善于消化，微兼破血之性，故又善回乳。"(《医学衷中参西录·大麦芽解》)

医案举例

长子荫潮，七岁时，感冒风寒，四五日间，身大热，舌苔黄而带黑。孺子苦服药，强与之即呕吐不止。遂单用生石膏两许，煎取清汤，分三次温饮下，病稍愈。又煎生石膏二两，亦徐徐温饮下，病又见愈。又煎生石膏三两，徐徐饮下如前，病遂痊愈。

夫以七岁孺子，约一昼夜间，共用生石膏六两，病愈后饮食有加，毫无寒中之弊，则石膏果大寒乎？抑微寒乎？此系愚初次重用石膏也。故第一次只用一两，且分三次服下，犹未确知石膏之性也。世之不敢重用石膏者，何妨若愚之试验加多以尽石膏之能力乎？(《医学衷中参西录·石膏解》)

2.擅用小方

张氏临证喜欢用小方，并创制一百多个新方。其中有不少小方，或一味为方，或二味、三味、五味、七味、九味为方。如一味薯蓣饮，治痨瘵发热，或喘或嗽，或自汗，或心中怔忡，大便滑泻；二鲜饮（鲜茅根、鲜藕）治虚劳证及痰中带血；薯蓣半夏粥（生山药、清半夏）治疗胃气上逆，冲气上冲，以致呕吐不止，闻药气则呕吐，诸药皆不能下咽；珠玉二宝粥（生山药、生薏苡仁、柿霜饼）治脾肺阴分亏损，饮食懒进，虚热劳嗽；健脾化痰丸（生白术、生鸡内金）治疗脾胃虚弱，不能运化饮食以至生痰；柴胡、麦芽治疗胁痛；生石膏、薄荷治疗牙疼；秘红丹（大黄、肉桂、生代赭石）治疗肝郁多怒，胃郁气逆的吐血、衄血；活络效灵丹（当归、丹参、生乳香、生没药）治心腹疼痛与癥瘕痰癖；寿胎丸（菟丝子、桑寄生、续断、阿胶）治肾虚滑胎；升陷汤治疗胸中大气下陷，气短不足以息；预防中风的建瓴汤只有8味药；即便是镇肝熄风汤才12味药，这与当代应用大方的习俗形成鲜明对照。

医案举例

◆邻村李媪，年七旬，劳喘甚剧，十年未尝卧寝。俾每日用熟地煎汤当茶饮之，数日即安卧，其家人反惧甚，以为如此改常，恐非吉兆，而不知其病之愈也。（《医学衷中参西录·地黄解》）

◆邻村霍印科愚师兄弟也，当怒动肝火之余感受伤寒，七八日间腹中胀满，大便燥结，医者投以大承气汤，大便未通下，肋下转觉疼不可支。其脉左部沉弦有力，知系肝经气郁火盛，急用柴胡三钱，生麦芽一两，煎汤服后，至半点钟肋下已不觉疼，又迟一点余钟，大便即通下。大便下后，腹即不胀，而病脱然痊愈矣。（《医学衷中参西录·阳明病三承气汤证》）

3. 善用重剂

张氏临证用药"以胜病为主，不拘分量之多少"，常常突破传统剂量，善投重剂，单药或一次过两、或多至八两、甚或十六两，或一日多剂过两、或多达半斤、甚至一斤；总能一药中的，或多药聚合，疗效卓然，辨病用药思路出神入化，每每出人意料。如以黄芪一两治汗证，以山茱萸二两治温病，以代赭石三两治胃脘痛，以芒硝四两治伤寒，以山药六两治喘证，以白茅根八两治水肿，以石膏十两治便秘，以地黄十二两治心悸等等，在张锡纯的医案中，重剂医案占据了三分之一以上，充分说明了"重剂起沉疴"之临床疗效。

4. 重视药对

药对又称对药，由2味中药组成，相互依赖、相互制约，以增强疗效。张氏根据其临床经验和体会，总结出一百多个药对配伍关系。如山药配牛蒡子疏补兼行，补肾健脾，清肺止咳，祛痰降气；黄芪配知母，寒热平调以益气升陷；三棱配莪术，破血调气；乳香配没药，活血通络，理气止痛；鸡内金配山楂，补脾胃化瘀积；茵陈配麦芽，疏肝解郁，用于体弱阴虚不任柴胡升散者；还有人参配威灵仙、人参配石膏、人参配代赭石、大黄配肉桂、干姜配芒硝、干姜配白芍等。

5. 善用生药

张锡纯认为生药经过炮制以后影响药性，"愚于诸药多喜生用，欲存其本性也。"（《医学衷中参西录·诊余随笔》）因而临证常用生药治病，如生山药、生黄芪、生白芍、生白术、生乳香、生没药、生鸡内金、生石膏、生怀牛膝、生薏苡仁、生代赭石、生龙骨、生牡蛎、生麦芽、生地黄、生石决明、生水蛭等。并论述说，山药"色白入肺，味甘归脾，液浓益肾。能滋润血脉，固摄气化，宁嗽定喘，强志育神，性平可以常服多服。宜用生者煮汁饮之，不可炒用，以其含蛋白质甚多，炒之则其蛋白质焦枯，服之无效。若作丸散，可轧细蒸熟用之。"（《医学衷中参西录·山药解》）而水蛭最宜生用，甚忌火炙。（《医学衷中参西录·水蛭解》）生代赭石若"用醋淬，即能伤肺"。（《医学衷中参西录·赭石解》）

医案举例

沈阳县尹朱霭亭夫人，年过五旬，于戊午季秋得温病甚剧。先延东医治疗，所服不知何药，外用冰囊以解其热。数日热益盛，精神昏昏似睡，大声呼之亦无知觉，其脉洪实搏指。婢将冰囊撤去，用生石膏细末四两，粳米八钱，煎取清汁四茶杯，约历十句钟，将药服尽，豁然顿醒。

霭亭喜甚，命其公子良佐，从愚学医。（《医学衷中参西录·石膏解》）

6. 中西药并用

张氏临床用药主张衷中参西，联合用药，如治疗温病周身壮热，心中热而渴，或头犹觉疼，周身犹有拘束感，舌苔白欲黄，脉洪滑者，用石膏阿司匹林汤，先用白蔗糖冲水，送服阿司匹林。再将石膏煎汤，待周身正出汗时，乘热将石膏汤饮下三分之二，以助阿司匹林发表之力。迨至汗出之后，过两三点钟，犹觉有余热者，可仍将所余石膏汤温饮下。若药服完，热犹未尽者，可但用生石膏煎汤，或少加粳米煎汤，徐徐温饮之，以热全退净为度，不用再服阿司匹林也。张氏在《医学衷中参西录·参麦汤》中用中医理论解释为何应用阿司匹林的原因："阿司匹林，其性凉而能散，善退外感之热，初得外感风热，服之出凉汗即愈。"并在《医学衷中参西录·石膏解》中还分析了石膏阿司匹林并用的优势，"盖石膏清热之力虽大，而发表之力稍轻。阿司匹林味酸性凉，最善达表，使内郁之热由表解散，与石膏相助为理，实有相得益彰之妙也……石膏与阿司匹林，或前后互用，或一时并用，通变化裁，存乎其人，果能息息与病机相赴，功效岂有穷哉！"可用于外感病不解，热入阳明胃腑；斑疹毒郁未发，表里俱热，大便不滑泻，或出后壮热不退，胃腑燥实，大便燥结等。

另外，张氏还创立许多食疗方剂，如一味薯蓣饮、珠玉二宝粥、薯蓣半夏粥、薯蓣粥（生怀山药）、宁嗽定喘饮（生怀山药、甘蔗汁、酸石榴汁、生鸡子黄）等，协助和辅助治疗相关疾病。

原著选读

●脑充血病之说倡自西人，而浅见者流恒讥中医不知此病，其人盖生平未见《内经》者也。尝读《内经》至调经论，有谓"血之与气，并走于上，则为大厥，厥则暴死，气反则生，不反则死"云云，非即西人所谓脑充血之证乎？所有异者，西人但言充血，《内经》则谓血之与气并走于上。盖血必随气上升，此为一定之理，而西人论病皆得之剖解之余，是以但见血充脑中，而不知辅以理想以深究病源，故但名为脑充血也。至《内经》所谓"气反则生，不反则死"者，盖谓此证幸有转机，其气上行之极，复反而下行，脑中所充之血应亦随之下行，故其人可生，若其气上行不反，升而愈升，血亦随之充血愈充，脑中血管可至破裂，所以其人死也。又《内经·厥论篇》谓"巨阳之厥则肿首，头重不能行，发为眴（眩也）仆"；"阳明之厥，面赤而热，妄言妄见"；"少阳之厥，则暴聋颊肿而热"，诸现象皆脑充血证也。推之秦越人治虢太子尸厥，谓"上有绝阳之络，下有破阴之纽"者，亦脑充血证也。特是古人立言简括，恒但详究病源，而不细论治法。然既洞悉致病之由，即自拟治法不难也。愚生平所治此证甚多，其治愈者，大抵皆脑充血之轻者，不至血管破裂也。今略举数案于下，以备治斯证者之参考。

在奉天曾治一高等检察厅科员，年近五旬，因处境不顺，兼办稿件劳碌，渐觉头疼，日浸加剧，服药无效，遂入西人医院。治旬日头疼不减，转添目疼。又越数日，两目生翳，视物不明，来院求为诊治。其脉左部洪长有力，自言脑疼彻目，目疼彻脑，且时觉眩晕，难堪之情莫可名状。脉证合参，知系肝胆之火挟气血上冲脑部，脑中血管因受冲激而膨胀，故作疼；目系连脑，脑中血管膨胀不已，故目疼生翳且眩晕也。因晓之曰："此脑充血证也。深考此证之原因，脑疼为目疼之根；而肝胆之火挟气血上冲，又为脑疼之根。欲治此证，当清火、平肝、引血下行，头疼愈而目疼、生翳及眩晕自不难调治矣。"遂为疏方，用怀牛膝一两、生杭芍、生龙骨、生牡蛎、生赭石各六钱，玄参、川楝子各四钱，龙胆草三钱，甘草二钱，磨取铁锈浓水煎药。服一剂，觉头目之疼顿减，眩晕已无。即方略为加减，又服两剂，头疼、目疼痊愈，视物亦较真。其目翳原系外障，须兼外治之法，为制磨翳药水一瓶，日点眼上五六次，徐徐将翳尽消。(《医学衷中参西录·论脑充血之原因及治法》)

● 石膏解

石膏之质，中含硫氧，是以凉而能散，有透表解肌之力。外感有实热者，放胆用之直胜金丹。《神农本经》谓其微寒，则性非大寒可知；且谓其宜于产乳，其性尤纯良可知。医者多误认为大寒而煅用之，则宣散之性变为收敛（点豆腐者必煅用，取其能收敛也），以治外感有实热者，竟将其痰火敛住，凝结不散，用至一两即足伤人，是变金丹为鸩毒也。迨至误用煅石膏偾事，流俗之见，不知其咎在煅不在石膏，转谓石膏煅用之其猛烈犹足伤人，而不煅者更可知矣。于是一倡百和，遂视用石膏为畏途，即有放胆用者，亦不过七八钱而止。夫石膏之质甚重，七八钱不过一大撮耳。以微寒之药，欲用一大撮扑灭寒温燎原之热，又何能有大效。是以愚用生石膏以治外感实热，轻证亦必至两许；若实热炽盛，又恒重用至四五两，或七八两，或单用，或与他药同用，必煎汤三四茶杯，分四五次徐徐温饮下，热退不必尽剂。如此多煎徐服者，欲以免病家之疑惧，且欲其药力常在上焦、中焦，而寒凉不至下侵致滑泻也。盖石膏生用以治外感实热，断无伤人之理，且放胆用之，亦断无不退热之理。惟热实脉虚者，其人必实热兼有虚热，仿白虎加人参汤之义，以人参佐石膏亦必能退热。特是药房轧细之石膏多系煅者，即方中明开生石膏，亦恒以煅者充之，因煅者为其所素备，且又自觉慎重也。故凡用生石膏者，宜买其整块明亮者，自监视轧细（凡石质之药不轧细，则煎不透）方的。若购自药房中难辨其煅与不煅，迨将药煎成，石膏凝结药壶之底，倾之不出者，必系煅石膏，其药汤即断不可服。(《医学衷中参西录·石膏解》)

● 或又问：肾气丸虽非专治虚劳之药，而《金匮》虚劳门，明载其治虚劳腰疼，似虚者皆可服之，子独谓无甚效验，岂古方不可遵欤？答曰：肾气丸若果按古方修制，地黄用干地黄，桂用桂枝，且只为丸剂，而不作汤剂，用之得当，诚有效验。盖生地能逐血痹（《神农本草经》），而熟地无斯效也。桂枝能调营卫，而肉桂无斯效也。血痹逐，则瘀血自消，营卫调，则气血自理。至于山萸肉之酸温，亦能逐痹（《神农本草经》山茱萸逐寒湿痹）。牡丹皮之辛凉，亦能破血。附子之大辛大温，又能温通血脉，与地黄之寒凉相济，以共成逐血痹之功。是肾气丸为补肾之药，实兼为开瘀血之药，故列于《金匮》虚劳门，而为要方也。其只为丸剂，而不作汤剂者，诚以地黄经水火煎

熬，则汁浆稠黏、性近熟地，其逐血痹之力必减，是以《神农本经》谓地黄生者尤良也。(《医学衷中参西录·治阴虚劳热方》)

· 参考文献 ·

1.张锡纯.医学衷中参西录［M］.北京：人民卫生出版社，2006.

2.李成文.张锡纯重剂医案精选［M］.北京：人民卫生出版社，2017.

3.李成文.汇通学派医案［M］.北京：中国中医药出版社，2015.

4.李成文.张锡纯用小方［M］.北京：中国医药科技出版社，2016.

5.李成文.张锡纯用人参［M］.北京：中国医药科技出版社，2016.

6.李成文.张锡纯用石膏［M］.北京：中国医药科技出版社，2016.

7.李成文.张锡纯用黄芪［M］.北京：中国医药科技出版社，2016.

8.李成文.张锡纯用山药［M］.北京：中国医药科技出版社，2016.

9.李成文.张锡纯伤寒经方发挥［M］.郑州：河南科学技术出版社，2024.

10.李成文.张锡纯用对药［M］.郑州：河南科学技术出版社，2024.

11.冯瑞雪，张紫微，张再康.论张锡纯胸中大气下陷学说的形成［J］.中医杂志，2016，57（17）：1455-1459》.

12.王建超，王育勤.浅析张锡纯大气下陷理论［J］.中医药通报，2019，18（4）：36-38.

13.张玉辉，于峥，杜松.张锡纯"冲脉理论"探析［J］.中国中医基础医学杂志，2015，21（11）：1361-1362.

14.周德生.张锡纯中西药并用规律初探［J］.湖南中医学院学报，199212（1）：4.

15.王德伟，王喜周，陈力，等.张锡纯论肝气虚［J］.浙江中医药大学学报，2012，36（8）：869-870.

16.孙文军，唐启盛.张锡纯思想中的心脑相通理论［J］.中华中医药杂志，2011，26（3）：427-429.

17.潘大为.张锡纯"心脑共主神明"说分析.时珍国医国药，2007，18（12）：3133-3134.

18.张世敏，李旺.谈张锡纯对伏邪温病学说的贡献［J］.中国中医基础医学杂志，2004，10（10）：72-73.

19.穆超超，崔俊波.张锡纯治疗中风规律探析［J］.中国中医基础医学杂志，2018，24（12）：1668-1671.

20.莫雅婷，梁毓娴，马琴，等.张锡纯辨治血证学术思想探析［J］.中国中医基础医学杂志，2021，27（3）：392-395.

21.徐玉芬.浅析张锡纯治疗泄泻用药特色［J］.中医杂志，2010，51（3）：281.

22.张文学，李成文，杨艳芳等.张锡纯应用白虎汤特色浅析［J］.中医杂志，2010，51（4）：380-381.

23.张永前.探析张锡纯在温病治疗中运用"人参"的经验［J］.中华中医药杂志，2019，34（12）：5612-5614.

24.方奕芬，叶玺，何皓颋.张锡纯运用薄荷撷菁［J］.中国中医基础医学杂志，2019，25（11）：1585-1587.

25.殷寻嫣，严忠婷，方向明.张锡纯应用半夏撷菁［J］.中国中医基础医学杂志，2021，27（8）：1241-1243.

26.姚沛雨，闫镛，杨传虎.张锡纯运用山萸肉经验初探［J］.时珍国医国药，2000，11（10）：912.

27.武宁，何珍，徐贺朋，等.《医学衷中参西录》对黄芪应用之探讨［J］.中国药物经济学，2021，16（5）：125-128.

28.刘建，陈宝贵.张锡纯对药运用特色撷菁［J］.中医药通报，2016，15（5）：39-41.

施今墨

一、概说

施今墨（1881~1969），原名毓黔，字奖生，浙江萧山（浙江杭州）人。

施氏幼时，因母体弱多病，乃萌发治病救人理想。13岁时，拜舅父李可亭（河南安阳名医）学医达7年之久。1902年，考入山西大学堂（今山西大学），后转入山西法政学堂学习；1906年，因毕业成绩优秀被保送京师法政学堂学习。曾追随黄兴参加辛亥革命。1921年，弃政悬壶，专以医为业于北京。1931年任国民政府中央国医馆副馆长。1932年，创办华北国医学院，并任院长。1935年，他与汪逢春、萧龙友、孔伯华四人作为北平中医考试的主考官，负责试卷命题与阅卷，此后就有了"北京四大名医"之称。建国后，曾任第二、三、四届全国政协委员，中华医学会副会长、北京医院中医顾问等。祝谌予、吕景山等师承其学。

施氏治学主张一是沟通中西医学，革新中医，强调中医与西医应取长补短，互相结合。提出"学术无国界而各有所长"，"诊断以西法为精密，处方以中药为完善"，"无论中医西医，其理论正确，治疗有效者，皆信任之；反之，摒弃不可用也。"二是重视中医教育，创办华北国医学院，开设课程以中医理论为主，包括《内经》《伤寒论》《金匮要略》《温病条辨》《难经》等，兼顾生理、病理、药理、解剖等西医课程，培养了大量中医人才。三是提倡中西医病名统一，率先使用西医病名诊断书写脉案，并结合己见而创新说，指导临床遣方用药；临证常参考西医辅助检查和化验结果，还经常与西医专家共同研讨治疗方法，不断探索中西医结合的治疗途径。四是提倡"中医现代化，中药工业化。"

施今墨毕生忙于诊务，无暇著述，其学术思想与临证经验主要反映在后人整理的《施今墨临床经验集》《施今墨医案》等著作之中。现有《施今墨医学全集》合订本。

二、学术特色与临证经验

（一）十纲辨证

八纲辨证是中医临床最常用的辨证方法，施氏在长期临床实践基础上，提出加入气血辨证内容，成为十纲辨证，即以阴阳为总纲，包括气血、表里、寒热、虚实，则更有利于临床应用。

气血理论是中医理论体系的重要组成部分，《素问·阴阳应象大论》云："阴阳者，血气之男女也。"《张氏医通·诸血门》云："血之与气，异名同类。虽有阴阳清浊之分，总由水谷精微所化。"气主煦之，血主濡之。只有气血的温煦濡养功能正常，人体五脏六腑、四肢百骸才能维持并发挥其正常的生理功能。若气血二者任何一个方面出现问题，都会导致气血之间的协调平衡关系紊乱，脏腑功能失调。故《医林改错·气血合脉说》云："治病之要诀，在明白气血。无论外感内伤，要知初病伤人何物，不能伤脏腑，不能伤筋骨，不能伤皮肉，所伤者无非气血。"这一针见血地指出了气血功能紊乱是造成疾病发生的重要原因。对于辨治气血病变时如何与八纲辨证相结合的问题，明代孙一奎在《赤水玄珠·凡例》中就指出："盖医难以认证，不难于用药。凡证不拘大小轻重，俱有'寒热虚实表里气血'八个字。"可见，孙氏已将气血二字与表里寒热虚实相提并论。施氏在继承前人理论与实践的基础上，将阴、阳、表、里、寒、热、虚、实、气、血等十纲辨证广泛应用于临床，现仅举外感疾病和妇科崩漏为例。

1.外感性疾病

施氏认为应首重气血、虚实和表里辨证。因为辨清气血，有利于分清病变深浅与层次。当邪在气分时，切不可早用血分药物，以免引邪入营。辨明虚实，有利于分析邪正关系；邪正不分，虚实不明，就难免会发生误治；如对于正气素亏而又外感风寒者，治疗时应注意扶正达邪；此时如为解表而单纯投发散之剂，常会使表不固、正愈虚而变生它疾。辨明表里，有利于分清表里轻重缓急，如外感热病多属内有郁热、外感风寒，治疗时既要解表又需清里，解表药和清里药的比重搭配在此时就显得格外重要。

2.月经过多

妇科血证必须详辨气血之虚实、寒热之多寡。从脏腑归属来看，月经过多、或崩或漏之症终属血证范畴。因心主血，肝藏血，脾统血，故前人论治血证多从心、肝、脾三经入手。然崩漏之病虽属血证，治疗时除治血之外，还必须治气；虽多属虚证，治疗亦避免过于补、涩；虽多属热证，用药亦不可过于寒凉。

符某某，女，50岁，初诊。患心绞痛多年，屡经医治，只能缓解一时，病根难除。两年前曾大痛一次，情况严重，入院治疗数月。近年来经常心绞痛发作，发作时脉缓慢，每分钟不足六十至。血压波动，一度增高至180/130mmHg，现时110/70mmHg。症状：头晕，气短，胸闷，心烦，不能起床，只能睡卧，食欲、睡眠及二便尚属正常。一年前断经。舌质绛，脉细弱。辨证立法：发病多年，气血两亏。心主血脉，阴血不足，肝失所养，故头晕、心烦、疲极多卧。疏泄失司，气机不畅，故胸闷时发心痛。阴虚火旺，舌质红绛。治以养心和肝，调理气血。处方：丹参20g，薤白6g，远志6g，柏子仁12g，五味子5g，全瓜蒌15g，朱茯神12g，党参10g，醋柴胡3g，麦门冬6g，卧蛋草6g，白芍10g，枳壳5g，炙甘草3g。

二诊：药服四剂，已能起床，且可出门散步15分钟。每日散步二三次，心绞痛未发作。胸闷、气短好转，仍觉心烦，遵前法加药力。处方：薤白10g，龙眼肉6g，紫贝齿（紫石英12g同布包）12g，柏子仁10g，桔梗5g，醋柴胡3g，远志6g，酸枣仁10g，白芍10g，丹参20g，枳壳5g，炙甘草3g，党参10g。琥珀、三七各2g，共研细末分装胶囊，随药分二次送服。

三诊：前方隔日一服，已尽三剂，诸症均大减轻，改用丸方图治。处方：田三七60g，醋柴胡30g，砂仁15g，丹参60g，当归30g，陈皮15g，琥珀30g，白芍60g，远志30g，朱茯神60g，柏子仁60g，五味子30g，麦门冬30g，党参60g，卧蛋草60g，川芎30g，生地60g，炙甘草60g，枳壳15g，桔梗15g。共研细末，龙眼肉300g，煎浓汁去渣，合为小丸。每日早晚各服6g，白开水送。（《施今墨临床经验集·内科疾病》）

（二）擅用对药

应用对药治病始于《雷公药对》，北齐徐之才在其基础上增修编撰《药对》，是两味药配伍应用的典型范例，惜已亡佚。施氏博览群书，善于总结经验，临证遣药用方时每每双药并用，或相互协同增强疗效，或相互制约以取其药性之长，常用者计百数十对，世人称之为"施氏药对"。

1.相辅相成

两味药物配合使用，或同类相从，或异类相使，以增强其临床疗效。

（1）同类相从：将功效相似的两味药物配伍使用，以增强其临床疗效。如桑螵蛸味甘涩性平，滋肾助阳，固精缩尿；海螵蛸味咸涩性温，收敛止血，固精止带。两药配伍，收涩作用明显增强，凡下元不固引起的前后二阴病变皆可施用。又如白茅根味甘性寒，清热利尿，除烦止渴；芦根味甘性寒，清热生津，止渴利尿。两药配合清泄肺胃，导热下行作用更好。又如柴胡味苦性寒，和解退热，疏肝开郁，升阳举陷；黄芩味苦性寒，清热燥湿，泻火解毒，止血安胎。柴胡泻半表半里之外邪，黄芩泻半表半里之内邪。柴胡长于解郁，黄芩善于清热。二药相伍，可以疏调肝胆之气机，清泄内蕴之湿热。

（2）异类相使：将功效不同的两味药物配伍，各取所长，以加强疗效。如浮萍体轻气浮，偏走气分，善清气分邪毒，以散风祛邪、透疹利尿见长；紫草专入血分，善于清血分热毒，以清热凉血、解毒化斑为优。二药相伍，气血两清，透疹解毒，祛风止痒，效果显著。又如桃仁滑肠润燥，破血行瘀；杏仁行气散结，止咳平喘，润肠通便。桃仁入于血分，偏于活血；杏仁入于气分，偏于降气。二药相伍，行气活血，消肿止痛，润肠通便，功效益彰。又如鲜地黄味甘性寒，清热泻火，凉血止血，生津止渴；鲜石斛味甘性寒，滋养胃阴，生津止渴，清化虚热。二药相伍，入气入血，养阴生津，泻热除烦之力益彰。

2.相反相成

将药性或功效相反的两味药物配合使用，以增强其临床疗效。

（1）寒温并用：如苍术味苦性温，辛香发散，功能健脾燥湿，升阳解郁，祛风明目；玄参味咸性寒，质地柔润，功擅滋阴降火，泻火解毒，软坚散结，清利咽喉。二药相伍，以玄参之润制苍术之燥，又以苍术之燥制玄参之腻。润燥结合，相互制约，可以敛脾精，建中宫，止漏浊，降血糖。又如大黄苦寒通下，破积导滞，泻火凉血，化瘀通经；肉桂辛热温中，益火消阴，温暖脾肾，散寒止痛。二药相合，以肉桂之辛热制大黄之苦寒，以大黄之苦寒制肉桂之辛热。寒热相济，阴阳调和，共收振脾阳，通大便之功效。又如，半夏味苦辛性温，燥湿化痰，降逆止呕，消痞散结；夏枯草味苦辛、性寒，清肝泻火，解郁散结。二药相伍，和调肝胆，平衡阴阳而达治疗失眠之效。

（2）补泻兼施：如麻黄解表宣肺质地轻浮，气味辛散，易伤正气；熟地补血滋阴质重滋腻，易碍脾胃。两药配伍，以麻黄之辛散制熟地之滋腻，以熟地之滋腻制麻黄之燥散，互制其短，各展其长，而收止咳平喘、散结消块之效。又如，山药味甘性平，质润液浓，不热不燥，补而不腻，作用和缓；牛蒡子辛苦寒滑，疏风清热，祛痰止咳，解表透疹。山药以补见长，牛蒡子以清为要。二药相伍，清补相合，可收清宣肺热、健运脾胃、祛痰止咳之效。又如，葶苈子辛散开壅，苦寒沉降，泻肺利水，祛痰定喘；大枣甘缓补中，补脾养心，缓和药性。二药伍用，以大枣之甘缓制葶苈子之急迫，共奏泻痰行水、下气平喘之功。

（3）开阖相济：如五味子酸涩收敛，善敛肺气而滋肾水；细辛辛散温通，宣肺化饮，发表散寒。两药配伍，以细辛之辛散与五味子之酸敛相互佐制，一开一阖，一散一敛，相互促进，而收止咳平喘之效。又如白芍酸寒，养血柔肝，敛阴和营，缓急止痛；柴胡苦辛微寒，和解退热，疏肝解郁，升阳举陷。二药相伍，互制其短而扬其长，以白芍之酸敛与柴胡之辛散相互佐制，开阖相济，共同起到疏肝利胆，和解表里，升阳敛阴，解郁止痛的效果。又如血余炭味苦涩性平，收敛止血，化瘀利尿；韭菜子味辛甘性温，补肾壮阳，固精缩尿。二药相伍，阴阳相合，开阖并举，共奏祛瘀生新，止痛止血，通利小便之效。

（4）升降合用：如蚕砂味辛性温，祛风除湿，活血止痛，和胃化浊，药性以升清为主；皂荚子味辛性温，散结消肿，润燥通便，药性以降浊为要。两药配伍，升降结合，上可治头晕头痛，中能消胃脘胀满，下可通大便燥结。又如麻黄辛温，体轻而浮，宣肺解表，利水消肿；石膏辛寒，体重而降，清热解肌，生津止渴。二药相合，升降互济，宣肺平喘，发越水气，清热降火，利水消肿之力增强。又如大黄苦寒，重浊沉降，为攻下之要药；荆芥穗味辛性温，长于升散，发表祛邪。大黄以降为主，荆芥穗以升为要。二药相伍，升降结合，互相促进，互相制约，共奏清热通便之效。

满某某，男，48岁，病历号：52，4，6。病已多年，铁路医院检查空腹时血糖265mg/dl，尿糖（+++），诊断为糖尿病。现症：烦渴引饮，小便频数，多食善饥，日渐消瘦，身倦乏力，头晕心悸，大便微结，夜寐不实，多梦纷纭。舌苔薄白，脉数，重按不满。辨证立法：心火不降，乱梦纷纭；热灼肺阴，烦渴多饮；脾胃蕴热，消谷善饥；肝阴不足，头晕目眩；肾阴亏耗，小便频多。综观脉证，气阴两亏，精血不足，三消俱备，五脏皆损，证候复杂，拟用益气阴、滋肝肾、补心脾法图治。处方：生黄芪30g，野党参10g，麦门冬10g，怀山药18g，五味子10g，玄参12g，乌梅4.5g，绿豆衣12g，天花粉12g，山茱萸12g，桑螵蛸10g，远志10g，何首乌15g，茯苓10g，生地12g。

二诊，前方服七剂后，烦渴解，尿次减，饮食如常，夜寐转佳，精神舒畅。空腹时血糖已降至155mg/dl，尿糖（+），效不更方，前方再服七至十剂。（《施今墨临床经验集·内科疾病》）

（三）调治脾胃十法

施今墨临证善调脾胃并总结出温、清、补、消、通、泻、涩、降、和、生十种治疗胃肠病的方法。而且在治疗其他系统疾病中也经常使用调理脾胃之法，值得效法。

1. 寒宜温

对于中焦寒凝之证，宜选用辛温散寒之剂，方如良附丸、理中汤、姜附汤等。药选荜茇、吴茱萸、刀豆子、附子、肉桂、花椒、荜澄茄、草豆蔻等。

2. 热宜清

属于胃中实热，宜选用寒凉抑火之剂，方如三黄石膏汤、龙胆泻肝汤等。药选栀子、知母、龙胆草、竹茹等。

3. 虚宜补

脾胃不足之证，宜选用健补脾胃之剂，方如四君子汤。药选党参、黄芪、山药、莲子、芡实、薏苡仁、扁豆等。

4. 食宜消

食积不化，宜选用消食化滞之剂，方如保和丸。药选枳实、枳壳、槟榔、神曲、沉香、鸡内金、厚朴、陈皮、山楂、炒谷芽、炒麦芽等。

5. 痛宜通

通则不痛，痛则不通。通，则有行气、活血之别。行气方剂可选正气天香散、消导宽中汤、沉香升降散等，可选木香、乌药、沉香、檀香、青皮、陈皮、香附、藿香、砂仁、厚朴、白豆蔻等；活血方剂可选手拈散、九气拈痛散等，药选乳香、没药、延胡索、五灵脂、桃仁、红花、血竭、丹参、三棱、莪术、蒲黄、郁金、三七等。

6. 腑实宜泻

可用承气汤之类或番泻叶。若体虚大便燥结，宜用润下之药，如郁李仁、麻子仁、杏仁、瓜蒌、肉苁蓉、皂角等。

7. 肠滑宜涩

常用赤石脂、禹余粮、莲子、诃子、苍术炭、五倍子、椿根皮、金樱子、血余炭等。

8. 呕逆宜降

对于呕吐、呃逆之症，宜用丁香柿蒂汤、橘皮竹茹汤、旋覆代赭汤等。可酌情选用紫苏、代代花、佛手花、藿香、扁豆花、佩兰等芳香化浊药物。

9. 嘈杂宜和

选用吴茱萸与黄连，或干姜与黄连，或黄芩与半夏等，寒温并用和胃除嘈杂。

10. 津枯宜生

脾虚津枯，宜养阴生津。可选用西洋参、石斛、生谷芽、鸡内金、荷叶、绿萼梅等，或用叶桂之法以乌梅配木瓜，效用均佳。

（四）治痹用药特色

痹证是风、寒、湿三邪侵袭所致，风气胜者为行痹，寒气胜者为痛痹，湿气胜者为着痹也。施氏在此基础上，结合自己的临床实践，从十纲入手进行辨治。就表里关系而言，风寒邪气多从体表侵犯，而湿热之邪则多自内生。初病多邪实，久病多正虚。初病在气分，病久入血分。故而，从正虚、邪实角度将痹证划分为风湿热型（痛痹、着痹），风寒湿型（痛痹、着痹），气血实型（痛痹多，着痹少，实指邪实）以及气血虚型（着痹多，痛痹少，虚指正虚）四种证型。归纳总结出散风、逐寒、祛湿、清热、通络、活血、行气和补虚八种方法，并指出前人治疗方法甚多，今人临床辨治切不可拘泥，选方用药宜直中病机，准确灵活，痹证方为可治之证。

1. 散风法常用药

羌活、独活、防风、秦艽、荆芥穗、麻黄、天仙藤、海风藤、络石藤、海桐皮、白花蛇。

2. 逐寒法常用药

附子、肉桂、干姜、花椒、补骨脂、胡芦巴、续断、片姜黄、巴戟天。

3. 祛湿法常用药

苍术、白术、薏苡仁、木瓜、防己、牛膝、茯苓、桑寄生、五加皮。

4. 清热法常用药

黄芩、黄连、黄柏、龙胆草、栀子、石膏、知母、柴胡、葛根、地骨皮、功劳叶、忍冬藤、牡丹皮、丹参。

5. 通络法常用药

细辛、川芎、橘络、桂枝、桑枝、地龙、蜈蚣、威灵仙、丝瓜络、伸筋草。

6. 活血法常用药

桃仁、红花、乳香、没药、当归、延胡索、赤芍药、鸡血藤、茜草根、紫草、郁金、血竭。

7. 行气法常用药

陈皮、半夏、木香、香附、桔梗、厚朴、枳壳。

8.补虚法常用药

人参、黄芪、地黄、当归、鹿茸、狗脊、杜仲、山茱萸、何首乌、菟丝子、肉苁蓉、枸杞子。

医案举例

李某某，女，19岁，病历号：55，22，64。病将两周，开始形似外感，发热、身痛，服成药无效，旋即肘、膝、踝各关节灼热样疼痛日甚，四肢并见散在性硬结之红斑。经北京同仁医院诊为风湿性关节炎。体温逐渐升至38℃不退，行动不便，痛苦万分，大便燥，小溲赤，唇干口燥。舌质绛红，无苔，脉沉滑而数。辨证立法：内热久郁，外感风寒，邪客经络留而不行。阴气少，阳独盛，气血沸腾，溢为红斑，是属热痹，急拟清热、活血、祛风湿法治之。处方：鲜生地12g，忍冬花10g，秦艽6g，鲜茅根12g，忍冬藤10g，防己10g，牡丹皮10g，紫花地丁15g，甘草4.5g，丹参10g，紫草根6g，桑寄生12g，桑枝12g，黑荆芥穗6g，紫雪丹10g（分二次随药送服）。

二诊：药服二剂，热少退，病稍减，拟前方加栀子6g，赤芍药10g，茯苓10g。

三诊：前方服二剂，大便通，体温降至37.2℃，疼痛大减，红斑颜色渐退。（《施今墨临床经验集·内科疾病》）

原著选读

●古人论外感病，自《内经》以后，历代均有所发展，尤以仲景之《伤寒论》为后世所宗。至刘河间之《素问病机气宜保命集》主张"清凉治温，通下治疫"，始为温病治法之转折点。尔后明之吴又可，清之叶天士、吴鞠通、王孟英、雷少逸等，在理论与治法上均有发展，逐渐创立温病学说。如叶天士《温热论》曰："温邪上受，首先犯肺，逆传心包。"肺主气属卫，心主血属营。辨营卫气血虽与伤寒同，若论治法则与伤寒大异也。实是独具创见，发前人之未发。其辨别斑疹和白痦，察舌验齿法，至今在临床诊断中仍有重大意义。

外感性疾病之伤寒与温病两大学说，前人论证精确详细，六经辨证、卫气营血辨证、三焦辨证各有其长，所创诸方，亦均显效，不多赘述。而余在临床中对于外感病，着重辨别气血、虚实和表里。辨气血，即分清层次。邪在卫气，治之较易；邪入营血，病情严重。温邪在卫分的时间很短，极易伤及气分，但只要病邪尚在气分，就应坚守气分这道防线，不使病邪再继续深入。叶天士提出"在卫汗之可也，到气才可清气，入营犹可透热转气……入血犹恐耗血动血，直须凉血散血"的原则，临床中实属重要。邪尚留气分中时，一定注意不要用血分药，以免将邪引入营血。论虚实，即考虑邪正关系。虚实不分，邪正不明，时常会发生误治，如正气素亏外感风寒者，应扶正祛邪，若只投发散之剂，往往使表不固、正愈虚而生它变。审表里，即详察表里比重。外感热性病多属内有蓄热，外感风寒；治疗时应既解表寒又清里热，用药时表里比重必须恰当。余治此类病有七解三清（即解表药味和清里药味之比例为七比三，以此类推）、六解四清、半解半清、四解六清、三解七清之说，虽属个人杜撰，但在临床中亦示明表里比重关系至切，较为实用。（《施今墨临床经验集·内科疾病》）

●春气温和，夏气暑热，秋气清凉，冬气冷冽，此四时之正气，若气不适其候，正不御其邪，皆能为患，故四季均有外感病。然分其大类不外风寒与温热二者，其中又可再分传染性及非传染性两种，如流脑、乙脑、伤寒、猩红热、麻疹等皆属传染性者；如感寒、中暑等则为非传染性者。余意不论其为外感风寒或温热，不论其为传染性或非传染性，必须外因内因结合起来看。六淫疫疠之邪皆为外因，若单纯外因亦不均能致病。例如流行性感冒病毒，其传染性颇大，传播感染最为广泛，然而流行区域亦非百分之百均感是病。又如夏日酷暑，温热蕴郁，但中暑究竟不是多数。"邪之所凑，其气必虚"，外因通过内因始生作用，确为至理名言。

古人论外感病，自《内经》以后，历代均有所发展，尤以仲景之《伤寒论》为后世所宗。至刘河间之《素问病机气宜保命集》主张"清凉治温，通下治疫"，始为温病治法之转折点。尔后明之吴又可，清之叶天士、吴鞠通、王孟英、雷少逸等，在理论与治法上均有发展，逐渐创立温病学说。如叶天士《温热论》曰："温邪上受，首先犯肺，逆传心包，肺主气属卫，心主血属营，辨营卫气血，虽与伤寒同，若论治法，则与伤寒大异也。"实是独具创见，发前人之未发，其察舌验齿辨别斑疹和白痦法，至今在临床诊断中仍有重大意义。

外感性疾病之伤寒与温病两大学说，前人论证精确详细，六经辨证、卫气营血辨证、三焦辨证各有其长，所创诸方，亦均显效，不多赘述。而余在临床中对于外感病，着重辨别气血、虚实和表里。辨气血，即分清层次。邪在卫气，治之较易；邪入营血，病情严重。温邪在卫分的时间很短，极易伤及气分，但只要病邪尚在气分，就应坚守气分这道防线，不使病邪再继续深入。叶天士提出："在卫汗之可也，到气才可清气，入营犹可透热转气……入血犹恐耗血动血，直须凉血散血"的原则，临床中实属重要。邪尚留气分中时，一定注意不要用血分药，以免将邪引入营血。

论虚实，即考虑邪正关系。虚实不分，邪正不明，时常会发生误治，如正气素亏外感风寒者，应扶正祛邪，若只投发散之剂，往往使表不固正愈虚而生它变。审表里，即详查表里比重。外感热性病多属内有蓄热，外感风寒，治疗时应既解表寒又清里热，用药时表里比重必须恰当。余治此类病有七解三清（即解表药味和清里药味之比例为七比三，余此类推）、六解四清、半解半清、四解六清、三解七清之说，虽属个人杜撰，但在临床中亦明表里比重关系至切，较为实用。

外邪入侵必予出路，万不可闭门逐寇。其出路有三，为汗及二便。在表多以汗解，在里多以二便而清，因此分清表里最为重要。而过汗则伤津，过下则正衰，若引邪由膀胱水道外出，则较为妥帖。苇根、竹叶、滑石、荷梗之类，既不伤津又可清热，若予浮萍，则外邪可从汗尿两途而去。

用药之配伍，颇具技巧，治病如作战，配位如将兵，然习战士特点，善于调配兵伍，指挥裕如，始克顿敌，医者熟习药性，精研配伍，亦同是理也。如外感病不宜过早用连、芩、栀子、生石膏等寒凉药物，以免引邪入里。但栀子伍豆豉、生石膏伍薄荷、桑叶，黄芩伍芥穗，既能解表又清里热，相互为用，效果益彰。

温病中以湿温最为缠绵，要层层解脱，治以芳香化浊、淡渗利湿、苦寒清热、宣气化湿诸法，不宜过汗或攻下，否则时见发热初退旋又再发，故治湿温尤要细致慎重。若病入血分，出现神昏谵语，舌绛唇焦，不可汗解，宜选用紫雪丹、安宫牛黄丸、局方至宝丹配合汤剂以治之。

温病之舌苔变化甚多，余在临床中体会，凡舌苔薄而润，病尚轻，若外白中黄或灰且厚腻而垢者病重难治。亦有初见厚腻舌苔，一夜之间突然变为无苔而舌色猩红者，均不易治。古人论舌苔，白主寒，黄主热，黑为热极，但不可一概而论，应结合正质颜色及苔面润燥来定，如苔白如粉，舌质绛红干燥不润者，为热伏邪盛，湿滞不化，行将津枯之兆；又如舌润苔黑，并见肢冷腹泻，却为寒极之象。(《施今墨临床经验集·论外感病证治》)

·参考文献·

1.祝谌予，翟济生.施今墨临床经验集［M］.北京：人民卫生出版社，2005.

2.施小墨，陆寿康.施今墨［M］.北京：中国中医药出版社，2001.

3.祝谌予.祝选施今墨医案［M］.北京：化学工业出版社，2010.

4.施小墨，李成文.汇通学派医案［M］.北京：中国中医药出版社，2015.

5.吕景山.施今墨对药（第三版）［M］.北京：人民军医出版社，2008.

6.王道瑞.施今墨医学全集［M］.北京：中国中医药出版社，2019.

7.施小墨，张秀琴.卓越的医学教育家施今墨先生［J］.国医论坛，1986，1（4）：12.

8.祝肇刚.施今墨学术思想概述［J］.中医药图书情报，1989，1（3）：1-2.

9.李岩.施今墨生平传略［J］.首都医药，2005，（7）：1-3.

10.李介鸣，施如雪.施今墨先生学术思想及临床经验简介.中医杂志，1981，22（10）：14.

11.祝谌予.施今墨先生的中西医结合思想和我对中西医结合的看法［J］.中西医结合杂志，1985，5（9）：518.

12.祝勇.名为用药，实为用方-施今墨对药初探［J］.北京中医药，2005，24（1）：14-15.

13.李智.从施今墨药对探讨失眠病机［J］.中国中医基础医学杂志，2017，23（6）：883-884.

14.李德珍.施今墨治疗糖尿病探析［J］.中医杂志，2001，42（5）：261-262.

15.李育才，初淑华，王耀辉，等.施今墨先生治疗糖尿病的经验［J］.辽宁中医杂志，1986，13（4）：5-7.

16.庞博.施今墨学派名老中医诊治糖尿病学术思想与经验传承研究［D］.北京：北京中医药大学，2012.

附:《中医各家学说》习题集

·孙思邈·

一、填空题

1.孙思邈的著作有_____，_____。

2.孙思邈撰写的"大医精诚"主要论述_____，_____。

3.孙思邈研究伤寒认为：寻方之大意，不过三种：一则_____，二则_____，三则_____。此之一方，凡疗伤寒不出之也。

4.孙思邈的房室养生包括_____，_____。

5.孙思邈治疗产后痹痛的药酒有_____，_____。

二、单选题（每小题有五个备选答案，选出一个正确答案）

1.孙思邈总结的房事禁忌不包括（　　）

A.气候　　B.环境　　C.情绪　　D.体质　　E.不良生活习惯

2.孙思邈创制的治疗肺痈方剂是（　　）

A.苇茎汤　　B.大黄牡丹皮汤　　C.普济消毒饮　　D.附子薏苡败酱散　　E.仙方活命饮

3.孙思邈创制的治久病虚羸、寒积腹痛方剂是（　　）

A.温胆汤　　B.温脾汤　　C.附子理中汤　　D.金匮肾气丸　　E.右归丸

4.创制独活寄生汤的医家是（　　）

A.孙思邈　　B.王焘　　C.陈延之　　D.范汪　　E.巢元方

5.创制小续命汤的医家是（　　）

A.张机　　B.王熙　　C.王焘　　D.孙思邈　　E.巢元方

三、多选题（每小题有五个备选答案，选出二至五个正确答案）

1.重视医德与行医规范的医家有（　　）

A.孙思邈　　B.陈实功　　C.缪希雍　　D.万全　　E.喻昌

2.孙思邈的运动养生方法包括（　　）

A.适当运动　　B.按摩　　C.导引　　D.调气　　E.内视

3.孙思邈治疗不孕症的朴硝荡胞汤由哪些方剂化裁而来（　　）

A.大黄牡丹皮汤　　B.抵当汤　　C.大黄附子细辛汤　　D.桃核承气汤　　E.桃红四物汤

4.孙思邈饮食养生内容包括（　　）

A.饮食清淡　　B.饮食厚味　　C.少食多餐　　D.饮食宜忌　　E.食疗

5.孙思邈用药饵养生的方剂有（　　）

A.地黄汤　　B.黄精膏　　C.不老延年方　　D.八仙长寿丸　　E.彭祖延年柏子仁方

四、判断题（正确答案划"√"，错误答案划"×"）

1.孙思邈重视环境养生、四时养生及体质养生。（　　）

2.孙思邈认为十二多为"丧生之本"。（　　）

3.孙思邈《备急千金要方》是载方最多的方书。（　　）

4.孙思邈认为久视、久卧、久立、久坐、久行不利于养生。（　　）

5.孙思邈主张养生方法应简单易行。（　　）

五、简答题

1.简述孙思邈精神养生"十要"内容。

2.简述孙思邈方剂学成就。

【参考答案】

一、填空题

1.《备急千金要方》《千金翼方》

2.行医规范，医德

3.桂枝，麻黄，青龙

4.欲不可绝，欲不可纵

5.防风酒，独活酒

二、单选题

1.D　　2.A　　3.B　　4.A　　5.D

三、多选题

1.ABCDE　　2.ABCDE　　3.ABC　　4.ACDE　　5.ABCE

四、判断题

1.√　　2.√　　3.×　　4.√　　5.√

五、简答题要点

1.啬神、爱气、养形、导引、言论、饮食、房室、反俗、医药、禁忌。

2.集唐以前方剂之大成、化裁古方、创制新方、方剂剂型丰富及用法多样。

·钱 乙·

一、填空题

1.被《四库全书总目提要》誉为"幼科之鼻祖"的儿科专著为_____，由_____整理完成。

2.钱乙认为小儿疾病病因是_____所侵，或_____所伤。

3.在诊断方面，钱乙非常重视_____、_____、_____之诊。

4.钱乙认为小儿疾病病理特点是_____，_____。

5.钱乙强调说："小儿易为虚实，脾虚不受寒温，_____则生冷，_____则生热，当识此勿误也。"

二、单选题（每小题有五个备选答案，选出一个正确答案）

1.钱乙流传至今的著作有：（　　）

A.《婴孺论》　　　B.《保婴撮要》　　C.《幼科发挥》　　D.《小儿药证直诀》　　E.《育婴秘诀》

2.钱乙的小儿五脏辨证对后世哪位医家创立脏腑辨证影响最大？（　　）

A.张元素　　B.张从正　　C.张介宾　　D.张志聪　　E.张锡纯

3.钱乙阐发的小儿生理特点不包括下列哪项？（　　）

A.脏腑柔弱　　B.肌肤筋骨不壮　　C.易寒易热　　D.智力未聪　　E.不耐寒暑

4.钱乙用哪个方剂治疗肾虚证？（　　）

A.地黄丸　　B.肾气丸　　C.左归丸　　D.右归丸　　E.济生肾气丸

5.钱乙认为损伤小儿脾胃的原因不包括：（　　）

A.小儿脾胃柔弱　　B.乳食失节　　C.妄攻误下　　D.滥用刚燥克伐之剂　　E.情志所伤

三、多选题（每小题有五个备选答案，选出二至五个正确答案）

1.钱乙小儿五脏辨证的学术渊源是：（　　）

A.《内经》　　B.《难经》　　C.《金匮要略》　　D.《中藏经》　　E.《备急千金要方》

2.钱乙小儿五脏辨证纲领内容包含：（　　）

A.心主惊　　B.肺主喘　　C.脾主困　　D.肝主风　　E.肾主虚

3.钱乙临证善用丸散的原因是：（　　）

A.简便救急　　B.寓猛于宽　　C.便于携带　　D.服用方便　　E.价格低廉

4.钱乙化裁古方创制的新方有：（　　）

A.六味地黄丸　　B.异功散　　C.六君子汤　　D.附子理中汤　　E.济生肾气丸

5.对《小儿药证直诀》进行注释的医家有：（　　）

A.阎季忠　　　B.熊宗立　　　C.薛己　　　D.万全　　　E.张山雷

四、判断题（正确答案划"√"，错误答案划"×"）

1.《小儿药证直诀》奠定了中医儿科学的基础。（　　）

2.钱乙多以蜜、糯米粉、白米粉等作为制作丸剂的赋形材料。（　　）

3.钱乙反对使用金石、介类药物。（　　）

4.钱乙诊断儿科疾病时，重视指纹。（　　）

5.钱乙常根据病情轻重判断其预后。（　　）

五、简答题

1.简述钱乙制方用药的特色。

2.简述钱乙喜用药引的原因。

六、论述题

试述钱乙学术思想对后世的影响。

【参考答案】

一、填空题

1.《小儿药证直诀》　　阎季忠

2.六淫　　饮食

3.六脉　　面上证　　目内证

4.易虚易实，易寒易热

5.服寒　　服温

二、单选题

1.D　　2.A　　3.C　　4.A　　5.E

三、多选题

1.ABCDE　　2.ABCDE　　3.ABCD　　4.AB　　5.BCE

四、判断题

1.√　　2.√　　3.×　　4.×　　5.×

五、简答题要点

1.善用丸散，创制新方，顾护脾胃，喜用药引，用药柔润平和，力戒呆补，反对妄攻误下。

2.有利于丸散加减，便于服药，引导药物直达病所，更好发挥疗效，常用药引有薄荷汤、蝉蜕汤、生姜水等。

六、论述题要点

钱乙详论小儿生理病理特点，阐发五脏辨证纲领，化裁并创制许多新方，奠定了中医儿科学基础。张元素受其影响阐发脏腑辨证规律，六味地黄丸成为千古名方，导赤散、泻青丸、泻白散等被后世广泛应用于内、妇诸科。

· 陈自明 ·

一、填空题

1.陈自明，字_____，晚年自号_____。

2.陈自明代表著作是_____，_____。

3.陈自明治学主张_____，_____。

4.陈自明认为妇科疾病基本病机是_____，_____。

5.陈自明认为痈疽病机为_____，_____。

二、单选题（每小题有五个备选答案，选出一个正确答案）

1.陈自明编纂《妇人大全良方》参考的妇科著作不包括（　　）

A.《妇人经验方》　　B.《专治妇人方》　　C.《养胎论》　　D.《产宝方》　　E.《达生篇》

2.首创内外合一法治疗外科疾病的医家是（　　）

A.陈自明　　B.陈实功　　C.薛己　　D.高秉钧　　E.吴师机

3.陈自明告诫痈疽未破，毒攻脏腑，禁用（　　）

A.苦药　　B.泻药　　C.凉药　　D.寒药　　E.热药

4.陈自明告诫痈疽已破，脏腑既亏，禁用（　　）

A.苦药　　B.寒药　　C.温药　　D.泻药　　E.热药

5.陈自明治病十分重视（　　）

A.祛除邪气　　B.扶养正气　　C.气血宣行　　D.调补阴阳　　E.调补冲任

三、多选题（每小题有五个备选答案，选出二至五个正确答案）

1.四物汤被陈自明广泛用于（　　）

A.调经　　B.求嗣　　C.安胎　　D.产后　　E.杂病

2.陈自明指出妇人妊娠不可轻用（　　）

A.桂枝　　B.白术　　C.半夏　　D.桃仁　　E.芒硝

3.陈自明指出妇人妊娠禁用（　　）

A.牛膝　　B.三棱　　C.大戟　　D.芒硝　　E.黄芩

4.陈自明总结痈疽病因有（　　）

A.天行　　　B.怒气　　　C.肾气虚　　　D.心气虚　　　E.服丹药

5.陈自明辨别痈疽方法有（　　）

A.辨内外　　　B.辨阴阳　　　C.辨脏腑　　　D.辨气血　　　E.辨虚实

四、判断题（正确答案划"√"，错误答案划"×"）

1.《妇人大全良方》集宋以前妇科学成就之大成。（　　）

2.陈自明编写孕妇药忌歌。（　　）

3.陈自明认为妇人虚证不可气血并补。（　　）

4.陈自明认为治疗痈疽不宜用灸法。（　　）

5.陈自明治疗妇科疾病重视调治肝脾。（　　）

五、简答题

1.简述陈自明妇科临证经验及用药特色。

2.简述陈自明治疗痈疽经验。

【参考答案】

一、填空题

1.良甫，药隐老人

2.《妇人大全良方》《外科精要》

3.博览群书，善于总结经验。

4.气血不调，损伤冲任

5.脏腑不和，阴阳失调

二、单选题

1.E　　2.A　　3.E　　4.B　　5.C

三、多选题

1.ABCDE　　2.ACD　　3.ABCD　　4.ABCE　　5.ABC

四、判断题

1.√　　2.√　　3.×　　4.×　　5.√

五、简答题要点

1.气血并补，调治肝脾，善用四物汤，妊娠用药禁忌。

2.内外兼治，对证用药，顾护脾胃，重视灸法，注意事项。

· 刘完素 ·

一、填空题

1. 刘完素，字_____，自号_____。

2. 刘完素治学主张深入研究_____，_____。

3. 刘完素的代表著作是_____，_____。

4. 刘完素的再传弟子是_____，三传弟子是_____。

5. 刘完素创三一承气汤，以通治_____主证，而不致于误用_____。

二、单选题（每小题有五个备选答案，选出一个正确答案）

1. 刘完素创制的治疗表证兼有里热方剂是（　　）

A.麻杏石甘汤　　B.防风通圣散　　C.桑菊饮　　D.银翘散　　E.葛根芩连汤

2. 刘完素认为五志化火生热的关键在于（　　）

A.肝　B.心　C.脾　D.肺　E.肾

3. 刘完素创制的地黄饮子用于治疗（　　）

A.消渴　B.喑痱　C.热毒　D.燥证　E.泻痢

4. 刘完素用通腑法治疗中风的方剂是（　　）

A.祛风丸　B.防风通圣散　C.大秦艽汤　D.防风天麻散　E.三化汤

5. 刘完素认为中风预后较差的是（　　）

A.中经　B.中络　C.中脏　D.中腑　E.中血分

三、多选题（每小题有五个备选答案，选出二至五个正确答案）

1. 刘完素的弟子有（　　）

A.穆大黄　B.马宗素　C.荆山浮屠　D.罗知悌　E.朱震亨

2. 罗知悌将哪些医家的学术思想传给了朱震亨（　　）

A.刘完素　B.张从正　C.李杲　D.张元素　E.王好古

3. 下列有联系的病机和病症是（　　）

A.诸涩枯涸　B.疼酸惊骇　C.干劲皴揭　D.诸痉项强　E.皆属于燥

4. 刘完素治疗中风常用的方剂是（　　）

A.加减小续命汤　B.三化汤　C.大秦艽汤　D.地黄饮子　E.天麻钩藤饮

5. 刘完素预防中风常用的方剂是（　　）

A.八风散　B.愈风汤　C.天麻丸　D.地黄饮子　E.小续命汤

四、判断题（正确答案划"√"，错误答案划"×"）

1.刘完素因家居河间府，故被后世尊称为刘河间。（　）

2.刘完素专治火热病，被称为寒凉派。（　）

3.张从正师承刘完素，治病主张攻邪。（　）

4.刘完素认为阳气怫郁是火热病发生发展过程中的一个中间环节。（　）

5.刘完素首先提出热极生风理论。（　）

五、简答题

1.简述六气皆能化火理论的意义。

2.简述防风通圣散配伍特色。

六、论述题

1.试述刘完素研究火热病的背景。

2.试述刘完素治疗火热病方法。

【参考答案】

一、填空题

1.守真，通玄处士

2.《内经》，勇创新说

3.《素问玄机原病式》《黄帝素问宣明论方》

4.罗知悌，朱震亨

5.三承气汤，三承气汤

二、单选题

1.B　　2.B　　3.B　　4.E　　5.C

三、多选题

1.ABC　　2.ABC　　3.ACE　　4.ABCD　　5.ABC

四、判断题（正确答案划"√"，错误答案划"×"）

1.√　　2.×　　3.×　　4.√　　5.√

五、简答题要点

1.风能化热为辛凉或甘寒解表治疗大法提供了理论依据；热极生风开创了论治中风由外风转向内风的先河；论述燥证病机，补充了《内经》病机十九条的不足。

2.辛温药与苦寒药相配伍，辛凉解表；风药与清热药合用治疗火热病，使"火郁发之"；宣、清、通三法和辛苦寒药并举，开发郁结，宣通气液，促进气血流通。

六、论述题要点

1.宋金时期《局方》盛行，医者按图索骥，滥用成方，用药多偏温燥；治疗外感病墨守《伤寒论》成规，不辨寒热，动辄投以麻黄汤或桂枝汤；北方气候干燥，饮食醇酿，易化热生燥；战乱频繁，社会动荡，生活不定，情志不畅，疫病流行，热病较多。

2.以表里为纲辨治火热病，表证用辛凉或甘寒解表，宣散郁结；表证兼有里热，用防风通圣散或双解散解表清里；里证用大承气汤或三一承气汤攻下里热；若热毒极深，波及血分用大承气汤或三一承气汤合黄连解毒汤或凉膈散；热邪在半表半里用柴胡汤和解。

· 张元素 ·

一、填空题

1.张元素，字_____，金代_____人。

2.张元素的代表著作是_____，_____。

3.张元素治学主张_____，重视_____。

4.张元素弟子有_____，_____。

5.张元素制方重视_____配伍。

二、单项选择题（每小题有五个备选答案，选出一个正确答案）

1.《元史》编修王祎所说的金代医学中兴代表人物不包括（　　）

A.刘完素　　B.张元素　　C.张从正　　D.李杲　　E.朱震亨

2.张元素治疗肝病方法不包括（　　）

A.有余泻之　　B.不足补之　　C.本热寒之　　D.标热发之　　E.本寒温之

3.张元素认为附子乃阳中之阳，是因附子为（　　）

A.味薄　　B.味厚　　C.气厚　　D.气薄　　E.气味俱厚

4.张元素创制的新方是（　　）

A.香砂六君子汤　　B.龙胆泻肝汤　　C.理中汤　　D.九味羌活汤　　E.独活寄生汤

5.张元素治疗脏腑疾病用药的依据是（　　）

A.寒热虚实　　B.气血阴阳　　C.阴阳表里　　D.表里寒热　　E.寒热阴阳

三、多项选择题（每小题有五个备选答案，选出二至五个正确答案）

1.张元素脏腑辨证内容是（　　）

A.依据脉象辨病症　　B.虚实寒热辨病性　　C.确立治则定方药　　D.天人相应论藏象

E.脏腑病善后处理

2.张元素对中药学的贡献是（ ）

A.阐发升降浮沉　　B.发明四气五味　　C.引经归经说　　D.创中药分类法　　E.发展气味补泻

3.张元素将中药分为（ ）

A.风生升　　B.热浮长　　C.湿化成　　D.燥降收　　E.寒沉藏

4.张元素脏腑辨证理论渊源于（ ）

A.《内经》　　B.《金匮要略》　　C.《中藏经》　　D.《备急千金要方》　　E.《小儿药证直诀》

5.张元素的制方大法有（ ）

A.风制法　　B.热制法　　C.湿制法　　D.燥制法　　E.寒制法

四、判断题

1.张元素为河间学派的开创者。（ ）

2.张元素用枳术丸为例，阐明其制方大法。（ ）

3.张元素将100多种中药分为五大类，创立了新的中药分类方法。（ ）

4.张元素提出"古方新病不相能也"。（ ）

5.张元素认为风性药皆味之薄者，味薄则通。（ ）

五、简述题

1.简述张元素归经学说内容。

2.简述张元素的制方大法理论。

六、论述题

1.谈谈张元素的临床用药经验。

【参考答案】

一、填空题

1.洁古，易州

2.《医学启源》《脏腑标本寒热虚实用药式》

3.敢于疑古　学术创新

4.李杲，王好古

5.气味

二、单项选择题

1.E　　2.E　　3.C　　4.D　　5.A

三、多项选择题

1.ABCD　　2.ACDE　　3.ABCDE　　4.ABCDE　　5.ACDE

四、判断题

1.×   2.×   3.√   4.√   5.√

五、简述题要点

1.以脏象学说、经络学说为理论基础，根据临床疗效，并结合中药形、色、气、味等特性，以判断中药归属何经，指导临床用药。

2.风制法、暑制法、湿制法、燥制法、寒制法。

六、论述题要点

1.深识药性，随证用药，依病性用药，创制新方。

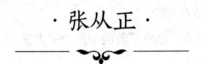

·张从正·

一、填空题

1.张从正，字_____，号_____。

2.参与《儒门事亲》一书润色编撰者有_____，_____。

3.张从正曾担任_____。

4.张从正主张"_____，治病当论药攻"。

5.张从正采用_____疗法，治疗情志病变。

二、单选题（每小题有五个备选答案，选出一个正确答案）

1.张从正的著作是（   ）

A.《儒门事亲》   B.《兰室秘藏》   C.《阴证略例》   D.《温疫论》   E.《时病论》

2.张从正认为《内经》一书，惟以（   ）

A.血气调和为贵   B.血气疏通为贵   C.血气充盈为贵   D.气液宣通为贵   E.血气流通为贵

3.张从正吐法不包括（   ）

A.追泪   B.引涎   C.漉涎   D.泄气   E.嚏气

4.南邻朱老翁，年六十余岁，身热数日不已，舌根肿起，和舌尖亦肿，肿至满口，比原舌大二倍。一外科以燔针刺其舌下两旁廉泉穴，病势转凶，将至颠巇。戴人曰：血实者宜决之。你认为戴人将以何法治之：

A.吐法   B.出血疗法   C.刘张法   D.下法   E.提邪出表法

5.张从正认为地之六气是（   ）

A.雾、雨、露、雹、冰、雪   B.雾、雨、露、雹、冰、泥   C.雾、露、雨、泥、冰、雪

D.雾、雨、水、泥、冰、雪   E.雾、露、泥、雹、冰、雪

三、多选题（每小题有五个备选答案，选出二至五个正确答案）

1.张从正所论邪气包括（　　）

A.天邪　　　B.地邪　　　C.人邪　　　D.七情所伤　　　E.药邪

2.张从正汗法包括（　　）

A.灸法　　B.针刺　　　C.按摩　　　D.砭石　　　E.导引

3.张从正下法包括（　　）

A.催生　　　B.下乳　　　C.磨积　　　D.逐水　　　E.破经

4.张从正认为大黄功效有（　　）

A.泻热通腑　　　B.凉血解毒　　　C.逐瘀通经　　　D.止血　　　E.止痛

5.张从正饮食调补内容包括（　　）

A.五谷养之　　　B.五禽补之　　　C.五畜益之　　　D.五菜充之　　　E.五果助之

四、判断题（正确答案划"√"，错误答案划"×"）

1.张从正认为正虚邪盛是疾病发生的根本原因。（　　）

2.张从正应用补法，首选温补药。（　　）

3.张从正使用下法常与吐法前后连用。（　　）

4.张从正应用九曲玲珑灶发汗。（　　）

5.张从正应用吐法每先用小剂，不效则逐渐加量。（　　）

五、简答题

1.简述张从正应用汗吐下三法的意义。

2.简述张从正应用的催吐方法。

六、论述题

1.分析张从正所治头热痛医案。

【参考答案】

一、填空题

1.子和，戴人

2.麻知几，常仲明

3.太医

4.养生当论食补

5.以情胜情　　惊者平之

二、单选题

1.A　　2.E　　3.D　　4.B　　5.B

三、多选题

1.ABCDE   2.ABCDE   3.ABCDE   4.ABCD   5.ACDE

四、判断题

1.×   2.×   3.√   4.√   5.√

五、简答题要点

1.或三法兼用，或三法先后使用，攻逐邪气，改善气血壅滞，促进血气流通，恢复健康。

2.服用催吐药、引涎、漉涎、嚏气、追泪等。

六、论述题要点

1.（略）

·李 杲·

一、填空题

1.李杲，字_____，晚年自号_____。

2.李杲认为饮食不节则_____病，形体劳役则_____病。

3.李杲论述的脾胃功能是_____，_____。

4.李杲认为脾胃内伤两大症候群为_____，_____。

5.李杲升脾阳擅长使用的药物是_____，_____。

二、单选题（每小题有五个备选答案，选出一个正确答案）

1.撰写《内外伤辨惑论》的医家是（ ）

A.刘完素   B.李杲   C.吴有性   D.张介宾   E.吴师机

2.李杲治疗肺之脾胃虚的方剂是（ ）

A.升阳益胃汤   B.升阳散火汤   C.当归补血汤   D.沉香温胃丸   E.补脾胃泻阴火升阳汤

3.李杲治疗肾之脾胃虚的方剂是（ ）

A.升阳益胃汤   B.升阳散火汤   C.当归补血汤   D.沉香温胃丸   E.补脾胃泻阴火升阳汤

4.创制普济消毒饮的医家是（ ）

A.孙思邈   B.刘完素   C.李杲   D.吴有性   E.叶桂

5.创制清胃散的医家是（ ）

A.张机   B.孙思邈   C.钱乙   D.张元素   E.李杲

三、多选题（每小题有五个备选答案，选出二至五个正确答案）

1.李杲的弟子有（ ）

A. 王好古　　B. 罗天益　　C. 罗知悌　　D. 王履　　E. 戴思恭

2. 李杲认为脾胃内伤病机为（　　）

A. 升降失常　　B. 脾肾失调　　C. 气火失调　　D. 气血失调　　E. 气水失调

3. 李杲认为脾胃内伤的病因为（　　）

A. 饮食不节　　B. 劳役过度　　C. 情志内伤　　D. 痰饮　　E. 瘀血

4. 李杲著作有（　　）

A.《脾胃论》　　B.《内外伤辨惑论》　　C.《医学发明》　　D.《兰室秘藏》　　E.《东垣试效方》

5. 李杲所创制的方剂有（　　）

A. 升阳散火汤　　B. 升陷汤　　C. 升阳除湿汤　　D. 当归补血汤　　E. 当归六黄汤

四、判断题（正确答案划"√"，错误答案划"×"）

1. 李杲因母病被庸医误治而拜张元素学医。（　　）

2. 当归补血汤重用当归一两为君，黄芪二钱为臣。（　　）

3. 李杲认为外感时邪，滥用苦寒，亦能伤及脾胃。（　　）

4. 李杲创制的补中益气汤以人参为君药。（　　）

5. 李杲治疗内伤热中证主张重用风药升阳。（　　）

五、简答题

1. 李杲治疗脾胃内伤病的基本法则是什么？

2. 李杲临证用药特色有哪些？

六、论述题

分析李杲所治大头瘟医案。

【参考答案】

一、填空题

1. 明之，东垣老人

2. 胃，脾

3. 脾胃是元气之本，脾胃为升降枢纽

4. 阳虚症候群，阴虚症候群

5. 升麻，柴胡

二、单选题

1.B　　2.A　　3.D　　4.C　　5.E

三、多选题

1.AB　　2.AC　　3.ABC　　4.ABCDE　　5.ACDE

四、判断题

1.√　　2.×　　3.√　　4.×　　5.×

五、简答题要点

1基本法则：补脾胃、升阳气、泻阴火。包括：甘温除热、升阳散火、升阳除湿和清泻实火等。

2.用药特色有：注重配伍、轻药愈病，喜用风药、用药宜忌。

六、论述题要点

（略）

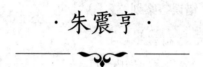

·朱震亨·

一、填空题

1.朱震亨，字_____，学者尊之为_____。

2.《丹溪心法》认为郁证病位在_____，以_____为关键。

3.朱震亨指出相火妄动可以煎熬_____，耗伤_____。

4.朱震亨将饮食分为_____与_____两大类。

5.朱震亨的代表著作是_____，_____。

二、单选题（每小题有五个备选答案，选出一个正确答案）

1.《丹溪心法》论述痰病病机不包括（　　）

A.脾虚　　B.湿滞　　C.气郁　　D.火炎　　E.阴虚

2.朱震亨认为相火特性是（　　）

A.阳升阴降　　B.外阴而内阳　　C.内阴而外阳　　D.阴升阳降　　E.体阴用阳

3.朱震亨阐发阴阳的观点是（　　）

A.阳不足阴无余　　B.阳有余阴不足　　C.阳升阴降　　D.阴中求阳　　E.阳中求阴

4.朱震亨认为与相火有密切关系的脏腑不包括（　　）

A.胆　　B.膀胱　　C.心包络　　D.三焦　　E.心

5.《丹溪心法》中治疗郁证的方剂有（　　）

A.逍遥丸　　B.枳术丸　　C.左归丸　　D.右归丸　　E.越鞠丸

三、多选题（每小题有五个备选答案，选出二至五个正确答案）

1.朱震亨认为引起相火妄动的原因有（　　）

A.情志过极　　B.色欲无度　　C.六淫侵袭　　D.饮食厚味　　E.劳役过度

2.对朱震亨学术思想影响较大的学者有（　　）

A.刘完素　　B.张从正　　C.李杲　　D.许谦　　E.罗天益

3.《丹溪心法》提出痰证治疗原则有（　　）

A.实脾燥湿　　B.痰瘀同治　　C.治痰先治气　　D.节食茹淡　　E.摄养护阴

4.朱震亨临证将火证分为（　　）

A.郁火　　B.虚火　　C.实火　　D.阴火　　E.食火

5.朱震亨认为相火寄于（　　）

A.心　　B.肾　　C.肺　　D.肝　　E.脾

四、判断题（正确答案划"√"，错误答案划"×"）

1.朱震亨是丹溪学派代表人物。（　　）

2.朱震亨以逍遥散统治郁证。（　　）

3.朱震亨是儒医兼备的典范。（　　）

4.朱震亨办学校培养了大批中医人才。（　　）

5.王纶提出"杂病宗丹溪"。（　　）

五、简答题

1.简述朱震亨养阴抑阳摄生观。

2.简述朱震亨治疗阴虚火动证的用药特点。

六.论述题

1.《丹溪心法》如何论述郁证的病因病机？

【参考答案】

一、填空题

1.彦修，丹溪翁

2.中焦，气郁

3.真阴，元气

4.天赋，人为

5.《格致余论》《局方发挥》

二、单选题

1.E　　2.C　　3.B　　4.E　　5.E

三.多选题

1.ABD　　2.ABCD　　3.ABC　　4.ABC　　5.BD

四、判断题

1.√　　2.×　　3.√　　4.×　　5.√

五、简答题要点

1.收心养心、护阴摄养、顺时避虚和节食茹淡。

2.阴精虚相火旺,创制大补阴丸治之;阴血虚而相火旺,以四物汤加知柏治之。

六、论述题要点

1.外感六淫、内伤情志、饮食失节和久病失调等,导致人体气血怫郁,传化失常,郁久又可化热生火;病位在中焦。

·薛 己·

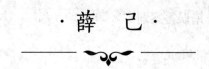

一、填空题

1.薛己,字_____,号_____。

2.薛己朝夕互补治疗阳虚者,朝用_____,夕用_____。

3.薛己认为"胃气_____则_____。"

4.薛己擅用_____,_____法治疗疾病。

5.薛己重视脾胃思想源于_____和_____。

二、单项选择题（每小题有五个备选答案,选出一个正确答案）

1.薛己朝夕互补法所用方剂不包括（　　）

A.六君子汤　　B.加减肾气丸　　C.补中益气汤　　D.左归丸　　E.六味丸

2.薛己治疗急危虚证所用的方剂是（　　）

A.生脉散　　B.四逆汤　　C.八味丸　　D.当归四逆汤　　E.六味丸

3.薛己的脾肾同治不包括（　　）

A.脾肾虚寒　　B.脾肾虚损　　C.气虚兼阴虚　　D.阴阳俱虚　　E.脾肾阴虚

4.薛己温补肾阳的方剂是（　　）

A.八味丸　　B.左归丸　　C.四神丸　　D.附子理中丸　　E.右归饮

5.薛己的学术特色是（　　）

A.重视先天　　B.重视后天　　C.脾肾并重　　D.独重胃气　　E.重视命火

三、多项选择题（每小题有五个备选答案,选出二至五个正确答案）

1.薛己温补脾胃生阴血的常用方剂是（　　）

A.六君子汤　　B.四物汤　　C.八味丸　　D.理中汤　　E.调中益气汤

2.薛己重视脾胃与肾命思想渊源于（　　）

A.王冰　　B.钱乙　　C.张元素　　D.李杲　　E.朱震亨

3.关于薛己下列说法正确的是（　　）

A.温补派　　B.整体派　　C.正宗派　　D.平补治伤派　　E.薛己学派

4.薛己脾肾同治的方剂是（　　）

A.四神丸　　B.六君子加姜、桂　　C.八味丸　　D.四君子汤　　E.四逆汤

5.薛己急证骤补法常用方有（　　）

A.八味丸　　B.独参汤　　C.参附汤　　D.四君子汤　　E.四物汤

四、判断题（正确答案划"√"，错误答案划"×"）

1.薛己以六味地黄丸温补肝肾。（　　）

2.薛己朝夕互补法是指朝补脾胃，夕补肾命。（　　）

3.薛己一概反对纯用补法。（　　）

4.薛己主张以温补之法升发脾胃阳气。（　　）

5.薛己认为某些外感疾病由脾胃虚弱引起。（　　）

五、简答题

1.简述薛己治学主张。

2.简述薛己"人以胃气为本"的主要思想。

六、论述题

1.试述薛己应用补中益气汤的经验。

【参考答案】

一、填空题

1.新甫，立斋

2.六君子汤，加减肾气丸

3.受伤，虚证蜂起

4.温补脾胃，补养肾命

5.《内经》，李杲

二、单项选择题

1.D　　2.C　　3.E　　4.A　　5.C

三、多项选择题

1.ABC　　2.ABD　　3.ABDE　　4.ABC　　5.ABC

四、判断题

1.×　　2.×　　3.×　　4.√　　5.√

五、简答题要点

1.博览群书，吸取诸家之长，借鉴前人经验，注意总结自己经验，详细记录各科临证医案，甚至是死亡病案。

2.胃为五脏本源，人身之根蒂；脾胃化生气血；胃气受伤，诸证蜂起。

六、论述题要点

1.补益元气，重视升举；升补阳气，据情而用；合方灵巧，脾肾并重；朝夕用药，治各有宜；药物加减，审机而用；择时服药，助脾增效；经验治病，可资借鉴。

· 万 全 ·

一、填空题

1.万全，字＿＿＿＿＿＿，号＿＿＿＿＿＿。

2.万全师承＿＿＿＿＿＿，遥承＿＿＿＿＿＿。

3.万全著作是＿＿＿＿＿＿。

4.万全主张晨起早行，不可＿＿＿＿＿＿，宜服＿＿＿＿＿＿。

5.万全所说的慎动是指形神活动应＿＿＿＿＿＿，不可＿＿＿＿＿＿。

二、选择题（每小题有五个备选答案，选出一个正确答案）

1.万全的总结优生准备不包括（　　）

A.婚配要求　　B.保精养血　　C.择时交会　　D.调治疾病　　E.注意饮食

2.万全认为优生优育的重要前提是（　　）

A.胎教　　B.保胎　　C.治疗妊娠疾病　　D.父母精血充沛　　E.育儿方法

3.提出"脾胃虚弱，百病蜂起"的医家是（　　）

A.李杲　　B.薛己　　C.万全　　D.缪希雍　　E.叶桂

4.万全认为久视伤（　　）

A.血　　B.气　　C.筋　　D.骨　　E.肉

5.万全在法时中强调"春三月"要（　　）

A.早睡早起　　B.早睡晚起　　C.晚睡晚起　　D.夜卧早起　　E.自由作息

6.万全医术著称于世，他所擅长其中不包括（　　）。

A.妇科　　B.产科　　C.儿科　　D.痘疹

7.万氏所著的儿科专著不包括（　　）。

A.《幼科发挥》　　B.《育婴秘要》　　C.《片玉新书》　　D.《广嗣纪要》

8.小儿藩篱不密，卫外功能较差，六淫疫疠之邪易从口鼻或毛皮而入，是哪种病理特点？（　　）

A.肝常有余　　　B.肺常不足　　　C.心常有余　　　D.脾常不足

9.下列哪项不属于万全的临证用药特色？（　　）

A."补羸女则养血壮脾，补弱男则养脾绝色"

B."调理但取其平，补泻无过其剂"

C."阴阳和则气平，乖则生病"

D."慎勿用轻粉、巴豆之共，恐伤元气，损脾胃，误杀小儿"

三、多选题（每小题有五个备选答案，选出二至五个正确答案）

1.万全总结的小儿病因有（　　）

A.外感六淫　　B.饮食不节　　C.客忤　　D.跌仆　　E.水火烫伤

2.万全调理脾胃常用（　　）

A.白术散　　B.肥儿丸　　C.参苓白术散　　　D.补中益气丸　　　E.枳术丸

3.万全养生四要内容有（　　）

A.法时　　B.慎动　　C.养性　　D.寡欲　　E.却疾

4.万全提出小儿护养要求有（　　）

A.生活调养　　B.早期教育　　C.精神调摄　　　D.预防脐风　　　E.勿妄用药

5.万全儿科著作有（　　）

A.《幼科发挥》　　B.《片玉心书》　　C.《育婴秘诀》　　　D.《痘疹心法》　　　E.《片玉痘疹》

6.万全认为小儿的生理特点是（　　）

A.稚阴稚阳　　B.形气未充　　C.气血未定　　　D.易寒易热　　　E.易虚易实

7.万全所倡导的三因致病说包括（　　）

A.外感六淫　　B.七情内伤　　C.饮食不节　　　D.内生五邪　　　E.客忤、跌仆及水火烫伤

8.万全总结的小儿病理特点中，常为不足的脏有（　　）。

A.肾　　B.肺　　C.心　　D.肝　　E.脾

9.万全经典著作包括（　　）

A.《万密斋医学全书》　　B.《幼科发挥》　　C.《片玉新书》　　　D.《育婴秘诀》　　　E.《临证会要》

10.万全的养生方法包括下列哪几项？（　　）

A.寡欲　　B.慎动　　C.法时　　D.多眠　　E.却疾

11.万全的优生优育观包括（　　）

A.优生准备　　B.注重胎养　　C.细心养护　　　D.调理脾胃　　　E.反对攻补

四、判断题（正确答案划"√"，错误答案划"×"）

1.万全反对小儿过分饱暖。（　　）

2.肝常有余是指肝的功能太过。（　　）

3.万全临证主张以望色为先。（　　）

4.万全强调脐带未落时频浴易患脐风。( )

5.万全提倡小儿应当母乳喂养。( )

五、简答题

1.万全如何阐发小儿病理特点？

2.简述万全养生五失内容。

3.简述万全临证用药特色。

【参考答案】

一、填空题

1.全仁，密斋

2.家学，钱乙

3.《万密斋医学全书》

4.空腹，糜粥

5.适度，过极

二、选择题

1.E 2.D 3.C 4.A 5.D 6.B 7.D 8.B 9.C

三、多选题

1.ABCDE 2.ABC 3.ABDE 4.ABCDE 5.ABCDE

6.BCD 7.ACE 8.ABE 9.BCD 10.ABCE 11.ABC

四、判断题

1.√ 2.× 3.√ 4.√ 5.√

五、简答题要点

1.肝常有余，心常有余，脾常不足，肺常不足，肾常不足。

2.不知保身，疾不早治，信巫不信医，喜峻药攻，治不择医。

3.注重调理脾胃，善用丸散膏丹，用药中正平和，反对滥用攻补。

·李时珍·

一、填空题

1.李时珍，字_____，晚号_____。

2.李时珍的代表著作有_____，_____。

3.李时珍对药物归经理论极为推崇，指出同归于一经的药物有_____、_____之不同。

4.李时珍在临床上十分强调脾胃_____与_____的重要性。

5.对于苦寒药物、或脾胃虚弱而导致的食滞泄泻，用药上李时珍建议用_____送服，如曲术丸、温白丸、二神丸等。

二、单选题（每小题有五个备选答案，选出一个正确答案）

1."引经报使"一词为哪位医家在其著作中首次提出（　　）

A.张元素　　B.李时珍　　C.李东垣　　D.张景岳　　E.刘完素

2.李时珍对于攻邪药的应用主张（　　）

A.寓补于攻　　B.驱邪扶正　　C.邪可速攻　　D.中病则止　　E.重用苦寒

3.李时珍首倡命门的位置为（　　）

A.两肾之间　　B.右肾　　C.肾　　D.三焦　　E.左肾

4.李时珍认为治痰应从（　　）为中心辨证论治

A.五脏　　B.六腑　　C.邪气　　D.寒热　　E.虚实

5.李时珍用济生二神丸补骨脂、肉豆蔻二药，往往加哪一药物佐之（　　）

A.香附　　B.陈皮　　C.甘草　　D.枳壳　　E.木香

三、多选题（每小题有五个备选答案，选出二至五个正确答案）

1.下列哪些书是李时珍的著作（　　）

A.《本草纲目》　　B.《奇经八脉考》　　C.《濒湖脉学》　　D.《本草纲目拾遗》

E.《新修本草》

2.李时珍对下列哪些方面有所阐发（　　）

A.七方十剂　　B.奇经八脉　　C.脾胃升降思想　　D.痰证论治　　E.引经报使

3.李时珍提出"痰有六，湿热风寒食气也"，可归纳为哪几种证型（　　）

A.寒痰　　B.热痰　　C.湿痰　　D.风痰　　E.燥痰

4.李时珍提出痰有燥湿之分，湿痰多生于（　　）

A.肝　　B.心　　C.脾　　D.肺　　E.肾

5.李时珍用于治寒痛的方剂有（　　）

A.妙香散　　B.失笑散　　C.延胡索散　　D.四物汤　　E.金铃散

四、判断题（正确答案划"√"，错误答案划"×"）

1.李时珍认为药物的炮制不能改变其原来的药性。（　　）

2.李时珍认为气味相同的药物功用不同是因为其归经不同。（　　）

3.李时珍认为命门的位置在右肾。（　　）

4.李时珍遣药用方特别注重保护胃气，慎用苦寒，对于攻邪药的应用主张中病则止。（　　）

5.李时珍整理补充了奇经八脉的循行路线与腧穴。（　　）

五、简答题

1.简答李时珍对痰证论治的特点。

2.简述李时珍对奇经八脉理论的发展。

六、论述题

1.李时珍是如何认识命门的？

【参考答案】

一、填空题

1.东璧；濒湖山人

2.《本草纲目》；《濒湖脉学》/《奇经八脉考》

3.入气分；入血分

4.升降；运化

5.米汤

二、单选题

1.B　2.D　3.A　4.A　5.E

三、多选题

1.ABC　2.ABCDE　3.ABCE　4.CE　5.BCE

四、判断题（正确答案划"√"，错误答案划"×"）

1.×　2.√　3.×　4.√　5.√

五、简答题要点

1.认为痰邪致病与五脏气机失调有关，应以五脏为中心辨证论治；根据痰饮的不同性质、特点，将痰证分寒痰、热痰、湿痰、燥痰四种证型论治。

2.整理补充了奇经八脉循行路线与腧穴；完善了奇经脉诊方法；丰富了奇经辨治内容。

六、论述题要点

李时珍从位置、形态及功能上明确命门为肾外一府。

他提出命门在两肾之间，"三焦者，元气之别使；命门者，三焦之本原，盖一原一委也。命门指所居之府而名……其体非脂非肉，白膜裹之，在七节之旁，两肾之间，二系著脊，下通二肾，上通心肺，贯属于脑。"功能上，李时珍认为命门内藏精气，为元气之原，三焦为委，命门元气经由三焦发出，温养脏腑百脉，表现为相火的功能，故又说："三焦即命门之用。"

· 龚廷贤 ·

━━━━━◆❧◆━━━━━

一、填空题

1. 龚廷贤，字_____，号_____。

2. 龚廷贤代表著作_____，_____。

3. 龚廷贤调治脾胃的特点有_____，_____。

4. 龚廷贤认为衰老的病机是_____，_____。

5. 龚廷贤治疗虚寒呕吐用_____，寒泻用_____。

二、单选题（每小题有五个备选答案，选出一个正确答案）

1. 龚廷贤养生箴言不包括（　　）

A.养性　　B.情欲　　C.饮食　　D.老人六戒　　E.劳倦

2. 龚廷贤治疗脾胃病通用方是（　　）

A.三因和中健脾丸　　B.三黄枳术丸　　C.补胃汤　　D.理气健脾丸　　E.参术健脾丸

3. 龚廷贤整体调治脾胃的方法是（　　）

A.养心健脾疏肝法　　B.温肾健脾疏肝法　　C.培土生金利水法　　D.泻心滋肾养胃法

E.抑肝实脾补肺法

4. 龚廷贤所论火泻主症不包括（　　）

A.痛泻交作　　B.易饱　　C.泻水如热汤　　D.泄泻　　E.腹痛

5. 龚廷贤治疗肾泻方剂是（　　）

A.二神丸　　B.四神丸　　C.八味丸　　D.右归丸　　E.附子理中丸

三、多选题（每小题有五个备选答案，选出二至五个正确答案）

1. 龚廷贤治疗脾泻方剂是（　　）

A.扶脾散　　B.八柱散　　C.补脾丸　　D.补中益气丸　　E.参苓白术散

2. 龚廷贤的著作有（　　）

A.《种杏仙方》　　B.《寿世保元》　　C.《云林神彀》　　D.《鲁府禁方》

E.《小儿推拿秘旨》

3. 龚廷贤的百消丸药物组成是（　　）

A.牵牛子　　B.白术　　C.香附　　D.木香　　E.五灵脂

4. 龚廷贤养性内容是（　　）

A.提倡晚婚　　B.诗书悦心　　C.谦和容让　　D.细嚼慢咽　　E.山林逸兴

5.龚廷贤阐发脾胃内伤病因病机是（　　）

A.饮食劳倦伤脾　　B.嗜欲伤脾　　C.饮食自倍伤胃　　D.嗜酒损伤脾胃

E.外感寒邪

四、判断题（正确答案划"√"，错误答案划"×"）

1.明代被誉为"国手"的医家是龚庆宣。（　　）

2.龚廷贤反对以枳术丸作为脾胃之要药。（　　）

3.龚廷贤消导耗气药治疗伤食。（　　）

4.龚廷贤用藿香正气散治疗水寒停胃呕吐。（　　）

5.龚廷贤主张夏月伏阴在内，暖食尤宜。（　　）

五、简答题

1.简述龚廷贤老年养生内容。

2.简述龚廷贤创制的常用抗衰方剂。

【参考答案】

一、填空题

1.子才，云林山人

2.《寿世保元》《万病回春》

3.因证论治，整体调治

4.肾气耗伤，内伤脾胃

5.附子理中丸，附子理中丸

二、单选题

1.E　　2.A　　3.A　　4.B　　5.A

三、多选题

1.ABC　　2.ABCDE　　3.ACE　　4.BCE　　5.ABCD

四、判断题

1.×　　2.√　　3.×　　4.×　　5.√

五、简答题要点

1.阐发衰老病机，创制抗衰方药，倡导养生箴言，编纂养生歌诀。

2.八仙长寿丸，五仁斑龙胶，阳春白雪膏，延寿丹。

· 杨继洲 ·

一、填空题

1.杨继洲，字_____，明代著名_____学家。

2.杨继洲临证强调_____，_____综合运用。

3.杨继洲重视经络，提出"宁失其_____，勿失其_____。"

4.杨继洲重视针刺得气，主张"宁失其_____，勿失其_____。"

5.杨继洲的平补平泻法，实指_____，_____的补泻手法。

二、单选题（每小题有五个备选答案，选出一个正确答案）

1.杨继洲著作是（　　）

A.《针灸大成》　　B.《针灸大全》　　C.《神应经》　　D.《资生经》　　E.《针灸聚英》

2.以《卫生针灸玄机秘要》为基础编撰的针灸著作是

A.《针灸大全》　　B.《针灸大成》　　C.《神应经》　　D.《资生经》　　E.《针灸聚英》

3.杨继洲的补针要法要求针手经络应停（　　）

A.十二息　　B.二十四息　　C.三十六息　　D.四十八息　　E.六十息

4.将《素问》《难经》称为针灸之源的医家是（　　）

A.刘完素　　B.赵献可　　C.朱震亨　　D.戴思恭　　E.杨继洲

5.杨继洲的补针要法要求针足经络应停（　　）

A.十二息　　B.二十四息　　C.三十六息　　D.四十八息　　E.六十息

三、多选题（每小题有五个备选答案，选出二至五个正确答案）

1.杨继洲总结二十四种针刺复式手法，其中独创的是（　　）

A.运气法　　B.中气法　　C.五脏交经　　D.通关交经　　E.隔角交经

2.杨继洲得气手法主要包括（　　）

A.候气　　B.取气　　C.破气　　D.行气　　E.降气

3.杨继洲泻针要法内容包括（　　）

A.随咳进针　　B.直入地部　　C.捻六撅六　　D.提出于人部　　E.其穴不闭

4.杨继洲总结二十四种针刺复式手法所参考的著作有（　　）

A.《针灸大全》　　B.《针灸聚英》　　C.《针灸问对》　　D.《资生经》　　E.《针灸甲乙经》

5.杨继洲根据针刺大小将补泻手法分为（　　）

A.大补　　B.大泻　　C.平补　　D.平泻　　E.补泻并举

四、判断题（正确答案划"√"，错误答案划"×"）

1.《针灸大成》是以《针灸甲乙经》为基础编撰而成。（ ）

2.杨继洲提出临床辨证以脏腑为要。（ ）

3.杨继洲在十二字分次第手法基础上，将针刺手法精简为下手八法。（ ）

4."透天凉"为杨继洲二十四种针刺复式手法之一。（ ）

5.杨继洲倡导临床治疗以针灸为先，药物次之。（ ）

五.简答题

1.简述杨继洲总结创新针刺手法的内容。

2.简述杨继洲"针灸药物，不可缺一"的内容。

【参考答案】

一、填空题

1.济时，针灸

2.针灸，药物

3.穴，经

4.时，气

5.手法较轻，刺激量较小

二、单选题

1.A   2.B   3.B   4.E   5.C

三、多选题

1.ABCDE   2.ABD   3.ABCDE   4.ABC   5.ABCD

四、判断题

1.×   2.×   3.×   4.√   5.√

五、简答题要点

1.十二字分次第手法、下手八法、二十四法、补泻手法、得气手法。

2.惟精于针，以备缓急；针灸药物，各有所长；治法因人，变通随症。

· 缪希雍 ·

一、填空题

1.缪希雍，字_____，号_____。

中医各家学说

314

2.缪希雍代表著作是_____，_____。

3.缪希雍治学主张_____，_____。

4.缪希雍在参苓白术散基础上创制_____。

5.缪希雍将类中风证称为_____。

二、单选题（每小题有五个备选答案，选出一个正确答案）

1.缪希雍清阳明邪热的主药是（　　）

A.石膏　　B.知母　　C.黄芩　　D.栀子　　E.竹茹

2.缪希雍誉之为"治吐血圣药"的中药是（　　）

A.郁金　　B.麦门冬　　C.薏苡仁　　D.鳖甲　　E.枸杞子

3.缪希雍比喻为国家之饷道者是（　　）

A.胃气　　B.脾气　　C.谷气　　D.卫气　　E.营气

4.缪希雍论述吐血的病机是（　　）

A.阴虚火旺　　B.脾虚失统　　C.心火亢盛　　D.血热妄行　　E.肝火旺盛

5.明代受到东林党事件牵连的医家是（　　）

A.张机　　B.李杲　　C.缪希雍　　D.叶桂　　E.唐宗海

三、多选题（每小题有五个备选答案，选出二至五个正确答案）

1.缪希雍将血症分为（　　）

A.血虚　　B.血瘀　　C.血凝　　D.血涩　　E.血热

2.缪希雍治疗阴虚火旺吐血三要法是（　　）

A.行血　　B.凉血　　C.补肝　　D.降火　　E.降气

3.缪希雍认为中风病机是（　　）

A.真阴亏损　　B.热灼津为痰　　C.壅塞气道　　D.热极生风　　E.瘀血阻络

4.缪希雍指出应用半夏要意（　　）

A.渴家　　B.汗家　　C.血家　　D.酒家　　E.痰家

5.缪希雍治疗阳明经病的方剂有（　　）

A.竹叶石膏汤　　B.白虎汤　　C.麻黄汤　　D.桂枝汤　　E.柴胡汤

四、判断题（正确答案划"√"，错误答案划"×"）

1.缪希雍认为外感伤寒温疫之邪从口鼻而入。（　　）

2.张元素创制羌活汤解表。（　　）

3.缪希雍治疗伤寒主张以速逐热邪为要。（　　）

4.缪希雍反对用竹叶石膏汤时去半夏。（　　）

5.缪希雍重视调理脾胃。（　　）

五、简答题

1.简述类中风证的主要治法。

2.简述缪希雍辨治伤寒病特色。

【参考答案】

一、填空题

1.仲淳，慕台

2.先醒斋医学广笔记，神农本草经疏

3.注重收集药方，师古而不泥古，

4.资生丸

5.内虚暗风

二、单选题

1.A   2.A   3.C   4.A   5.C

三、多选题

1.ABE   2.ACE   3.ABCDE   4.ABC   5.AB

四、判断题

1.√   2.×   3.√   4.×   5.√

五、简答题要点

1.先以清热顺气开痰以救其标，后以益血补气以治其本。

2.根据时代、地域、气候、禀赋、发病特点灵活变通，用羌活汤解表，竹叶石膏汤与白虎汤清阳明，顾护津液。

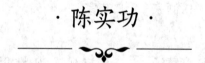

· 陈实功 ·

一、填空题

1.陈实功，字_____，号_____。

2.陈实功治学主张要有坚实_____，重视_____。

3.《四库全书总目提要》赞扬陈实功著作说"_____，_____。"

4.陈实功认为由内因所致的疮疡多见于_____，_____。

5.陈实功判断疮疡预后的依据是_____，_____。

二、单选题（每小题有五个备选答案，选出一个正确答案）

1.陈实功的著作是（　　）

A.《外科正宗》　　B.《外科大成》　　C.《外科全生集》　　D.《外治医说》　　E.《外科理例》

2.陈实功要求诊治妇科疾病需要（　　）

A.问月经　　B.问带下　　C.问胎产　　D.问乳房　　E.第三人在场

3.陈实功治疗疮疡重视（　　）

A.脾胃　　B.肝肾　　C.脾肾　　D.心肾　　E.肺肾

4.陈实功用消法治疗疮疡（　　）

A.初期　　B.中期　　C.中晚期　　D.晚期　　E.愈合期

5.外科领域中正宗派的代表医家是（　　）

A.陈自明　　B.陈实功　　C.高秉钧　　D.薛己　　E.汪机

三、多选题（每小题有五个备选答案，选出二至五个正确答案）

1.陈实功治疗疮疡的外治法包括（　　）

A.中药外洗　　B.切开排脓　　C.手术扩创　　D.清除腐肉　　E.中药涂抹

2.陈实功用内科方法治疗疮疡不包括（　　）

A.消法　　B.托法　　C.补法　　D.活血化瘀　　E.软坚散结

3.陈实功认为外因所致的疮疡多见于（　　）

A.不善调摄　　B.体虚之人　　C.澡薄劳碌人　　D.富贵之人　　E.肥胖者

4.陈实功认为导致疮疡的不内外因有（　　）

A.饮食无常　　B.劳役太过　　C.喜怒不常　　D.金刃所伤　　E.虫兽所伤

5.陈实功擅长治疗的皮肤病有（　　）

A.粉刺　　B.酒渣鼻　　C.雀斑　　D.黄褐斑　　E.黧黑斑

四、判断题（正确答案划"√"，错误答案划"×"）

1.陈实功治疗疮疡以外治为主。（　　）

2.陈实功治疗疮疡初期先用灸法。（　　）

3.陈实功强调疮疡患者居住房间应洁净。（　　）

4.陈实功的回乳四物汤是由四物汤加麦芽组成。（　　）

5.陈实功认为乳岩及早治疗预后较好。（　　）

五、简答题

1.简述陈实功对疮疡病因的认识。

2.简述陈实功对乳痈病因病机的认识。

【参考答案】

一、填空题

1.毓仁，若虚

2.文化基础，行医规范

3.列证最详，论治最精

4.富贵之人，肥胖者

5.气血盛衰，形色

二、单选题

1.A   2.E   3.A   4.A   5.B

三、多选题

1.ABCDE   2.DE   3.ABC   4.ABC   5.ABCE

四、判断题

1.×   2.√   3.√   4.√   5.×

五、简答题要点

1.内因、外因、不内外因。

2.哺乳妇女，调摄不慎，致使乳汁瘀滞，乳络不畅，日久败乳蓄积，酿而成脓。

· 张介宾 ·

一、填空题

1.张介宾的代表著作是_____，_____。

2.张介宾提出"_____有余，_____不足。"

3.张介宾提出的辨证纲领是_____，_____。

4.张介宾治病擅长应用_____法。

5.张介宾的药物四维是人参、_____、大黄、_____。

二、单项选择题（每小题有五个备选答案，选出一个正确答案）

1.张介宾阴阳学说内容不包括（   ）

A.阴阳互根   B.阴阳互藏   C.阴阳平衡   D.阴阳谐和   E.阴阳相济

2.与张介宾无关的内容是（   ）

A.会卿   B.景岳   C.通一子   D.浙江会稽   E.御医

3.张介宾治形的核心是（　　）

A.补气　　B.温阳　　C.养血　　D.填精　　E.滋阴

4.张介宾指出命门为（　　）

A.元气之脏　　B.真火之脏　　C.真阴之脏　　D.元精之脏　　E.五行之脏

5.提出"阴阳者，一分为二"的医家是（　　）

A.朱震亨　　B.赵献可　　C.薛己　　D.王冰　　E.张介宾

三、多项选择题（每小题有五个备选答案，选出二至五个正确答案）

1.张介宾"阴阳相济"治虚损的方法是（　　）

A.阴中求阳　　B.阴中求阴　　C.阳中求阴　　D.阳中求阳　　E.气血互生

2.体现张介宾"阴阳互济"思想的方剂是（　　）

A.六味丸　　B.左归丸　　C.八味丸　　D.右归丸　　E.玉女煎

3.张介宾真阳论内容包括（　　）

A.阴阳之辨　　B.形气之辨　　C.寒热之辨　　D.水火之辨　　E.精气之辨

4.张介宾认为，熟地的作用是（　　）

A.守聚　　B.重降　　C.甘缓　　D.静镇　　E.滋腻

5.重视命门的医家是（　　）

A.薛己　　B.赵献可　　C.张景岳　　D.李中梓　　E.绮石

四、判断题（正确答案划"√"，错误答案划"×"）

1.张介宾认为熟地禀静顺之德。（　　）

2.张介宾强调善治病者，先治此形。（　　）

3.张介宾治疗命门阳衰阴胜用右归丸。（　　）

4.张介宾创立八纲辨证纲领。（　　）

5.张介宾五行互藏深化了五脏之间的相互关系。（　　）

五、简述题

1.简述张介宾治疗虚损的特色。

2.简述张介宾二纲六变内容。

六、论述题

试述张介宾真阴论。

【参考答案】

一、填空题

1.《景岳全书》《类经》

2.阳非，阴本

附：《中医各家学说》习题集

319

3.二纲，六变

4.温补

5.熟地，附子

二、单项选择题

1.C　　2.E　　3.D　　4.C　　5.E

三、多项选择题

1.ACE　　2.BD　　3.BCD　　4.ABCD　　5.ABC

四、判断题

1.√　　2.√　　3.√　　4.×　　5.√

五、简述题要点

1.张介宾治疗虚损的特色有自制左归、右归（阴阳相济），填补精血，长于温补。

2.阴阳，表里，虚实，寒热

六、论述题要点

真阴之象，真阴之形，真阴之用，真阴之病，真阴之治。

·吴有性·

一、填空题

1.吴有性著作《_____》，对中医传染病学的发展作出了重大贡献。

2.吴有性认为杂气是通过_____侵犯人体的。

3.吴有性将温疫传变方式分为_____类，_____种。

4.吴有性认为温疫邪伏_____，传变途径为_____。

5.吴有性认为"杂气"无象_____，无声_____。

二、单选题（每小题有五个备选答案，选出一个正确答案）

1.吴有性的著作是（　　）

A.《温疫论》　　B.《广瘟疫论》　　C.《治疫全书》　　D.《松峰说疫》　　E.《伤寒温疫条辨》

2.吴有性称之为"治疫之全剂"的方剂是（　　）

A.达原饮　　B.三消饮　　C.清瘟败毒饮　　D.桑菊饮　　E.正柴胡饮

3.创立清瘟败毒饮的医家是（　　）

A.吴有性　　B.戴天章　　C.余霖　　D.叶桂　　E.吴瑭

4.温疫传变方式不包括（　　）

A.向表传变　　B.向里传变　　C.表里先后传变　　D.同时向表里传变　　E.循经传变

5.创立三甲散的医家是（　　）

A.吴有性　　B.吴瑭　　C.吴师机　　D.吴谦　　E.吴昆

三、多选题（每小题有五个备选答案，选出二至五个正确答案）

1.论述邪从口鼻而入的医家是（　　）

A.张机　　B.陈无择　　C.吴有性　　D.缪希雍　　E.雷丰

2.与吴有性学说有关的内容有（　　）

A.疫气　　B.从口鼻而入　　C.邪伏膜原　　D.表里分传　　E.非时之气

3.吴有性疏利膜原的方剂是（　　）

A.达原饮　　B.三消饮　　C.清瘟败毒饮　　D.桑菊饮　　E.正柴胡饮

4.吴有性认为，杂气致病的特点是（　　）

A.传染性　　B.流行性　　C.偏中性　　D.散发性　　E.致命性

5.吴有性认为人体感受杂气后是否致病取决于杂气的量和（　　）

A.杂气的毒性　　B.季节　　C.人体的抵抗力　　D.杂气侵袭的部位　　E.人群密度

四、判断题（正确答案划"√"，错误答案划"×"）

1.吴有性认为戾气即是杂气。（　　）

2.吴有性是温病学派的先驱。（　　）

3.吴有性用承气汤攻里通下治疗温疫。（　　）

4.吴有性认为，募原又称膜原。（　　）

5.吴有性治疗温疫时常用大枣保护胃气。（　　）

五、简答题

1.简述吴有性治疗温疫的经验。

2.简述温疫学派的代表人物与著作。

【参考答案】

一、填空题

1.温疫论

2.口鼻

3.四大类，九

4.募原，表里分传

5.可见，可臭

二、单选题

1.A   2.B   3.C   4.E   5.A

三、多选题

1.CD   2.ABCD   3.AB   4.ABCD   5.AC

四、判断题

1.×   2.√   3.√   4.√   5.×

五、简答题要点

1.疏利募原，辛凉发散，攻里通下，注意养阴，生姜护胃。

2.吴有性著《温疫论》，戴天章著《广瘟疫论》，余霖著《疫疹一得》，刘奎著《松峰说疫》，熊立品著《治疫全书》。

·李中梓·

一、填空题

1.李中梓，字_____，号_____。

2.李中梓的代表著作是_____，_____。

3.李中梓脾肾同补体现了理脾不拘于_____，治肾不拘于_____。

4.李中梓认为，水火宜平_____，宜交_____。

5.李中梓提出_____为先天之本，_____为后天之本。

二、单选题（每小题有五个备选答案，选出一个正确答案）

1.李中梓治学主张不包括（　　）

A.博采众长　　B.不偏不倚　　C.重视学术交流　　D.善于著书立说　　E.注重师承

2.李中梓治疗先天根本（　　）

A.分水火　　B.分阴阳　　C.分寒热　　D.分虚实　　E.分表里

3.李中梓治疗先天火不足者用（　　）

A.金匮肾气丸　　B.济生肾气丸　　C.右归丸　　D.附子理中丸　　E.四逆汤

4.李中梓治疗劳倦伤脾用（　　）

A.补中益气汤　　B.四君子汤　　C.六君子汤　　D.八珍汤　　E.人参养荣汤

5.李中梓淡渗分利法治疗癃闭所用药物不包括（　　）

A.茯苓　　B.猪苓　　C.车前子　　D.泽泻　　E.通草

6.下列哪一项不是李中梓治泄泻九法（　　）

A.清热，燥湿　　B.淡渗，升提　　　C.清凉，疏利　　　D.甘缓，酸收

E.燥脾，温肾，固涩

三、多选题（每小题有五个备选答案，选出二至五个正确答案）

1.李中梓的《士材三书》包括（　　）

A.《本草通玄》　　B.《颐生微论》　　C.《诊家正眼》　　D.《伤寒括要》　　E.《病机沙纂》

2.李中梓清金润肺法治疗癃闭所用药物是（　　）

A.车前子　　B.紫苑　　C.麦门冬　　D.茯苓　　E.桑皮

3.李中梓治疗脾虚为主兼有肾虚者常用哪些方配伍附子、肉桂（　　）

A.四君子汤　　B.归脾汤　　C.补中益气汤为主　　D.八珍汤　　E.六君子汤

4.对李中梓影响较大的医家有（　　）

A.张元素　　B.李杲　　C.薛己　　D.张介宾　　E.张机

5.李中梓脾肾同治不包括（　　）

A.脾肾同补　　B.补肾兼脾　　C.补脾兼肾　　D.补火生土　　E.精气同治

四、判断题（正确答案划"√"，错误答案划"×"）

1.李中梓常与王肯堂、秦昌遇进行学术交流。（　　）

2.李中梓认为胃气一败，百药难施。（　　）

3.李中梓用补中益气汤治疗中气不足的癃闭。（　　）

4.李中梓常用行瘀散结治疗癃闭。（　　）

5.李中梓善于著书立说。（　　）

五、简答题

1.简述李中梓应用膏方特色。

六、论述题

1.分析李中梓治疗王镜如小便闭癃医案。

【参考答案】

一、填空题

1.士材，念莪

2.《医宗必读》《内经知要》

3.辛燥升提，滋腻呆滞

4.不宜偏，不宜分

5.肾，脾

二、单选题

1.E　　2.A　　3.A　　4.A　　5.C　　6.A

三、多选题

1.ACE   2.ABCDE   3.ABC   4.ABCDE   5.DE

四、判断题

1.√   2.√   3.√   4.×   5.√

五、简答题要点

1.补益脾胃，补益肺肾，补肾益气，补益气血，收敛固精。

六、论述题

（略）

·绮 石·

一、填空题

1.绮石著作是_____。

2.绮石认为阴虚统于_____，阳虚统于_____。

3.绮石治疗虚劳原则是_____，_____。

4.绮石认为少年虚劳精血_____，预后_____。

5.绮石认为老年虚劳_____，预后_____。

二、单选题（每小题有五个备选答案，选出一个正确答案）

1.绮石弟子是（ ）

A.王好古   B.李中梓   C.陈念祖   D.赵宗田   E.缪希雍

2.绮石认为五脏之天是（ ）

A.肝   B.心   C.脾   D.肺   E.肾

3.绮石认为百骸之母是（ ）

A.肝   B.心   C.脾   D.肺   E.肾

4.绮石认为性命之根是（ ）

A.肝   B.心   C.脾   D.肺   E.肾

5.虚劳防护不包括（ ）

A.知节   B.知防   C.二守   D.护肺   E.防燥

三、多选题（每小题有五个备选答案，选出二至五个正确答案）

1.绮石阳虚三夺是指（ ）

A.夺精　　B.夺气　　C.夺血　　D.夺火　　E.夺神

2.绮石治疗虚劳推崇的医家是

A.李杲　　B.朱震亨　　C.薛己　　D.张介宾　　E.赵献可

3.绮石将虚劳病机分为（　　）

A.阴虚　　B.阳虚　　C.气虚　　D.血虚　　E.精亏

4.绮石的二统是指（　　）

A.肝　　B.心　　C.脾　　D.肺　　E.肾

5.绮石治疗虚劳禁用药有（　　）

A.禁燥烈　　B.禁伐气　　C.禁苦寒　　D.禁活血　　E.攻下

四、判断题（正确答案划"√"，错误答案划"×"）

1.绮石认为痨虫传染也可导致虚劳。（　　）

2.绮石认为妄用攻伐，杂药乱投，耗伤正气也可导致虚劳。（　　）

3.绮石治疗虚劳初起兼有外邪应先散其表邪。（　　）

4.绮石认为虚劳初发安乐静养也可痊愈。（　　）

5.绮石治疗虚劳主张应坚持长期服药。（　　）

五、简答题

1.简述虚劳的主要病因。

2.简述绮石治疗虚劳用药注意事项。

【参考答案】

一、填空题

1.《理虚元鉴》

2.肺，脾

3.清金保肺，补脾健中

4.易生，较好

5.易治，较差

二、单选题

1.D　　2.D　　3.C　　4.E　　3.E

三、多选题

1.ABD　　2.ABC　　3.AB　　4.CD　　5.ABC

四、判断题

1.√　　2.√　　3.×　　4.√　　5.√

五、简答题要点

1.先天之因，后天之因，痘疹及病后失调，外感之因，境遇之因等。

2.宜用药，酌用药，慎用药，禁用药，偶用或不必用药。

· 喻　昌 ·

一、填空题

1.喻昌，字_____，晚号_____。

2.喻昌治学主张_____，重视_____的记录与整理。

3.喻昌代表著作不包括_____，_____。

4.喻昌认为燥病病位在_____，病机是_____。

5.喻昌告诫治疗臌胀不宜应用_____之法，_____之药。

二、单选题（每小题有五个备选答案，选出一个正确答案）

1.提出"三纲鼎立"学说的医家是（　　）

A.张机　　B.王熙　　C.孙思邈　　D.方有执　　E.喻昌

2.先儒后释终成著名医家的是（　　）

A.孙思邈　　B.许叔微　　C.张从正　　D.喻昌　　E.唐宗海

3.喻昌创制的方剂是（　　）

A.桑杏汤　　B.清燥救肺汤　　C.葛根汤　　D.增液承气汤　　E.益胃汤

4.用人参败毒散治疗痢疾的医家是（　　）

A.张机　　B.刘完素　　C.喻昌　　D.叶桂　　E.丁泽周

5.辨正《内经》"秋伤于湿"为"秋伤于燥"之误的医家是（　　）

A.刘完素　　B.喻昌　　C.张志聪　　D.柯琴　　E.吴谦

三、多选题（每小题有五个备选答案，选出二至五个正确答案）

1.阐发燥证的医家是（　　）

A.刘完素　　B.喻昌　　C.吴瑭　　D.叶桂　　E.王士雄

2.喻昌治单臌胀的方法有（　　）

A.培养　　B.招纳　　C.解散　　D.软坚散结　　E.悍毒峻攻

3.与逆流挽舟治疗痢疾有关的内容是（　　）

A.夏秋季节　　B.热　　C.暑　　D.湿　　E.人参败毒散

4.清初三大家是（　　）

A.喻昌　　　B.张璐　　　C.吴谦　　　D.傅山　　　E.李中梓

5.持错简重订思想研究《伤寒论》的医家有（　　）

A.方有执　　　B.喻昌　　　C.张志聪　　　D.张锡驹　　　E.陈修园

四、判断题（正确答案划"√"，错误答案划"×"）

1.喻昌治疗臌胀喜用丸剂缓慢收功。（　　）

2.喻昌创制麦门冬汤治疗温燥。（　　）

3.喻昌提出温病三纲说。（　　）

4.清燥救肺汤的特点是肺胃兼顾。（　　）

5.喻昌提出诸涩枯涸，干劲皴揭，皆属于燥。（　　）

五、简答题

1.简述喻昌所论燥病的临床表现。

2.简述臌胀病机。

【参考答案】

一、填空题

1.嘉言，西昌老人

2.先辨病后用药，临证医案

3.《生民切要》，《尚论后篇》

4.肺，肺失治节

5.猛药攻劫，耗气散气

二、单选题

1.E　　2.D　　3.B　　4.C　　5.B

三、多选题

1.AB　　2.ABC　　3.ABCDE　　4.ABC　　5.AB

四、判断题

1.√　　2.×　　3.√　　4.√　　5.×

五、简答题要点

1.痿，喘，呕，筋脉拘急，消渴，男子精液衰少，女子津血枯闭等。

2.脾气衰微，水裹、气结、血凝，本虚标实。

·傅 山·

一、填空题

1.傅山，字_____，号_____。

2.傅山妇科著作是_____。

3.傅山主张产后禁_____，远_____。

4.傅山治疗脾虚带下用_____，治疗湿热带下用_____。

5.傅山认为带下病因是_____，或_____。

二、单选题（每小题有五个备选答案，选出一个正确答案）

1.傅山认为导致带下病的关键是（　　）.

A.风　　B.寒　　C.湿　　D.燥　　E.热

2.临证善用生化汤的医家是（　　）.

A.陈自明　　B.傅山　　C.武之望　　D.王肯堂　　E.王熙

3.创制完带汤的医家是（　　）

A.陈自明　　B.傅山　　C.武之望　　D.王肯堂　　E.王熙

4.傅山治疗肥胖不孕用（　　）

A.加味补中益气汤　　B.开郁种玉汤　　C.温胞饮　　D.养精种玉汤　　E.受胎丸

5.极力反对产后滥用生化汤的医家是（　　）

A.王士雄　　B.王泰林　　C.傅山　　D.王清任　　E.丁泽周

三、多选题（每小题有五个备选答案，选出二至五个正确答案）

1.傅山补血善用（　　）

A.当归　　B.地黄　　C.白芍　　D.山茱萸　　E.阿胶

2.傅山补气最常用（　　）

A.人参　　B.黄芪　　C.白术　　D.山药　　E.莲子

3.傅山治疗带下病最常用的方剂有（　　）

A.完带汤　　B.清震汤　　C.易黄汤　　D.参苓白术散　　E.八正散

4.傅山分析不孕症的原因有（　　）

A.嫉妒不孕　　B.肥胖不孕　　C.身瘦不孕　　D.胞寒不孕　　E.阴虚不孕

5.傅山分析血崩的病机是（　　）

A.气血两虚　　B.瘀血阻络　　C.肝气郁结　　D.房事不当　　E.肾气亏损

四、判断题（正确答案划"√"，错误答案划"×"）

1.傅山用开郁种玉汤治疗嫉妒不孕。（   ）

2.傅山治疗老年不慎房帏血崩用加减当归补血汤。（   ）

3.傅山用安老汤治疗妇人天癸竭后忽然经水复行。（   ）

4.傅山用八珍汤治疗身瘦不孕。（   ）

5.生化汤原为产后恶露中夹有血块而设。（   ）

五、简答题

1.生化汤当代用于哪些妇科疾病？

2.傅山将带下病分为几种类型？

【参考答案】

一、填空题

1.青主，公他

2.《傅青主女科》

3.膏粱，厚味

4.完带汤，易黄汤

5.行房放纵，饮酒过度

二、单选题

1.C   2.B   3.B   4.A   5.A

三、多选题

1.ABCDE   2.ABC   3.AC   4.ABCDE   5.ABCD

四、判断题

1.√   2.√   3.√   4.×   5.√

五、简答题要点

1.产后子宫复旧不良、产后子宫收缩痛、胎盘残留、人工流产后等

2.白带、青带、黄带、黑带、赤带五种。

· 张 璐 ·

一、填空题

1.张璐，字_____，晚号_____老人。

2.张璐代表著作是_____。

3.张璐研究伤寒学宗_____，_____。

4.张璐辨治血证以_____为主，治疗前后应用_____调理。

5.张璐认为产后三急是_____，_____，_____。

二、单选题（每小题有五个备选答案，选出一个正确答案）

1.张璐研究伤寒的著作是（　　）

A.《伤寒缵论》　　B.《伤寒论本义》　　C.《伤寒辨证》　　D.《伤寒大白》

E.《伤寒发微论》

2.张璐研究本草的著作是（　　）

A.《本草衍义》　　B.《本经疏证》　　C.《本经逢源》　　D.《本草经解》

E.《本草备要》

3.提出"血之与气，异名同类"的医家是（　　）

A.唐宗海　　B.张璐　　C.缪希雍　　D.张志聪　　E.王清任

4.张璐判断出血的性质主要是依据（　　）

A.病因　　B.血的色泽　　C.病机　　D.临床表现　　E.出血量

5.张璐治疗血证注重善后调理，常用的方剂是（　　）

A.四物汤　　B.归脾汤　　C.当归黄芪汤　　D.八珍汤　　E.千金当归汤

三、多选题（每小题有五个备选答案，选出二至五个正确答案）

1.张璐认为产后三审包括（　　）

A.少腹疼痛　　B.大便通畅　　C.小便通畅　　D.饮食与乳汁　　E.口渴

2.张璐治疗败血冲心常用方剂有（　　）

A.花蕊石　　B.琥珀黑龙丹　　C.来复丹　　D.失笑散加郁金　　E.下瘀血汤

3.张璐辨别血证是依据（　　）

A.脏腑特点　　B.出血部位　　C.出血颜色　　D.脉象　　E.舌苔

4.张璐认为出血的病因是（　　）

A.火热炽盛　　B.阴阳偏盛　　C.脏腑之气乖逆　　D.阴阳偏衰　　E.饮酒伤胃

5.张璐治疗腹胀方剂有（　　）

A.分消汤　　B.四君子　　C.分消丸　　D.四物汤　　E.当归龙荟丸

四、判断题（正确答案划"√"，错误答案划"×"）

1.张璐用当归龙荟丸治疗火盛阴虚腹胀。（　　）

2.张璐强调血不能与气截然分开。（　　）

3.张璐提出的产后三冲、三急、三审对后世影响较大。（　　）

4.张璐治疗气血亏虚乳汁少或乳汁不下用八珍汤加黄芪、麦门冬。(   )

5.张璐治疗血证喜用不寒不热之方。(   )

五、简答题

1.张璐治疗腹胀分为几种类型？

2.简述张璐辨治血证特色。

【参考答案】

一、填空题

1.路玉，石顽

2.《张氏医通》

3.方有执，喻昌

4.温健脾阳，归脾汤

5.呕吐，盗汗，泄泻

二、单选题

1.A   2.C   3.B   4.B   5.B

三、多选题

1.ABD   2.ABD   3.ABC   4.BCDE   5.AC

四、判断题

1.√   2.√   3.√   4.√   5.×

五、简答题要点

1.火盛伤阴，气虚血散，血虚气散，湿热伤脾阴，寒热错杂。

2.以温健脾阳为主，辨证用方，灵活化裁，用药偏于温补，治疗前后应用归脾汤调理。

· 叶 桂 ·

一、填空题

1.叶桂，字_____，号_____。

2.叶桂代表著作有_____，_____。

3.《温热论》由_____辑成，并经_____润色，首刊于《吴医汇讲》。

4.叶桂治学主张_____，重视_____。

5.叶桂提出＿＿＿＿＿＿＿入络，＿＿＿＿＿＿＿入络观点。

二、单选题（每小题有五个备选答案，选出一个正确答案）

1.提出"阳化内风"理论的医家是（　　）

A.李杲　　　B.叶桂　　　C.刘完素　　　D.朱震亨　　　E.缪希雍

2.叶桂治疗肝风证在辨证论治基础上常加入（　　）

A.介类潜阳　　　B.虫类搜剔之品　　　C.疏肝法　　　D.活血通络　　　E.温燥之品

3.叶桂治疗虚损证重视中下兼顾，其意是指（　　）

A.肝脾并补　　　B.肝肾并补　　　C.肺脾并补　　　D.脾肾并补　　　E.肺肾并补

4.叶桂创立的辨证纲领是（　　）

A.卫气营血辨证　　　B.三焦辨证　　　C.气血辨证　　　D.脏腑辨证　　　E.经络辨证

5.叶桂门人不包括（　　）

A.顾景文　　　B.华岫云　　　C.李翰圃　　　D.邵新甫　　　E.王士雄

三、多选题（每小题有五个备选答案，选出二至五个正确答案）

1.叶桂学术思想对哪些医家产生了重要影响（　　）

A.吴瑭　　　B.章楠　　　C.王士雄　　　D.雷丰　　　E.俞根初

2.参与整理《临证指南医案》者有（　　）

A.顾景文　　　B.华岫云　　　C.李翰圃　　　D.邵新甫　　　E.王士雄

3.叶桂认为引起胃阴不足的主要原因有（　　）

A.五志化火伤及胃阴　　　B.过食辛辣　　　C.燥热伤胃　　　D.失血之后　　　E.热病后期

4.叶桂认为久病入络的病因病机是（　　）

A.寒暑　　　B.阳气受损　　　C.嗔怒动肝　　　D.痰湿　　　E.七情郁结

5.叶桂认为肝风内动病机是（　　）

A.水不涵木　　　B.怒劳忧思　　　C.肝肾不足　　　D.中阳不足　　　E.气血不足

四、判断题（正确答案划"√"，错误答案划"×"）

1.叶桂治疗肝风内动喜用全蝎、蜈蚣等虫类熄风药。（　　）

2.叶桂认为李杲升补阳气重在治脾，张机急下存阴重治在胃。（　　）

3.叶桂治疗虚损是以扶正为最终目的。（　　）

4.叶桂认为中风与厥阴肝木的关系最为密切。（　　）

5.叶桂主张用苦寒药濡养胃阴。（　　）

五、简答题

1.简述叶桂治疗胃阴不足用药经验。

2.简述叶桂久病入络的用药特点。

六、论述题

1.试述叶桂论治虚损证经验。

【参考答案】

一、填空题

1.天士，香岩

2.温热论，《临床指南医案》

3.顾景文，唐大烈

4.博采众长，学术创新

5.久病，久痛

二、单选题

1.B　　2.A　　3.D　　4.A　　5.E

三、多选题

1.ABC　　2.BCD　　3.ABCE　　4.BCE　　5.ABCD

四、判断题

1.×　　2.√　　3.√　　4.√　　5.×

五、简答题要点

1.以甘平或甘凉濡润为主濡养胃阴，常用麦门冬汤化裁，喜用沙参、麦门冬、石斛、天花粉、玉竹、山药、生扁豆、生甘草等。

2.以"通"为主，应用活血化瘀药常配伍辛散、温通、香窜，达到行气、散结、止痛的目的。

六、论述题要点

1.甘药培中，血肉填下，中下兼顾，静养节欲，饮食调养。

· 徐大椿 ·

一、填空题

1.徐大椿，字灵胎，自号_____老人。

2.徐大椿的代表著作是_____。

3.徐大椿判断疾病生死存亡的重要依据是_____。

4.徐大椿评定的著作有_____，_____。

5.徐大椿为纠正滥用温补流弊撰写的著作是_____。

二、单选题（每小题有五个备选答案，选出一个正确答案）

1.徐大椿撰写的医案著作是（　）

A.《洄溪医案》　　B.《寓意草》　　C.《名医类案》　　D.《薛氏医案》　　E.《归砚录》

2.徐大椿临证首重（　）

A.经络问题　　B.脏腑问题　　C.主方主药　　D.审证求因　　E.制方遣药

3.徐大椿所言"医家第一活人要义"是指（　）

A.保护胃气　　B.保护脾气　　C.保护元气　　D.保护肾气　　E.保护命门

4.徐大椿制方遣药提倡（　）

A.专病专方　　B.专用经方　　C.创制新方　　D.主方主药　　E.随证加减

5.徐大椿治疗中风风痱用（　）

A.地黄饮子　　B.六味地黄丸　　C.大定风珠　　D.炙甘草汤　　E.镇肝熄风汤

三、多选题（每小题有五个备选答案，选出二至五个正确答案）

1.徐大椿的著作有（　）

A.《难经经释》　　B.《慎疾刍言》　　C.《兰台轨范》　　D.《洄溪医案》　　E.《医贯砭》

2.徐大椿临证善用的古方有（　）

A.大承气汤　　B.真武汤　　C.泻心汤　　D.小续命汤　　E.地黄饮子

3.徐大椿遣药制方特色有（　）

A.一病一方　　B.一症一方　　C.喜用单方　　D.喜用大方　　E.喜用验方

4.徐大椿概括元气作用为（　）

A.原于先天　　B.根于命门　　C.附于气血　　D.布于脏腑　　E.生命活动动力

5.徐大椿在《汤药不足尽病论》中指出汤剂的特性为（　）

A.汤者荡也　　B.其行速　　C.其质轻　　D.其味重　　E.其力易过而不留

四、判断题（正确答案划"√"，错误答案划"×"）

1.徐大椿详尽阐发用药如用兵的道理。（　）

2.徐大椿强调邪气未尽之时，不可轻投补剂。（　）

3.徐大椿反对滥用峻补。（　）

4.徐大椿认为轻药"虽极浅之药，而亦有深义存焉"。（　）

5.徐大椿既尊经崇古，又十分推崇时方。（　）

五、简答题

1.简述徐大椿如何保护元气?

2.简述徐大椿的辨病论治及用药特色。

【参考答案】

一、填空题

1.灵胎，洄溪老人

2.《医学源流论》

3.元气

4.《评定外科正宗》《评定叶氏临证指南医案主方》

5.《医贯砭》

二、单选题

1.A 2.D 3.C 4.D 5.A

三、多选题

1.ABCDE 2.ABCDE 3.ABC 4.ABCDE 5.ABCE

四、判断题

1.√ 2.√ 3.× 4.√ 5.×

五、简答题要点

1.临证立方用药当不伤元气，避免因寒热攻补不当造成虚虚实实之误，未病应小心谨护元气，患病后应根据病情攻邪保护元气，邪气未尽不可轻投补剂。

2.注重辨病，遣药制方，轻药愈病，善用古方，勿泥归经。

·王清任·

一、填空题

1.王清任治学_____，_____。

2.王清任治疗胸中瘀血和妇人少腹积块的方剂分别是_____，_____。

3.王清任认为导致半身不遂的本源是_____，倡导_____论。

4.瘀血一词始见于_____，_____。

5.王清任将瘀血病因分为_____，_____两类。

二、单选题（每小题有五个备选答案，选出一个正确答案）

1.王清任的著作是（ ）

A.《医宗必读》 B.《医林改错》 C.《医宗金鉴》 D.《医学启源》 E.《医学源流论》

2.王清任治疗气虚中风的方剂是（ ）

A.血府逐瘀汤　　B.少腹逐瘀汤　　C.癫狂梦醒汤　　D.补阳还五汤　　E.膈下逐瘀汤

3.王清任治疗肚腹血瘀的代表方剂是（　　）

A.血府逐瘀汤　B.少腹逐瘀汤　　C.癫狂梦醒汤　　D.补阳还五汤　　E.膈下逐瘀汤

4.王清任认为导致半身不遂的原因是（　　）

A.元气亏损　　B.真阴亏损　　　C.外邪侵袭　　D.痰湿作祟　　E.肝风内动

5.补阳还五汤重用（　　）

A.当归　　B.川芎　　C.桃仁　　D.黄芪　　E.地龙

三、多选题（每小题有五个备选答案，选出二至五个正确答案）

1.王清任主要学术观点有（　　）

A.瘀血理论　　B.肝阳化风　　C.气虚中风　　D.灵机记性在脑　　E.血虚生风

2.王清任创制的活血化瘀方剂有（　　）

A.血府逐瘀汤　　B.膈下逐瘀汤　　C.下瘀血汤　　D.桃核承气汤　　E.癫狂梦醒汤

3.论述气虚血瘀的医家有（　　）

A.张机　　B.李杲　　C.王清任　　D.唐宗海　　E.叶桂

4.王清任认为血瘀证常兼有（　　）

A.气滞　　B.气虚　　C.热毒　　D.亡阳　　E.亡阴

5.《医林改错》所描述的中风先兆有（　　）

A.忽然无记性　　B.偶尔一阵头晕　　　C.耳内无故一阵响或蝉鸣　　D.下眼皮经常跳动

E.睡卧口角流涎

三、判断题（正确答案划"√"，错误答案划"×"）

1.补阳还五汤以活血为主，补气为辅。（　　）

2.王清任首先提出脑主神明观点。（　　）

3.王清任根据瘀血部位不同采用不同方剂治疗。（　　）

4.王清任将半身不遂称为中风。（　　）

5.王清任认为气虚是导致血瘀的唯一原因。（　　）

五、简答题

1.简述王清任治疗瘀血证的方法。

2.简述王清任活血化瘀法用药特色。

【参考答案】

一、填空题

1.注重解剖，勇于创新

2.血府逐瘀汤，少府逐瘀汤

3.元气亏损，无风

4.张机，《伤寒杂病论》

5.虚，实

二、单选题

1.B   2.D   3.E   4.A   5.D

三、多选题

1.ACD   2.ABE   3.BC   4.ABCD   5.ABCDE

四、判断题

1.×   2.×   3.√   4.×   5.×

五、简答题要点

1.瘀血在头面四肢和周身血管用通窍活血汤，瘀血在胸中血府用血府逐瘀汤，瘀血在肚腹用膈下逐瘀汤，瘀血在少腹及痛经崩漏用少腹逐瘀汤，气虚中风用补阳还五汤。

2.常与行气通络药物配伍，与补气药配伍，与清热解毒药配伍，与回阳救脱药配伍。

·吴师机·

一、填空题

1.吴师机，字_____，晚年自号_____。

2.吴师机著作是_____，初名_____。

3.吴师机认为一嚏实兼_____，_____两法。

4.吴师机认为膏药_____易效，_____次之。

5.外治中药作用途径是_____，_____吸收。

二、单选题（每小题有五个备选答案，选出一个正确答案）

1.吴师机治疗下焦寒湿及风寒湿痹多用（   ）

A.散阴膏   B.清阳膏   C.键脾膏   D.金仙膏   E.温胃膏

2.吴师机外治法以哪种方法为主（   ）

A.火罐   B.推拿   C.膏药   D.按摩   E.刮痧

3.吴师机治疗上焦外感热证多选用（   ）

A.散阴膏   B.清阳膏   C.键脾膏   D.金仙膏   E.温胃膏

4.吴师机认为膏药的功用主要是（   ）

A.消散　　B.补益　　C.拔截　　D.清热　　E.温里

5.叶桂用平胃散炒热缚脐治疗（　　）

A.霍乱　　B.疟疾　　C.黄疸　　D.风寒　　E.痢疾

三、多选题（每小题有五个备选答案，选出二至五个正确答案）

1.吴师机外治方法有（　　）

A.敷　　B.熨　　C.熏　　D.浸　　E.和

2.吴师机认为膏药中的药引需具备（　　）

A.通经走络　　B.开窍透骨　　C.拔病外出　　D.清热解毒　　E.软坚散结

3.吴师机用金仙膏治疗（　　）

A.辟邪气　　B.腹痛　　C.气痛　　D.疟疾　　E.痢疾

4.吴师机嚏法用药主要有（　　）

A.藜芦　　B.葱姜　　C.皂角　　D.细辛　　E.踯躅花

5.吴师机的膏药组方特点有（　　）

A.多法合用　　B.气味俱厚　　C.喜用大方　　D.重视引药　　E.膏面糁药

四、判断题（正确答案划"√"，错误答案划"×"）

1.吴师机是最早的外治专家。（　　）

2.吴师机认为应用膏药不伤脾胃。（　　）

3.吴师机认为外治法与内治法道理相同。（　　）

4.吴师机认为治疗下焦病的第一捷法是布包缚脐上。（　　）

5.吴师机认为膏药方来源于内服方。（　　）

五、简答题

1.简述吴师机内病外治的理论依据。

2.简述吴师机三焦分治法的主要内容。

【参考答案】

一、填空题：

1.尚先，潜玉老人

2.《理瀹骈文》《外治医说》

3.汗，吐

4.热者，凉者

5.皮肤毛窍，五官九窍

二、单选题：

1.A　　2.C　　3.B　　4.C　　5.E

三、多选题：

1.ABCD   2.ABC   3.BCDE   4.ACDE   5.ABCDE

四、判断题（正确答案划"√"，错误答案划"×"）

1.×   2.√   3.√   4.×   5.×

五、简答题要点

1.理同法异，辨证用药，由皮肤毛窍或五官九窍吸收，外敷于局部皮肤、黏膜、腧穴等。

2.以上焦、中焦、下焦为纲，分别采用嗡鼻取嚏、缚脐、坐于身下三法治疗，并可根据实际情况灵活应用。

· 王士雄 ·

附：《中医各家学说》习题集

一、填空题

1.王士雄，字_____，号_____。

2.提出"暑不分阴阳"和"暑分阴阳"观点的医家分别是_____，_____。

3.王士雄将霍乱分为_____，_____。

4.王士雄认为食疗是"食借_____，药助_____"。

5.王士雄研究温病，"以轩岐仲景之文为_____，叶薛诸家之辨为_____。"

二、单选题（每小题有五个备选答案，选出一个正确答案）

1.王士雄阐发温病的著作是（   ）

A.《温热论治》B.《湿热条辨》C.《温病条辨》D.《温热经纬》   E.温疫论》

2.撰写《随息居饮食谱》的医家是（   ）

A.孙思邈   B.王士雄   C.钱乙   D.李杲   E.孟诜

3.王士雄治疗暑病的用药特色是（   ）

A.喜用甘寒   B.喜用甘温   C.喜用苦燥   D.喜用温补   E.喜用苦寒

4.将暑分为阴暑与阳暑的医家是（   ）

A.李杲   B.吴鞠通   C.叶桂   D.王士雄   E.张介宾

5.撰写《随息居重订霍乱论》的医家是（   ）

A.孙思邈   B.王士雄   C.孟诜   D.陈自明   E.钱乙

三、多选题（每小题有五个备选答案，选出二至五个正确答案）

1.王士雄治疗伏气温病应用（   ）

A.清解营阴　　B.辛凉解表　　C.大清阴分　　D.凉血止血　　E.清营透热

2.发明清暑益气汤的医家是（　　）

A.孙思邈　　B.李杲　　C.王士雄　　D.余霖　　E.叶桂

3.王士雄认为食疗特点有（　　）

A.药极简易　　B.性最平和　　C.味不恶劣　　D.易办易服　　E.药效最好

4.王士雄治疗暑病常用（　　）

A.白虎汤　　B.竹叶石膏汤　　C.清暑益气汤　　D.清营汤　　E.清宫汤

5.王士雄治痰方剂有（　　）

A.瓜蒌薤白汤　　B.橘皮竹茹汤　　C.当归龙荟丸　　D.小陷胸汤　　E.二陈汤

四、判断题（正确答案划"√"，错误答案划"×"）

1.王士雄受其祖父影响，也主张中西医汇通。（　　）

2.伏气温病的传变是"自里而发，由浅至深"。（　　）

3.夏日伤于寒湿为阴暑（　　）

4.王士雄用叶桂甘露消毒丹治疗湿温。（　　）

5.王士雄撰著《古今医案按》（　　）

五、简答题

1.简述王士雄的临证用药特色。

2.简述暑病特征及治疗。

【参考答案】

一、填空题

1.孟英，潜斋

2.王士雄，张介宾

3.寒性霍乱，热性霍乱

4.药威，食性

5.经，纬

二、单选题

1.D　　2.B　　3.A　　4.E　　5.B

三、多选题

1.AC　　2.BC　　3.ABCD　　4.ABC　　5.ABCD

四、判断题

1.×　　2.×　　3.√　　4.√　　5.×

五、简答题

1.喜用甘寒养阴，善于从痰论治。

2.暑为阳邪，暑能伤气，暑多挟湿。用清暑益气汤，白虎汤，竹叶石膏汤等治疗。

· 唐宗海 ·

一、填空题

1.唐宗海治学主张博采众长，_____。

2.撰写《血证论》的医家是_____。

3.唐宗海认为咳血病机为_____，_____。

4.唐宗海论述气血与水火阴阳相互联系说："水即化_____，火即化_____。"

5.唐宗海认为脾分_____，二者共同行使_____功能。

二、单选题（每小题有五个备选答案，选出一个正确答案）

1.第一个提出"中西汇通"概念的医家是（　）

A.张锡纯　　B.丁泽周　　C.王清任　　D.唐宗海　　E.恽铁樵

2.唐宗海治疗吐血喜用（　）

A.大黄　　B.三七　　C.郁金　　D.荆芥炭　　E.人参

3.唐宗海治疗胃热炽盛，气火上逆吐血用（　）

A.白虎汤　　B.泻心汤　　C.升降散　　D.四物汤　　E.犀角地黄汤

4.唐宗海认为吐血病位在（　）

A.胃　　B.肝　　C.脾　　D.肺　　E.肾

5.唐宗海认为"补血第一方"是（　）

A.归脾汤　　B.四物汤　　C.独参汤　　D.当归补血汤　　E.炙甘草汤

三、多选题（每小题有五个备选答案，选出二至五个正确答案）

1.唐宗海治疗血证注意事项是（　）

A.忌汗　　B.禁下　　C.禁吐　　D.禁补　　E.禁攻

2.唐宗海慎用大黄的依据有（　）

A.实邪留存已久，正气已衰　　B.腹不胀满　　C.大便溏薄　　D.舌苔微黄

E.脉数

3.唐宗海认用于替换花蕊石祛除瘀血的药物是（　）

A.三七　　B.桃仁　　C.郁金　　D.醋炒大黄　　E.牛膝

4.唐宗海判断血证预后的依据是（ ）

A.脉数否　　　B.发热否　　　C.头痛否　　　D.汗出否　　　E.咳嗽否

5.唐宗海滋养脾阴用（ ）

A.人参　　　B.麦门冬　　　C.藕节　　　D.生地　　　E.天花粉

四、判断题（正确答案划"√"，错误答案划"×"）

1.唐宗海认为血证"伴随发热者"预后较好。（ ）

2.唐宗海认为治疗血证宜早用补虚之法。（ ）

3.唐宗海认为血证伴随大便溏难治。（ ）

4.唐宗海补血首选四物汤。（ ）

5.唐宗海认为治疗血证禁用下法。（ ）

五、简答题

1.简述唐宗海对血证病因病机的分析。

2.简述唐宗海临证用药特色。

六、论述题

1.试述唐宗海治疗血证四法。

【参考答案】

一、填空题

1.汇通中西医

2.唐宗海

3.肺失清肃，气机阻逆

4.气，血

5.阴阳，统血

二、单选题

1.D　　　2.A　　　3.B　　　4.A　　　5.E

三、多选题

1.AC　　　2.AC　　　3.ABCDE　　　4.ABE　　　5.ABCDE

四、判断题

1.×　　　2.×　　　3.√　　　4.×　　　5.×

五、简答题要点

1.气机阻逆，火热炽盛，瘀血阻络，脾失统摄。

2.重视和法用药，喜用大黄，滋养脾阴药。

六、论述题要点

1.止血首选泻心汤或十灰散；消瘀用花蕊石散或用圣愈汤加味；宁血采用祛邪、调气、凉血、泻火、润燥、清肝等法；补血首选炙甘草汤。

·张锡纯·

一、填空题

1.张锡纯，字_____，河北_____县人。

2 张锡纯在沈阳创办_____，在天津创办_____。

3.大气下陷临床表现以_____症候为主，兼见_____症候。

4.论述大气下陷的医家有_____，_____。

5.张锡纯将中风分为_____，_____。

二、单选题（每小题有五个备选答案，选出一个正确答案）

1.撰写《医学衷中参西录》的医家是（　　）

A.张锡纯　　B.张山雷　　C.张生甫　　D.陆晋笙　　E.杨如侯

2.张锡纯治疗大气下陷证诸升陷汤均应用（　　）

A.人参　　B.黄芪　　C.白术　　D.山药　　E.甘草

3.创制镇肝熄风汤的医家是（　　）

A.孙思邈　　B.刘完素　　C.缪希雍　　D.王清任　　E.张锡纯

4.张锡纯创制预防中风的方剂是（　　）

A.地黄饮子　　B.大定风珠　　C.补阳还五汤　　D.建瓴汤　　E.镇肝熄风汤

5.临证善用生药的医家是（　　）

A.张机　　B.张从正　　C.张介宾　　D.张璐　　E.张锡纯

三、多选题（每小题有五个备选答案，选出二至五个正确答案）

1.大气下陷的原因有（　　）

A.劳力过度　　B.久病　　C.误用药物　　D.饮食不节　　E.情志内伤

2.张锡纯治疗中风常用的方剂有（　　）

A.小续命汤　　B.补阳还五汤　　C.镇肝熄风汤　　D.加味补血汤　　E.搜风汤

3.重视对药应用的医家有（　　）

A.张锡纯　　B.施今墨　　C.丁泽周　　D.谢观　　E.陈存仁

4.近代中西医汇通学派中坚人物有（　　）

A.唐宗海　　B.张锡纯　　C.恽铁樵　　D.王学权　　E.陈定泰

5.曾经担任过军医的医家有（　　）

A.张从正　　B.张锡纯　　C.张介宾　　D.张山雷　　E.张生甫

四、判断题（正确答案划"√"，错误答案划"×"）

1.张锡纯主张衷中参西，联合用药。（　　）

2.张锡纯用大气理论指导治疗心脏病。（　　）

3.张锡纯用中西医结合观点阐发中风病机。（　　）

4.王清任用活络效灵丹治疗心腹疼痛。（　　）

5.张锡纯用寿胎丸治疗肾虚滑胎。（　　）

五、简答题

1.简述张锡纯治疗大气下陷的方剂。

2.简述张锡纯临证用药特色。

【参考答案】

一、填空题

1.寿甫，盐山

2.立达中医院，天津国医函授学校

3.心肺，脾胃

4.喻昌，张锡纯

5.脑充血，脑贫血

二、单选题

1.A　　2.B　　3.E　　4.D　　5.E

三、多选题

1.ABC　　2.CDE　　3.AB　　4.ABC　　5.AB

四、判断题

1.√　　2.×　　3.√　　4.×　　5.√

五、简答题

1.升陷汤、回阳升陷汤、理郁升陷汤、醒脾升陷汤，并强调慎用破气降气药物。

2.精研药性，擅用小方，善用重剂，重视药对，善用生药，中西药并用。

· 施今墨 ·

一、填空题

1.施今墨，原名_____，字_____。

2.施今墨曾任_____副馆长，_____副会长。

3.反映施今墨主要学术思想的著作是_____，_____。

4.施今墨认为对药的相辅相成作用是_____，_____。

5.施今墨从_____，_____角度对痹证进行分型。

二、单选题（每小题有五个备选答案，选出一个正确答案）

1.倡导十纲辨证的医家是（　　）

A.钱乙　　B.张元素　　C.吴瑭　　D.程国彭　　E.施今墨

2.擅用对药的医家是（　　）

A.张元素　　B.张介宾　　C.张志聪　　D.张山雷　　E.施今墨

3.创办华北国医学院的医家是（　　）

A.张锡纯　　B.丁泽周　　C.观谢　　D.夏应堂　　E.今墨

4.撰写《药对》的医家是（　　）

A.徐之才　　B.苏颂　　C.唐慎微　　D.张锡纯　　E.施今墨

5.提出"学术无国界而各有所长"的医家是（　　）

A.张锡纯　　B.唐宗海　　C.施今墨　　D.恽铁樵　　E.陆渊雷

三、多选题（每小题有五个备选答案，选出二至五个正确答案）

1.十纲辨证内容是（　　）

A.阴阳　　B.气血　　C.表里　　D.寒热　　E.虚实

2.施今墨认为对药的相反相成作用是（　　）

A.寒温并用　　B.补泻兼施　　C.开阖相济　　D.升降合用　　E.气血双补

3.二十世纪三十年代北京四大名医是（　　）

A.汪逢春　　B.萧龙友　　C.陈莲舫　　D.孔伯华　　E.施今墨

4.施今墨主张（　　）

A.沟通中西医学　　B.重视中医教育　　C.统一中西医病名　　D.中医现代化　　E.中药工业化

5.施今墨将痹证分为（　　）

A.风湿热型　　B.风寒湿型　　C.气血实型　　D.气血虚型　　E.痰瘀阻络型

四、判断题（正确答案划"√"，错误答案划"×"）

1.应用对药是由施今墨首创。（　）

2.施今墨撰写《施今墨对药》。（　）

3.施今墨率先使用西医病名诊断书写医案。（　）

4.施今墨总结治痹八法。（　）

5.施今墨主张中医现代化。

五、简答题

简述施今墨治疗脾胃十法。

【参考答案】

一、填空题

1.毓黔，奖生

2.中央国医馆，中华医学会。

3.《施今墨临床经验集》《施今墨对药》

4.同类相从，异类相使

5.正虚，邪实

二、单选题

1.E　　2.E　　3.E　　4.A　　5.C

三、多选题

1.ABCDE　　2.ABCD　　3.ABDE　　4.ABCDE　　5.ABCD

四、判断题

1.×　　2.×　　3.√　　4.√　　5.√

五、简答题要点

寒宜温，热宜清，虚宜补，食宜消，痛宜通，腑实宜泻，肠滑宜涩，呕逆宜降，嘈杂宜和，津枯宜生。